华章经管

HZBOOKS | Economics Finance Business & Management

U0948958

一带一路双向投资丛书

2015中国双向投资发展报告

国家发展和改革委员会
徐绍史 主编
何立峰 王晓涛 副主编

机械工业出版社
China Machine Press

图书在版编目（CIP）数据

2015 中国双向投资发展报告 / 徐绍史主编 . —北京：机械工业出版社，2016.1
（一带一路双向投资丛书）

ISBN 978-7-111-52924-8

I. 2… II. 徐… III. 投资 – 研究报告 – 中国 – 2015 IV. F832.48

中国版本图书馆 CIP 数据核字（2016）第 022225 号

2015 中国双向投资发展报告

出版发行：机械工业出版社（北京市西城区百万庄大街 22 号 邮政编码：100037）
责任编辑：冯语嫣 责任校对：殷 虹
印 刷：北京诚信伟业印刷有限公司 版 次：2016 年 2 月第 1 版第 1 次印刷
开 本：170mm × 242mm 1/16 印 张：27.25
书 号：ISBN 978-7-111-52924-8 定 价：100.00 元

凡购本书，如有缺页、倒页、脱页，由本社发行部调换
客服热线：（010）68995261 88361066 投稿热线：（010）88379007
购书热线：（010）68326294 88379649 68995259 读者信箱：hzjg@hzbook.com

版权所有 • 侵权必究
封底无防伪标均为盗版
本书法律顾问：北京大成律师事务所 韩光 / 邹晓东

EDITORIAL BOARD · 编委会

主　　编	徐绍史			
副 主 编	何立峰	王晓涛		
编　　委	马　欣	曹文炼	顾大伟	田锦尘
	周晓飞	宋　群	宋功美	刘建兴
执行主编	曹文炼	宋　群		
执行副主编	刘建兴	宋功美		
编 辑 组	焦学利	张焕腾	孙雪珍	常　皓
	王　然	景朝阳	付燕晨	王颖思
	王　悦	李晓娟	孔　梦	赵　旭
	波日古德			

序言 · PREFACE

双向投资是一国吸收国际资本来本国投资与输出本国资本到境外投资的能力与水平的反映，是一个国家开放程度与国际化发展水平的重要标志。随着当今经济全球化、区域经济一体化的日趋深入发展，双向投资已越来越多地成为世界各国参与国际分工和全球合作与竞争的重要选择。

2014 年，在世界经济增长复苏缓慢、全球贸易低速增长、外国直接投资出现下降的形势下，中国经济仍保持 7.4% 的中高速增长，对世界经济增长做出了应有的贡献。其中，中国的双向投资，特别是对外直接投资取得了令人欣喜的佳绩。

2014 年，中国实际使用外资金额为 1285.02 亿美元，同比上年增长 3.57%，首次位列全球吸引外资第一。与此同时，中国对外直接投资为 1231.2 亿美元，同比上年增长 14.2%，投资额是 2002 年的 45.6 倍，不仅实现连续 12 年的增长，年均增速高达 37.5%，而且连续 3 年位列世界第三大对外投资国。到 2014 年年末，中国对外直接投资企业达 1.85 万家，投资存量已达 8826.4 亿美元，占全球的份额由 2002 年的 0.4% 上升至 3.4%，排名从第 25 位上升至第 8 位。2014 年，中国双向投资可圈可点，具有以下主要结构性特点：

一是从双向投资的产业领域分布看，服务业已成为中国双向投资的重点领域。2014 年，中国利用外资的一二三产业比重为 1.62∶33.75∶64.63，第三产业已成为利用外资的主要领域，投资金额最多的主要产业领域依次排名是制造业、房地产业、金融业及租赁和商务服务业，共计占利用外资金额总量的 77.96%。2014 年，中国对外直接投资已涵盖国民经济的 18 个大类，对外直接投资金额的三大产业构成比为 1.3∶25.3∶73.4，第三产业已成为主导。其中，第二产业主要是采矿业，专用设备、汽车、通用设备及金属制品等装备制造业；第三产业主要是租赁和商务服务业、批发零售业、金融业、房地产业、交通运输业、仓储和邮政业，以及信息运输、软件和信息技术服务业，合计金额占第三产业的 69.1%。由此可见，随着中国服务业日益成为经济发展的重要支撑，中国服务业的“走出去”也呈现出更快的发展，并已经成为中国对外投资的主要力量。

二是从双向投资的国别地区分布看，发达经济体已成为新热点，但我国香港地区仍是内地双向投资最大和最稳定的来源地与投资目的地。2014 年，中国境内利用外资的来源地仍主要是亚洲，新增外商企业数量与投资金额都占七成以上，其中来自我国香港地区的投资高达六成以上（占 63.2%）。来自美国与欧盟 15 国的企业数量分别增长 9.78% 和 3.12%，但实际投资金额同比则分别下降 15.9% 和 4.5%。与此同时，发达经济体已成为中国对外投资的新热点，2014 年，中国流向发达经济体的投资达 238.3 亿美元，同比上年增长高达 72.3%。其中，对欧盟投资同比增长高达 116.3%，对美国投资同比增长高达 96.1%，对澳大利亚投资同比增长 17.1%，均创历史最高。中国“走出去”的国别地区已从传统的亚非拉转向发达国家或地区，这表明随着中国经济综合实力的不断增强，以及中国企业发展经营实力的不断壮大，中国参与高端产业国际分工合作与竞争的能力正在大大提高。当然，发展中国家仍是中国“走出去”的主要地区，占中国对外投资的八成，其中我国香港地区占六成。

三是从双向投资的国内地区分布看，东部地区仍是中国双向投资的主要地区，但中西部的作用逐步增强。2014 年，中国东部地区外商投资企业数量与投资金额占总量之比分别为 86% 和 76.2%。相比之下，中部分别为 9.3% 和 8.45%，西部分别为 4.65% 和 8.4%，比重都仍较低。但与上年相比，中西部地区的实际使用外资金额均呈上升趋势。2014 年，地方非金融类对外直接投资达547.3亿美元，同比增长50.3%，占全国非金融类对外直接投资总量的51.1%，首次超过中央企业和单位的对外投资规模。其中，东部占81.8%，同比增长53.2%；西部占11.9%，同比增长78.4%；中部占6.3%，同比下降3.1%。广东、北京、上海、天津、江苏、山东、浙江、辽宁、四川和云南为地方对外投资的前10位，投资总额432.8亿美元，占地方总量的79.1%。

四是从双向投资的企业类型与投资方式看，多元化日益成为双向投资的发展格局。2014年，外商独资、中外合资、中外合作及股份制等仍是中国利用外资的主要企业类型，但其中，外商独资企业数量及投资金额分别占79%和73.7%，已成为主导。2014年，中国国有企业尽管在对外直接投资中仍占53.6%，但非国有企业的比重较上年同期增加了1.6个百分点，占比在不断扩大，表明非国有企业在"走出去"方面的作用日益重要。同时，中国对外投资已形成了并购投资、股权投资、收益再投资、债务工具投资等多种投资方式并存的多元化格局。

综上所述，2014年，中国双向投资取得的成绩主要得益于：一方面，从国内看，在中国经济进入新常态、经济下行压力不断加大、结构调整任务不断加重的新形势下，适时提出了以"一带一路"及设立自贸区为主要标志的更加开放的新战略，以开放带动改革，以改革促进发展。在外需低迷的情况下，着力拓展内需，实施一系列创新驱动战略，借助新科技革命机遇，推进工业4.0，提升制造业，发展新兴服务业，改善国内宏观调控，简政放权，为外商投资提供更加宽松、便利公平的宏观与市场环境。同时，放宽各类"走出去"政策，积极倡导国际产能和装备制造业合作，为企业对外投资提供更加积极便利的政策环境与金融服务。

另一方面，从国际看，国际金融危机后，全球经济一直不景气，大量游资需要寻求新的投资机会，而中国巨大的市场及稳定的发展环境对国际资本仍有较强的吸引力。同时，国际金融危机导致欧美等主要发达国家大量产业及企业的资产缩水，这为中国"走出去"提供了更加广阔的新空间。此外，众多的发展中国家不同程度地需要中国投资的支持，以促进其加快发展。这些因素产生的叠加效应强有力地推动中国双向投资出现了全面加快发展的新格局。

2015 年，在“一带一路”战略强有力的推动下，中国与沿线国家的双向投资也跨入新阶段，正显示出强劲的发展势头与发展空间。1 ~ 7 月，中国企业共对“一带一路”沿线的 48 个国家进行了直接投资，投资额合计 85.9 亿美元，同比增长 29.5%，高于同期全国增长 20.8% 的水平，投资主要流向新加坡、印度尼西亚、老挝、俄罗斯、哈萨克斯坦、泰国等。1 ~ 7 月，中国企业在“一带一路”沿线的 60 个国家新签对外承包工程项目合同 1786 份，新签合同额 494.4 亿美元，占同期中国对外承包工程新签合同额的 44.9%，同比增长 39.6%，高于同期全国增长 23.7% 的水平。截至 5 月底，中国对“一带一路”64 个国家 / 地区累计实现各类投资共 1612 亿美元，约占中国对外直接投资累计总额的 20%。在吸收外资方面，2015 年 1 ~ 5 月，“一带一路”沿线国家在华设立外商投资企业 767 家，同比增长 14.31%；实际投入外资金额 29.19 亿美元，同比增长 11.59%，均高于同期全国增长 8.8% 和 7.9% 的水平。

但是，也应清醒地看到，中国在双向投资方面仍存在诸多问题：就“引进来”方面，主要是需要进一步改善国内投资环境，提升外资的质量与水平，吸引与指导外资更好地为促进中国经济增长、产业结构转型升级服务。就“走出去”方面，由于中国“走出去”的时间相对较短，发展经验还有待进一步积累。特别是由于对外投资面临的国家多、领域宽，情况复杂多变，政治、经济、文化、外交及市场等多因素交错，更增加了中国企业对外投资发展的不确定性与难度。对中国各级政府与企业来说，在今后的对外投资发展中还将要面临许多新形势、新问题，特别是对投资国国情、法律、市场等的深入了解与认识。

由国家发展和改革委员会国际合作中心组织编写的“一带一路双向投资丛书”，是为推动中国“引进来”与“走出去”双向投资良好发展提供的，以信息服务指导为主要内容的一套工具书。此书的主要特点：一是收集了中国国家层面与各地方 2014 年双向投资的发展情况，为国内外更多了解中国双向投资发展情况提供了大量信息；二是收集了中国最新有关双向投资的政策，特别是关于“一带一路”的政策，向外国投资者展示中国开放的新政策及投资导向；三是收集了“一带一路”沿线重点国家的国外投资指南，对中国企业对外投资提供一定的指导；四是收集了国内外专家对“一带一路”国家和地区双向投资的分析与研究报告，以及不同行业“走出去”“引进来”的典型案例分析。

我相信，本书的出版将对各方面更加全面完整了解中国的双向投资提供有益的信息与情况，将有助于更好地推进中国“一带一路”战略的加快实施，促进中国的国际化进程和与世界各国的经贸合作交流。

国家发展和改革委员会主任　徐绍史

2015 年 11 月

CONTENTS · 目录

第二篇　基础数据篇

第一篇 发展概况篇

一、2014 年中国双向投资分析报告

（一）中国外商投资分析报告

1. 中国外商投资概况

近年来，在全球外商直接投资（FDI）发生较大波动的背景下，中国利用外资基本保持了稳定增长趋势。

从外商直接投资项目数量看，2002 年为 3.4 万个，2003 ~ 2006 年每年保持在 4 万个以上，2008 ~ 2011 年年约 2.7 万个，2013 年 2.3 万个，2014 年约 2.4 万个，同比增加约 4%。

实际使用外资金额从 2002 年的 527.43 亿美元增至 2014 年的 1285.02 亿美元，比 2013 年 1239.11 亿美元同比增长 3.71%。其中，2014 年外资企业使用外资金额达到 947.37 亿美元，占比 73.72%，较 2013 年上升 5.43%；中外合资企业 210.02 亿美元，占比 16.34%，同比下降 11.65%；中外合作企业 16.33 亿美元，占外资总额的 1.27%（见表 1-1）。

表 1-1　2014 年外商直接投资类型统计

方式	企业数		实际使用外资金额	
	数量（个）	比重（%）	金额（亿美元）	比重（%）
总计	23 794	100	1 285.02	100.00
外资企业	18 809	79.05	947.37	73.72
中外合资企业	4 824	20.27	210.02	16.34
外商投资股份制	41	0.17	21.89	1.70
中外合作企业	104	0.44	16.33	1.27
其他	16	0.07	89.40	6.96

资料来源：商务部外资统计。

1979 ~ 2014 年年底，到中国投资的外商企业数累计达 81 万家，使用外资金额达 16 053.29 亿美元。其中，外资企业数累计 437 727 家，占外商投资企业总数的 54.04%；实际使用外资金额累计 9716.45 亿美

元，占外商投资总数比重 60.53%；中外合资企业数累计 310 814 家，占比 38.37%；中外合资企业实际使用外资金额累计 4124.43 亿美元，比重 25.69%；中外合作企业数累计 60 552 个，占比 7.48%；实际使用外资金额累计 1081.62 亿美元，比重 6.74%（见表 1-2）。

表 1-2　1979 ~ 2014 年外商直接投资类型统计

企业类型	企业数		实际使用外资金额	
	数量（个）	比重（%）	金额（亿美元）	比重（%）
总计	810 011	100.00	16 053.29	100.00
外资企业	437 727	54.04	9 716.45	60.53
中外合资企业	310 814	38.37	4 124.43	25.69
中外合作企业	60 552	7.48	1 081.62	6.74
外商投资股份制	513	0.06	153.97	0.96
合作开发	191	0.02	75.07	0.47
其他	214	0.03	901.75	5.62

资料来源：商务部外资统计。

2002 ~ 2014 年，外商投资企业税收额逐年增加，从 2002 年的 3487.00 亿元增加到 2014 年的 24 920.60 亿元人民币，比 2013 年增长 10.39%，占全国税收总额的比重一直保持在 20% 以上（见表 1-3）。

表 1-3　2002 ~ 2014 年以外商直接投资税收为主的涉外税收统计表

年份	全国工商税收总额（亿元人民币）	其中：涉外税收总额（亿元人民币）	占全国比重（%）
2002	17 004.00	3 487.00	20.51
2003	20 461.60	4 268.00	20.86
2004	25 723.00	5 355.00	20.82
2005	30 866.00	6 391.34	20.71
2006	37 636.00	7 976.94	21.19
2007	49 451.80	9 972.60	20.17
2008	57 861.80	12 118.93	20.94
2009	63 103.60	13 615.22	21.58
2010	77 394.44	16 389.91	21.18
2011	95 729.46	19 638.10	20.51

（续）

年份	全国工商税收总额（亿元人民币）	其中：涉外税收总额（亿元人民币）	占全国比重（%）
2012	100 601.00	21 768.81	21.64
2013	110 497.00	22 574.93	20.43
2014	119 158.00	24 920.60	20.91

资料来源：商务部外资统计。

注：来源于外商投资企业的税收占涉外税收的98%以上。不包括关税和土地费。

2. 外商投资来源地分布

从全球地区分布来看，2014年，亚洲十国/地区（中国香港、中国澳门、中国台湾、日本、菲律宾、泰国、马来西亚、新加坡、印度尼西亚和韩国）对华投资新设立企业18 115家，同比增长2.69%，比重76.13%；实际投入外资金额983.48亿美元，同比增长4.17%，比重76.53%。美国对华投资新设立企业1176家，同比增长9.78%，实际投入外资金额23.71亿美元，同比下降15.92%。欧盟15国对华投资新设立企业1442家，同比增长3.12%，实际投入外资金额61.77亿美元，同比下降4.50%。

2014年，对华投资前十位国家/地区（以实际投入外资金额计）依次为：中国香港（812.68亿美元）、英属维尔京群岛（62.26亿美元）、新加坡（58.27亿美元）、日本（43.25亿美元）、韩国（39.66亿美元）、美国（23.71亿美元）、德国（20.71亿美元）、中国台湾（20.18亿美元）、萨摩亚（15.64亿美元）和开曼群岛（12.55亿美元），前十位国家/地区实际投入外资金额占全国实际使用外资金额的86.30%。㊀

上述国家/地区对华投资数据包括这些国家/地区通过英属维尔京、开曼群岛、萨摩亚、毛里求斯和巴巴多斯等自由港对华投资。

中国的外资来源地主要集中在亚洲。2014年，亚洲主要国家/地

㊀ 资料来源：《中国外资统计2015》。

区，如：中国香港、印度尼西亚（简称印尼）、日本、中国澳门、马来西亚、菲律宾、新加坡、韩国、泰国、中国台湾等在华投资企业数约1.8万多家，占当年外资企业总数的76.13%，同比增长2.69%；实际使用外资金额983.48亿美元，占当年实际使用外资总额的76.53%，同比上升4.17%。

欧盟主要国家包括：比利时、丹麦、英国、德国、法国、爱尔兰、意大利、卢森堡、荷兰、希腊、葡萄牙、西班牙、奥地利、芬兰、瑞典等在华投资企业数1442家，占当年外资企业总数6.06%，同比上升3.12%；实际使用外资金额61.77亿美元，占当年实际使用外资总额的4.81%，同比下降4.50%。

北美洲主要集中在美国和加拿大两个国家在华投资企业数1575家，占当年外资企业总数的6.62%，同比上升12.32%；实际投资27.24亿美元，占当年实际使用外资总额的2.12%，同比下降18.83%。部分自由港，如毛里求斯、巴巴多斯、开曼群岛、英属维尔京群岛、萨摩亚等在华投资企业数950家，比重3.99%，实际投资97.07亿美元，比重7.55%。其他国家在华投资企业数1712家，比重7.20%，实际投资115.46亿美元，比重8.98%。

从国别分布看，2014年对华实际投资金额名列前15位的国家/地区实际投资额总计达到1141.18亿美元，占中国当年实际使用外资金额的88.81%。在华实际投资前15位的国家/地区分别是中国香港、英属维尔京群岛、新加坡、日本、韩国、美国、德国、中国台湾、萨摩亚、开曼群岛、英国、法国、荷兰、毛里求斯、中国澳门等（见图1-1）。

（1）香港特别行政区

中国香港是全球外商直接投资（FDI）流出的重要地区。2014年，香港地区对外FDI流出金额1427.00亿美元，占全球总流量的10.54%，同比上升35.86%。

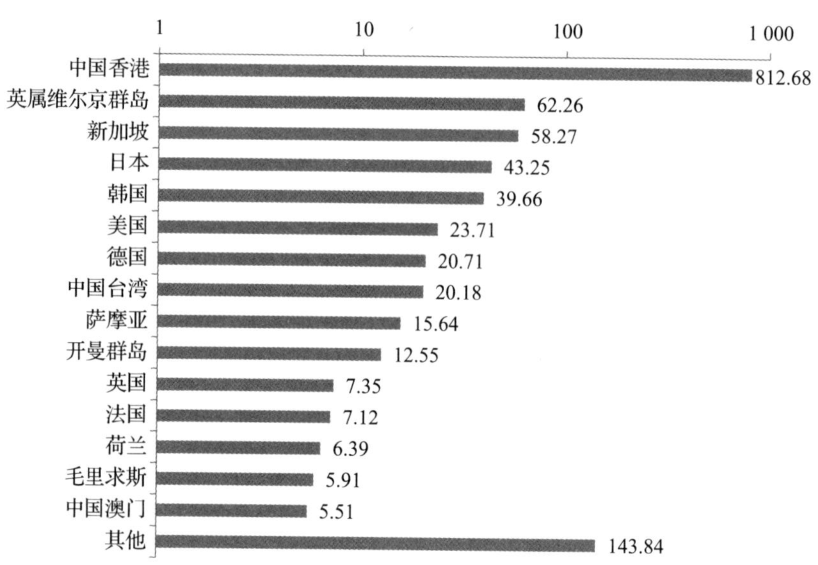

图 1-1　2014 年在华实际投资额前 15 位国家和地区（单位：亿美元）

中国香港一直是内地外商投资最大和最稳定的来源地，其对内地的投资企业数和金额一直居于外资来源地的首位。1979 ~ 2014 年，香港累计对内地投资企业数 373 067 家，实际使用外资总额 7469.38 亿美元，比重 46.53%。2014 年，香港对内地直接投资企业数 12 169 家，比重 51.14%；实际投资金额达到 812.68 亿美元，比重 63.24%，比 2013 年上升 9.68%。

（2）英属维尔京群岛

英属维尔京群岛是全球重要的 FDI 自由港。2014 年，在华投资额 62.26 亿美元，占中国吸收 FDI 的 4.84%。

截至 2014 年，英属维尔京群岛对华累计投资企业 23 210 家，比重 2.87%；实际投资累计 1417.86 亿美元，比重 8.83%。2014 年，英属维尔京群岛对华投资企业 436 家，占比 1.83%；实际投资金额 62.26 亿美元，占比 4.84%。

（3）新加坡

2014 年，新加坡对全球的投资总量为 406.60 亿美元，同比上升

29.13%，占全球 FDI 总流量的 3.00%。在华投资额 58.27 亿美元，占中国吸收 FDI 的 4.53%，占其对外投资额 14.33%。

2014 年，新加坡对华直接投资企业数 757 家，占比 3.18%，同比上升 3.43%；实际投资金额下降 19.39%。截至 2014 年，新加坡对华投资企业累计达到 21 719 家，占比 2.68%；实际投资总额 723.17 亿美元，占比 4.50%。

（4）日本

日本是全球重要的 FDI 输出国。2014 年，日本 FDI 流出量同比下降 16.29%，达到 1136.29 亿美元，占全球 FDI 流出总额的 8.39%，位居全球第四位。

截至 2014 年，日本对华累计投资企业 49 197 家，比重 6.07%；实际投资总额 986.30 亿美元，比重 6.14%。2014 年，日本对华投资企业 653 家，同比下降 30.75%；实际投资金额 43.25 亿美元，同比下降 38.72%。2014 年，日本在华投资企业占中国外资企业总数的比重为 2.74%；实际投资金额 43.25 亿美元，占其对外投资额的 3.37%。

（5）韩国

2014 年，韩国在全球对外直接投资输出额 305.58 亿美元，在华投资额 39.66 亿美元，占中国吸收 FDI 的 3.09%，占韩国对外投资额 12.98%。在华投资企业 1558 家，占比 6.55%，同比增长 12.00%；实际投资额较 2013 年的 30.54 亿美元有较大增长，同比上升 23.00%。

截至 2014 年，韩国累计对华投资企业 57 782 个，实际投资总金额 559.12 亿美元。韩国对华投资企业数从 2002 年的 4008 家，占比 11.7%，降至 2014 年的 1558 家，占比 6.55%；实际投资金额从 2002 年的 27.2 亿美元，占比 5.2%，增至 2004 年的峰值 62.5 亿美元，占比 10.3%，随后逐年降至 2012 年的 30.4 亿美元，占比 2.7%，2013 年实际投资额较 2012 年略有回升，投资额为 30.54 亿美元，占比 2.46%；

2014 年实际投资额较 2013 年有所回升，投资额为 39.66 亿美元，占比 3.09%。

（6）美国

美国是世界第一大 FDI 流出国，2014 年，美国 FDI 流出 3369.43 亿美元，同比上升 2.62%，占全球总流量的 24.88%。

2014 年，美国在华投资企业 1176 家，占比 4.94%，同比上升 9.78%；在华实际投资金额 23.71 亿美元，占比 1.84%，同比下降 15.92%，占美国对外投资额 0.70%。

截至 2014 年，美国累计对华投资企业 64 606 家，实际投资总额 753.81 亿美元。期间，美国对华投资企业数和实际投资额占中国外商投资流入总量的份额呈下降态势。企业数从 2002 年的 3363 家，占比 9.84%，下降至 2014 年的 1176 个，占比 4.94%；实际投资金额从 2002 年的 54.24 亿美元，占比 10.28%，下降至 2014 年的 23.71 亿美元，占比 1.84%。

（7）德国

德国是全球重要的 FDI 输出国之一。2014 年，德国 FDI 流出量为 1122.27 亿美元，同比上升 48.72%，占全球 FDI 流出总量的 8.29%。2014 年德国在华投资额 20.71 亿美元，占中国吸收 FDI 的 1.61%，占德国对外投资额的 1.85%。

2014 年，德国对华投资企业 384 家，占比 1.61%；投资额 20.71 亿美元，占比 1.61%。从实际投资金额看，德国对华投资近两年增幅明显，其中 2012 年德国对华实际投资 14.5 亿美元，同比增长 28.9%；2013 年同比增长 30.22%，2014 年德国对华投资额较 2013 年持平，略下降 0.34%。而从投资项目数看，2012 年德国对华直接投资项目小幅减少，由 2011 年的 458 家到 2012 年的 419 家，同比减少 8.52%，2013 年降至 373 家，同比减少 10.98%；2014 年略有回升，同比上升 2.86%。

截至2014年，德国对华累计投资企业8577家，占比1.06%；累计投资金额239.10亿美元，占比1.49%。

（8）中国台湾

2014年FDI流出126.97亿美元，同比下降11.12%，约占全球FDI流出总量的1.01%。

2014年，中国台湾对大陆直接投资企业2318家，同比上升12.99%；实际投资额20.18亿美元，同比下降3.35%。

截至2014年，台湾累计对大陆投资企业达到92 336家，实际投资总额611.52亿美元，总体呈下降趋势。企业数从2002年的4853家，占比14.20%，降至2013年的2017家，占比8.84%，2014年的2318家，占比9.74%；实际投资额从2002年的39.71亿美元，占比7.53%，降至2013年的20.88亿美元、占比1.68%；2014年的20.18亿美元，占比1.57%，相比2013年企业数上升，投资额略有下降。

（9）萨摩亚

萨摩亚是自由港之一，2014年对华投资企业数372家，占比1.56%；实际投资额15.64亿美元，占比1.22%。

截至2014年，萨摩亚累计对华投资企业7780家，占比0.96%；实际投资金额233.50亿美元，占比1.45%。

（10）开曼群岛

开曼群岛也是自由港之一，2014年对华投资企业111家，占比0.47%；实际投资额12.55亿美元，占比0.98%。

截至2014年，开曼群岛累计对华投资企业3056家，占比0.38%；实际投资总金额287.28亿美元，占比1.79%。

3. 外商投资的国内地区分布

东部地区一直是中国吸收外商投资的主要地区，外商投资中部和西部地区相对较少。

2014 年，东部地区外商投资企业数和实际使用外资金额占中国吸收外资总数的比重分别为 85.95% 和 76.20%，中部地区为 9.28% 和 8.45%，西部地区为 4.71% 和 8.39%。

与 2013 年相比，2014 年东部地区外商投资企业 20 466 家，同比上升 5.94%，而实际使用外资金额 979.22 亿美元，同比上升 1.07%；中部地区和西部地区外商投资企业数呈下降趋势，但实际使用外资金额均呈上升趋势，其中，中部地区外商投资企业 2208 家，同比下降 8.00%，实际使用外资金额 108.61 亿美元，同比上升 6.98%；西部地区外商投资企业 1122 家，同比下降 1.60%，实际使用外资金额 107.79 亿美元，同比上升 1.61%（见表 1-4）。

表 1-4　2014 年东部、中部、西部地区外商直接投资统计

地区名称	企业数（家）	比重（%）	实际使用外资金额（亿美元）	比重（%）
总计	23 812	100	1 285.02	100
东部地区	20 466	85.95	979.22	76.20
中部地区	2 208	9.28	108.61	8.45
西部地区	1 122	4.71	107.79	8.39
有关部门	16	0.07	89.40	6.96

注：东部地区：北京、天津、河北、辽宁、上海、江苏、浙江、福建、山东、广东、海南。
　　中部地区：山西、吉林、黑龙江、安徽、江西、河南、湖北、湖南。
　　西部地区：内蒙古、广西、四川、重庆、贵州、云南、陕西、甘肃、青海、宁夏、新疆、西藏。
　　有关部门：包括银行、证券、保险行业吸收外商直接投资数据。
资料来源：商务部外资统计。

截至 2014 年年底，东部地区外商投资企业数、实际使用外资金额占全国累计外商投资企业数和实际使用外资累计金额总数的比重分别为 83.59% 和 80.56%；中部地区为 10.56% 和 7.69%；西部地区为 5.82% 和 6.19%（见表 1-5）。

表 1-5　截至 2014 年东部、中部、西部地区外商直接投资统计

地区名称	企业数（家）	比重（%）	实际使用外资金额（亿美元）	比重（%）
总计	810 011	100	16 053.29	100
东部地区	677 085	83.59	12 932.51	80.56
中部地区	85 571	10.56	1 234.42	7.69
西部地区	47 173	5.82	993.59	6.19
有关部门	182	0.02	892.77	5.56

注：东部地区：北京、天津、河北、辽宁、上海、江苏、浙江、福建、山东、广东、海南。
中部地区：山西、吉林、黑龙江、安徽、江西、河南、湖北、湖南。
西部地区：内蒙古、广西、四川、重庆、贵州、云南、陕西、甘肃、青海、宁夏、新疆、西藏。
有关部门：包括银行、证券、保险行业吸收外商直接投资数据。

资料来源：商务部外资统计。

4. 外商投资的国内产业分布

2014 年，中国外商直接投资企业排在前三位行业的分别是：批发和零售业 7978 个，占全国外资企业数的比重 33.53%；制造业 5178 个，占比 21.76%；租赁和商务服务业 3963 个，占比 16.66%。

2014 年，中国实际使用外资金额排在前四位的行业分别是：制造业 399.39 亿美元，占全国实际使用外资金额比重 31.08%；房地产业 346.26 亿美元，占比 26.95%；金融业 131.22 亿美元，占比 10.21%；租赁和商务服务业 124.86 亿美元，占比 9.72%（见表 1-6）。

表 1-6　2014 年外商直接投资行业结构表

行业名称	企业数（家）	比重（%）	实际使用外资金额（亿美元）	比重（%）
总计	23 794	100	1 284.91	100
农、林、牧、渔业	719	3.02	15.22	1.18
采矿业	35	0.15	5.62	0.44
制造业	5 178	21.76	399.39	31.08
电力、燃气及水的生产和供应业	208	0.87	22.03	1.71
建筑业	230	0.97	12.39	0.96
交通运输、仓储和邮政业	376	1.58	44.56	3.47
信息传输、计算机服务和软件业	981	4.12	27.55	2.14
批发和零售业	7 978	33.53	94.63	7.36
住宿和餐饮业	567	2.38	6.50	0.51

（续）

行业名称	企业数（家）	比重（%）	实际使用外资金额（亿美元）	比重（%）
金融业	986	4.14	131.22	10.21
房地产业	446	1.87	346.26	26.95
租赁和商务服务业	3 963	16.66	124.86	9.72
科学研究、技术服务和地质勘查业	1 611	6.77	32.55	2.53
水利、环境和公共设施管理业	99	0.42	5.73	0.45
居民服务和其他服务业	181	0.76	7.18	0.56
教育	20	0.08	0.21	0.02
卫生、社会保障和社会福利业	22	0.09	0.78	0.06
文化、体育和娱乐业	194	0.82	8.23	0.64

资料来源：商务部外资统计。

（1）农业[㊀]

中国农业吸收外商投资规模较小。2014 年，外商投资农业企业 719 家，占比 3.02%；实际投资金额 11.22 亿美元，占比 1.18%，较 2013 年均有减少。

2002 年以来，外商对农业投资额逐步下降，2006 年为最低点，以后逐年增加至 2012 年最高点，2014 年较 2013 年实际使用外资金额有所下降（见图 1-2）。

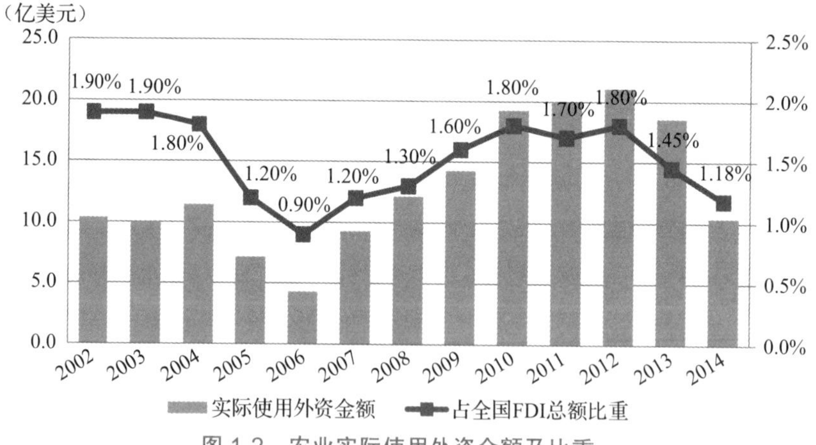

图 1-2　农业实际使用外资金额及比重

资料来源：商务部外资统计。

㊀ 本节中，农业涵盖农业、林业、畜牧业、渔业以及农、林、牧、渔服务业。

（2）农副食品加工业

2014 年外商投资农副食品加工业企业 151 家，同比下降 17.03%，实际使用外资金额 10.12 亿美元，同比下降 16.31%。

2002 ~ 2013 年，该行业累计外资项目 8688 家，累计实际使用外资 149.3 亿美元。2011 年以来，外商对农副食品加工业投资额逐年下降。2014 年，该行业实际使用外资有所回升，但较 2004 年最高水平仍下降约 40%。2014 年该行业投资额占制造业投资总额比重为 2.53%（见图 1-3）。

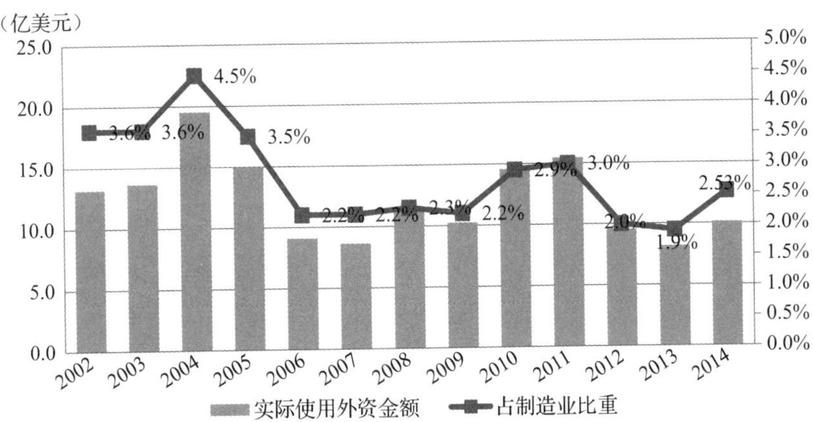

图 1-3　农副食品加工业实际使用外资金额及所占比重

资料来源：商务部外资统计。

注：2014 年制造业外商投资企业数 5718 家，同比下降 20.39%；实际使用外资金额 399.39 亿美元，同比下降 12.33%。

（3）化学原料及化学制品制造业

2014 年，外商投资化学原料及化学制品制造业[一]企业 234 家，同比下降 11.03%；实际使用外资金额 31.79 亿美元，同比下降 19.13%。

2002 ~ 2013 年，化学原料及化学制品制造业累计外资项目 10 997 家，实际使用外资 391.6 亿美元。外商投资额自 2008 年以后基本稳定，2014 年占制造业使用外资总额的比重为 7.96%（见图 1-4）。

[一] 化学原料及化学制品制造业包括：基础化学原料制造，肥料制造，农药制造，涂料、油墨、颜料及类似产品制造，合成材料制造，专用化学产品制造，日用化学产品制造等。

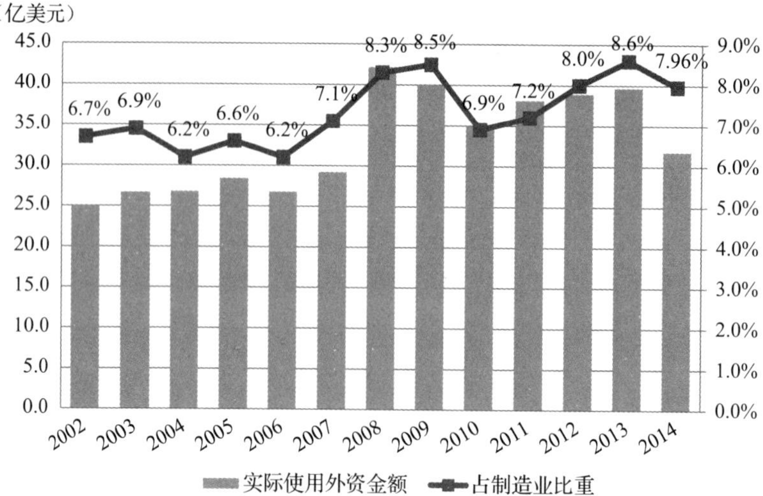

图 1-4　化学原料及化学制品制造业实际使用外资金额及所占比重

资料来源：商务部外资统计。

（4）通用设备制造业

2014 年通用设备制造业[㊀]实际使用外资额 29.22 亿美元，同比下降 17.34%，外资企业同比下降 28.96%，降至 2014 年的 547 家。

2002 ~ 2013 年，通用设备制造业累计外资项目 15 443 家，实际使用外资额 320.65 亿美元。从动态上看，实际投资金额及其占行业总额的比重持续稳定增长，项目数 2008 年以后较为平稳，但其占行业总量的比重呈现持续上升态势。2014 年占制造业使用外资总额的比重为 7.32%（见图 1-5）。

（5）专用设备制造业

2014 年，外商投资专用设备制造业[㊁]企业 466 家，同比下降 15.88%；实际使用外资额 23.02 亿美元，同比下降 34.02%。

㊀ 通用设备制造业主要包括金属加工机械制造，起重运输设备制造，轴承、齿轮、传动和驱动部件的制造，通用零部件制造及机械修理等。

㊁ 专用设备制造业主要包括：食品、饮料、烟草及饲料生产专用设备，印刷、制药、日化生产专用设备，纺织、服装和皮革工业专用设备，电子和电工机械专用设备，农、林、牧、渔专用机械，医疗仪器设备及器械制造等。

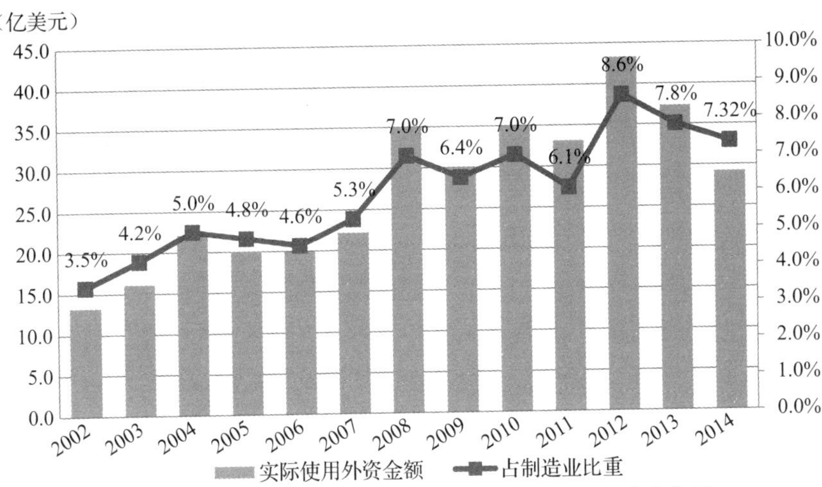

图 1-5 通用设备制造业实际使用外资金额及占制造业比重

资料来源：商务部外资统计。

2002 ~ 2013 年，专用设备制造业累计外资企业 14 462 家，实际使用外资金额达 295.69 亿美元。2006 年以来，专用设备制造业外资企业数逐年减少，但实际使用外资金额却逐年增加，表明该行业单一项目投资规模逐渐增大。2014 年投资规模有所下降，占制造业使用外资总额的比重为 5.76%（见图 1-6）。

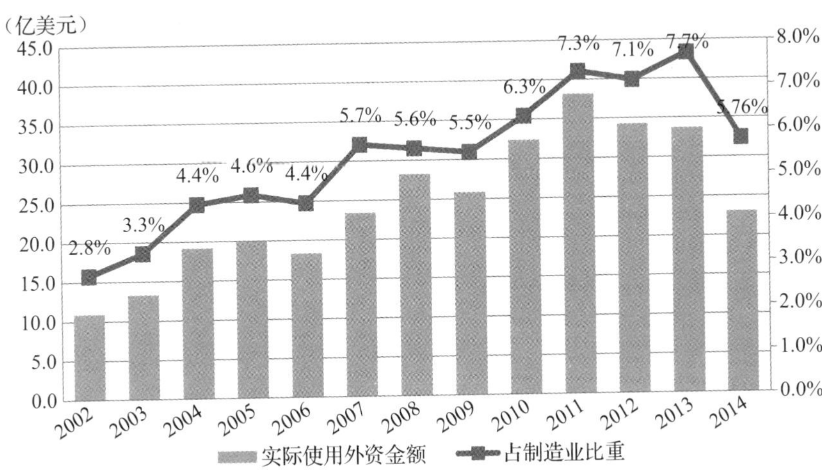

图 1-6 专用设备制造业实际使用外资金额及占制造业比重

资料来源：商务部外资统计。

（6）交通运输设备制造业

2014 年，外商投资交通运输设备制造业㊀企业 361 家，同比下降 15.85%；实际使用外资额 38.20 亿美元，同比下降 13.38%。

2002 ~ 2013 年，交通运输设备制造业外商投资企业累计 10 133 家，实际使用外资额 370.4 亿美元。2009 年来，交通运输设备制造业外商投资企业数有所下降，但其实际使用外资额却逐年增加，表明行业投资规模近年来逐年增大。2014 年较 2013 年投资额有所下降，占制造业使用外资总额的比重为 9.56%（见图 1-7）。

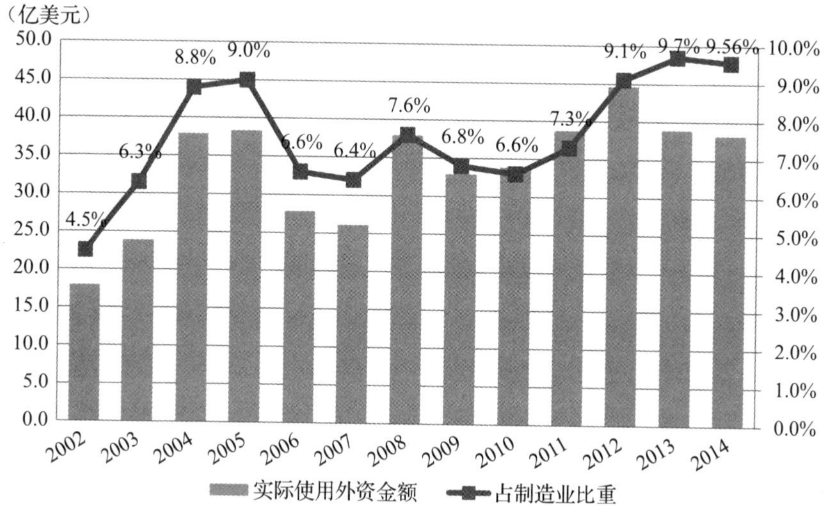

图 1-7　交通运输设备制造业实际使用外资金额及占制造业比重

资料来源：商务部外资统计。

（7）通信设备、计算机及其他电子设备制造业

2014 年，外商投资通信设备、计算机及其他电子设备制造业㊁企业 589 家，同比下降 24.78%，降至 2002 年来最低值；实际使用外资额

㊀ 交通运输设备制造业主要包括：铁路运输设备、汽车、摩托车、自行车、船舶及浮动装置、航空航天器、交通器材及其他交通运输设备制造等。

㊁ 通信设备、计算机及其他电子设备制造业包括通信设备制造、雷达及配套设备制造、广播电视设备制造、电子计算机制造、电子器件制造、电子元件制造、家用视听设备制造及其他电子设备制造等。

61.48 亿美元，同比下降 4.04%。

2002 ~ 2013 年，该行业累计外资企业 23 243 家，实际使用外资累计金额 894.66 亿美元。2011 年以来，通信设备、计算机及其他电子设备制造业外资企业数和实际使用外资额均有所下降，但外资企业数下降趋势更为明显。2014 年此行业占制造业使用外资总额的比重为 15.39%（见图 1-8）。

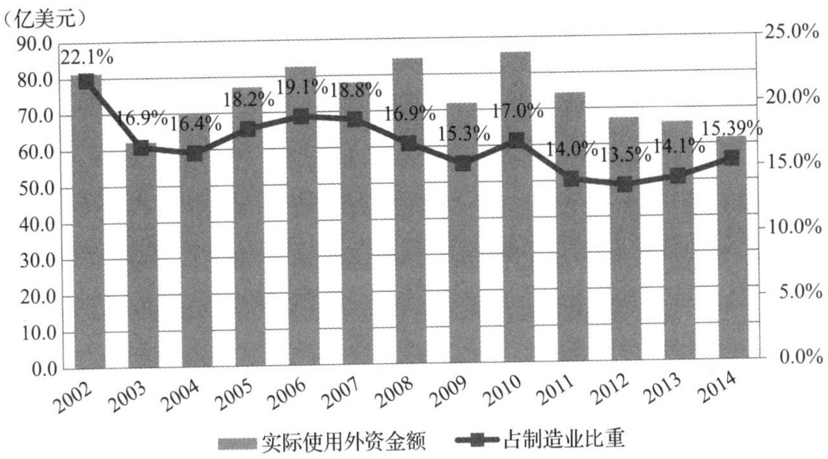

图 1-8 通信设备、计算机及其他电子设备制造业实际使用外资金额及占制造业比重

资料来源：商务部外资统计。

（8）租赁与商务服务业

租赁与商务服务业[㊀]是外商投资的重要行业。2002 ~ 2013 年，租赁与商务服务业累计外资企业 32 431 家，实际使用外资累计金额 630.92 亿美元。2002 年，投资该行业的外资企业数及其占服务业外资企业总数的比重均显著上升。2002 ~ 2013 年，该行业实际使用外资额也呈稳步增长趋势，占服务业实际使用外资总额的比重平均维持在 15% 左右。

2014 年，租赁与商务服务业外资企业 3963 家，同比上升 17.98%，

㊀ 租赁与商务服务业包括租赁业和商务服务业，具体包括机械设备租赁、文化及日用品出租、企业管理服务、法律服务、咨询与调查、广告业、知识产权服务、职业中介服务、市场管理、旅行社及其他商务服务等。其他商务服务涵盖会议及展览服务、包装服务、保安服务、办公服务等。

实际使用外资 124.86 亿美元，同比上升 20.50%。2014 年占当年服务业使用外资总额[㊀]的比重为 10.51%（见图 1-9）。

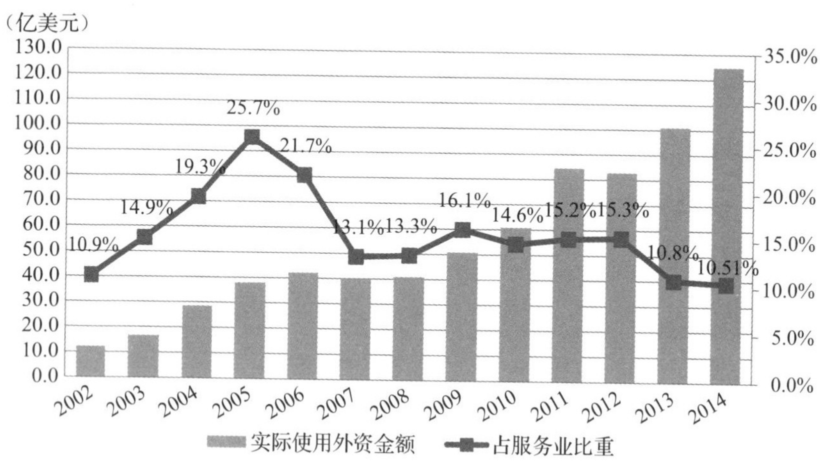

图 1-9　租赁与商务服务业实际使用金额及所占比重

资料来源：商务部外资统计。

（9）批发与零售业

批发与零售业[㊁]近年来成为外商对华服务业投资的重要行业（见图 1-10）。2014 年，批发与零售业外资企业 7978 家，占服务业外资企业总数的 48.55%，实际使用外资 94.63 亿美元，占服务业的比重为 7.97%。

2002 ~ 2013 年，批发与零售业累计外资企业 58 784 家，实际使用外资总额 541.11 亿美元。自 2004 年至今，批发与零售业外资企业数

㊀ 服务业实际使用外资金额总计，即交通运输仓储和邮政业、批发和零售业、住宿和餐饮业、旅游饭店业、金融业、房地产业、房地产开发经营业、租赁和商务服务业、科学研究 / 技术服务和地质勘查业、居民服务和其他服务业、教育、卫生 / 社会保障和社会福利业等企业数总计 16 432 家，实际使用外资金额总计为 11 187.88 亿美元。

㊁ 批发与零售业，即批发业和零售业，包括食品、饮料及烟草制品批发与零售，纺织、服装及日用品批发与零售，文化、体育用品及器材批发与零售，医药及医疗器材批发与零售，矿产品、建材及化工产品批发，机械设备、五金交电及电子产品批发，贸易经纪与代理，再生物资回收与批发，综合零售，汽车、摩托车、燃料及零配件专门零售，家用电器及电子产品专门零售，五金、家具及室内装修材料专门零售，无店铺及其他零售等。

占比与实际使用外资额占比都逐年稳步增长，均在 2013 年达到最大值；2014 年有所下降，同比下降 17.79%（见图 1-10）。

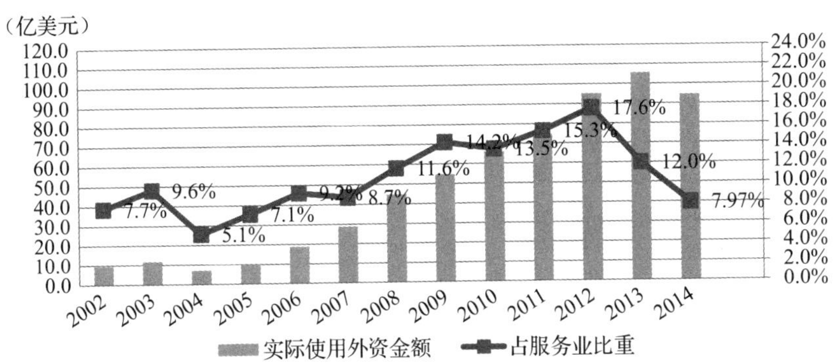

图 1-10　批发与零售业实际使用金额及所占比重

资料来源：商务部外资统计。

（10）交通运输、仓储与邮政业

2002 ~ 2013 年，外商投资交通运输、仓储与邮政业[一]企业 136 768 家，累计实际使用外资总额 273.57 亿美元。自 2002 ~ 2008 年起，该行业实际使用外资金额逐年上升，2009 ~ 2010 年调整，略有下降，从 2010 年起至今逐年上升至 2014 年最大值。

2014 年，交通运输、仓储与邮政业外资企业数同比下降 6.23% 至 376 家，实际使用外资则达到 44.56 亿美元，较 2013 年上升了 5.65%（见图 1-11）。2014 年该行业占当年服务业使用外资总额的比重为 3.75%。

（11）卫生、社会保障和社会福利业

外商投资卫生、社会保障和社会福利业[二]较少。2002 ~ 2012 年，卫

[一] 交通运输、仓储与邮政业包括铁路运输业、道路运输业、城市公共交通业、水上运输业、航空运输业、管道运输业、装卸搬运和其他运输服务业、仓储业以及邮政业。

[二] 卫生、社会保障和社会福利业包括卫生和社会工作。其中，卫生业包括医院、社区医疗与卫生院、门诊部、计划生育技术服务活动、妇幼保健院（所、站）、疾病预防控制中心和其他卫生活动；社会工作包括提供住宿的干部休养所、护理机构服务、老年人、残疾人养护服务、孤残儿童收养和庇护服务以及其他提供住宿的社会救助和不提供住宿的社会看护与帮助服务及其他不提供住宿社会工作。

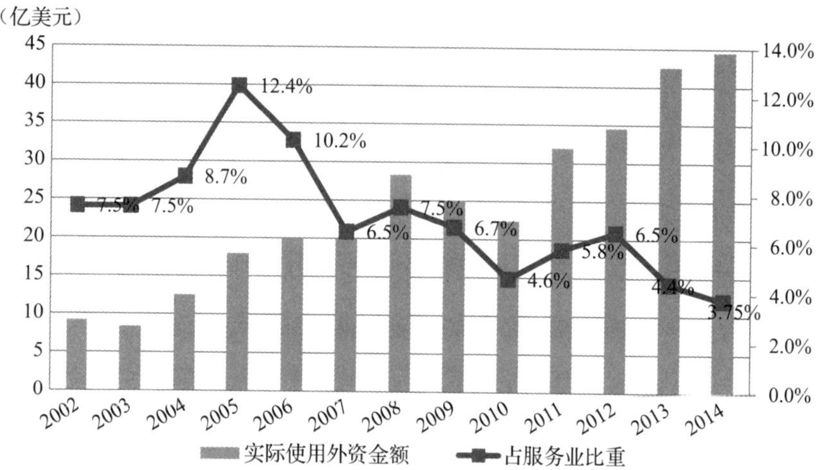

图 1-11 交通运输、仓储与邮政业实际使用外资金额及所占比重

资料来源：商务部外资统计。

生、社会保障和社会福利业累计外资企业 304 家，实际使用外资总额 7.668 亿美元。2014 年，卫生、社会保障和社会福利业外资企业 22 家，同比上升 22.22%；实际使用外资金额 0.78 亿美元，同比上升 20.54%。到目前为止，该行业在 2003 年外商投资额为最高值，仅仅约不到 1.3 亿美元，至 2007 年外商投资本行业逐年下降，达到最低值约为 0.1 亿美元；2007 ~ 2010 年外商投资反弹逐年上升，而后 2010 年至今又逐年下降。2014 年该行业使用外资占当年服务业总额的比重为 0.07%（见图 1-12）。

（12）金融业

金融业[㊀]是外商对华投资的重要行业之一，近年来，无论是企业数还是实际投资额都有显著增长。2002 ~ 2013 年，金融业累计外资企业 1381 家，实际使用外资总额 161.95 亿美元，在服务业的占比均呈现出长期增长态势；2009 ~ 2011 年，增长率维持在 50% 以上。2012 年，金融业外资企业数同比上升 80.8% 至 282 家，实际使用金额同比上升 11% 至 21.2 亿美元。

㊀ 金融业包括银行业、保险业、证券业和其他金融活动，其他金融活动涵盖金融信托与管理、金融租赁、财务公司、邮政储蓄、典当等。

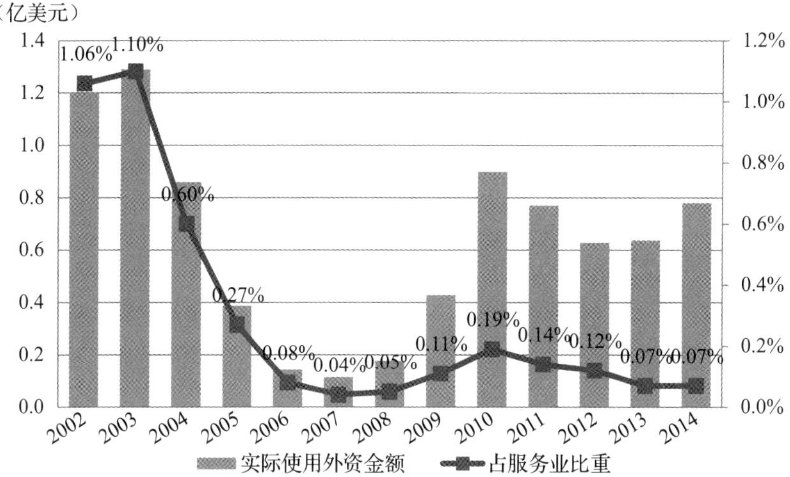

图 1-12　卫生、社会保障和社会福利业实际利用外资金额及所占比重

资料来源：商务部外资统计。

2014 年无论企业数还是实际使用外资金额迅猛增长，企业数达到 986 家，同比上升 77.66%；实际使用外资金额达到 131.22 亿美元，同比上升 51.61%。2014 年该行业使用外资占当年服务业总额的比重为 11.05%（图 1-13）。

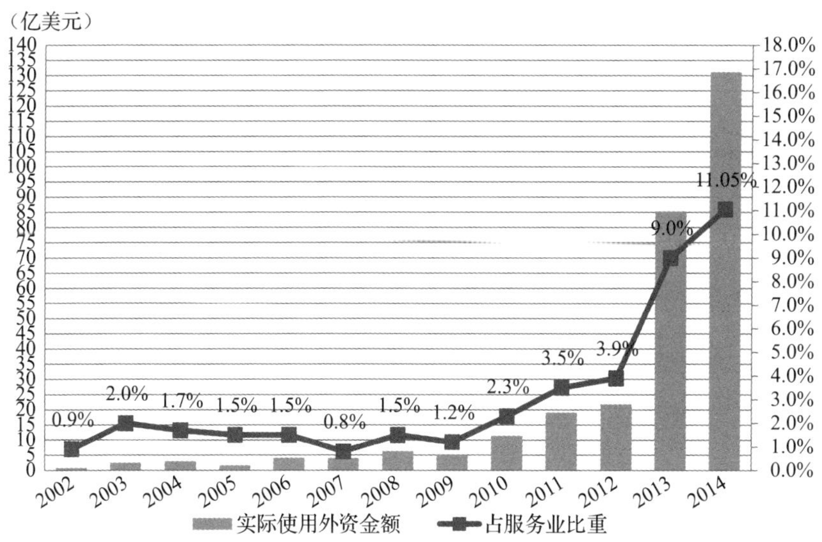

图 1-13　金融业实际利用外资金额及所占比重

资料来源：商务部外资统计。

（二）中国对外直接投资分析报告

2014年，世界经济复苏仍艰难曲折，全球外国直接投资流量下降。面对复杂多变的国际形势，中国政府积极推动“一带一路”建设，不断加快对外投资便利化进程，中国企业“走出去”的内在动力日益增强。2014年，中国对外直接投资创下1231.2亿美元的历史最高值，双向直接投资首次接近平衡。

1. 中国对外直接投资概况

2014年，中国对外直接投资净额（以下简称流量）为1231.2亿美元，较2013年增长14.2%。其中：新增股本投资557.3亿美元，占45.3%；当期收益再投资444亿美元，占36.1%；债务工具投资229.9亿美元，占18.6%。

截至2014年年底，中国1.85万家[㊀]境内投资者在国（境）外共设立对外直接投资企业[㊁]（以下简称境外企业）2.94万家，分布在全球186个国家（地区）[㊂]，年末境外企业资产总额近3.1万亿美元。对外直接投资累计净额（以下简称存量）达8826.4亿美元，其中：股本投资3569亿美元，占40.4%；收益再投资3839.3亿美元，占43.5%；债务工具投资1418.1亿美元，占16.1%（见表1-7）。

表1-7　2014年中国对外直接投资流量、存量分类构成情况表

分类	流量			存量	
	金额（亿美元）	同比（%）	比重（%）	金额（亿美元）	比重（%）
金融类	159.2	5.4	12.9	1 376.2	15.6
非金融类	1 072.0	15.6	87.1	7 540.2	84.4
合计	**1 231.2**	**14.2**	**100.0**	**8 916.4**	**100.0**

注：1. 金融类指境内投资者直接投向境外金融企业的投资；非金融类指境内投资者直接投向境外非金融企业的投资。

2. 2014年非金融流量数据与商务部2014年快报数据（1028.9亿美元）差异主要为收益再投资部分。

㊀ 1.85万家境内投资者指的是按境内一级投资主体（即母公司）作为统计单位的数量。

㊁ 对外直接投资企业指境内投资者直接拥有或控股10%或以上投票权或其他等价利益的境外企业。

㊂ 对外直接投资的国家（地区）按境内投资者投资的首个目的地国家（地区）进行统计。

2014 年，金融类对外直接投资流量 159.2 亿美元，同比增长 5.4%，其中货币金融服务类（原银行业）对外直接投资 74.2 亿美元，占 46.6%。

2014 年年末，金融类对外直接投资存量 1376.2 亿美元，其中货币金融服务类对外直接投资 848 亿美元，占 61.6%；保险业 99.5 亿美元，占 7.2%；资本市场服务（原证券业）65.5 亿美元，占 4.5%；其他金融业 367.2 亿美元，占 26.7%。

截至 2014 年年末，中国国有商业银行[㊀]在美国、日本、英国等 38 个国家和地区共开设 72 家分行、51 家附属机构，员工总人数达 4.4 万人，其中雇用外方员工 4.2 万人，占 95.5%。2014 年年末，中国在境外设立保险机构 7 家。

2014 年，中国非金融类对外直接投资 1072 亿美元，同比增长 15.6%；境外企业实现销售收入 15 692 亿美元，较 2013 年增长 10%；境内投资者通过境外企业实现的进出口额为 4481 亿美元，同比增长 7.5%，其中：进口总值 3379 亿美元，同比增长 9.8%；出口总值 1102 亿美元，同比增长 1.2%。2014 年年末，非金融类对外直接投资存量 7450.2 亿美元，境外企业资产总额 2.25 万亿美元。

2014 年，境外企业向投资所在国缴纳的各种税金总额 191.5 亿美元，年末境外企业员工总数 185.5 万人，其中雇用外方员工 83.3 万人，来自发达国家的雇员有 13.5 万人，较 2013 年年末（指发达国家的雇员）增加 3.3 万人。

2. 中国对外直接投资流量与存量

（1）2014 年中国对外直接投资流量的特点

1）快速增长，规模与中国吸引外资首次接近

2014 年，发达经济体经济运行分化加剧，发展中经济体增长放缓，全球外国直接投资下降 16%。中国对外直接投资逆市上扬，创

㊀ 中国国有商业银行包括中国银行、中国农业银行、中国工商银行、中国建设银行和交通银行。

下 1231.2 亿美元的历史最高值（见图 1-14），同比增长 14.2%，连续三年位列世界第三大对外投资国。与此同时，中国吸引外资规模稳中求进，质量进一步提升，2014 年中国实际使用外资金额 1285 亿美元，首次位列全球吸引外资第一。中国对外直接投资与中国吸引外资仅差 53.8 亿美元，双向投资首次接近平衡。自 2003 年中国有关部门权威发布年度数据以来，中国对外直接投资实现连续 12 年增长，2014 年流量是 2002 年的 45.6 倍，2002 年至 2014 年的年均增长速度高达 37.5%。

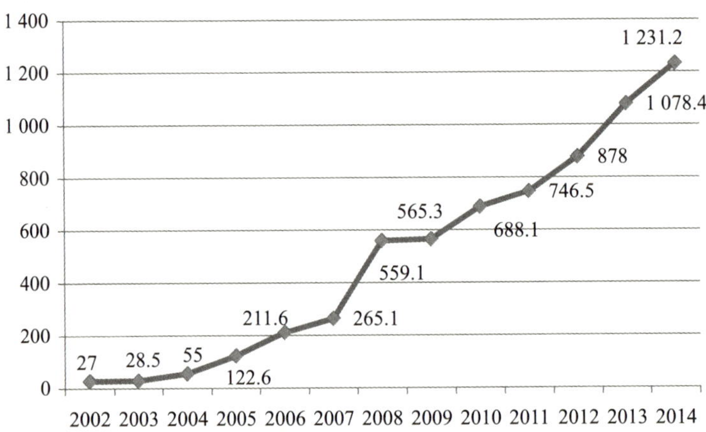

图 1-14　2002 ~ 2014 年中国对外直接投资流量情况（单位：亿美元 / 年）

注：2002 ~ 2014 年数据来源于中国商务部统计数据。

2）并购领域亮点突出、传统采矿领域交易金额大幅下降

2014 年中国企业共实施对外投资并购项目 595 起，涉及 69 个国家（地区），实际交易总额 569.1 亿美元，其中直接投资[㊀] 324.8 亿美元，占并购交易总额的 57.1%，占当年中国对外直接投资总额的 26.4%；境外融资 244.2 亿美元，占并购金额的 42.9%。2014 年中国企业对外投资并

㊀ 指境内投资者或其境外企业收购项目的款项来源于境内投资者的自由资金、境内银行贷款（不包括境内投资者担保的境外贷款，此部分纳入对外直接投资统计）。

购涉及采矿业、制造业、电力、热力、燃气及水的生产和供应业、信息传输、软件和信息技术服务业、农、林、牧、渔业、租赁和商务服务业、批发和零售业等17个行业大类。受全球大宗商品市场持续低迷等因素的影响，采矿业并购金额虽然保持首位，但从2013年的342.3亿美元大幅下滑到179.1亿美元，同比下降47.7%。2014年中国企业涉及制造业、电力、热力、燃气及水的生产和供应业、农林牧渔领域的对外投资并购亮点突出，其中制造业并购167起，并购金额118.8亿美元，同比分别增长29.5%和16.2%（见表1-8、表1-9）。

表1-8　2014年中国对外投资并购行业构成

行　业	数量（起）	实际交易金额（亿美元）	金融占比（%）
采矿业	40	179.1	31.4
制造业	167	118.8	20.9
电力、热力、燃气及水生产和供应业	18	93.1	5.8
信息传输、软件和信息技术服务业	36	35.7	6.3
农、林、牧、渔业	43	35.6	6.3
租赁和商务服务业	58	25.3	4.4
金融业	10	20.8	3.7
交通运输、仓储和邮政业	16	17.7	3.1
批发和零售业	117	15.1	2.7
房地产业	16	8.6	1.5
住宿和餐饮业	12	8.0	1.4
科学研究和技术服务业	26	5.8	1.0
居民服务、维修和其他服务业	13	3.6	0.6
文化、体育和娱乐业	11	1.0	0.2
建筑业	7	0.6	0.1
卫生和社会工作	3	0.2	—
教育	2	0.1	—
合计	**595**	**569.1**	**100**

表 1-9　2004 ~ 2014 年中国对外投资并购情况

年份	并购金额（亿美元）	同比（%）	比重（%）
2004	30.0	—	54.5
2005	65.0	116.7	53.0
2006	82.5	26.9	39.0
2007	63.0	–23.6	23.8
2008	302.0	379.4	54.0
2009	192.0	–36.4	34.0
2010	297.0	54.7	43.2
2011	272.0	–8.4	36.4
2012	434.0	—	31.4
2013	529.0	21.9	31.3
2014	569.0	7.6	26.4

注：2012 ~ 2014 年并购金额包括境外融资部分，比重为直接投资占当年流量的比重。

3）股权和收益再投资占八成，债务工具比重下降明显

2014 年，新增股本投资 557.3 亿美元，占当年流量总额的 45.3%，较上年上升 16.8 个百分点；收益再投资 444 亿美元，占 36.1%，较上年提升 0.6 个百分点；股权和收益再投资共计 1001.3 亿美元，占流量总额的 81.3%。由于境外融资成本低于中国境内，因此中国企业通过中国香港等地境外融资再对外投资的活动日益增多，致使境内投资主体直接给境外企业提供的贷款减少，债务工具投资较上年下降 40.7%（见表 1-10、图 1-15）。

表 1-10　2006 ~ 2014 年中国对外直接投资流量构成

年份	流量	新增股权		当期收益再投资		债务工具投资	
		金额（亿美元）	比重（%）	金额（亿美元）	比重（%）	金额（亿美元）	比重（%）
2006	211.6	51.7	24.4	66.5	31.4	93.4	44.2
2007	265.1	86.9	32.8	97.9	36.9	80.3	30.3
2008	559.1	283.6	50.7	98.9	17.7	176.6	31.6
2009	565.3	172.5	30.5	161.3	28.5	231.5	41.0

（续）

年份	流量	新增股权		当期收益再投资		债务工具投资	
		金额（亿美元）	比重（%）	金额（亿美元）	比重（%）	金额（亿美元）	比重（%）
2010	688.1	206.4	30.0	240.1	34.9	241.6	35.1
2011	746.5	313.8	42.0	244.6	32.8	188.1	25.2
2012	878.0	311.4	35.5	224.7	25.6	341.9	38.9
2013	1 078.4	307.3	28.5	383.2	35.5	387.9	36.0
2014	1 231.2	557.3	45.3	444.0	36.1	229.9	18.6

注：2006 ~ 2014 年为中国全行业对外直接投资统计数据。

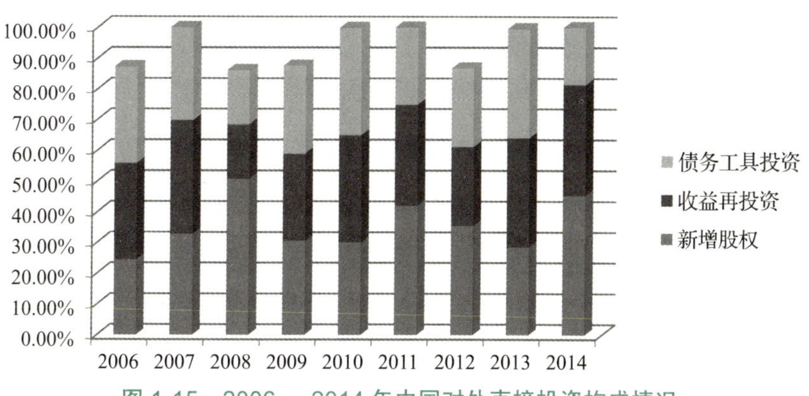

图 1-15　2006 ~ 2014 年中国对外直接投资构成情况

4）行业分布广泛，第三产业备受青睐

2014 年，中国对外直接投资涵盖了国民经济的 18 个行业大类。其中流向第一产业 15.9 亿美元，同比增长 26.2%，占当年流量的 1.3%；第二产业 311.1 亿美元，同比下降 14.4%，占 25.3%，其中流向采矿业（不包括开采辅助活动）的投资 165.5 亿美元，同比下降 33.3%，流向建筑业的投资 34 亿美元，同比下降 22%；流向第三产业（即服务业）904.2 亿美元，同比增长 28.7%，占 73.4%。

从第三产业的行业构成情况看，流向租赁和商务服务业（以投资控股为主）368.3 亿美元，占当年流量总额的 29.9%，同比增长 36.1%。批发和零售业 182.9 亿美元，占 14.9%，同比增长 24.8%。金融业 159.2

亿美元，占 12.9%，同比增长 5.4%。房地产业 66 亿美元，占 5.4%，同比增长 67.1%。交通运输、仓储和邮政业 41.8 亿美元，占 3.4%，同比增长 26.3%。信息传输、软件和信息技术服务业 31.7 亿美元，占 2.6%，同比增长 126.4%（见图 1-16、图 1-17）。

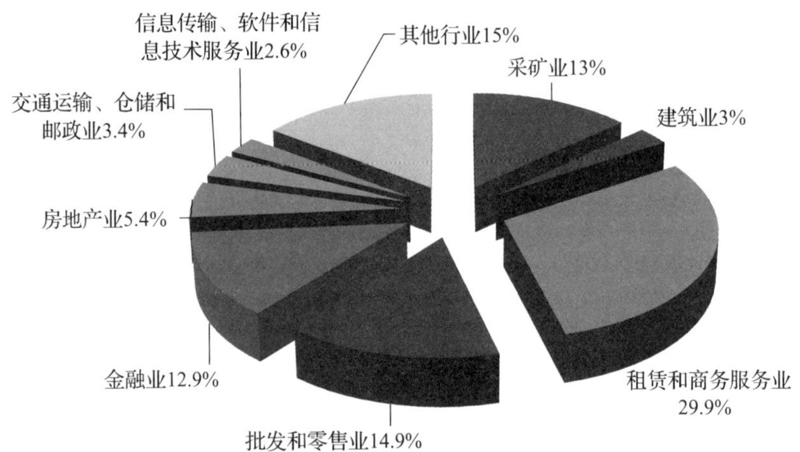

图 1-16　2014 年中国对外直接投资流向的主要行业

注：由于四舍五入原因，数据加总不一定为 100%。

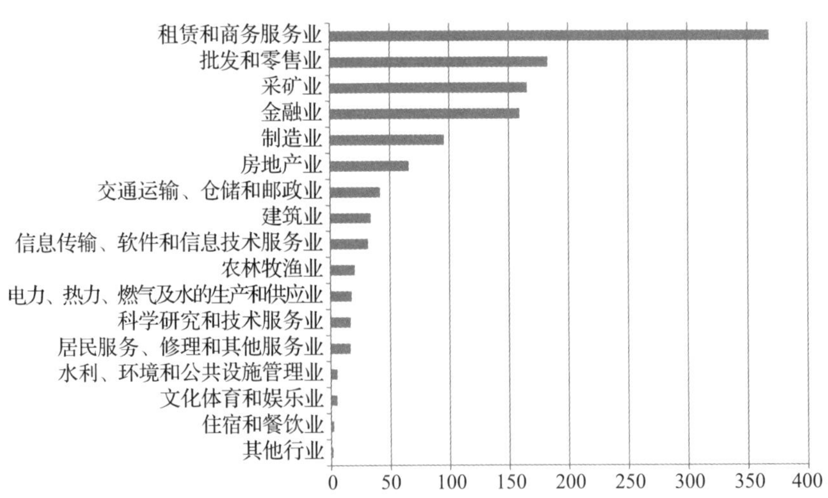

图 1-17　2014 年中国对外直接投资流量行业分布（单位：亿美元）

5）发达经济体成为投资热点，对欧盟、美国和澳大利亚的投资均创历史新高

2014 年，流向发达经济体的投资为 238.3 亿美元，较 2013 年实现了 72.3% 的高速增长。其中对欧盟直接投资 97.87 亿美元，同比增长 116.3%，占欧盟当年吸引外资的 3.8%；对美国投资 75.96 亿美元，同比增长 96.1%，占美国吸引外资的 8.2%；对澳大利亚投资 40.49 亿美元，同比增长 17.1%，占澳大利亚吸引外资的 7.8%。2014 年，中国对欧盟、美国、澳大利亚的投资均创历史最高值，发达国家已成为众多中国企业对外投资的首选投资目的地。

2014 年，中国对发展中国家经济体的投资 976.8 亿美元，占到当年流量的 79.3%，同比增长 6.5%；其中对中国香港投资 708.67 亿美元，同比增长 12.8%；对东盟投资 78.09 亿美元，同比增长 7.5%。

流向转型经济体 16.1 亿美元，同比下降 29.1%；其中对俄罗斯投资 6.34 亿美元，同比下降 38%；对哈萨克斯坦投资流量为 –4007 万美元，主要是境外企业对境内投资主体的负债减少（即债务工具为减项）。但中国对土库曼斯坦、格鲁吉亚、白俄罗斯、塔吉克斯坦、乌兹别克斯坦的投资则实现了较快增长（见表 1-11、表 1-12）。

表 1-11　2014 年中国对经济体直接投资流量构成

经济体	金额（亿美元）	同比（%）	比重（%）
发达国家经济体	238.3	72.3	19.4
发展中经济体	976.8	6.5	79.3
转型经济体	16.1	–29.1	1.3
合计	**1 231.2**	**14.1**	**100.0**

注：1. 经济体划分标准来源于联合国贸发会议《世界投资报告》。

2. 转型经济体主要包括①东南欧：阿尔巴尼亚、波斯尼亚和黑塞哥维那、塞尔维亚、黑山、马其顿共和国；②独联体：亚美尼亚、阿塞拜疆、白俄罗斯、吉尔吉斯斯坦、摩尔多瓦、俄罗斯、乌克兰、塔吉克斯坦、哈萨克斯坦、土库曼斯坦、乌兹别克斯坦；③格鲁吉亚。

表 1-12　2014 年中国对发达经济体投资情况

经济体名称	流量（万美元）	同比（%）
欧盟	978 716	116.3
美国	759 613	96.1
加拿大	90 384	-10.4
澳大利亚	404 910	17.1
日本	39 445	-9.1
新西兰	25 002	31.3
挪威	5 860	70.5
瑞士	3 364	-78.8
以色列	5 258	2 682.0
百慕大群岛	70 769	3 638.5
合计	**2 383 321**	**72.2**

注：发达经济体划分标准来源于联合国贸发会议《世界投资报告》。

6）近七成的投资流向中国香港、开曼群岛、英属维尔京群岛、卢森堡等，国家地区高度集中

2014 年，对外直接投资流向中国香港、开曼群岛、英属维尔京群岛、卢森堡的投资共计 842.07 亿美元，较 2013 年的 765.74 亿美元增长约 9.1%，占流量前 20 个国家（地区）的 75.8%，占当年流量总额的 68.4%。中国企业在上述国家（地区）设立的境外企业以商务服务业为主，2014 年流量在 10 亿美元以上的国家（地区）有 13 个，较 2013 年增加 2 个。

对中国香港投资 708.67 亿美元，占当年流量的 57.6%，主要流向租赁和商务服务业、金融业、批发和零售业、采矿业、交通运输、仓储和邮政业、房地产业、制造业。

对美国投资 75.96 亿美元，占 6.2%，主要流向制造业、采矿业、房地产业、金融业、租赁和商务服务业、批发和零售业、科学研究和技

术服务业、水利、环境和公共设施管理业、建筑业等。

对卢森堡投资 45.78 亿美元，占 3.7%，主要流向商务服务业、金融业、采矿业、批发和零售业等。

对英属维尔京群岛投资 45.7 亿美元，占 3.7%，主要流向商务服务业。

对开曼群岛投资 41.92 亿美元，占 3.4%，主要流向商务服务业。

对澳大利亚投资 40.49 亿美元，占 3.3%，主要流向采矿业、房地产业、租赁和商务服务业、批发和零售业、制造业、农、林、牧、渔业、金融业、建筑业等。

对新加坡投资 28.14 亿美元，占 2.3%，主要流向商务服务业、批发和零售业、制造业、建筑业、电力、热力、燃气及水的生产和供应业、交通运输、仓储和邮政业等。

对英国投资 14.99 亿美元，占 1.2%，主要流向房地产业、金融业、商务服务业、制造业、批发和零售业等。

对德国投资 14.39 亿美元，占 1.2%，主要流向制造业、科学研究和技术服务业、金融业等。

对印度尼西亚投资 12.72 亿美元，占 1.0%，主要流向制造业、农、林、牧、渔业、采矿业、电力、热力、燃气及水的生产和供应业、金融业、建筑业等。

对荷兰投资 10.3 亿美元，占 0.8%，主要流向采矿业、批发和零售业、商务服务业、制造业等。

对老挝投资 10.27 亿美元，占 0.8%，主要流向采矿业、电力、热力、燃气及水的生产和供应业、建筑业、农、林、牧、渔业、房地产业等。

对巴基斯坦投资 10.14 亿美元，占 0.8%，主要流向信息传输、软件和信息技术服务业、科学研究和专业技术服务业、制造业、建筑业等（见表 1-13）。

表 1-13　2014 年中国对外直接投资流量前 20 位的国家 / 地区

序号	国家和地区	流量（亿美元）	比重（%）
1	中国香港	708.67	57.6
2	美国	75.96	6.2
3	卢森堡	45.78	3.7
4	英属维尔京群岛	45.70	3.7
5	开曼群岛	41.92	3.4
6	澳大利亚	40.49	3.3
7	新加坡	28.14	2.3
8	英国	14.99	1.2
9	德国	14.39	1.2
10	印度尼西亚	12.72	1.0
11	荷兰	10.30	0.8
12	老挝	10.27	0.8
13	巴基斯坦	10.14	0.8
14	加拿大	9.04	0.7
15	泰国	8.39	0.7
16	巴西	7.30	0.6
17	百慕大群岛	7.08	0.6
18	阿拉伯联合酋长国	7.05	0.6
19	阿尔及利亚	6.66	0.5
20	俄罗斯联邦	6.34	0.5
	合计	**1 111.33**	**90.3**

7）对非洲、拉美投资下滑，对其他地区投资呈两位数增长

2014 年，中国**对非洲投资** 32 亿美元，较 2013 年下降 5%，占当年流量总额的 2.6%。主要流向阿尔及利亚、赞比亚、肯尼亚、刚果（布）、尼日利亚、中非、苏丹、坦桑尼亚、埃及等。投资领域分布广泛，主要涉及建筑业、交通运输、仓储和邮政业、制造业、采矿业、金融业、租赁和商务服务业、农、林、牧、渔业、房地产业等（见表 1-14）。

表 1-14　2014 年中国对非洲直接投资流量行业构成

行　业	流量（万美元）	比重（%）
建筑业	75 972	23.7
交通运输、仓储和邮政业	56 387	17.6
制造业	50 140	15.7
采矿业	41 933	13.1
金融业	27 422	8.6
租赁和商务服务业	14 036	4.4
农、林、牧、渔业	13 307	4.1
房地产业	12 410	3.9
电力、热力、燃气及水的生产和供应业	7 964	2.5
批发和零售业	7 226	2.3
文化、体育和娱乐业	6 799	2.1
居民服务、修理和其他服务业	2 692	0.8
信息传输、软件和信息技术服务业	2 192	0.7
水利、环境和公共设施管理业	1 187	0.4
其他行业	506	0.1
合计	**320 193**	**100.0**

对拉丁美洲投资 105.4 亿美元，同比下降 26.6%，占 8.6%。主要流向英属维尔京群岛、开曼群岛、巴西、哥伦比亚、墨西哥、厄瓜多尔、委内瑞拉等。其中，对避税地开曼群岛和英属维尔京群岛的投资 87.62 亿美元，同比下降 29.8%，占对拉美地区投资总额的 83.1%。较 2013 年下降了 3.8 个百分点。

对欧洲投资 108.4 亿美元，同比增长 82.2%，占当年流量总额的 8.8%，较 2013 年提升 3.3 个百分点。主要流向英国、卢森堡、德国、荷兰、俄罗斯、法国、格鲁吉亚、比利时、瑞典等。

对大洋洲投资 43.4 亿美元，同比增长 18.6%，占当年流量总额的 3.5%。主要流向澳大利亚、新西兰、萨摩亚、巴布亚新几内亚等。

对亚洲投资 849.9 亿美元，同比增长 12.4%，占当年流量总额的 69%，主要流向中国香港、新加坡、印度尼西亚、哈萨克斯坦、老挝、泰国、伊朗、马来西亚、柬埔寨等。其中对中国香港的投资占对亚洲投资流量的 83.4%。

对北美洲投资 92.1 亿美元，同比增长 88%，占当年流量总额的 7.5%，较上年提升 3 个百分点，主要流向美国、加拿大等（见图 1-18、表 1-15）。

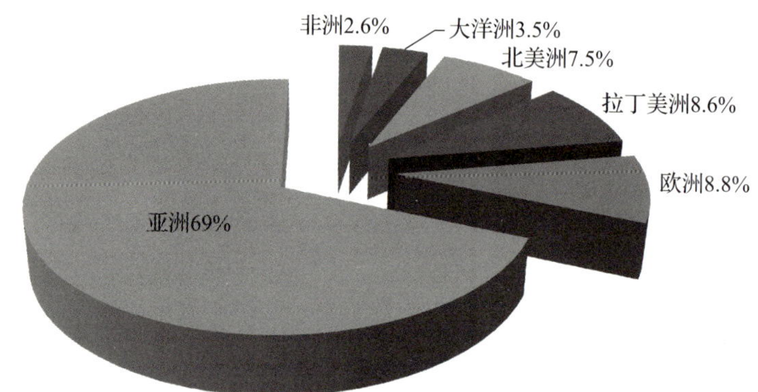

图 1-18　2014 年中国对外直接投资流量各洲分布情况

表 1-15　2014 年中国对外直接投资流量地区构成情况

洲别	金额（亿美元）	同比（%）	比重（%）
亚洲	849.9	12.4	69.0
欧洲	108.4	82.2	8.8
拉丁美洲	105.4	−26.6	8.6
北美洲	92.1	88.0	7.5
大洋洲	43.4	18.6	3.5
非洲	32.0	−5.0	2.6
合计	**1 231.2**	**14.2**	**100.0**

8）地方对外投资稳步增长，占比首次过半，广东、北京、上海位列前三

2014 年，中国地方企业非金融类对外直接投资流量达 547.26 亿美元，同比增长 50.3%，占全国非金融类对外直接投资流量的 51.1%，**首次超过中央企业和单位对外直接投资规模**。其中：东部地区 447.80 亿美元，占地方投资流量的 81.8%，同比增长 53.2%；西部地区 65.19 亿

美元，占 11.9%，同比增长 78.4%；中部地区 34.27 亿美元，占 6.3%，同比下降 3.1%。广东、北京、上海、天津、江苏、山东、浙江、辽宁、四川、云南位列地方对外直接投资流量前 10 位，合计 432.8 亿美元，占地方对外投资流量的 79.1%（见表 1-16、表 1-17）。

表 1-16 2014 年地方对外直接投资流量按区域分布情况

地　　区	流量（亿美元）	同比（%）
东部地区	447.80	53.2
中部地区	34.27	–3.1
西部地区	65.19	78.4
合计	**547.26**	**50.3**

注：1. 中部地区包括：山西、安徽、江西、河南、湖北、湖南六省。
2. 西部地区包括：内蒙古、广西、四川、重庆、贵州、云南、陕西、甘肃、青海、宁夏、新疆、西藏等 12 省区市。

表 1-17 2014 年地方对外直接投资流量前十位的省市区

序号	省市区名称	流量（亿美元）	同比（%）
1	广东省	108.97	83.4
2	北京市	72.74	76.1
3	上海市	49.92	86.6
4	天津市	41.46	270.2
5	江苏省	40.70	34.8
6	山东省	39.16	–8.2
7	浙江省	38.62	51.3
8	辽宁省	14.79	14.2
9	四川省	13.82	136.6
10	云南省	12.62	52.0
	合计	**432.80**	

（2）2014 年年末中国对外直接投资存量特点

1）在全球的位置和比重逐步提升

2014 年年末，中国对外直接投资存量 8826.4 亿美元，较 2013 年年末增加 2221.6 亿美元，是 2002 年年末存量近 30 倍，占全球外国直接投资流出存量的份额由 2002 年的 0.4% 提升至 3.4%，排名第 25 位上升至第 8

位。中国对外直接投资起步较晚，2010 年以后进入快速发展期，但存量规模仍远不及发达国家和地区，2014 年年末存量仅相当于同期美国的 14%，英国、德国的 55.7%，法国的 69%，日本的 74%（见图 1-19、表 1-18）。

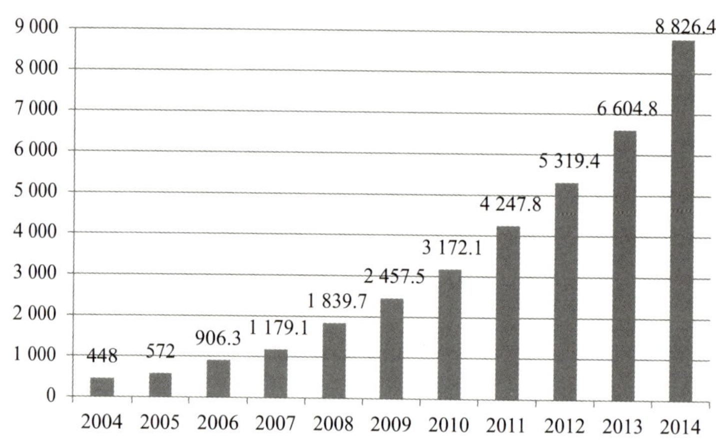

图 1-19　近 10 年中国对外直接投资存量情况（单位：亿美元 / 年）

表 1-18　2014 年年末全球对外直接投资存量前十位的国家（地区）

位次	国家（地区）	2014 年年末存量（亿美元）	中国存量占比（%）
1	美国	63 186.4	24.4
2	英国	15 841.5	6.1
3	德国	15 832.8	6.1
4	中国香港	14 599.5	5.6
5	法国	12 791.0	4.9
6	日本	11 931.4	4.6
7	荷兰	9 852.6	3.8
8	**中国**	**8 826.4**	**3.4**
9	加拿大	7 145.5	2.8
10	爱尔兰	6 280.3	2.4
	合计	**166 287.4**	**64.1**

注：2014 年中国对外直接投资存量来源于中国商务部统计数据，其他国家（地区）统计数据来源于联合国贸发会议《2015 世界投资报告》。

2）国家地区分布上，亚洲地区占七成，八成分布在发展中经济体

2014 年年末，中国对外直接投资存量分布在全球六大洲的 186 个国家（地区），占全球国家（地区）总数的 79.8%，2014 年较 2013 年新

增了对危地马拉和萨尔多瓦的投资。

2014年年末，中国**在亚洲地区**的投资存量为6009.7亿美元，占68.1%，主要分布在中国香港、新加坡、哈萨克斯坦、印度尼西亚、老挝、缅甸、中国澳门、蒙古、巴基斯坦、伊朗、柬埔寨、印度、泰国、印度、越南等；中国香港占到亚洲存量的84.8%。

在拉丁美洲的投资存量为1061.1亿美元，占12%，主要分布在开曼群岛、英属维尔京群岛、委内瑞拉、巴西、阿根廷、特立尼达和多巴哥、厄瓜多尔、秘鲁、墨西哥等。其中开曼群岛和英属维尔京群岛累计存量935.6亿美元，占对拉美地区投资存量的88.2%。

在欧洲的投资存量为694亿美元，占7.9%，主要分布在英国、卢森堡、俄罗斯、挪威、法国、德国、荷兰、瑞典、意大利等国家。

在北美洲的投资存量为479.5亿美元，占5.4%，主要分布在美国、加拿大等国家。

在非洲的投资存量为325.5亿美元，占3.7%，主要分布在南非、赞比亚、尼日利亚、安哥拉、津巴布韦、苏丹、阿尔及利亚、刚果（金）、加纳、埃塞俄比亚、坦桑尼亚、刚果（布）、纳米比亚、肯尼亚等国家。

在大洋洲的投资存量为258.6亿美元，占2.9%，主要分布在澳大利亚、新西兰、巴布亚新几内亚、斐济、萨摩亚、马绍尔等国家（见图1-20）。

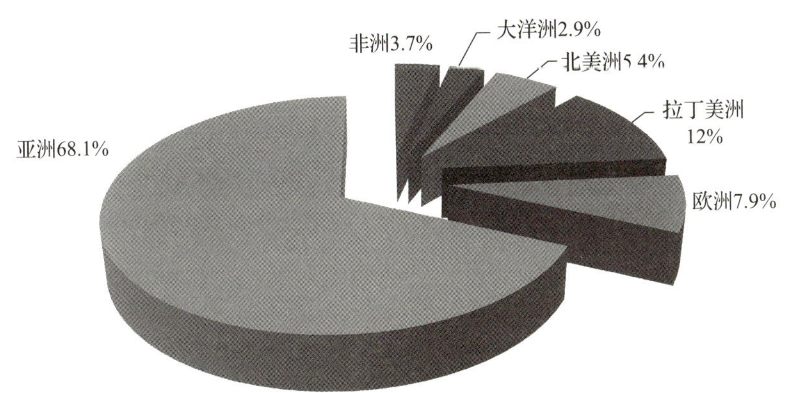

图1-20　2014年中国对外直接投资存量地区分布情况

存量的八成分布在发展中经济体。2014 年年末，中国对发展中经济体的投资存量为 7281.68 亿美元，占 82.5%。对发达经济体的投资存量 1352.51 亿美元，占 15.3%，较 2013 年提升 1.1 个百分点，其中欧盟 542.1 亿美元，占对发达经济体投资存量的 40.1%；美国 380.11 亿美元，占 28.1%；澳大利亚 238.82 亿美元，占 17.6%；加拿大 77.89 亿美元，占 5.7%；挪威 52.24 亿美元，占 3.9%；日本 25.47 亿美元，占 1.9%（见表 1-19、图 1-21）。

表 1-19　2014 年年末中国在发达国家（地区）直接投资存量情况

国家、经济体名称	存量（亿美元）	比重（%）
欧盟	542.1	40.1
挪威	52.24	3.9
瑞士	3.88	0.3
美国	380.11	28.1
加拿大	77.89	5.7
澳大利亚	238.82	17.6
新西兰	9.62	0.7
日本	25.47	1.9
以色列	0.87	0.1
百慕大	21.51	1.6
合计	**1 352.51**	**100.0**

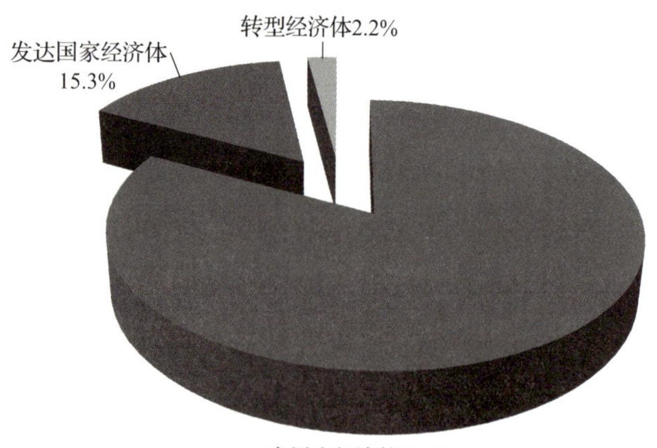

图 1-21　2014 年年末中国对经济体直接投资存量构成

2014 年年末，中国对转型经济体的直接投资存量为 192.21 亿美元，占存量总额的 2.2%。其中俄罗斯 86.95 亿美元，占对转型经济体投资存量的 45.2%；哈萨克斯坦 75.41 亿美元，占 39.2%；吉尔吉斯斯坦 9.84 亿美元，占 5.1%；塔吉克斯坦 7.29 亿美元，占 3.8%；土库曼斯坦 4.48 亿美元，占 2.3%。

2014 年年末，中国对外直接投资存量前 20 位的国家和地区累计达到 7872.52 亿美元，占中国对外直接投资存量的 89.2%。它们是：中国香港、英属维尔京群岛、开曼群岛、美国、澳大利亚、新加坡、卢森堡、英国、俄罗斯、法国、加拿大、哈萨克斯坦、印度尼西亚、南非、德国、挪威、老挝、荷兰、中国澳门、缅甸等（见表 1-20）。

表 1-20 2014 年年末中国对外直接投资存量前 20 位的国家（地区）

序号	国家（地区）	存量（亿美元）	比重（%）
1	中国香港	5 099.20	57.8
2	英属维尔京群岛	493.20	5.6
3	开曼群岛	442.37	5.0
4	美国	380.11	4.3
5	澳大利亚	238.82	2.7
6	新加坡	206.40	2.3
7	卢森堡	156.67	1.8
8	英国	128.05	1.5
9	俄罗斯联邦	86.95	1.0
10	法国	84.45	1.0
11	加拿大	77.89	0.9
12	哈萨克斯坦	75.41	0.8
13	印度尼西亚	67.94	0.8
14	南非	59.54	0.7
15	德国	57.86	0.6
16	挪威	52.24	0.6
17	老挝	44.91	0.5
18	荷兰	41.94	0.5
19	中国澳门	39.31	0.4
20	缅甸	39.26	0.4
	合计	**7 872.52**	**89.2**

2014 年年末，中国对“一带一路”沿线国家的直接投资存量为 924.6 亿美元，占中国对外直接投资存量的 10.5%。

3）涉及国民经济各行业，五大行业集中度超八成

2014 年年末，中国对外直接投资覆盖了国民经济所有行业类别。存量规模上千亿美元的行业有 4 个，其中**租赁和商务服务业**以 3224.4 亿美元高居榜首，占中国对外直接投资存量的 36.5%。其次为**金融业** 1376.2 亿美元，占 15.6%；第三为**采矿业** 1237.3 亿美元，占 14%；**批发和零售业** 1029.6 亿美元位列第四，占 11.7%。以上四大行业累计存量为 6867.5 亿美元，占中国对外直接投资存量的 77.8%。

制造业 523.5 亿美元为第五大行业，占 5.9%，主要分布在化学原料及化学制品制造业、计算机 / 通信及其他电子设备制造业、专业设备制造业、汽车、纺织、医药、电器机械和器材、黑色金属冶炼及压延加工业、橡胶和塑料制品业、食品、有色金属冶炼及压延加工业、纺织服装、装饰业、通用设备、金属制品业等制造业。

交通运输、仓储和邮政业 346.8 亿美元，占 3.9%，主要分布在水上运输业、装卸搬运及其他运输代理业、航空运输业、管道运输业等。

房地产业 246.5 亿美元，占 2.8%。

建筑业 225.8 亿美元，占 2.6%，主要是房屋建筑业、建筑装饰和其他建筑业、建筑安装业的投资。

电力、热力、燃气及水的生产和供应业 150.4 亿美元，占 1.7%，主要为电力、热力生产和供应业的投资。

信息传输、软件和信息技术服务业 123.3 亿美元，占 1.4%，主要为软件和信息技术服务业等。

科学研究和技术服务业 108.7 亿美元，占 1.2%，主要为专业技术服务业、研究实验和发展的投资。

农、林、牧、渔业 96.9 亿美元，占 1.1%，其中农业占 28.9%，林业占 26.4%，渔业占 12.2%。

居民服务、修理和其他服务业 90.4 亿美元，占 1%，主要是其他服务业以及居民服务业的投资。

文化、体育和娱乐业 16 亿美元，占 0.2%。

水利、环境和公共设施管理业 13.3 亿美元，占 0.2%。

住宿和餐饮业 13.1 亿美元，占 0.1%。

其他行业 4.2 亿美元，占 0.1%（见图 1-22、图 1-23）。

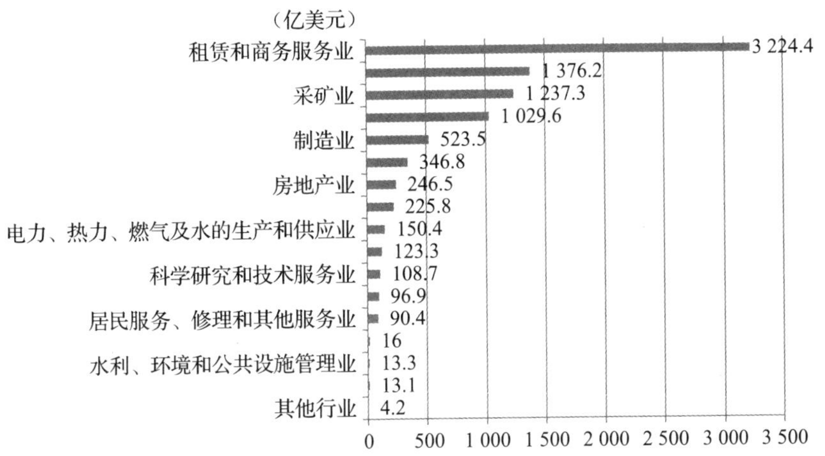

图 1-22　2014 年年末中国对外直接投资存量行业分布

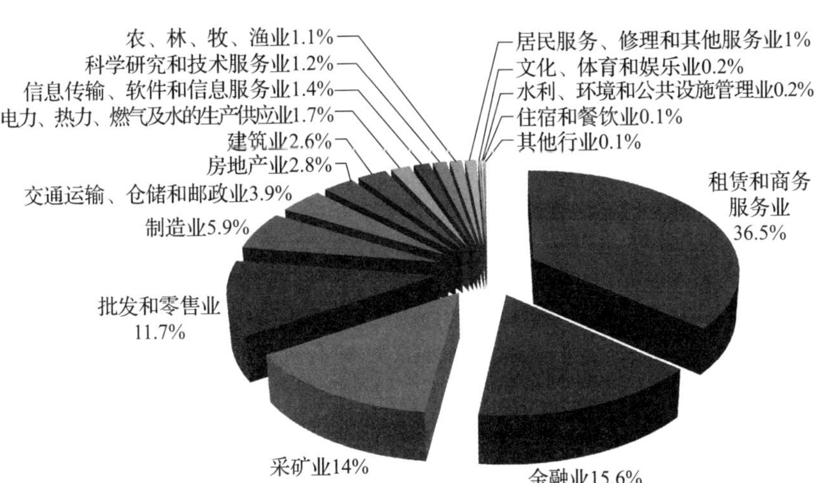

图 1-23　2014 年年末中国对外直接投资存量行业比重

从存量行业的地区分布情况看，中国对各地区直接投资的行业高度集中（见表 1-21）。

表 1-21　2014 年年末中国对各洲直接投资存量前五位的行业

地区	行业名称	存量（亿美元）	比重（%）
亚洲	租赁和商务服务业	2 408.2	40.1
	批发和零售业	812.9	13.5
	金融业	809.6	13.5
	采矿业	742.7	12.4
	交通运输、仓储和邮政业	285.5	4.7
	小计	**5 058.9**	**84.2**
非洲	建筑业	79.8	24.7
	采矿业	79.2	24.5
	金融业	53.2	16.4
	制造业	44.1	13.6
	科学研究和技术服务业	13.5	4.2
	小计	**269.8**	**83.4**
欧洲	租赁和商务服务业	161.8	23.3
	金融业	137.5	19.8
	制造业	117.2	16.9
	采矿业	107.9	15.5
	批发和零售业	54.7	7.9
	小计	**579.1**	**83.4**
拉丁美洲	租赁和商务服务业	605.0	57.0
	金融业	194.1	18.3
	批发和零售业	84.4	8.0
	采矿业	54.3	5.1
	交通运输、仓储和邮政业	34.5	3.2
	小计	**972.3**	**91.6**
北美洲	金融业	162.6	33.9
	采矿业	83.8	17.5
	制造业	71.7	15.0
	租赁和商务服务业	31.6	6.6
	房地产业	31.2	6.5
	小计	**380.9**	**79.5**
大洋洲	采矿业	169.4	65.5
	金融业	19.3	7.5
	房地产业	18.5	7.2
	农、林、牧、渔业	10.7	4.1
	制造业	9.5	3.7
	小计	**227.4**	**88.0**

2014 年年末，中国对外直接投资存量的 75% 分布在第三产业（即服务业），金额为 6616.5 亿美元，主要分布在商务服务、金融、批发和零售、交通运输、仓储、房地产等领域。第二产业 2132.3 亿美元，占中国对外直接投资存量的 24%，其中采矿业（不含开采辅助活动）1233.1 亿美元，占第二产业的 57.8%，制造业不含金属制品、机械和设备维修业）523 亿美元，占 24.5%，建筑业 225.8 亿美元，占 10.6%，电力、热力、燃气及水的生产和供应业 150.4 亿美元，占 7.1%。第一产业（农、林、牧、渔业，但不含农林牧渔服务业）77.6 亿美元，占中国对外直接投资存量的 1%。

4）国有企业占半壁江山，非国有企业占比不断扩大

2014 年年末，按工商管理注册类型分类，企业在非金融类对外直接投资 7450.2 亿美元的存量中，国有企业占 53.6%；非国有企业占比 46.4%，较 2013 年增加 1.6 个百分点，其中有限责任公司占 33.2%，较 2013 年增加 2.4 个百分点；股份有限公司占 7.7%；私营企业占 1.6%；股份合作企业占 1.5%；外商投资企业占 1.2%；港澳台投资企业占 0.3%；集体企业占 0.1%；其他占 0.8%（见图 1-24、图 1-25）。

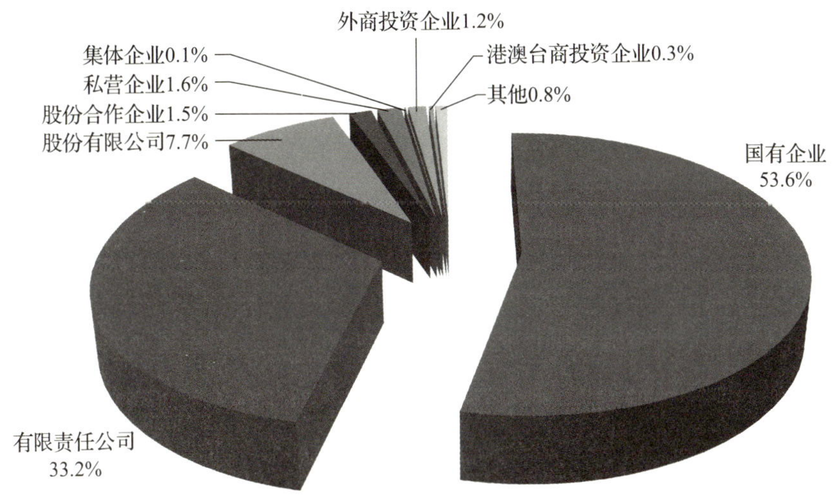

图 1-24　2014 年年末中国非金融类对外直接投资存量按境内投资者注册类型分布情况

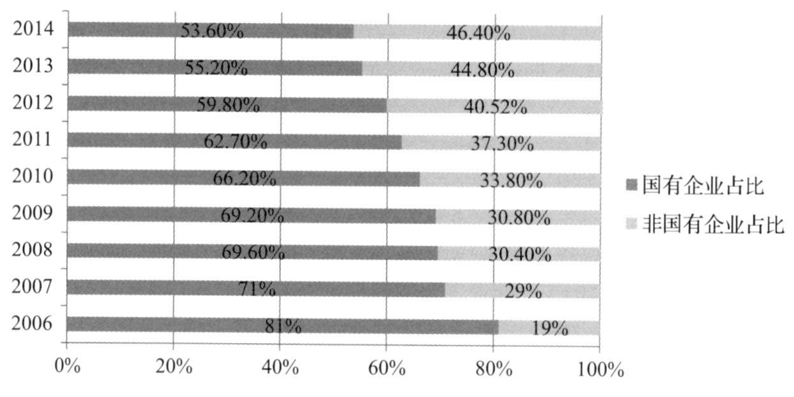

图 1-25　2006 ~ 2014 年中国国有企业和非国有企业存量占比情况（%）

5）地方比重逐步增加，其中东部地区占八成

地方企业比重逐年增加。2014 年年末，地方企业非金融类对外直接投资存量达到 2354.4 亿美元，占全国非金融类存量的 31.6%，较 2013 年增加 1.3 个百分点。其中：东部地区 1922.4 亿美元，占 81.6%；西部地区 249.2 亿美元，占 10.6%；中部地区 182.8 亿美元，占 7.8%。广东是中国对外直接投资存量最大的省份，其次为北京，顺序排名依次为上海、山东、江苏、浙江、辽宁、天津、湖南、云南等前十位省市（见图 1-26、表 1-22）。

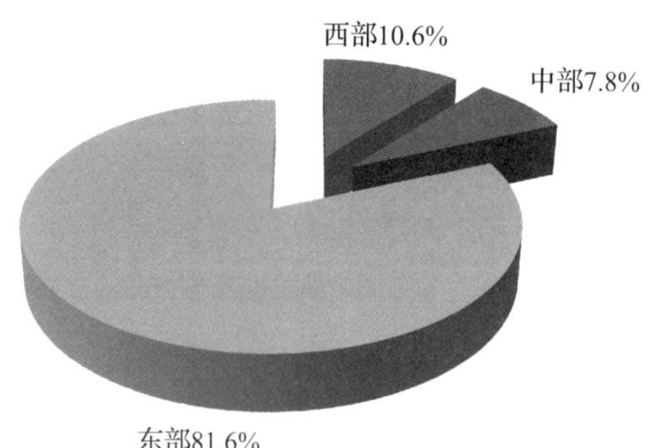

图 1-26　2014 年年末地方企业对外直接投资存量地区比重构成

表 1-22　2014 年年末对外直接投资存量前十位的省市

序号	省市区名称	存量（亿美元）
1	广东省	494.8
2	北京市	284.9
3	上海市	254.8
4	山东省	197.0
5	江苏省	156.1
6	浙江省	153.7
7	辽宁省	92.6
8	天津市	92.3
9	湖南省	55.2
10	云南省	51.4
	合计（占地方存量 77.8%）	**1 832.8**

3. 中国对世界主要经济体的直接投资

（1）概况

2014 年，中国对世界主要经济体[㊀]的投资流量合计金额为 1007.42 亿美元，同比增长 21.4%，占流量总额的 81.8%。中国对世界主要经济体的投资存量合计金额为 6823.51 亿美元，占存量总额的 77.3%（见表 1-23）。

表 1-23　2014 年中国对世界主要经济体投资情况

经济体名称	流量			存量	
	金额（亿美元）	同比（%）	比重（%）	金额（亿美元）	比重（%）
中国香港	708.67	12.8	57.6	5 099.20	57.8
欧盟	97.87	116.3	7.9	542.10	6.1
东盟	78.09	7.5	6.3	476.33	5.4
美国	75.96	96.1	6.2	380.11	4.3
澳大利亚	40.49	17.1	3.3	238.82	2.7
俄罗斯联邦	6.34	–38.0	0.5	86.95	1.0
合计	**1 007.42**	**21.4**	**81.8**	**6 823.51**	**77.3**

㊀ 本节所报告的世界主要经济体包括：中国香港、欧盟、东盟、美国、澳大利亚、俄罗斯联邦。

（2）对中国香港的投资

2014 年，中国内地对香港地区的投资流量为 708.67 亿美元，占流量总额的 57.63%，同比增长 12.8%，是中国对外直接投资流量最大的地区。中国对外直接投资主要并购项目大多通过香港地区再投资完成，如 2014 年中国五矿集团公司等收购秘鲁拉斯邦巴斯铜矿、联想集团收购摩托罗拉手机业务、国家电网公司收购意大利存贷款能源网公司（35% 股权）等项目。从行业构成情况看，流向租赁和商务服务业（以投资控股为主要目的）239.5 亿美元，同比增长 35.5%，占 33.8%；批发和零售业 136.81 亿美元，同比增长 25.7%，占 19.3%；金融业 97.06 亿美元，同比下降 23.4%，占 13.7%；采矿业 83.42 亿美元，同比下降 22.7%，占 11.8%；交通运输、仓储和邮政业 26.09 亿美元，同比下降 9.4%，占 3.7%；制造业 31.37 亿美元，同比增长 111.4%，占 4.4%；房地产业 29.52 亿美元，同比增长 28.8%，占 4.2%。

2014 年年末，中国内地共在香港地区设立直接投资企业 9000 多家，年末投资存量 5099.2 亿美元，占存量总额的 57.8%。从主要行业构成看，租赁和商务服务业 2331.17 亿美元，占 45.7%；批发和零售业 731.33 亿美元，占 14.3%；金融业 674.83 亿美元，占 13.2%；采矿业 543.46 亿美元，占 10.7%；交通运输、仓储业 256.13 亿美元，占 5%；制造业 155.37 亿美元，占 3.1%；房地产业 145.69 亿美元，占 2.9%；信息传输、软件和信息技术服务业 91.70 亿美元，占 1.8%；居民服务、修理和其他服务业 72.18 亿美元，占 1.4%；建筑业和占电力、热力、燃气及水的生产和供应业各占 0.5%；科学研究和技术服务业占 0.4%，其他行业占 0.5%（见表 1-24）。

（3）对欧盟的投资

2014 年，中国对欧盟的投资流量最高的年份，金额高达 97.87 亿美元，同比增长 116.3%，占流量总额的 7.9%，较上年提升 3.7 个百分点，占对欧洲流量的 90.3%。其中卢森堡位居首位，流量达 45.78 亿美元，同比增长 259.1%，占对欧盟投资流量的 46.8%；其次为英国 14.99 亿美元，同比增长 5.6%，占 15.3%；德国位列第三，14.39 亿美元，同比增长 58%，占 14.7%。

表 1-24　2014 年中国内地对中国香港直接投资的主要行业

行　业	流量（万美元）	比重（%）	存量（万美元）	比重（%）
租赁和商务服务业	2 395 341	33.8	23 311 707	45.7
批发和零售业	1 368 117	19.3	7 313 283	14.3
金融业	970 565	13.7	6 748 282	13.2
采矿业	834 206	11.8	5 434 594	10.7
交通运输、仓储和邮政业	260 941	3.7	2 561 288	5.0
制造业	313 687	4.4	1 553 696	3.1
房地产业	295 224	4.2	1 456 944	2.9
信息传输、软件和信息技术服务业	276 452	3.9	916 967	1.8
居民服务、修理和其他服务业	115 776	1.6	721 828	1.4
建筑业	42 045	0.6	267 299	0.5
电力、热力、燃气及水的生产和供应业	71 830	1.0	267 204	0.5
科学研究和技术服务业	45 819	0.6	195 211	0.4
农、林、牧、渔业	20 955	0.3	81 091	0.2
文化、体育和娱乐业	25 485	0.4	63 338	0.1
水利、环境和公共设施管理业	35 599	0.5	59 207	0.1
其他行业	14 688	0.2	40 044	0.1
合计	**7 086 730**	**100**	**50 991 983**	**100**

从行业分布看，流向租赁和商务服务业 42.3 亿美元，占 43.2%，主要分布在卢森堡、英国、荷兰、爱尔兰、波兰等；制造业 12.86 亿美元，占 13.1%，主要分布在德国、法国、意大利、丹麦等；房地产业 9.97 亿美元，占 10.2%，主要在英国等；采矿业 8.73 亿美元，占 8.9%，主要分布在荷兰、卢森堡、比利时等；金融业 8.48 亿美元，占 8.7%，主要分布在英国、卢森堡、德国、丹麦、匈牙利等；批发和零售业 7.7 亿美元，占 7.9%，主要分布在荷兰、德国、卢森堡、英国、比利时等。

截至 2014 年年末，中国对欧盟的投资存量为 542.1 亿美元，占存量总额的 6.1%，占对欧洲投资存量的 78.1%。存量在 30 亿美元以上的国家有六个，分别为：卢森堡、英国、法国、德国、荷兰、瑞典。从行业分布看，租赁和商务服务业 149.03 亿美元，占 27.5%，主要分布在卢森堡、英国、荷兰、德国、爱尔兰等；金融业 127.5 亿美元，占 23.5%，主要分布在英国、法国、卢森堡、德国、荷兰、意大利、丹麦等；制造业 87.74 亿美元，占 16.2%，主要分布在德国、瑞典、英国、荷兰、法国、意大利、卢森堡、匈牙利、奥地利、波兰、西班牙等；采矿业 51.02 亿美元，占 9.4%，主要分布在法国、卢森堡、荷兰、比利时、英国等；批发和零售业 49.72 亿美元，占 9.2%，主要分布在荷兰、英国、德国、瑞典、卢森堡、意大利等；房地产业 23.84 亿美元，占 4.4%，主要在英国；交通运输、仓储业 12.47 亿美元，占 2.3%，主要分布在英国、德国、比利时等；建筑业占 1.9%；科学研究和技术服务业占 1.7%；电力、热力、燃气及水的生产和供应业占 1.4%（见表 1-25）。

表 1-25　2014 年中国对欧盟直接投资的主要行业

行　业	流量（万美元）	比重（%）	存量（万美元）	比重（%）
租赁和商务服务业	423 041	43.2	1 490 329	27.5
金融业	84 812	8.7	1 275 714	23.5
制造业	128 584	13.1	877 439	16.2
采矿业	87 278	8.9	510 205	9.4
批发和零售业	76 990	7.9	497 150	9.2
房地产业	99 697	10.2	238 398	4.4
交通运输、仓储和邮政业	4 455	0.5	124 716	2.3
建筑业	4 074	0.4	101 509	1.9
科学研究和技术服务业	24 318	2.5	95 631	1.7
电力、热力、燃气及水的生产和供应业	3 948	0.4	75 212	1.4
住宿和餐饮业	2 884	0.3	36 493	0.7
农、林、牧、渔业	16 757	1.7	40 364	0.7
居民服务、修理和其他服务业	17 645	1.8	26 996	0.5
教育	100	—	9 696	0.2
信息传输、软件和信息技术服务业	1 535	0.2	15 195	0.3
文化、体育和娱乐业	2 369	0.2	5 648	0.1
其他	229	—	345	—
合计	**978 716**	**100.0**	**5 421 040**	**100.0**

2014年年末，中国共在欧盟设立直接投资企业超过2000家，已覆盖欧盟的全部28个成员国，雇用外方员工7.39万人。

（4）对东盟的投资

2014年，中国对东盟十国的投资流量78.09亿美元，同比增长7.5%，占流量总额的6.3%，对亚洲投资流量的9.2%；存量为476.33亿美元，占存量总额的5.4%，亚洲地区投资存量的7.9%。2014年年末，中国共在东盟设立直接投资企业3300多家，雇用外方员工15.95万人。

2014年，中国对东盟投资主要流向：制造业15.22亿美元，同比增长28%，占19.5%，主要分布在印度尼西亚、新加坡、泰国、越南、柬埔寨等；租赁和商务服务业12.39亿美元，占15.9%，主要分布在新加坡、老挝等；批发和零售业11.18亿美元，占14.3%，主要分布在新加坡、菲律宾、印度尼西亚、泰国等；建筑业7.97亿美元，占10.2%，主要分布在老挝、新加坡、柬埔寨、马来西亚、印度尼西亚等；农、林、牧、渔业7.83亿美元，占10%，主要分布在印度尼西亚、老挝、柬埔寨等；采矿业6.74亿美元，占8.6%，主要分布在缅甸、印度尼西亚等；金融业6.73亿美元，占8.6%，主要分布在泰国、马来西亚、菲律宾、柬埔寨等；电力、热力、煤气燃气及水的生产和供应业6.46亿美元，占8.3%，主要分布在缅甸、印度尼西亚、老挝、新加坡、柬埔寨等。

2014年年末，中国对东盟投资存量476.33亿美元，从行业分布情况看，电力、热力、燃气及水的生产供应业72.26亿美元，占15.2%，主要分布在新加坡、缅甸、柬埔寨、印度尼西亚、老挝等；租赁和商务服务业68.43亿美元，占14.4%，主要分布在新加坡、马来西亚、老挝、越南、泰国等；制造业61.33亿美元，占12.9%，是中国对东盟投资涉及国家最广泛的行业，其中投资额上亿美元的国家有：越南（14.03亿美元）、泰国（10.35亿美元）、印度尼西亚（9.85亿美元）、新加坡（7.41亿美元）、柬埔寨（7.01亿美元）、马来西亚（5.42亿美元）、老挝（4.42亿美元）、菲律宾（1.47亿美元）、缅甸（1.29亿美元）；采矿业 60.53 亿美元，占 12.7%，主要分布在印度尼西亚、缅甸、老挝、新加坡、泰国、柬埔寨、菲律宾等；批发和零售业 59 亿美元，占 12.4%，主要分布在新加坡、印度尼西亚、泰国、菲律宾、马来西亚等；金融业 58.79 亿美元，占 12.3%，主要分布在新加坡、泰国、印度尼西亚、马来西亚、菲律宾等；建筑业 33.62 亿美元，占 7%，主要分布在老挝、柬埔寨、新加坡、马来西亚、越南、印度尼西亚、泰国等；农、林、牧、渔业 24.44 亿美元，占 5.1%，主要分布在老挝、印度尼西亚、柬埔寨、新加坡、泰国、越南、缅甸等；交通运输、仓储业 14.68 亿美元，占 3.1%，主要分布在新加坡、泰国等；房地产业占 2.4%，主要在新加坡等；科学研究和技术服务业占 1.4%；信息传输、软件和信息服务业占 0.3%；居民服务和其他服务业占 0.3%；住宿和餐饮业占 0.2%（见表 1-26）。

表 1-26　2014 年中国对东盟直接投资的主要行业

行　业	流量（万美元）	比重（%）	存量（万美元）	比重（%）
电力、热力、燃气及水的生产和供应业	64 604	8.3	722 591	15.2
采矿业	67 424	8.6	605 297	12.7
租赁和商务服务业	123 908	15.9	684 283	14.4
制造业	152 213	19.5	613 266	12.9
批发和零售业	111 776	14.3	589 980	12.4
金融业	67 254	8.6	587 937	12.3
建筑业	79 726	10.2	336 213	7.0
农、林、牧、渔业	78 346	10.0	244 419	5.1
交通运输、仓储和邮政业	11 127	1.4	146 834	3.1
房地产业	24 152	3.1	116 812	2.4
科学研究和技术服务业	2 297	0.3	66 225	1.4
信息传输、软件和信息技术服务业	−8 481	−1.0	17 015	0.3
居民服务、修理和其他服务业	5 234	0.7	13 349	0.3
住宿和餐饮业	367	—	8 633	0.2
文化、体育和娱乐业	980	0.1	3 571	0.1
水利、环境和公共设施管理业	—	—	3 297	0.1
教育	—	—	3 523	0.1
其他行业	—	—	8	—
合计	**780 927**	**100.0**	**4 763 253**	**100.0**

（5）对美国的投资

2014年，中国对美投资流量为75.96亿美元，较2013年增长96.1%，创中国对美国直接投资历史最高值，占流量总额的6.2%。较上年提升2.6个百分点。2014年年末，对美投资存量为380.11亿美元，占中国对外直接投资存量的4.3%，境外企业雇用美国当地员工4.65万人，较2013年末增加1.65万人。

2014年，中国对美投资领域广泛，其中流量在10亿美元以上的行业有3个，对美制造业投资以18.04亿美元位列首位，同比增长109.3%，占对美投资流量的23.7%；其次为房地产业16.47亿美元，同比增长82.6%，占21.7%；采矿业以13.62亿美元位列第三，同比下降14.6%，占17.9%。以后排列顺序为金融业6.54亿美元，占8.6%；租赁和商务服务业5.68亿美元，占7.5%；批发和零售业5.3亿美元，占7%；科学研究和技术服务业2.24亿美元，占3%；水利、环境和公共设施管理业1.8亿美元，占2.4%。

2014年年末，中国对美国的投资存量为380.11亿美元，从存量行业分布情况看，金融业147.47亿美元高居榜首，占对美投资存量的38.8%；制造业65.4亿美元，占17.2%，主要分布在汽车制造业、黑色金属冶炼及压延加工业、医药制造业、专用设备制造业、金属制品业、通用设备制造业、计算机/通信和其他电子设备制造业、有色金属冶炼和压延加工业、橡胶和塑料制品业等；采矿业44.42亿美元，占11.7%；房地产业29.59亿美元，占7.8%；批发和零售业25.99亿美元，占6.8%；电力生产和供应业20.19亿美元，占5.3%；租赁和商务服务业14.16亿美元，占3.7%；交通运输、仓储业占1.7%；科学研究和技术服务占1.6%；建筑业占1.5%（见表1-27）。

表 1-27　2014 年中国对美国直接投资的主要行业

行　业	流量（万美元）	比重（%）	存量（万美元）	比重（%）
金融业	65 374	8.6	1 474 663	38.8
制造业	180 389	23.7	654 054	17.2
采矿业	136 201	17.9	444 164	11.7
房地产业	164 698	21.7	295 925	7.8
批发和零售业	53 004	7.0	259 898	6.8
电力、热力、燃气及水的生产和供应业	3 151	0.4	201 863	5.3
租赁和商务服务业	56 847	7.5	141 635	3.7
交通运输、仓储和邮政业	2 178	0.3	65 894	1.7
科学研究和技术服务业	22 445	3.0	59 231	1.6
建筑业	17 013	2.2	58 187	1.5
水利、环境和公共设施管理业	17 996	2.4	34 242	0.9
居民服务、修理和其他服务业	8 480	1.1	28 918	0.8
住宿和餐饮业	12 218	1.6	26 462	0.7
信息传输、软件和信息技术服务业	9 332	1.2	23 913	0.6
文化、体育和娱乐业	6 880	0.9	15 461	0.4
农、林、牧、渔业	2 199	0.3	11 389	0.3
教育业	1 188	0.2	3 142	0.1
其他行业	20	—	2 056	0.1
合计	**759 613**	**100.0**	**3 801 097**	**100.0**

（6）对澳大利亚的投资

2014 年，中国对澳大利亚直接投资流量 40.49 亿美元，同比增长 17.1%。占流量总额的 3.3%。主要流向：采矿业 30.85 亿美元，占 76.2%；房地产业 3.54 亿美元，占 8.7%；租赁和商务服务业 2 亿美元，占 4.9%；批发零售业 0.92 亿美元，占 2.3%；制造业占 2.2%；农、林、牧、渔业占 1.8%；金融业占 1.5%。

2014 年年末，中国对澳大利亚投资存量为 238.82 亿美元，占中国对外直接投资存量的 2.7%，对大洋洲地区投资存量的 92.3%；共在澳大利亚设立近 600 家境外企业，雇用当地员工 8400 多人。存量主要行业分布：采矿业 166.27 亿美元，占 69.6%；房地产业 18.16 亿美元，占

7.6%；金融业 17.35 亿美元，占 7.3%；制造业 8.08 亿美元，占 3.4%；租赁和商务服务业 7.9 亿美元，占 3.3%；批发和零售业 7.22 亿美元，占 3.0%；农、林、牧、渔业 3.53 亿美元，占 1.5%（见表 1-28）。

表 1-28　2014 年中国对澳大利亚直接投资的主要行业

行业	流量（万美元）	比重（%）	存量（万美元）	比重（%）
采矿业	308 523	76.2	1 662 725	69.6
房地产业	35 398	8.7	181 596	7.6
金融业	6 104	1.5	173 526	7.3
制造业	8 837	2.2	80 767	3.4
租赁和商务服务业	20 012	4.9	79 019	3.3
批发和零售业	9 245	2.3	72 262	3.0
农、林、牧、渔业	7 481	1.8	35 280	1.5
水利、环境和公共设施管理业	—	—	33 234	1.4
电力、热力、燃气及水的生产和供应业	1 877	0.5	20 355	0.9
居民服务、修理和其他服务业	1 983	0.5	16 381	0.7
建筑业	4 255	1.1	13 385	0.5
科学研究和技术服务业	−1 181	−0.3	10 263	0.4
交通运输、仓储和邮政业	427	0.1	6 961	0.3
住宿和餐饮业	1 599	0.4	1 804	0.1
其他行业	350	0.1	668	—
合计	**404 910**	**100.0**	**2 388 226**	**100.0**

（7）对俄罗斯的投资

2014 年，中国对俄的投资流量 6.34 亿美元，同比下降 38.0%，占中国对外直接投资流量总额的 0.5%，对欧洲地区投资流量的 5.8%。从行业分布情况看，投资主要集中在制造业（19.5%）、租赁和商务服务业（15.9%）、批发和零售业（14.3%）、建筑业（10.2%）、农、林、牧、渔业（10.0%）、采矿业（8.6%）、金融业（8.6%）等。

2014 年年末，中国对俄罗斯的投资存量为 86.95 亿美元，占中国对外直接投资存量的 1.0%，对欧洲地区投资存量的 12.5%，在俄罗斯共设立境外企业超过千家，雇用外方员工 1.51 万人。从存量的主要行业分布情况看，制造业 27.48 亿美元，占 31.6%；农、林、牧、渔业 21.0 亿美元，占 24.1%；租赁和商务服务业 9.79 亿美元，占 11.3%；采矿业 7.96 亿美元，占 9.2%；金融业占 7.62 亿美元，占 8.8%；房地产业 5.66 亿美元，占 6.5%；批发和零售业 3.75 亿美元，占 4.3%；建筑业 2.75 亿美元，占 3.2%（见表 1-29）。

表 1-29　2014 年中国对俄罗斯直接投资的主要行业

行　业	流量（万美元）	比重（%）	存量（万美元）	比重（%）
制造业	11 550	18.2	274 782	31.6
农、林、牧、渔业	35 234	55.6	209 970	24.1
租赁和商务服务业	2 258	3.6	97 910	11.3
采矿业	8 235	13.0	79 597	9.2
房地产业	1 075	1.7	56 638	6.5
金融业	1 484	2.3	76 242	8.8
批发和零售业	2 469	3.9	37 477	4.3
建筑业	652	1.0	27 486	3.2
居民服务、修理和其他服务业	—	—	3 651	0.4
信息传输、软件和信息技术服务业	105	0.2	1 586	0.2
交通运输、仓储和邮政业	16	—	2 305	0.3
科学研究和技术服务业	101	0.2	966	0.1
其他行业	177	0.3	853	—
合计	**63 356**	**100.0**	**869 463**	**100.0**

4. 中国对外直接投资者的构成

2014 年年末，中国对外直接投资者达到 1.85 万家，从境内投资者在中国工商银行行政管理部门登记注册情况看，境内投资者为有限责任公司的占 67.2%，较上年提高 1.1 个百分点，是中国进行对外投资最为活跃的群体；私营企业占 8.2%，位列次席；国有企业占 6.7%，较上年下降 1.3 个百分点，股份有限公司占 6.7%，股份合作企业占 2.5%；外商投资企业占 2.6%，港、澳、台商投资企业占 1.8%，个体经营占 0.9%；集体企业占 0.5%，其他占 2.9%（见图 1-27、表 1-30）。

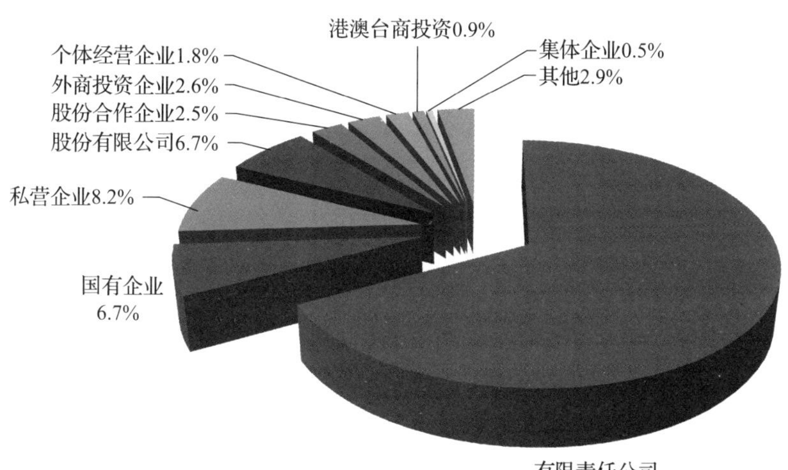

图 1-27　2014 年年末境内投资者按登记注册类型构成

表 1-30　2014 年年末境内投资者按登记注册类型分类情况

工商登记注册类型	数量（家）	比重（%）
有限责任公司	12 459	67.2
私营企业	1 528	8.2
国有企业	1 240	6.7
股份有限公司	1 245	6.7
外商投资企业	477	2.6
股份合作企业	474	2.5
中国香港、中国澳门、中国台湾投资企业	329	1.8
个体经营	160	0.9
集体企业	93	0.5
其他	542	2.9
合计	**18 547**	**100.0**

在非金融类对外直接投资者中，中央企业及单位 559 家，仅占 3.0%，各省区市的企业投资者占 97.0%。境内投资者数量前十位的省区市依次为：广东、浙江、江苏、上海、山东、辽宁、北京、福建、黑龙江、天津，共占境内投资者总数的 76.0%。广东省境内投资者数量最多，超过 4200 家，占 23.0%；其次为浙江省占 12.5%；江苏省位列第

三，占 10.6%。近七成的私营企业投资者来自浙江、广东、上海、江苏和山东五个省市。

从境内投资者的行业分布看，批发和零售业、制造业共计 1.29 万家，占到境内投资者总数的七成，其中：批发和零售业位列首位，占境内投资者的 40.9%；其次为制造业占 28.6%，主要分布在计算机、通信和其他电子设备制造业、纺织服装、装饰业、纺织业、专用设备制造业、金属制品业、电器机械及器材制造业、化学原料及化学制品制造业、通信设备制造业、医药制造业、汽车制造业、橡胶和塑料制品业等。另外，住宿和餐饮业占 2.4%；租赁和商务服务业占 6.2%；农、林、牧、渔业占 3.3%；建筑业占 3.1%；采矿业占 2.5%；住宿和餐饮业占 2.4%（见图 1-28、表 1-31）。

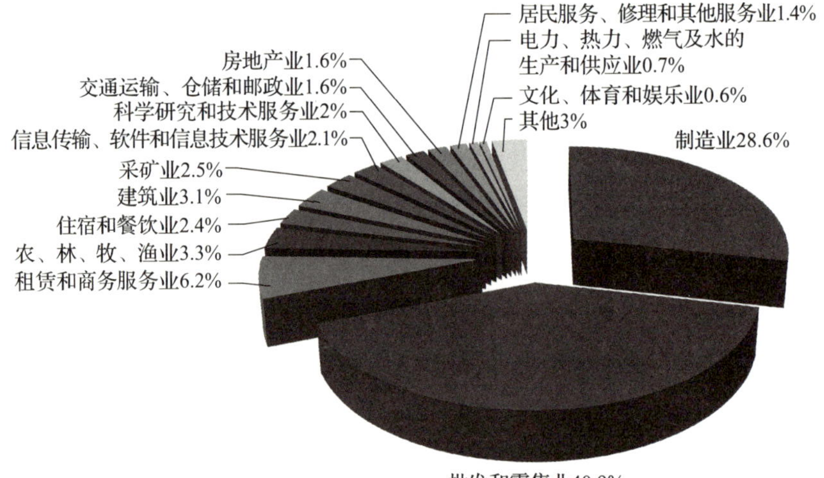

图 1-28　2014 年年末境内投资者行业构成情况

表 1-31　2014 年年末中国境内投资者行业构成情况

行业	数量（家）	比重（%）
批发和零售业	7 579	40.9
制造业	5 299	28.6
租赁和商务服务业	1 160	6.2
农、林、牧、渔业	607	3.3
建筑业	575	3.1

（续）

行业	数量（家）	比重（%）
住宿和餐饮业	441	2.4
采矿业	480	2.5
科学研究和技术服务业	377	2.0
信息传输、软件和信息技术服务业	394	2.1
交通运输、仓储和邮政业	294	1.6
房地产业	293	1.6
居民服务、修理和其他服务业	253	1.4
电力、热力、燃气及水的生产和供应业	136	0.7
文化、体育和娱乐业	109	0.6
其他	550	3.0
合计	**18 547**	**100**

5. 中国对外直接投资企业的地区和行业分布

（1）对外直接投资遍布全球近 80% 的国家（地区）

2014 年年底，中国境内投资者共在全球 186 个国家（地区）设立对外直接投资企业（简称境外企业）2.97 万家，较上年末增加近 3700 家，已遍布全球近 80% 的国家（地区）。其中：亚洲地区的境外企业覆盖率高达 97.9%，欧洲为 85.7%，非洲为 86.7%，北美洲为 75%，拉丁美洲为 64.6%，大洋洲为 50%（见表 1-32、图 1-29）。

表 1-32　2014 年年末中国对外直接投资企业在全球的地区分布

洲　别	2014 年年末国家（地区）总数（个）	中国境外企业覆盖的国家（地区）数量（个）	投资覆盖率（%）
亚洲	48	46	97.9
欧洲	49	42	85.7
非洲	60	52	86.7
北美洲	4	3	75.0
拉丁美洲	48	31	64.6
大洋洲	24	12	50.0
合计	**233**	**186**	**79.8**

注：1. 覆盖率为中国境内企业覆盖国家数量与国家地区总数的比率。

2. 亚洲国家地区数量包括中国，覆盖率计算基数未包括。

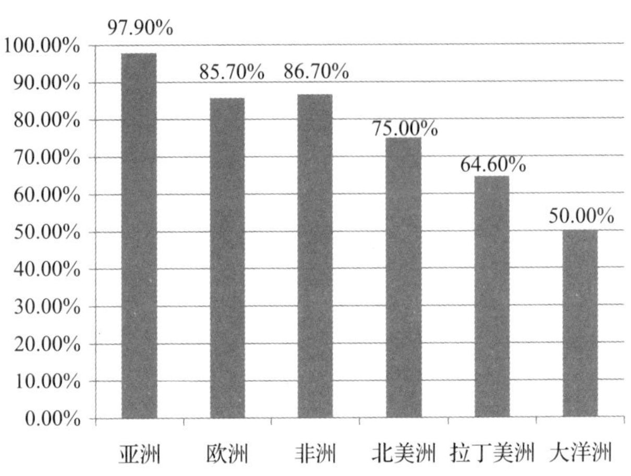

图 1-29 2014 年年末中国境外企业在世界各地区的覆盖率

从境外企业的国家（地区）分布情况看，中国在亚洲地区设立的境外企业数量近 1.7 万家，占 57.1%，主要分布在中国香港、新加坡、日本、越南、老挝、韩国、印度尼西亚、阿拉伯联合酋长国、柬埔寨、泰国、蒙古、马来西亚、印度等。在中国香港地区设立的境外企业达 9000 多家，占境外企业总数的三成，是中国设立境外企业数量最多、投资最活跃的地区。

在北美洲地区设立的境外企业数量近 3800 家，占 12.7%，主要分布在美国、加拿大。中国企业在美国设立的境外企业数量仅次于中国香港。

在欧洲地区设立的境外企业超过 3300 家，占 11.2%，主要分布在俄罗斯、德国、英国、荷兰、法国、意大利等。

在非洲地区设立的境外企业数量超过 3000 家，占 10.6%，主要分布在尼日利亚、赞比亚、南非、埃塞俄比亚、坦桑尼亚、加纳、肯尼亚、安哥拉、苏丹、阿尔及利亚、埃及等。

在拉丁美洲设立的境外企业数量 1500 多家，占 5.3%，主要分布在英属维尔京群岛、开曼群岛、巴西、墨西哥、委内瑞拉、智利、秘鲁、阿根廷等。

在大洋洲地区设立的境外企业900多家，占3.1%，主要分布在澳大利亚、新西兰、巴布亚新几内亚、斐济、萨摩亚等（见表1-33、图1-30）。

表 1-33 2014 年年末中国境外企业地区构成情况

洲 别	境外企业数量（家）	比重（%）
亚洲	16 955	57.1
北美洲	3 765	12.7
欧洲	3 330	11.2
非洲	3 152	10.6
拉丁美洲	1 578	5.3
大洋洲	919	3.1
合计	**29 699**	**100.0**

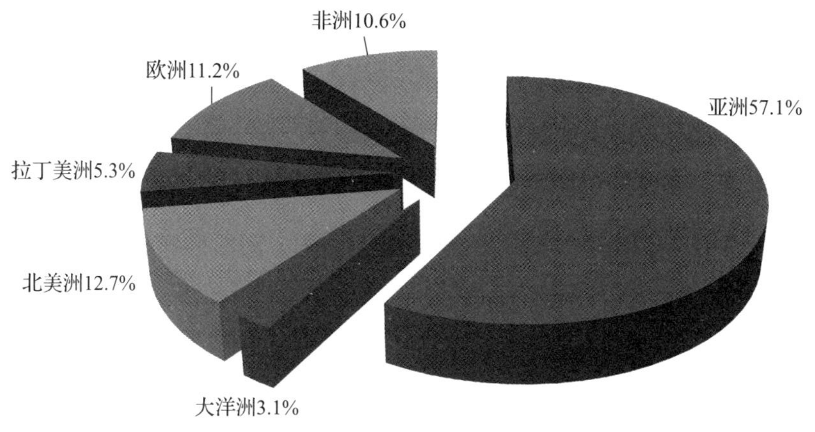

图 1-30 2014 年年末中国境外企业地区分布

2014年年末，中国设立境外企业数量前20位的国家和地区是：中国香港、美国、俄罗斯、澳大利亚、新加坡、日本、德国、越南、老挝、英属维尔京群岛、韩国、印度尼西亚、加拿大、阿拉伯联合酋长国、柬埔寨、泰国、蒙古、英国、马来西亚、尼日利亚等，累计超过2.1万家，占中国在国/地区（境）外设立企业总数的72.3%。

（2）对外投资的企业的行业主要集中在三大行业

从中国境外企业分布的行业情况看，批发和零售业、制造业、租赁和商务服务业等三大行业是境外企业最为聚集的行业，累计数量近 1.88 万家，占到境外企业总数的 63.2%。其中批发和零售业近 8800 家，占到中国境外企业总数的 29.5%；制造业 6100 多家，占 20.6%；租赁和商务服务业近 4000 家，占 13.1%。此外，建筑业占 7.3%，采矿业占 5.0%，农、林、牧、渔业占 4.6%；科学研究和技术服务业占 4.1%；信息传输、软件和信息技术服务业占 2.9%；交通运输、仓储和邮政业占 2.8%；居民服务、修理和其他服务业占 2.6%；金融业占 2.0%；房地产业占 1.9%（见表 1-34）。

表 1-34　2014 年年末境外企业的行业分布情况

行业大类名称	境外企业数量（家）	比重（%）
批发和零售业	8 759	29.5
制造业	6 105	20.6
租赁和商务服务业	3 902	13.1
建筑业	2 168	7.3
采矿业	1 494	5.0
农、林、牧、渔业	1 356	4.6
科学研究和技术服务业	1 226	4.1
信息传输、软件和信息技术服务业	856	2.9
交通运输、仓储和邮政业	838	2.8
居民服务、修理和其他服务业	764	2.6
金融业	608	2.0
房地产业	569	1.9
电力、热力、燃气及水的生产和供应业	323	1.1
住宿和餐饮业	286	1.0
文化、体育和娱乐业	272	0.9
水利、环境和公共设施管理业	91	0.3
其他	82	0.3
合计	**29 699**	**100.0**

（3）地方企业数量在对外直接投资中占八成以上

从境外非金融类企业的隶属情况看，地方企业占 85.0%，中央企业和单位仅占 15.0%。广东、浙江、江苏、上海、山东、辽宁、北京、福建、天津、河南等位列地方境外企业数量前 10 位，累计占境外企业总数的 66.3%。广东省是中国拥有境外企业数量最多的省份，占境外企业总数的

17.7%；其次为浙江省，占 11.1%；江苏省位列第三，占 9.1%（见图 1-31）。

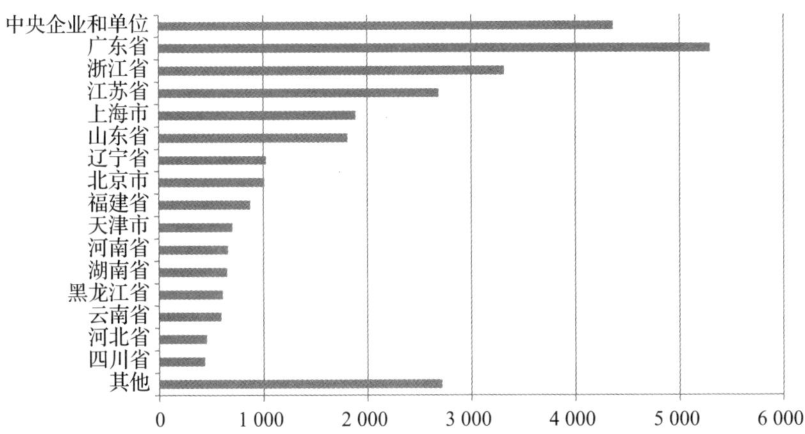

图 1-31　2014 年年末中国主要省市区设立境外直接投资企业情况（单位：家）

资料来源：中国商务部、国家统计局、国家外汇管理局联合编辑出版《2014 年度中国对外直接投资统计公报》；联合国贸易和发展会议《2015 世界投资报告》。

二、2014 年地方双向投资分析报告

（一）东部地区

1. 天津市

（1）双向投资基本情况

1）双向投资总体情况

天津市实际使用外资增速连续多年在全国排名前列。2014 年，全市共批准外商投资企业 674 家，同比增长 19.5%，其中融资租赁业发展较快，新增 123 家，同比增长 123.64%。2014 年，天津市实际使用外资 188.67 亿美元，同比增长 12.11%。实际使用外资前三位的行业分别是制造业 83.29 亿美元，房地产 25.86 亿美元，租赁和商务服务业 17.10 亿美元。对天津市实际投资前三位的地区和国家分别是中国香港 93.83 亿美元，日本 22.66 亿美元，韩国 19.99 亿美元。截至 2014 年年底，已

有 160 家世界 500 强企业在津投资。

2014 年，天津境外投资合作加速拓展，全年核准境外投资 31.4 亿美元，同比增长 20.21%；中方投资实际汇出 14.7 亿美元，全国排名第七，创历史最好成绩。在港口、基础设施合作和机械、化工、电子零部件等领域形成了一批新的投资项目，承揽了一批新的重大工程。民营企业境外设立企业机构和投资规模也快速增长，成为天津市企业“走出去”的主力军。

2）双向投资主要成效

天津市投资环境不断得到改善，利用外资情况良好。

一是推进投资与服务贸易便利化。2014 年一季度以来，结合天津自贸试验区的申建，天津市从多个方面发力，进一步探索和推进投资和服务贸易便利化，营造良好营商环境。加快行政体制改革，推进政府职能转变，创新行政管理方式，实施权责清单制度，强化事中事后监管，提高行政管理效率，建设适应国际化、市场化、法制化要求的服务体系。建立对外投资合作“一站式”服务平台，完善国际贸易服务功能，建立国际贸易“单一窗口”制度，进一步完善大通关体系和集疏运体系。推进租赁业政策制度创新，支持商业保理业务发展，推动人民币跨境使用、利率市场化、外汇管理制度等改革。2015 年 4 月 8 日，国务院正式批复了《中国（天津）自由贸易试验区总体方案》，在天津市自贸试验区范围内，进一步放宽服务业、先进制造业市场准入，对外商投资实行准入前国民待遇加负面清单管理模式，对境外投资项目（非敏感国家、地区，非敏感行业）实行备案制管理方式。

二是推动服务业转型升级。认真贯彻落实《中共天津市委天津市人民政府关于全面提高对外开放水平的决定》，不断完善投资审核监管制度，放宽外商投资行业限制、控股限制，通过发挥政策组合拳的综合效应，加大对金融、现代物流、信息技术、科学研究等现代服务业的引资力度，引进一批具有带动效应的优质外资企业。将外资引进与股权相结合，以大型国有企业作为突破口，引入国外战略投资者，使股权改革进入快车道。鼓励国有、民营企业深化与外资企业的合作关系，发展外商投资的配套产业，加快改造提升商贸流通、餐饮服务、交通运输等传统服务业，主动向现代服务业转型。

三是发挥滨海新区的龙头带动作用。在国务院的支持和国家有关部委的指导下，天津市滨海新区开发开放成效显著，各类优质项目竞相落户，国内外投资持续升温。2014 年全区新增外资企业 320 户，同比增长 33.89%。全年实际利用外资 123 亿美元，同比增长 12%。优质高端制造产业、现代服务业项目“双轮驱动”，为新区经济发展提供新的增长点。2014 年 11 月，大众汽车自动变速器（天津）有限公司在天津开发区西区建成投产。随着该项目的投产，大众汽车和天津的合作领域还将不断扩大。依托先行先试的政策优势，滨海新区招商引资也正逐渐由单个项目招商向载体招商、产业链招商转变，综合效应日益显现。融资租赁业是高端制造业大产业链条中的一环，具备较高的产业附加值。在良好的配套政策、产业环境支撑下，滨海新区以东疆保税港区为突破口，融资租赁业去年也迎来优质企业落户潮。美联信融资租赁、法兴融资租赁、泰融融资租赁、台新融资租赁、汇鑫国际融资租赁等来自世界各地的融资租赁企业的相继落户，扩大了新区融资租赁业的聚集效应和影响力，也成为推动新区现代服务业吸引外资的一股新生力量。

天津市企业“走出去”步伐加快，质量水平显著提升。

一是民营企业“走出去”步伐不断加快。2014 年，天津市累计核准民营企业境外企业机构 90 家，占同期全市境外企业机构数的 85.7%，累计核准对外投资总额 27.02 亿美元，占同期全市总额 86.1%。从近几年来看，天津市民营企业参与境外投资的比重不断增长，已经成为天津市企业走出去的主力军。

二是对外投资大项目、好项目不断增多。2014 年，我市累计核准境外投资超千万美元以上大项目 38 个，同比增长 35.7%。如天津渤海租赁有限公司 13.47 亿美元收购的 Seaco SRL 集装箱公司项目；渤海钢铁集团投资 9500 万美元在蒙古建设铁矿项目；天津物产集团 8000 万美元的资产整合项目，俊安公司、聚龙集团分别增资 1.62 亿美元和 6000 万美元扩大境外投资等。

（2）双向投资存在问题

1）利用外资面临竞争加剧。

发达国家力推“再工业化”，高端产业对新兴经济体投资放缓。印度、越南等周边国家推出鼓励外资的改革举措，分流中低端产业国际投资。外国投资者对天津市经济增长放缓、投资环境的担忧上升，在华投资意愿有所减弱。三星电子、康师傅等落户多年的知名外资、台资企业在津投资规模缩减，大量订单转移至越南等周边国家生产。

2）对外投资合作风险加大。

国际市场能源资源产品价格回落，部分新兴经济体经济增长放缓，西方对天津企业安全审查趋严等，将影响天津市境外投资项目的运营和利益。天津市赴境外投资从事能源开采类项目的企业中，部分已经出现资金运转困难的情况。

（3）促进双向投资的鼓励政策

1）出台天津市外商投资和境外投资项目管理办法。

根据国务院关于加快投资管理体制改革的有关要求以及国家发展改革委第 9 号令、第 12 号令等文件精神，天津市于 2014 年 8 月出台了《天津市境外投资项目备案管理办法》和《天津市外商投资项目核准和备案管理办法》。新办法进一步落实国家简政放权的要求，下放了审批权限，规范和简化了审批要件，缩短了审批时间，进一步提高了审批效率。

2）出台天津自贸试验区外商投资和境外投资项目管理办法。

根据国务院批复的《中国（天津）自由贸易试验区总体方案》和国

家发展改革委第 9 号令、第 12 号令等文件精神，天津市于 2015 年 4 月 17 日出台了《中国（天津）自由贸易试验区外商投资和境外投资项目备案管理两个办法的通知》。天津市自贸试验区范围内，外商投资实施准入前国民待遇加负面清单管理模式；在境外投资方面采取非敏感国家（地区）敏感行业由自贸试验区自行备案的方式，同时省级备案权限全部下放至自贸试验区实施。

3）天津市借用国际商业贷款切块管理试点改革方案获批。

为进一步提高天津市借用中长期国际商贷使用效益，2014 年下半年以来，天津市积极向国家发展改革委汇报天津企业借用国际商贷的有关情况并认真做好借用国际商贷切块管理改革的各项准备工作。2015 年 4 月，国家发展改革委正式批复了天津市上报的借用国际商贷切块管理试点改革方案，天津市 2015 年获得的切块额度为 50 亿美元。4 月 15 日，天津市正式印发了《天津市借用中长期国际商业贷款切块管理试点暂行办法》。天津市企业申请中长期国际商业贷款由原先的逐项上报国家发展改革委审批改为在额度范围内由市发展改革委按照逐项审批和额度切块审批相结合的形式进行。租赁业是天津自贸区发展的优势和特色，借用国外低息资金对天津市融资租赁业的发展起到了较大的促进作用。此试点方案的实施将有助于保持天津市租赁业领先发展的态势，同时对天津市企业“走出去”及实体经济发展也起到了促进作用。

4）对今后双向投资发展的趋势展望。

2015 年，天津市双向投资工作机遇与挑战并存。世界经济增长动力有所增强，全球贸易增长有望小幅提速，跨国投资有所复苏，我国稳定出口和利用外资的环境渴望改善。特别是，天津面临滨海新区开发开放、京津冀协同发展、融入“一带一路”战略以及自贸试验区和国家自主创新示范区建设五大战略叠加、千载难逢的历史机遇，形成了实现利用外资工作新发展的强大动力。2015 年，天津市利用外资的预计将保持 12% 左右的增长速度。境外投资将继续保持良好发展势头。

2. 上海市

（1）2014 年上海双向投资总体情况

引进外资再创新高。全年合同外资首破 300 亿美元，达 316.1 亿美元，增长 26.8%；实际利用外资 181.7 亿美元，增长 8.3%，增速较全国及东部地区分别快 6.6 和 7.2 个百分点。对外投资强劲增长。全年实现对外直接投资 122.9 亿美元，增长 1.9 倍，是过去 4 年的总和（见图 1-32）。总体上，呈现以下特点：

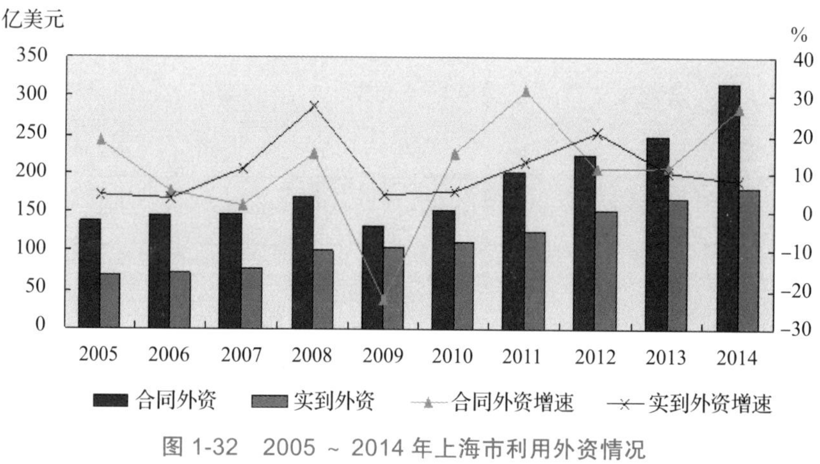

图 1-32　2005 ~ 2014 年上海市利用外资情况

1）外商直接投资

引进外资结构持续优化。服务业为主的引资结构加快形成，全年服务业实际利用外资 163.9 亿美元，增长 20.8%，占全市实际利用外资的 90.2%，比上年提高 9.3 个百分点。其中，受大项目资金到位推动（新鸿基房地产 35 亿美元），房地产业实际利用外资增长 1.2 倍；以融资租赁项目为主的金融服务业增长 38.9%；受实缴制改认缴制影响，商贸业、租赁和商务服务业实际利用外资有所下降，但合同外资增幅均超过 10%。制造业实际利用外资 17.4 亿美元，下降 45.2%，但新能源、新材料、节能环保类项目增多，约占新增制造业项目的1/4。

总部机构加快集聚。全年新增跨国公司地区总部45家（其中亚太区总部15家），新增投资性公司14家，累计分别达490家（其中亚太区总部26家）和297家，上海继续成为中国内地跨国公司地区总部落户最多的城市。地区总部承担的销售、结算、物流等实体功能不断增强，西门子等3家公司成为跨国公司“准总部”政策出台以来认定的首批“总部型机构”，在出入境、外籍人员就业许可、国内优秀人才引进等方面更加便利。积极吸引外资研发中心参与科技创新中心的建设，全年共引进沃尔沃汽车、勃林格殷格翰生物医药等外资研发中心15家，累计达到381家，约占中国内地的1/4（见图1-33）。

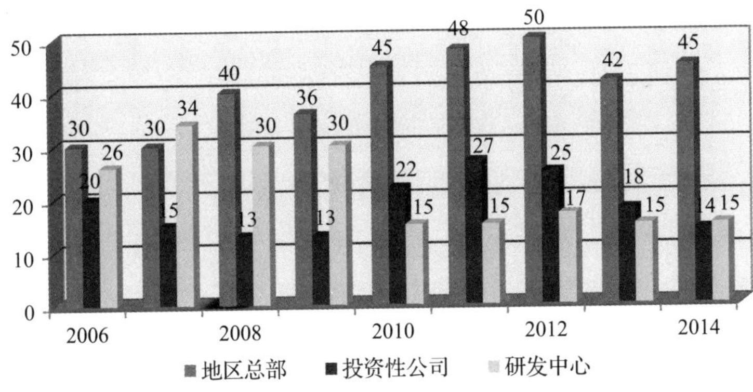

图1-33 2006 ~ 2014年上海总部机构情况（单位：家）

来沪投资的国家和地区日益增多。截至2014年年底，在上海投资的国家和地区增至159个。中国香港、日本、美国和欧洲仍然是主要投资来源地，但结构出现变化。受新鸿基房地产项目推动，香港对沪投资增长38.6%。日本对沪投资延续下降态势，降幅扩大至25%。美国制造业回归效应显现，加之上年基数较高，对沪投资下降21.1%。欧洲对沪投资下降16.9%，但国别分化明显，意大利、英国、比利时、爱尔兰等国在沪投资增长较快，德国、法国、荷兰投资下降。来自自由港的投资恢复性增长，英属维尔京群岛、毛里求斯、开曼群岛、萨摩亚、百慕大、巴巴多斯等六地对沪投资 15.41 亿美元，增长 4%，占全市实际利用外资的 8.5%（见表 1-35）。

表 1-35　2014 年上海市外商直接投资前十位资金来源地

排名	国别 / 地区	实到外资（亿美元）	同比（%）	占全市比重（%）
1	中国香港	115.79	38.6	63.7
2	日本	12.46	-25.0	6.9
3	美国	9.97	-21.1	5.5
4	英属维尔京群岛	9.45	149.4	5.2
5	新加坡	8.30	-34.8	4.6
6	中国台湾	3.11	69.9	1.7
7	德国	2.10	-32.0	1.2
8	开曼群岛	1.76	-35.4	1.0
9	萨摩亚	1.52	-30.0	0.8
10	毛里求斯	1.51	-68.0	0.8

重点区域引资优势凸显。自贸试验区外资管理制度改革和服务业扩大开放措施的持续推进，为外资发展注入了新的动力，全年自贸试验区新增外资项目 2015 个，增长 4.5 倍，90% 的项目通过备案设立；合同外资 92.4 亿美元，占全市合同外资的近 30%，主要集中在商贸、融资租赁、专业服务和文化等领域，先后引进全国第一家外商独资游戏游艺生产销售企业——微软游戏游艺设备（上海）有限公司、全国第一家外商独资演出经纪机构——南中（上海）文化传播有限公司。虹桥商务区、世博园区、国际旅游度假区等六大重点功能区域引进外资快速增长，其中虹桥商务区核心区全年引进合同外资 14.4 亿美元，增长 4.1 倍。

2）境外投资

对外投资结构出现积极变化。投资区域逐步优化，对发达经济体投资占七成以上，其中对北美、欧洲投资分别增长 5.5 倍和 4.3 倍。投资方式更加成熟，以并购增资方式实施的对外投资额占比达 68.6%，跨国并购额增长 3.2 倍。投资水平明显提高，装备制造、医疗器械、关键零部件、新能源、高端设计等领域对外投资亮点频现，高新技术研发设计类的投资并购 119 项，投资额占全市的 1/5。投资主体更趋多元，民营企业对外投资项目464个，投资金额67.1亿美元，分别占全市的78.1%和54.6%，成为本市对外直接投资的绝对主力。

（2）2014年以来上海促进双向投资的主要鼓励政策

1）制定《上海市外商投资项目核准和备案管理办法》、《上海市境外投资项目备案管理办法》

2014年12月，为贯彻落实十八届三中全会精神，增强企业的市场主体地位，上海市人民政府关于批转市发展改革委制订的《上海市企业投资项目核准管理办法》等七个文件的通知。

2）制定《关于鼓励跨国公司设立地区总部规定实施意见的补充规定》

2014年7月，为了进一步扩大对外开放，完善总部经济发展环境，鼓励跨国公司在本市设立总部型机构，根据《上海市鼓励跨国公司设立地区总部的规定》（沪府发〔2011〕98号）及《关于〈上海市鼓励跨国公司设立地区总部的规定〉的实施意见》（沪府办发〔2012〕51号）精神，市商务委等部门制定了《关于鼓励跨国公司设立地区总部规定实施意见的补充规定》。

3）发布《关于进一步加快培育上海国有跨国公司实施意见的通知》

2014年2月，为鼓励本市国有企业积极“走出去”开展跨国经营，培育一批具有较强国际竞争力的上海国有跨国公司，充分发挥国有企业在对外经济合作领域中的主力军和领头羊作用，按照市委、市政府《关于进一步深化上海国资改革促进企业发展的意见》要求，上海市人民政府办公厅转发市商务委等八部门制定的《关于进一步加快培育上海国有跨国公司实施意见的通知》。

（3）2015年双向投资发展趋势展望

全球经济一体化继续深化，为上海提升在全球产业链与价值链中的地位带来契机。投资、贸易、生产、研发、服务的全球一体化将进一步加深，国际产业链和价值链加快重构，跨国公司治理模式将从贸易到投资的阶段式发展转为全球价值链管理。国际产业转移和贸易投资出现深度融合，美欧再工业化战略进入实质性实施阶段，高端制造业向发达国家回流成为一种趋势，发展中国家对服务业需求的快速增加，催生服务业出现向发展中国家梯度转移的趋势。全球投资格局将发生转变，发展中国家境外投资的步伐将日益加快，全球投资从发达国家流向发展中国家的方向预计将在 2016 年发生逆转。这些变化为上海建设开放型经济高地，进一步推动产业升级，提升在全球价值链和产业链中的地位提供了机遇。

国内开放体制逐步与国际接轨，为上海开放型经济发展带来了新机遇。在新一轮全球化背景下，我国将积极对接国际先进理念和通行规则，在行政审批、市场准入和监管制度、公开透明等方面建立符合国际惯例的体制机制，培育稳定、透明、可预期的营商环境。开放领域将进一步扩大，目前仍然留有保护和限制措施的银行、证券、保险、电信、邮政快递、法律服务等服务行业将加快开放，在自贸试验区积累出可复制和推广的经验后，将会在更大范围内推进服务业扩大开放。内外贸和双向投资融合发展，国内贸易、对外贸易、吸收外资和对外投资四条渠道之间互联互通将逐步加深，相互结合将日益紧密，走出去将成为推动外贸转型升级、提升综合竞争力的重要渠道。“两带一路”建设推动区域经济格局发生重大变化，我国实施全方位开放战略，将对外开放的重点从欧美日等发达国家转向其他发展中国家和新兴经济体内陆国家，大力推进“两带一路”建设，将带动区域经济格局发生重大变化，长江经济带将成为对外开放的重点区域。这些都为上海进一步提高开放水平，提升城市能级，发挥中国经济发展龙头作用提供了良好环境。

3. 江苏省

（1）2014 年江苏双向投资发展总体情况

1）利用外资

2014 年，江苏省实际利用外资 281.7 亿美元，下降 14.2%，规模连续 12 年保持全国第一（见表 1-36）。

表 1-36 “十二五”以来江苏实际利用外资情况

指　标	2010	2011	2012	2013	2014
金额（亿美元）	285	321.3	357.6	332.6	281.7
增长（%）	12.5	12.8	11.3	1.0	−14.2
占全国的比重（%）	26.5	27.7	32	28.3	23.6

从外商投资产业结构看，服务业利用外资比重继续提高，制造业利用外资量降质升。

2014 年，全省三次产业利用外资结构比例由 2013 年的 3∶55∶42 优化为 2.0∶54.4∶43.6。服务业实际利用外资 122.7 亿美元，占全省的比重为 43.6%，较上年提高 1.6 个百分点，再创历史新高。服务业利用外资结构持续优化，房地产业实际利用外资 50.6 亿美元，下降 26.6%，占服务业实际利用外资的比重为 41.3%，较上年下降 8.1 个百分点；租赁和商务服务业、金融业、居民服务和其他服务业等领域利用外资实现快速增长，实际利用外资分别增长 24.1%、105.3%、5.8%。外资总部经济快速发展。2014 年，全省新认定 49 家外资总部企业，新设外资独立研发机构 12 家，全省跨国公司地区总部和功能性机构总数达 134 家。全省制造业实际利用外资 145.6 亿美元，下降 16.5%，占全省的比重为 51.7%，较上年下降 0.7 个百分点。其中，先进制造业实际利用外资占第二产业比重突破 60%，IT 产业实际利用外资增长 1.7%，专用设备制造、金属制品、橡胶、化纤等传统制造业实际利用外资平均降幅在 30% 以上。

从外商投资资本流动区域结构看，苏中苏北地区利用外资占比提高，亚洲继续保持江苏省主要外资来源地地位。

苏北地区实际利用外资实现正增长，苏中地区实际利用外资降幅也低于全省平均降幅，苏中、苏北地区实际利用外资占全省的比重继续提升。2014年，苏北地区实际利用外资55.2亿美元，增长3.49%，占全省的比重为19.6%，较上年提高2.8个百分点；苏中地区实际利用外资46.3亿美元，下降12.9%，占全省的比重为16.4%，较上年提高0.2个百分点；苏南地区实际利用外资180.2亿美元，下降18.8%，占全省的比重为64.0%，较上年下降3个百分点。沿海地区实际利用外资43.1亿美元，下降8.5%，占全省的比重为15.3%，较上年提高1.1个百分点。2014年，实际利用亚洲地区投资215.2亿美元，比上年下降15.6%，占全省的比重为76.4%，较上年下降0.3个百分点，但中国香港、新加坡、日本、中国台湾、韩国仍是外资主要来源国家和地区，来自上述国家和地区的实际投资分别为168.2亿美元、11.9亿美元、11.4亿美元、11.2亿美元、9.2亿美元，其中来自中国台湾、韩国的实际投资分别增长28.3%、27.8%。来自欧盟、美国的实际投资分别为13.7亿美元、6.0亿美元，分别下降19.3%、23.6%，占全省的比重分别为4.9%、2.1%，其中来自英国的实际投资3.5亿美元，增长105.6%；来自英属维尔京群岛、萨摩亚、开曼群岛、毛里求斯等离岸转投地的实际投资分别下降21.7%、15.2%、26.3%、22.2%。

从外商投资承载平台看，园区经济转型发展成效明显，共建园区成为促进区域协调发展的重要载体。

开发区提档升级成效明显。截至2014年年底，全省现有省级及以上开发区131家，其中国家级开发区41家（经济技术开发区26家，居全国第一；高新区12家，居全国第一；旅游度假区2家；保税港区1家），省级开发区90家。生态工业园区建设加快推进，共有11家国家级生态工业示范园，居全国第一，命名40家省级生态工业园。特色产业园发展成效明显，截至2014年年底，全省共有特色产业园153个，其中超过六成属战略性新兴产业。知识产权示范园区创建工作继续深化，截至2014年年底，国家级、省级知识产权试点园区共99个，占全省开发区总数的75%。其中国家级示范园区4个，国家级试点园区7个。海关特殊功能区建设全国领先。截至2014年年底，全省海关特殊功能区共19个（保税港区1个，综合保税区9个，出口加工区9个），此外还有江阴、徐州、如皋港、连云港等4个保税物流中心（B型），是全国数量最多、功能最全、发展最好的省份之一。开发区南北共建工作成效显著。截至2014年年底，共设立南北共建园区41家，其中苏北37家、苏中4家。

2）境外投资

2014年，江苏省深化境外投资管理体制改革，企业境外投资便利化程度显著提高，全省境外投资保持了平稳较快增长，成为推进经济国际化发展中的显著亮点。全年，全省共核准、备案对外投资项目736个，中方协议投资额72.2亿美元，分别比上年增长21.7%和17.5%（见表1-37）。

表1-37 “十二五”以来江苏境外投资情况

指　标	2010	2011	2012	2013	2014
金额（亿美元）	21.8	36.0	50.5	61.4	72.2
增长（%）	104.6	65.5	40.1	21.8	17.5

从境外投资行业看，投资领域集中度高，优势产业境外转移成效明显。

投资领域主要集中在制造业、租赁和商务服务业、批发业和零售业、房地产业等。2014年，上述四大行业中方协议投资额共占全省的84.5%，分别增长51.1%、5.3%、39.7%、99.7%。此外，建筑业境外投资呈现快速增长，中方协议投资额1.62亿美元，增长236.2%；采矿业境外投资出现下降，中方协议投资额2.59亿美元，下降17.9%，占全省的比重为3.6%；钢铁、水泥、光伏等优势产业境外转移步伐加快，近五年来，上述三大行业境外投资中方协议额共达20亿美元，其中光伏产业逾九成是到欧美等发达国家投资建设太阳能电站。

从境外投资主体来看，苏南地区是主要资本流出地，民营企业继续保持主力军地位。

苏南地区境外投资项目数 525 个，中方协议投资额 52.7 亿美元，增速均高于全省平均水平，分别占全省的 71.3% 和 73.1%，中方协议投资额占比较上年提高 2 个百分点。苏中地区境外投资项目数 131 个，增长 23.6%；中方协议投资额 12.6 亿美元，增长 16.3%，超过全省平均增速。苏北地区境外投资项目数 80 个，增长 21.2%；中方协议投资额 6.8 亿美元，下降 1.3%，其中淮安、宿迁呈现成倍增长。民营企业仍是本省境外投资主力军，近年来，民营企业中方协议投资额约占全省的 2/3。2014 年，民营企业境外投资项目 553 个，中方协议投资额 53.8 亿美元，分别增长 29.2%、23.0%，分别占全省的 75.1%、74.5%。

从境外投资方式看，境外并购日益活跃，独资仍居主导地位。

近 5 年来，全省境外并购项目中方协议投资额 34 亿美元，占同期全省总额的 19%，年均 77% 的增速远超绿地投资等类型。2014 年，境外参股并购类项目数为 110 个，增长 37.5%，占全省的 15.0%，中方协议投资额 11.0 亿美元，占全省的 15.3%。近年来，江苏省部分行业龙头企业根据自身发展战略，加快境外并购步伐，有效整合境内外优势资源，一批重大境外并购项目顺利推进和成功实施。从境外企业类型看，独资企业数量占比达 70.2%，中方协议投资额占比达 75.3%。

从境外承载平台看，重点产业集聚区建设成效突显，加快优化境外区域布局。

柬埔寨西港特区和埃塞俄比亚东方工业园这两个国家级境外经贸合作区建设进展顺利，服务功能日益完善，招商引资成效明显。截至 2014 年底，柬埔寨西港特区已累计引入企业 79 家（其中国内企业 64 家），58 家已正常生产经营，带动当地就业超过万名；埃塞俄比亚东方工业园一期基本建成，已引入本省冶金、建材、机电类企业 18 家；印尼加里曼丹岛农工贸经济合作区作为江苏省首家省级境外产业合作集聚区，已有 8 家企业落户。徐工巴西、海企坦桑尼亚、汇鸿尼日利亚等产业集聚区建设正加快推进。

从投资目的地看，亚洲仍是主要投资目的地，对北美洲投资增长较快。2014 年，对亚洲投资项目数 385 个，中方协议投资额 42.5 亿美元，分别较上年增长 14.9%、37.8%，分别占全省的 52.3%、58.8%。其中，对印度尼西亚、日本、韩国、阿联酋的投资项目中方协议投资额分别增长 2.1 倍、11.7 倍、14.8 倍、6.3 倍。对北美洲投资项目数 143 个，中方协议投资额 8.3 亿美元，分别增长 34.9%、44.6%，分别占全省的 19.4%、11.5%。其中，对美国投资中方协议投资额 6.6 亿美元，增长 31.5%，占全省的 9.2%；对非洲投资项目中方协议投资额 5.6 亿美元，增长 6.8%，占全省的 7.7%；对欧洲投资项目中方协议投资额 6.4 亿美元，下降 45.6%，占全省的 8.9%；对拉丁美洲投资项目中方协议投资额 5.0 亿美元，增长 7.2%，占全省的 7.0%；对大洋洲投资项目中方协议投资额 4.4 亿美元，增长 37.1%，占全省的 6.1%。

（2）2014 年江苏双向投资取得的主要成效

1）双向投资对拉动经济稳定增长发挥了积极作用

从投资贡献看，统计显示，2014 年全省外商（含港澳台）投资企业完成投资 4155.9 亿元，增长 6.3%，占全省投资总量的 10%，外商投资在拉动经济增长中发挥着重要作用。同时，外商投资还通过技术、管理经验等提高了固定资产投资的效率，有力地促进了江苏省的经济增长。从出口贡献看，统计显示，2014 年全省净流出（货物贸易和服务净出口）对经济增长的贡献率为 1.4%，较上年提高 0.2 个百分点。其中，外商投资企业进出口增速高于全省平均，占全省进出口总额的比重为 61.8%，占比较上年提高 0.3 个百分点，超过九成的高新技术产品进出口来自于外商投资企业。

近年来，江苏省纺织服装、建筑材料、机械电子等优势产业境外投资合作力度不断加大，带动设备和原辅材料出口效应不断增强。据不完全统计，2013 年，江苏省企业境外投资带动出口约达 48 亿美元。境外营销网络体系建设加快推进，也使江苏省企业能够快速捕捉国际市场信息，减少中间流通环节，打破外商对营销渠道控制，从而牢牢把握市场主动权，增强国际市场开拓能力。2014 年，全省贸易型境外投资项目数量和中方协议额分别增长 32.9% 和 37.3%，占全省的比重分别为 37.9% 和 24.5%。从企业经营效益看，全省规模以上工业企业中，外商投资企业利税总额占比 32.6%，利润总额占比 36.9%，分别较上年提高 0.8 个和 1.3 个百分点，且增速均高于全省平均水平。据不完全统计，截至 2013 年年末，江苏省实有境外企业 1840 家，其中，正常开展经营的企业 1095 家，海外资产总额 295.9 亿美元，2013 年实现营业收入总额 229 亿美元。

2）双向投资促进了全省经济结构加快调整和升级

外资技术溢出效应、集聚发展效应不断增强，对促进江苏省技术创新和产业集群发展起到了积极的推动作用。全省外资研发机构数量累计超过 1000 家，且研发活动层次稳步提升。实际利用外资约占全省八成的各级各类开发区，累计集聚了全省九成左右的外资高新技术企业和八成以上的高新技术企业创业服务中心、研发中心和孵化中心，集聚了超过 4000 人的科技领军人才，形成了电子信息、光机电一体化、装备制造、新材料、新医药、节能环保等重点产业和新兴产业集群。工业企业研发创新走出去步伐明显加快，加快提升核心技术水平和产业竞争力。统计显示，2014 年全省有 130 家规模以上工业企业在境外设立了科技机构，增长 44.4%；共设立境外科技机构 166 个，增长 41.9%，其中，计算机通信和其他电子设备制造业、通用设备制造业分别在境外设立科技机构 25 个、22 个，纺织服装服饰业、化学原材和化学制品业、医药制造业、专用设备制造业、电气机械和器材制造业在境外设立的科技机构也都在 10 个以上。

3）双向投资促进了全省区域经济加快协调发展

苏南地区着力加大战略性新兴产业和现代服务业引资水平，加快企业境外投资合作步伐，在开放型经济发展中充分发展引领和示范作用。2014 年，苏州市实际利用外资占全省的比重超过 1/4，其中，服务业外资项目数量占全市的比重超过六成，服务业占注册外资的比重达四成，引进具有地区总部特征或共享功能的外资企业 40 家。2014 年，苏南地区境外投资中方协议投资额约是 2010 年的 3 倍，占全省的比重超过七成。苏中地区积极融入苏南和长三角地区，以特色发展加快推进经济国际化进程，苏北地区充分发挥比较优势、后发优势和潜在优化，加快承接国际资本和产业转移，加快推进新型工业化进程。2014 年，苏中、苏北地区经济总量占全省的比重达到 40.2%，比 2010 年提高 0.4 个百分点。吸收外商投资总体水平日益提升，跨境投资步伐明显加快，在全省在所占的份额不断扩大。截至 2014 年年底，苏中、苏北地区国家级经济技术开发区和高新技术产业园开发区数量 15 个，比“十一五”末增加 8 个，承接外商投资产业载体和功能不断增强。2014 年，苏中、苏北地区实际利用外资占全省的比重达 36%，比 2010 提高 1.2 个百分点；境外投资中方协议投资额占全省的比重比 2010 年提高 6.7 个百分点，区域跨境投资分布更趋合理。

（3）双向投资存在的主要问题

1）保持引资规模稳定面临压力

自 2012 年以来，全省协议利用外资已呈现连续同比下降趋势。2014 年，全省外商投资新登记法人企业户数较上年下降 9.6%，为近三年来的最低值。制造业吸引外资规模下滑，实际到账外资由 2012 年的 223.3 亿美元下降至 2014 年的 145.6 亿美元，下降 34.8%，占全省的比重也从 2012 年的 62.4% 下降至 2014 年的 51.7%。服务业利用外资增长势头虽然良好，但服务业利用外资的领域仍有待拓展，质量和水平仍有待提升。此外，外商投资企业还面临运营成本增加的挑战。当前，江苏省外商投资企业运营除面临劳动力成本、土地资源、环境容量等刚性制约外，物流和融资成本等已成为继原材料成本外的重要制约因素。

2）境外投资仍有较大提升空间

江苏省境外投资虽然保持快速发展，但相对江苏省综合经济水平而言，境外投资仍有较大提升空间。虽然江苏省部分企业国际化经营取得了积极成效，但仍有不少企业国际化经营战略尚显缺位，缺乏全局性、长期性的战略理念，目标不够明确，定位不够准确，路径不够清晰。虽然江苏省纺织、建材、电子等优势产业向东南亚、非洲等具有低成本优势的国家和地区转移取得一定成效，但是单打独斗比较多，充分发挥境外经贸合作区和产业集聚区平台优势，实现境外集聚发展、产业链配套发展仍需着力推进。虽然境外投资促进服务体系建设取得了初步成效，但在管理体制、风险保障、政策扶持、综合服务等方面与境外投资快速的发展还不相适应，专业服务机构国际化经营程度低，与企业境外投资加快发展的迫切需要还不相适应。

3）跨境双向投资发展仍不平衡

在全国吸收外资和境外投资已接近平衡的背景下，2014 年全省境外投资中方协议投资额是协议利用外资额的 16.7%，实际对外投资额是实际利用外资额的 14.8%，跨境双向投资发展仍不平衡。随着企业国际化发展战略的日益清晰和实力的不断增强、“一带一路”建设的加快推进，企业开展境外投资合作仍将呈现较快发展态势。

（4）2014 年以来本地区促进双向投资的主要鼓励政策

1）深化开放型经济体制改革

省委省政府制定出台《关于深化开放型经济体制改革的若干意见》，

提出了深化江苏开放型经济体制改革，加快企业国际化、城市国际化、人才国际化步伐，构建江苏开放型经济新体制的指导思路、主要目标和基本原则，并重点从积极融入国家扩大开放战略布局、拓宽对外开放新领域、推进投资贸易便利化、激发走出去的动力和活力、加快开发区转型升级、营造更具竞争力的对外开放环境等方面提出了具体举措和支持政策。

2）推进开发区转型升级创新发展

省政府制定出台《关于加快全省经济技术开发区转型升级创新发展的若干意见》，从明确开发区发展定位、推进开发区体制机制创新、促进开放型经济发展、推动开发区产业转型升级、坚持开发区绿色集约发展、促进开发区特色发展、优化营商环境等方面提出了具体举措和支持政策。

3）推进境外投资加快发展

省政府制定出台《关于抢抓“一带一路”建设机遇进一步做好境外投资工作的意见》，提出了抢抓“一带一路”建设机遇，加快江苏省企业国际化步伐，构建开放型经济新优势的指导思想、总体目标和主要任务，并从提高企业境外投资水平、完善政策促进体系、健全服务保障体系、强化风险防控体系等方面提出了具体举措和支持政策。

4）推进涉外投资项目管理体制改革

江苏省发展改革委制定出台《江苏省投资项目核准管理办法》，对内外资项目实行并轨管理，外商投资项目绝大部分实行属地化管理，制定出台《江苏省境外投资项目核准和备案管理实施办法》，下放备案管理权限，简化申报材料、优化申报流程、压缩办理时限，并赋予苏州工业园区省级境外投资项目备案管理权限，提高企业境外投资便利化程度。

（5）2015 年双向投资发展趋势展望

当前，国际资本跨国流动继续保持低迷，尚未恢复到金融危机以前的水平，发达国家重振经济推动制造业投资回流，高端产业对新兴经济体投资放缓；新兴经济体加速追赶导致引资竞争加剧，分流中低端产业国际投资；我国制造业吸收外资承载能力减弱，区域引资竞争加剧，江苏省吸收跨国投资面临着激烈竞争，在高位保持引资规模稳定面临严峻挑战；江苏省稳定增长的市场需求、配套齐全的产业体系、完善的综合交通体系，仍使江苏省具有吸引外国投资的综合竞争优势，特别是产业结构加快调整、服务业开放领域不断拓展、法治化营商环境的日趋完善，为本省提高引资质量带来了难得的发展机遇。此外，随着国家"一带一路"战略的深入实施、国际产能和装备制造合作的务实推进，以及企业国际化战略的清晰确立和投资决策水平的稳步提升，江苏省企业境外投资面临着难得发展机遇，但也面临着非经济因素干扰、地区安全形势复杂等方面的严峻挑战。初步预测，2015 年全省实际利用外资规模将在全国继续处于领先地位，境外投资中方协议投资额将增长 10% 以上。

4. 浙江省

（1）2014 年浙江省双向投资情况

1）外商投资情况

2014 年浙江省新批外商投资企业 1550 家，投资总额 439.8 亿美元，合同外资 244.1 亿美元，实际利用外资 158.0 亿美元，合同外资和实际外资分别同比增长 0.1% 和 11.6%，实际利用外资进度完成年度目标 103.3%，在全国的占比提高了 1.5 个百分点，达到了 13.2%。2014 年全省外商投资企业实际投资（含中方投资）为 961 亿元人民币。截至 2014 年年底，全省累计共批外商投资企业 54 127 家，投资总额 4736.1 亿美元，合同外资 2628.4 亿美元，实际外资 1416.9 亿美元。

2014 年外商投资主要有以下特点。

项目平均规模不断扩大。2014 年大项目增多，外资质量提高，平均项目总投资2837万美元，同比提高12.8%，继续保持每年扩大趋势。新批投资总额1亿美元以上企业47家，投资总额141.7亿美元，合同外资54.0亿美元，投资总额和合同外资同比分别增长39.6%和1.3%。

区域集中度继续提高。2014年，浙北五市（杭、宁、绍、嘉、湖）的合同外资、实际外资分别为215.4、143.0亿美元，占全省比重的88.2%、90.5%，其中杭州、宁波、嘉兴市实际利用外资合计126.4亿美元，占全省比重的进一步提高，达到80%。开发区新批项目656个，合同外资133.4亿美元，实际利用外资90.9亿美元，合同外资和实际利用外资分别增长13.3%和15.6%，占全省总数的54.7%和57.5%，吸收外资的主战场地位越来越突出，其中国家级开发区实际外资63.9亿美元，同比增长18.0%，占开发区总量的70.3%。舟山新区2014年合同外资10.7亿美元，未来将成为浙江省利用外资及大项目的增长点。

来自欧盟、中国台湾地区实际外资快速增长。来自中国香港、英属维尔京群岛、美国等十大传统国家和地区的合同外资和实际利用外资分别为226.7亿美元和145.1亿美元，占总数的92.9%和91.8%；其中中国香港的合同外资和实际利用外资分别为166.2亿美元和112.9亿美元，占总数的68.1%和71.5%。2014年来自欧盟的投资增长较快，实际利用外资8.0亿美元，增长31.4%，其中德国、丹麦、荷兰和奥地利均出现大幅增长。来自中国台湾的实际外资达9743万美元，同比增长62%。

现代服务业保持较高增速。全省实际外资第一产业保持稳定，第二产业略有下降，第三产业继续保持高增速。第三产业新批项目1053个，合同外资145.3亿美元，实际利用外资97.9亿美元，实际利用外资同比增长24.3%，占总数的62%。其中批发和零售业实际利用外资18.0亿美元，同比增长67.7%，已占全省实际利用外资的比重的11.4%。科研、技术服务和地质勘探业实际利用外资9.2亿美元，同比增长54.0%。水利环境和公共设施管理业、居民服务和其他服务业、文化体育和娱乐业同比分别增长 448%、433.8%、199.1%。

引进世界 500 强稳步推进。2014 年，新批世界 500 强投资企业 24 家，投资总额 13.6 亿美元，合同外资 8.9 亿美元。其中新增 500 强 8 家，母公司分别为 CRH DESIGN LIMITED（爱尔兰）、联合利华（英国/荷兰）、喜力控股公司（荷兰）、新日铁住金（日本）、爱尔兰埃森哲（英国）、麦格纳国际（加拿大）、中国平安（香港）、中海船舶（香港）。截至目前，浙江省已累计批准 174 家世界 500 强投资企业 502 个，投资总额 250.8 亿美元，合同外资 102.0 亿美元。

新业态、新模式较快发展。投资性公司投资快速增长，分别占合同外资和实际外资排名的第三位、第二位，合同外资和实际利用外资分别为 13.6 亿美元和 9.1 亿美元，同比增长 158.1% 和 25.1%。境外股东贷款快速增长，实到外资 22.6 亿美元，已占实到外资总数的 14.3%，同比增长 35%，比重提高 2.5 个百分点。融资租赁公司继续保持快速发展，新批项目 38 家，注册资本 14.3 亿美元，同比分别增长 26.7% 和 100.6%。

2）对外直接投资情况

2014 年 1 ~ 12 月，全省经审批和核准的境外企业和机构共计 577 家，中方投资额 58.15 亿美元（折合约 356.72 亿元人民币），同比增长 5.41%，实际投资 34.83 亿美元，同比增长 45.19%。主要涉及制造、批发和零售、商务服务等行业。

截至 2014 年年底，全省经审批和核准境外企业和机构共计 7021 家，累计中方投资额 261.85 亿美元。覆盖 142 个国家和地区，浙江省对外直接投资前五位的国家和地区是中国香港、美国、瑞典、德国和越南。

3）全省对外承包工程和劳务合作情况

2014 年 1 ~ 12 月，浙江省国外经济合作完成营业额 53.39 亿美元（折合 327.53 亿元人民币），同比增长 18.30%。其中，对外承包工程完成营业额 51.76 亿美元（折合 317.53.2 亿元），同比增长 17.56%；新签合同 1134 份，同比减少 501 份；新签合同额 38.79 亿美元，同比下降 16.53%。其中，全省劳务人员实际收入总额 1.63 亿美元，同比增长 46.85%。新签劳务人员合同工资总额 3.56 亿美元，同比增长 118.40%。全年，全省共派出各类劳务人员 19 472 人次，较上年同期减少 4813 人次，月末在外各类劳务人员 31 279 人，同比增加 3356 人；雇用项目所在国劳务人员 52 361 人次，同比增加 37 385 人次。

（2）2015 年双向投资展望

1）世界经济与国内经济发展进入“新常态”，总体上仍有利于对外经贸往来

世界经济进入低增长、低通胀、低利率的新常态，将延续温和复苏态势。主要经济体走势继续分化，美国经济进入稳步增长轨道，欧元区仍将维持低速增长，日本经济可能再度陷入衰退，新兴经济体增速将进一步放缓，国际环境的基本稳定有利于出口维持中速增长局面，但由于我国商品国际市场份额进一步提升受到制约，依靠出口需求化解国内过剩产能难度加大。新兴市场国家经济增长放缓，将继续抑制我国机电、装备等投资品出口。全球货币政策分化，美国经济复苏基础日益稳固，美联储继续推进货币正常化进程，而欧元迫于经济增长压力，进一步放松货币政策，各国货币政策取向的分化将加大全球资金无序流动风险，加剧我国短期跨境资本和人民币汇率波动风险。

从国内看，我国经济增长进入新常态，但仍将保持合理增速，中央经济工作会议针对我国对外开放发展阶段性特征，提出“构建开放型经济新体制”，上海自贸区建立并取得长足发展，境外投资审批制度实现重大改革，受国务院《关于支持外贸稳定增长的若干意见》等对外贸易扶持政策影响，对外贸易政策环境继续优化，红利持续释放，有利于激发外贸发展的动力，调动民营经济积极性。

2）国家在新一轮对外开放中的角色定位逐渐转变，为“走出去”带来新机遇

以开放促改革，培育竞争新优势是十八届三中全会对构建开放型经济新体制的重要部署，习近平主席和李克强总理多次强调，加快实施“走出去”战略是开创对外开放新局面的要求。2014 年以来，国家采取了一系列推动贸易和投资自由化、便利化的举措，如放宽海外投资限制、简化审批程序等，目前中央在大力推进的“一带一路”战略，APEC 会议上提出通过协商建立亚洲太平洋自由贸易区的路线图等都旨在建立更加全方位的对外开放格局。

加快“走出去”也是企业在经济新常态下的战略选择，2014 年需求疲软和竞争加剧，国内劳动力成本的逐渐高企，环保相关法规的渐趋严苛，迫使企业开始改变经营战略，中国开始不满足扮演“世界工厂”的角色，而是开始向全球输出过剩产品，2014 年我国实际使用外资 1195.6 亿美元，对外直接投资 1231 亿美元，首次超过实际利用外资。但由于国内外环境变得更为复杂，当前“走出去”仍面临社会安全风险、法律制度风险、项目投资风险、跨国机构整合风险等，需要政府和企业自身共同努力，研究如何发挥好比较优势，通过政策支持和风险防范服务保障，使“走出去”获得更大的资源、技术等。

3）利用外资进入调整期，对“引进来”提出新的要求

近年来中国利用外资的增速有所放缓，主要是全球跨国投资受世界和中国经济双重影响，美国经济强势复苏，主要发达经济体实施“再工业化”战略，使得国际资本加速回流本土寻找投资机会，其他新兴经济体加大引资力度同样对我们形成了较大挑战，加速国际资本从中国流出。从中国自身经济发展情况分析，传统引资优势受到较大的削弱，在新常态下经济增速理性回落，经济增速已经下降到 7.5% 以下，其中包

括外资在华分享的“蛋糕”以及投资回报增速都在下滑，这对外资外企的吸引力减弱。经济结构加快调整和转型，内外资政策的并轨也使得长期以来外资享受的超国民待遇已经逐步消失，劳动力成本上升、环境成本增大、人民币汇率波动等影响也是外资投资的重要因素。

虽然利用外资规模增速放缓，但我国仍是全球第二大外资流入地，利用外资结构进一步优化，外商投资从传统的加工装配环节向产业链高端和服务业延伸，2014 年全国服务业实际利用外资 662.4 亿美元，同比增长 7.8%，占总量的 55.4%。未来一个时期，我国利用外资有可能会进入一个“调整分化、低速平稳”的发展阶段，一些市场寻求型的外资会继续看好中国的发展前景而加大投资，服务业外资随着国内开放扩大，会加紧抢占商机，而出口导向型的外资、制造业的外资则会出现一定程度的下降。国家目前在重点推进的工作就是外资进入的便利化改革，国家发改委和商务部《外商投资产业指导目录》修订稿将限制外商投资产业条目由原来的 79 条减少到 38 条。综合这些因素分析，2015 年利用外资仍将保持平稳增长，水平会进一步提高，结构会进一步优化。

（3）下一步工作计划

1）推进重大外资项目建设

组织实施《2015 年浙江省重大外资、境外投资项目推进计划》，2015 年，计划安排项目 64 个，项目总投资 219.98 亿美元。其中实施类项目 48 个，总投资 132.41 亿美元，2015 年计划投资 19.06 亿美元，前期类项目 16 个，总投资 87.57 亿美元。外国贷款项目 8 个，其中实施类项目 6 个，总投资 18.03 亿美元，利用外贷额度 12.41 亿美元，2015 年计划投资 3.33 亿美元；前期类项目 2 个，总投资 5.38 亿美元，利用外贷额度 2.69 亿美元。重大境外投资项目 26 个，项目总投资 132.12 亿美元，其中中方投资 130.8 亿美元，2015 年中方投资计划完成 26.23 亿美元。继续开展重大外资项目推进情况监测分析，加强对外资重大项目服务，明确项目联系人，负责项目的联系、跟踪、信息收集及具体协调，各地要强化服务意识，会同有关部门帮助解决项目推进过程中的问题和困难。

2）简政放权，创新外资项目管理

根据国家发改委《外商投资项目核准和备案管理办法》（国家发改委 2014 年第 12 号令）和《境外投资项目核准和备案管理办法》（国家发改委 2014 年第 9 号令）要求，进一步缩减核准范围，下放核准权限，完善监督管理。争取尽早印发实施《浙江省外商投资项目备案管理办法》《浙江省境外投资项目备案管理办法》。按照党的十八届三中全会《决定》对外资实行以准入前国民待遇加负面清单的管理模式的要求，进一步简化程序，做好服务，同时要积极探索新形势下外商投资管理模式的新思路、新举措，会同当地行业主管部门，做好外商投资项目的监管工作，建立发展规划、产业政策、准入标准等信息互通制度，及时查处违法违规行为。境外投资工作要彻底跳出项目核准的传统管理思路，把工作重点放在加强指导协调，完善境外投资项目监管、加强信息共享。

3）大力鼓励企业对外投资

中央明确提出的三大战略中，“一带一路”和长江经济带与浙江省直接相关，要抢抓机遇，积极配合国家新时期开放战略，加强与国家发改委和其他部门的衔接，组织推动一批重大建设项目，支持大型企业承揽国际重点项目，推进中小企业进行相关配套产品供应，推动浙江企业和资本加快“走出去”。进一步强化境外投资的战略谋划和重大项目统筹，开展本省企业“走出去”发展的案例研究，适时开展十大成功“走出去”企业的评选活动，通过案例研究、成功经验推广，支持浙江企业走出去获取资源技术，拓展在欧美发达国家的投资，尤其重视获取智能制造、现代金融等高端制造业与服务业合作机会，实现以资本换技术策略。要搭建“走出去”公共服务平台，完善支持企业“走出去”的政府服务，积极探索和推进涉外金融改革，优化“走出去”税收服务体系，落实税收优惠政策。同时增强抵御外部冲击和风险的能力，健全风险预警，外资安全审查、境外权益保障等机制，维护好国家经济安全。

5. 福建省

（1）2014 年双向投资发展的总体情况

2014 年，新批外商投资项目 1030 项，实际到资 71.1 亿美元，同比增长 6.5%，高于全国 4.8 个百分点，超额完成全年 70.1 亿美元的目标任务。

2014 年，全省新批对外直接投资快速增长，新批对外直接投资项目 230 个，对外投资额 27.7 亿美元，同比增长 3 倍。其中，新设境外企业和分支机构 186 家（境外企业 178 家，分支机构 8 家），对外投资额 19.2 亿美元；境外企业增资项目 44 个，对外增资额 8.5 亿美元。全年对外实际投资额 13.77 亿美元，同比增长 116.5%，位居全国第 9 位。

（2）2014 年双向投资发展主要特点

1）利用外资方面

区市实际利用外资保持增长。宁德市实际利用外资 1.7 亿美元，同比增长 21%；南平市 1.2 亿美元，增长 14.3%；莆田市 3.4 亿美元，增长 13%；三明市 1.4 亿美元，增长 12.3%；龙岩市 2.4 亿美元，增长 11.5%；福州市 15.5 亿美元，增长 8.1%；泉州市 14.9 亿美元，增长 7.1%；漳州市 10.1 亿美元，增长 7%；厦门市 19.7 亿美元，增长 5.3%。

大项目加快落地，亿美元以上项目合同外资占比继续提高。全省新批总投资千万美元以上项目 350 项。其中，总投亿美元以上项目 47 项，合同外资 31.6 亿美元，增长 47.5%。亿美元以上项目合同外资占比 37.2%，同比提高了 11.5 个百分点。其中，总投资超 3 亿美元项目有 4 项。

第一、二产业实际利用外资增长较快，服务业持续下降。第一产业实际利用外资 1.2 亿美元，同比增长 19.9%。第二产业实际利用外资 44.7 亿美元，同比增长 27.2%。其中，工业 42.6 亿美元，增长 24.1%；建筑业 2.2 亿美元，增长 1.5 倍。三大主导产业中，机械装备制造业 5.7 亿美元，增长 86.4%；石油化工业 3.3 亿美元，下降 7.9%；电子信息业 3.2 亿美元，下降 21.6%。服务业实际利用外资 25.2 亿美元，同比下降 17.6%。

来自中国香港和台湾，以及日本的到资增长，美、欧的到资下降。中国香港实际到资 45.2 亿美元，增长 12.6%；中国台湾（含第三地转投）11.9 亿美元，增长 10.9%；日本 6710 万美元，增长 13.3%。美国实际到资 3758 万美元，下降 34.5%；欧盟 3158 万美元，下降 65.7%。

2）境外投资方面

新设企业和增资项目均呈现增长态势，大项目拉动效应明显。新设境外企业和分支机构 186 家，同比增长 66.1%；对外投资额 19.2 亿美元，同比增长 3.7 倍。境外企业增资项目 44 个，同比增长 46.7%；对外投资额 8.5 亿美元，同比增长 1.9 倍。其中，福耀玻璃工业集团股份有限公司投资美国、俄罗斯的汽车玻璃生产及销售项目合计 6.2 亿美元，厦门金达威集团股份有限公司在美国投资 1 亿美元并购设立奈特罗公司，福建建工集团总公司联合其他省属企业在肯尼亚和香港分别投资 9900 万美元，海峡天盈股权投资合伙企业投资英属维尔京群岛的非证券类股权投资项目 8200 万美元，福州宏龙海洋水产有限公司对其在印度尼西亚设立的印尼金马安渔业有限公司增资 9008.2 万美元，厦门建发房地产集团有限公司对在香港投资的集装箱租赁与销售业务增资 8758.6 万美元，恒盛昌（福建）投资有限公司在港投资 7200 万美元经营远洋渔业捕捞和养殖基地建设等项目。以上 7 个项目合计约 12.5 亿美元，占全省对外投资额的 45.1%，拉动全省对外投资额增长 1.8 倍。

厦门企业项目数最多、福州企业对外投资额领先。厦门企业对外直接投资项目 99 个，占全省 43%；对外投资额 10.3 亿美元，占全省 37.2%；福州企业对外直接投资项目 62 个，占全省 27%；对外投资额 12.4 亿美元，占全省 44.8%。

投向中国香港的项目数和金额均列第一。投向香港项目 91 个，占全省 39.6%；对外投资额 12.3 亿美元，占全省 44.4%。

批发和零售业项目数最多，制造业对外投资额领先。批发和零售业项目 105 个，占全省 45.7%；对外投资额 6.9 亿美元，占全省 24.9%。制造业项目 38 个，对外投资额 8.6 亿美元，占全省 31%。

（3）双向投资存在的主要问题

1）利用外资存在的问题

招商引资压力增大。一是来自发达国家的压力。美国退出量化宽松政策，美元升值预期增强，欧美国家鼓励资金回流等政策将促使外资从发展中国家逐渐回流发达国家。二是来自新兴国家的压力。我国生产成本持续上涨，比东南亚等新兴国家来得高，传统竞争优势已弱化，部分外资从我国撤离转而投向其他新兴国家流入。三是来自国内其他省市的压力。与广东、江苏、浙江、北京、上海等省市相比，这些地区的吸引外资竞争能力较强，福建省面临压力不小。

利用外资结构有待优化。目前外资在福建省的产业分布表现为“中间高，两头低”，外商直接投资（FDI）流向主要集中在二产，尤其是制造业；其次在三产，主要投向批发与零售业、住宿与餐饮业等传统服务业；一产吸收的 FDI 较少，大部分分布在农业领域，利用外资对产业结构调整的作用仍比较有限。而且，与同期全国平均水平相比，福建省三产利用外资的比重低。

吸收外资方式较单一，外资来源地较集中。目前外商独资仍是福建省利用外资的主要形式，并购、参股、股权置换、再投资等形式发展缓慢。在外资来源地方面，过半以上外资来源集中于港澳台等地区，尤其是香港。而东南亚、南亚、中亚等“一带一路”相关的国家和欧美日国家的外资流入少。

2）境外投资存在的问题

项目融资难。福建省“走出去”企业以中小型民营企业为主体，由于银行融资门槛高，境内企业缺少有效的抵质押物为融资提供担保。同时，风险分担机制不健全导致银行无法搭建合理的信用结构，加大为中小企业发放贷款的难度。

政府扶持体系尚未健全。政府有关部门内外配合、统筹协调的机制尚不完善，金融保险财政等支持政策不配套，包括信息网络、中介机构、行业组织等服务体系建设刚刚起步，对企业进行境外投资的宏观指导和风险防范管理有待加强。

（4）促进双向投资的主要政策

1）推进外商投资和境外投资便利化改革

2014年，福建省在国家发展改革委9号令和12号令的基础上，结合福建省实际，经省政府同意，印发实施《福建省外商投资项目核准和备案管理办法》（闽发改外经〔2014〕474号）和《福建省境外投资项目备案管理办法》（闽发改外经〔2014〕521号）。两个管理办法分别对福建省外商投资和境外投资项目管理方式作了重大改革。其中，根据新出台的《福建省外商投资项目核准和备案管理办法》，福建省外商投资项目已由全面核准改变为有限核准和普遍备案相结合的管理方式，在准入管理上对外商投资探索试行国民待遇，外商投资项目管理内容和程序进一步简化，突出了企业主体地位。新出台的《福建省境外投资项目核准和备案管理办法》，对福建省企业实施的中方投资额3亿美元以下，不涉及敏感国家和地区、敏感行业的境外投资项目，均由省发改委备案，不再实行核准制。已在境外设立的中资企业在境外实施的再投资项目，如不需要境内投资主体提供融资或担保，不再需要办理核准或备案。福建省企业境外投资项目备案现已全部实现在线申报和受理，企业可直接向省发改委申报，不必再通过市县发改部门转报。

2）推进国际产能和装备制造合作

近日福建省政府印发了《福建省人民政府转发国务院关于推进国际产能和装备制造合作指导意见的通知》。结合福建省实际情况，《通知》对福建省推进国际产能和装备制造合作提出五点意见：一是明确近期将采矿、有色、汽车、渔业、建材、船舶、轻纺、信息通信、工程机械、环保装备等作为福建省国际产能和装备制造合作重点行业，分类实施，有序推进。二是根据所在国的实际和特点，灵活采取贸易、投资、并购、工程建设、技术合作、技术援助等多种方式开展国际产能和装备制造合作。三是建立动态更新的全省国际产能和装备制造合作重点项目库，对列入重点项目库的项目，予以重点支持，跟踪推进。四是积极争取丝路基金、中非基金、东盟基金等支持福建省企业"走出去"。鼓励政策性银行、开发性金融机构及商业性金融机构加大对福建省企业开展国际产能和装备制造合作的融资支持力度。五是加强统筹协调和风险防范，营造良好环境，为企业"走出去"创造有利条件。

（5）2015年福建省双向投资发展趋势展望

1）利用外资趋势展望

国内吸引外资的综合优势逐步显现。中国已成为世界第二大经济体、第一大贸易国、第一大外商投资额、第三大对外直接投资国。据统计，当前中国对世界经济增长的贡献率达到30%，成为世界经济发展的主要引擎之一。中国在国际上的地位不断提高，影响力不断增大。2015年是全面完成"十二五"规划的收官之年，是全面深化改革的关键之年，也是全面推进依法治国的开局之年。我国进入经济发展新常态，经济韧性好、潜力足、回旋空间大。政治社会稳定向好，人才竞争力不断增长，产业配套能力逐渐完善，集聚效应突出，基础设施日益完善等都体现了这种综合优势。同时全国各地更加注重提高机关行政效能，完善投资便利化措施，切实改善投资软硬环境，将吸引越来越多的跨国公司前来中国投资。

外资营商环境更加宽松。一是国家方面，发布《关于改进外资审核管理工作的通知》，取消外商投资公司最低注册资本限制。大幅缩减外商投资限制，逐步向“准入前国民待遇 + 负面清单”的管理模式转变迈出了实质性步伐。二是福建省正努力建设机制活、产业优、百姓富、生态美的新福建，在营造良好的投资环境方面进行一系列改革，投资环境的吸引力将持续加强。如平潭综合实验区实行多项先行先试政策，包括率先实施商事登记、外商投资项目简化审批、政府投资项目综合审批、15% 企业所得税优惠目录、土地管理综合改革、企业外债自律管理、多项外汇管理试点政策等，进一步加大平潭综合实验区对外开放力度，大范围高层次地吸引外资流入。

自贸区建设和“一带一路”战略拓宽发展空间。自贸区将成为福建省参与建设“一带一路”的新载体，有助于全面拓展与海上丝绸之路沿线国家的交流合作，为福建省打造“21 世纪海上丝绸之路”核心区探索新途径。“海丝国际品牌博览会”、中国“海上丝绸之路”国际文化交流展示中心等也为双向外资提供了新的平台和途径。此外，随着福建与东盟国家开展全方位海洋合作，2015 年东盟国家对福建省资金投入仍将保持增长。

展望 2015 年，福建省利用外资将保持持续增长势头，预计全年增长 5% 左右。外资将更多投向先进制造业、战略性新兴产业、现代服务业等领域，并有望吸引更多“一带一路”沿线国家的跨国资本流入。

2）境外投资趋势展望

国际跨国直接投资有望加快。在世界经济低速增长的环境下，各国为加快自身发展，纷纷出台投资促进措施，跨国投资政策环境总体更加宽松、自由，促进了国际投资增长。借力于双边自贸协定，以及自身的良好地缘或资源优势，提升了中国企业对韩国和澳洲的投资能力；“一带一路”战略的实施，也促进了中国企业赴中亚、东南亚、非洲等国家的投资势头。

境外投资审批及监管日益便利化。国家发改委和商务部门 2014 年初出台的简化境外投资的相关政策，同时国务院发布的《政府核准的投资项目目录》（2014 年本）中对境外投资涉及敏感国家 / 地区 / 行业才需要进行核准。国家和福建省不断加大对企业“走出去”参与国际产能和装备制造合作的支持力度，强化财税、金融政策扶持，在外汇管理、融资、保险等方面出台了若干针对性的支持政策。

展望 2015 年，基于 2014 年境外投资形势，福建省境外投资将保持持续较快增长，预计投资额将增长 30% 以上。

6. 海南省

（1）主要投资情况分析

1）利用外资工作成效明显

外商投资幅度有所增加。2014 年外商直接投资额达到 145 848 万美元，比上年同期增长 736 万美元。其中外资企业投资 143 937 万美元，合资企业投资 1911 万美元。投资地区主要集中在海口、陵水、万宁、洋浦、三亚等地，投资领域主要集中在洋浦的重点大型外资工业项目和海口、陵水、万宁、三亚等东部市县的旅游酒店和房地产项目。

利用外国政府贷款和国际金融组织贷款工作取得新进展。截至 2014 年年底，海南省利用外国政府贷款获批列入国家发改委备选项目规划有 5 个：海南西部中心医院借用德国促进贷款 2000 万欧元购置医疗设备项目；东方市珍稀优质用材林借用欧投行贷款 3500 万欧元可持续经营项目；海南省海洋与渔业厅借用世行贷款 1.4 亿美元建设西部渔港项目；

海南省儿童医院借用德促贷款2000万欧元购置医疗设备项目；海南医学院附属学院借用德国促进贷款3000万欧元建设教学医院和购置医疗设备项目。

按照国家发展改革委、商务部有关函件的要求，会同省商务厅、省农业厅、省人大常委会、省政府法制办等单位，研究提出海南省有关法规文件中的外资限制性措施评估意见，报省政府。

按照省行政审批制度改革领导小组办公室第五次会议的安排，会同省商务厅研究提出了《海南经济特区外商投资负面清单》初步建议。

2）境外投资工作稳中有进

根据国家发改委《境外投资项目核准和备案管理办法》（国家发展改革委令第9号）和国家发展改革委《关于实施境外投资项目核准和备案管理办法有关事项的通知》（发改外资[2014]947号），在广泛征求意见的基础上，海南省出台了《海南省境外投资项目备案实施办法》，并下发实施。

（2）存在的主要问题

海南省利用外商投资结构不合理。一是外商直接投资的资金来源和投资主体结构不尽合理。海南省引进的外资不是以发达国家跨国公司的投资为主体，而是主要来自香港、澳门和台湾等地区，发达国家的直接投资所占比例较小。二是外商直接投资的产业结构不合理。外商投资主要集中于第三产业中关联效应较低的房地产及服务业，而投入其他行业的比重偏低。

（3）海南省双向投资发展趋势展望

明年和今后一个时期，海南省利用外资和境外投资工作思路就是“两个坚持、两个努力”，即坚持“引进来”和“走出去”相结合，努力实现质量的提高和规模的增长；坚持为海南国际旅游岛建设服务、为海南实现“科学发展绿色崛起”服务，努力使外资工作成为助推海南经济发展的动力和引擎。主要思路如下。

1）扩大利用外资的领域，优化利用外资的结构

紧紧抓住国际旅游岛建设对外开放不断扩大的新机遇，充分利用《中西部地区外商投资优势产业目录海南省目录》颁布的新契机，加大招商引资力度，扩大利用外资领域。积极吸引外资在发展职业教育、医疗机构、海洋经济、热带农业、节能环保、邮轮制造等领域拓展。根据国家发改委《外商投资项目核准和备案管理办法》（国家发改委令第12号），进一步加强对外商投资项目的管理工作。根据《外商投资产业指导目录》和《中西部地区外商投资优势产业目录》，研究相关的改革措施，探索外商投资负面清单管理模式。积极配合省工信、商务等单位，加大工业园区的引资力度，使之真正成为吸引外资的的集聚区、发展现代制造业的集中区、体制改革的先导区和循环经济示范区。

2）提高利用国外贷款的规模和效益，拓展利用外贷领域

一是加大利用外贷工作的宣传力度，充分发挥中介咨询机构技术优势和智力优势。计划组织外贷项目意向单位及所在单位的发改部门到外省学习借鉴外贷工作好的做法，提高各级发改部门、用贷单位业务水平。二是加大外贷项目申报和储备工作，争取用贷规模和水平上新台阶。积极推进利用国际商业贷款工作，拓宽海南省利用外贷工作的领域。完成建行海南省分行、中国银行海南省分行为海航购置飞机项目提供国际商业贷款的申报工作，并积极协调沟通外资司有关业务处，争取海南省申报的国际商业贷款项目获国家发改委批复。要注重跟踪指导项目的前期准备工作和申报后的沟通协调工作，提高申报质量和申报成功率。三是加大对已获批项目的指导力度，督促项目单位按照时间节点完成各项阶段性工作，确保项目的顺利实施。

3）稳步推进境外投资工作，鼓励和支持更多的企业“走出去”

对海南省发展改革委出台的《海南省境外投资项目备案管理实施办

法》([2014]1469 号),要加大宣传力度,积极鼓励和支持企业“走出去”找市场、创财富。要加强与商务、外汇管理等部门协调,努力为企业“走出去”提供良好服务与支持。

7. 山东省

(1)利用外资和境外投资基本情况

2014 年,全省实际利用外资 167.6 亿美元。其中,外商直接投资 151.95 亿美元,同比增长 8.1%,借用国外贷款 16 亿美元;境外投资中方投资额 62.9 亿美元,同比增长 39.4%。

1)外商直接投资逆势增长

全省新批外商投资项目 1352 个,合同外资 159.5 亿美元,实际利用外资 151.95 亿美元,同比增长 8.13%。在全国 FDI 增速大幅放缓的严峻形势下,保持了较快增长速度。

从外资来源地看,中国香港、韩国投资占主导,“突破欧美”成效显著。来自中国香港、韩国的外资共 91.6 亿美元,占全省总量的 60.3%。来自美国的实际外资 12.6 亿美元,增长 2.3 倍,跃居山东省第三大投资来源地。来自欧洲的外资 7.97 亿美元,增长 67.6%。此外,新加坡和中国台湾增长迅速,分别增长 110% 和 85.9%。

从行业投向看,制造业支撑作用明显,生产性服务业表现突出。制造业实际利用外资 86.5 亿美元,增长 39.9%,占全省到账外资的 56.9%。其中,通信设备、计算机及其他电子设备制造业 10.6 亿美元,增长 2.6 倍;医药制造业 1.5 亿美元,增长 2.8 倍。生产性服务业利用外资 21.7 亿美元,其中,金融服务业增长快速,合同外资 17.4 亿美元,实际利用外资 9.1 亿美元,分别增长 2 倍和 3.9 倍。

从各市分布看,青岛龙头作用更加突出,传统开放度较高的城市增长快速。青岛市实际利用外资 60.8 亿美元,增长 10.2%,占全省总量的 40%,龙头作用更加突出。烟台、济南、威海、潍坊等传统开放度较高的城市增速较快，增幅均超过全省平均。泰安利用外资 4.1 亿美元，增长 35%。

2）境外投资增长势头强劲

2014 年，全省新核准境外投资企业 524 家，中方投资额 62.9 亿美元，同比增长 39.4%。

一是对“一带一路”沿线国家地区投资快速增长。在“一带一路”沿线国家地区投资 28.1 亿美元，增长 106.5%，占比 44.7%，主要集中在印度尼西亚、巴基斯坦、马来西亚、柬埔寨等东盟国家和俄罗斯。如意集团收购巴基斯坦马苏德纺织有限公司部分股权项目，迅速获得巴基斯坦稳定成熟的纺织服装制造能力及向欧美等发达国家输出的终端零售网络，实现了产业链的延伸。荣成市海宇渔业在印度尼西亚投资建设远洋渔业基地项目、山东宝马渔业集团有限公司乌拉圭投资建设远洋渔业基地项目，渔业企业加快在海上丝绸之路沿线的布点。

二是境外产能转移大项目带动作用明显。全省橡胶轮胎、纺织、电解铝、柠檬酸等行业领域境外产能转移项目 87 个，中方投资额 15.2 亿美元，占全省境外投资的 24.2%。山东太阳纸业股份有限公司出资 2.9 亿美元在老挝投资建设化学浆项目，转移造纸产能 30 万吨。

三是加快收购对海外优质资产、品牌和高端技术。岚桥集团有限公司出资 17 658 万美元收购澳大利亚西部能源有限公司 100% 股权项目，获取了 885 千万亿焦耳的天然气储量。瑞星集团股份有限公司收购南非 PROFERT 公司部分股权项目，获得了南部非洲的多个销售网络。

（2）双向投资存在的主要问题

从目前情况看，山东省对外开放总体情况较好，当前面临的一些问题和困难也比较突出。一是合同外资出现下滑。2014 年，全省合同外资 159.5 亿美元，下降 9.9%。山东省外资增长的基础尚未稳固，项目储备环节比较薄弱，发展的内生动力不足，保持外资稳定增长的压力较大。二是服务业利用外资急需新的增长点。服务业利用外资出现下行趋势，2014 年，全省服务业到账外资 52.3 亿美元，下降 20%。金融服务业虽然增势迅猛，但受总体规模限制，难以支撑服务业利用外资增长，山东省急需新的增长点。三是“走出去”风险防控体系不完善。部分企业国际化水平较低，风险意识薄弱，抗风险能力不强，“走出去”存在较大风险。特别是近期受煤炭、铁矿石、农产品等大宗产品价格大幅下跌影响，部分资源开发类境外投资企业出现较大幅度账面亏损，企业经营面临困难。四是“走出去”企业融资问题突出。金融“走出去”滞后于产业“走出去”，企业境外投资的配套融资服务无法及时跟进，贷款门槛普遍较高，导致部分优质项目由于缺少资金支持而流产。

（3）双向投资发展趋势展望

我国是全球最大的发展中国家，政治社会稳定，市场潜力巨大，仍然是外商投资首选的目的地之一，尤其是十八届三中全会将构建开放型经济新体制作为当前一项重要的改革任务，利用外资和境外投资进入战略机遇期。

一是国家各项体制改革红利进一步释放，扩大开放的条件更加成熟。国家先后出台《关于进一步做好境外投资工作的若干意见》、不断修改完善外商投资和境外投资管理办法，加大了对利用外资和境外投资的支持力度。近期还将出台新的《政府核准的投资项目目录》和《外商投资产业指导目录》（2014 版），进一步简政放权，扩大开放领域。山东省深化改革工作全面推进，制定了政府权力清单，营商环境进一步优化。此外，上海自贸区取得阶段性成果，经验将在全国范围内复制推广。省委、省政府审时度势，提出了率先复制推广上海自贸区成果战略要求，中韩自贸区谈判取得实质性进度，为山东省扩大开放提供了重大机遇。

二是我国经济转型工作向纵深发展，对外开放的作用更加突出。预计2015年我国经济将继续保持稳中求进的经济增长态势，经济发展更加突出结构性调整，增长与质量、结构和效益的趋于改善，各地更加注重发挥利用外资的综合优势和总体效应，以引进外资为途径，引进国外先进技术、人才和管理经验，更加注重境外投资在化解产能过剩矛盾和缓解环境压力方面的作用，以境外投资获取国外能源资源，转移富余产能，对外开放对经济转型发展的作用更加突出。

三是区域发展战略深入实施，对外开放的空间更加广阔。国家加快实施“一带一路”战略，推动亚洲基础设施银行建设，有利于山东省争取国家资金支持，借船出海，进一步拓展对外合作空间。山东省正在全力推进“两区一圈一带”建设，区域发展战略红利加速释放，对国际产业、资本、技术和人才的吸纳能力将进一步增加，中韩地方经济合作示范区、青岛自由贸易港、中韩产业园、中德生态园等对外合作园区加快建设，逐步形成资源聚集平台和生态产业链，对外开放的平台作用更加明显。

同时，山东省利用外资和境外投资也将面临一些挑战。

一是国际资本增长乏力。全球仍处于金融危机后的弱势复苏阶段，根据国际货币基金组织预测，2015年世界经济增速为3.8%，低于金融危机前的5.5%的增长速度，世界经济低速增长将成为新常态。受此影响，跨国资本流动规模增长乏力，发达国家出台政策吸引资金回流，国际引资竞争加剧，山东省扩大利用外资困难加大，前景不容乐观。

二是山东省引资新优势尚未形成。土地价格持续上涨，供求关系日益紧张，劳动力优势逐渐弱化，吸引外商投资的传统优势逐步弱化，产业和市场等新的引资优势尚未培育形成，对外资的吸引力不足。此外，外商投资环境配套也有待完善。产业配套的本地化率相对较低，电力供应保障不足，融资环境总体偏紧，针对外商的国际医院、学校等生活配套设施相对缺乏，招商引资的软硬环境还需要进一步完善。

三是国外优惠贷款申请难度加大。由于近年来我国经济发展较快，国际金融组织和外国政府不断提高对我国的贷款要求，贷款条件逐步硬化，并逐步向中西部地区倾斜，山东省作为东部沿海省份，申请国外优惠贷款的难度加大。

总的来看，虽然国内外经济环境中仍然存在一些不确定、不稳定因素，但山东省扩大利用外资和境外投资的政策、经济、环境等方面的有利因素增多，总体形势较好。预计 2015 年，山东省吸引外资规模稳中有升，结构进一步优化，境外投资将持续保持快速增长，经济发展的国际化水平和综合竞争力进一步提升。

8. 南京市

（1）2014 年双向投资发展总体情况

1）利用外资

总体情况。全年新批外资项目 504 个（新设项目 314 个，增资项目 190 个），同比下降 5.5%；新增合同利用外资（不含减资）54.93 亿美元，同比增长 2.5%；新增实际利用外资 32.91 亿美元，同比下降 18.4%。

产业分布。全年批准农业项目 5 个，合同外资 570 万美元，占比 0.1%；实际外资 630 万美元，占比 0.2%。制造业项目 55 个，合同外资 10.35 亿美元，占比 21%；实际外资 8.59 亿美元，占比 26.1%。服务业项目 245 个，合同外资 34.93 亿美元，占比 71%；实际外资 23.63 亿美元，占比 71.8%。

外资来源地分布。全年共有来自 50 个国家和地区的投资者在我市投资设立 314 家企业，新批设立企业数前五位的国家和地区分别是中国香港 110 家、中国台湾 54 家、美国 38 家、韩国 28 家、加拿大 13 家。实际使用外资前五位的国家和地区分别是中国香港 19.38 亿美元、中国台湾 4.48 亿美元、新加坡 1.65 亿美元、德国 1.38 亿美元、荷兰 7298 万美元。

2）境外投资

2014 年，南京新增境外投资项目 110 个，中方协议投资总额达 14.7 亿美元，增长 45.6%，实际投资额 11.9 亿美元，居全省首位。全市对外承包工程新签合同额 39.4 亿美元，增长 21.1%；完成营业额 27 亿美元，增长 14.8%。

（2）双向投资取得的主要成效

1）利用外资质量不断提高

截至 2014 年年底，全市累计批准外商投资项目约 1.3 万个，投资总额达 1306 亿美元，合同利用外资 702 亿美元，实际使用外资 403 亿美元。其中，2014 年新批准外资项目 504 个，实际利用外资 32.9 亿美元，占全省比重达 11.7%，连续 4 年位居全省第 2 位。累计批准外商投资地区总部、投资性公司等功能性机构 135 家，其中，2014 年引进 12 家。当前，外商投资企业创造了全市 50% 的进出口总额、40% 的工业增加值、30% 的税收，是稳增长、调结构的重要支撑。

2）利用外资结构进一步优化

南京市围绕产业转型升级和创新型经济建设，加大重点产业引资力度，外商投资产业结构不断优化，一、二、三次产业吸收外资比重为 0.2∶28∶71.8。服务业实际使用外资中，传统服务业呈下降趋势，现代服务业呈增长态势，比重逐步提升，金融租赁业、科研技术服务业、软件信息服务业等现代服务业分别增长 580%、497.9%、11.3%，占比分别比 2013 年提升 8.2、3.1、0.7 个百分点。

3）外商投资项目单体规模提升，增资扩股项目增长

2014 年，全市新批准千万美元以上项目 135 个，投资总额 121.33 亿美元，增长 24.9%，合同外资 49.67 亿美元，增长 7.1%，项目单体规模为 3679 万美元，比去年同期提升 780 万美元。全年新批准增资扩股项目 190 个，合同利用外资 19.93 亿美元，同比增长 10.7%，占全市新

增合同外资总额（不含减资）的36.3%，2014年以来增资项目合同外资保持连续增长，比重较2013年同期提升2.7个百分点。

4）民营企业“走出去”成果显著

南京市企业开展境外投资项目中，民营企业占据相当大的比重，通过发改系统备案的16个境外投资项目全部为民营企业项目的。这批项目中，境外投资额超过5000万美元的项目有4个，投资额最大达到8.75亿美元，为三胞集团有限公司收购Fortrsee Group Limited 100%股权的项目。苏宁云商、三胞集团等一批民营企业，通过收购国外企业，获取了品牌、技术及营销网络等稀缺资源，为企业发展注入了新动力。

（3）双向投资存在的主要问题

1）外商投资制造业项目缺乏龙头型大项目支撑

2013年以前，得益于中电熊猫平板显示、长安马自达汽车、恩梯恩精密机电等一批超亿美元龙头大项目引进和锦湖轮胎、塞拉尼斯、长福马发动机等一批存量项目增资，南京市制造业连续三年实现了平均增幅20%以上的增长。但是自2013年以来，受国际国内大环境影响，制造业引资持续下降，主要原因是缺乏产业链龙头大项目的带动以及已开工投产大项目暂缓增资扩股。

2）服务业利用外资结构有待进一步优化

2014年以来，受国内土地出让市场行情趋冷影响，部分港台传统地产商和欧美投资基金降低了在南京市拿地和投资房地产业的意愿，无法发挥涉地项目资金规模大、到资期限短等固有优势。今后几年，涉地项目对外资规模的拉动作用将逐步弱化，对全市保持总量稳定将会产生较大影响。此外，金融租赁、软件信息、科研技术、现代物流等新型和生产性服务业实际外资今年占比虽有所提升，但规模均较小，对全市实际外资总量的支撑作用有限。

3）境外投资产业项目偏少

2014 年，经南京市发改委系统受理的 16 个境外投资项目中仅有一个产业类项目，为南京鑫峘投资有限公司投资建设印尼钢铁项目，其余项目为股权收购项目或设立境外服务中心项目等服务业项目。

（4）2014 年以来南京市促进双向投资的主要鼓励政策

南京市推动双向投资发展，主要是对接国家涉外投资体制改革，深入推进实施外商投资项目和境外投资项目由核准制管理改为“备案为主，核准为辅”的管理制度，并在严格执行国家、省、市各级文件要求、坚持依法行政的基础上，按照能放尽放原则，进一步深化简政放权。

1）利用外资方面

下放投资核准额度。2014 年 2 月 25 日，根据《江苏省发展改革委关于过渡时期外商投资项目办理有关事项的通知》（苏发改外资发〔2014〕165 号）精神，市发改委制定发布了《南京市发改委关于做好过渡时期外商投资项目办理有关事项的通知》(宁发改规字〔2014〕2 号)(该通知已于 2015 年 4 月 7 日废止)，规定：除按《政府核准的投资项目目录》等文件规定必须由国家、省、市核准的项目外，《外商投资产业指导目录》中有中方控股（含相对控股）要求的鼓励类项目实行核准管理，其中，总投资 1 亿美元以下项目由市发改委和各开发园区管委会核准；5000 万美元以下项目由各区发改局核准。核准范围以外的外商投资项目实行备案管理，其中，总投资 1 亿美元及以上项目由省发改委备案；总投资 1 亿美元以下项目由市发改委和各开发园区管委会备案；总投资 5000 万美元以下项目由各区发改局备案。

下放投资管理权限。2015 年 4 月 7 日印发的《南京市发改委关于进一步做好外商投资项目备案管理有关事项的通知》（宁发改外经字〔2015〕120 号）和 2015 年 5 月 4 日发布的《南京市政府核准的投资项目目录》(2015 年本)(宁政发〔2015〕102 号),对市级外资项目管理权限进行了大幅下放。当前南京市外资项目核准和备案权限为:《外商投资产业指导目录》中有中方控股(含相对控股)要求的总投资(含增资)10 亿美元以下鼓励类项目,由区(园区)政府投资主管部门核准;《江苏省政府核准的投资项目目录》(2015 年本)规定范围以外的外商投资项目,除国家法律法规、国务院规定禁止投资的项目外,实行属地备案管理,由项目所在地的区发改局、园区管委会负责备案,其中涉及跨区的外商投资项目,由市发改委备案。

2)境外投资方面

根据《境外投资项目核准和备案管理办法》(国家发展改革委 2014 年第 9 号令)和《江苏省境外投资项目核准和备案管理实施办法》(苏发改规发〔2014〕2 号)推进境外投资项目管理体制"备案 + 核准"制度改革,转发了省发改委文件至相关区、园区和重点功能区,加强了境外投资备案政策的宣传。2014 年 12 月 31 日印发了《关于做好市级备案权限境外投资项目管理工作的通知》,向区、园区和重点功能区明确了市级境外投资项目备案权限,取消了转报流程,规范了企业网上备案的流程和步骤,进一步做好企业境外投资项目备案的服务工作。

(5)对双向投资发展趋势展望

从国际上看,世界经济将延续低位不均衡复苏态势;发达国家制造业持续回流,引起国际产业分工体系变动,将对我国国际竞争优势产生负面影响;国际形势日趋复杂,境外投资主体和行业日益多元,给企业跨国经营带来风险。从国内看,我国经济在"新常态"下运行稳定,进入中高速平稳增长期;资源环境约束倒逼开放型经济立足点向提高质量和效益转变;简政放权和政府职能转变推动地方政府治理能力再造,不断提升地方政府应对全球化的能力与机会。

南京市将按照李克强总理"必须实施新一轮高水平对外开放,加快构建开放型经济新体制，以开放的主动赢得发展的主动、国际竞争的主动”要求，加快落实市委、市政府关于深化开放型经济体制改革的决策部署，不断发挥自身比较优势，抢抓重大国家战略多重叠加的机遇，着力推进双向投资发展进入新阶段。

9. 宁波市

（1）2014 年宁波双向投资基本情况和特点

1）总体情况

2014 年，面对复杂多变的国内外经济形势，宁波市开放型经济以“稳增长、调结构、促改革、育优势”为总基调，完善政策措施，提升服务平台，加大增促力度，优化营商环境，把握发展大势，实现了全市开放型经济持续健康发展。2014 年利用外资和境外投资呈现较快增长态势。

外商投资。2014 年宁波市全市累计新批外商投资项目 468 个，比去年同期（下同）增长 5.9%；投资总额 135.04 亿美元，增长 33.9%；合同外资 70.21 亿美元，增长 20.6%；实际利用外资 40.25 亿美元，增长 22.9%。

境外投资。2014 年宁波市全市新批境外企业和机构 208 家，核准中方投资额 18.37 亿美元，增长 16.9%；实际中方投资额 6.77 亿美元，增长 11.1%。

2）双向投资运行特点

外商投资。三产利用外资总体平稳，二产利用外资迅速回升。2014 年，全市三产实际利用外资 21.42 亿美元，同比增长 16.6%，占全市总额的 53.2%，比重同比下降 3.4 个百分点。但三产合同利用外资增长乏力，增幅仅为 3.1%，主要是房地产业合同利用外资同比下降 74.6%。2014 年，二产实际利用外资 18.79 亿美元，同比增长 33.1%，其中高端制造业方面，通用设备制造业、电气机械及器材制造业、通信设备计算机及其他电子设备制造业实际利用外资同比分别增长 21.7%、93.3% 和 115.8%。而一般制造业方面，纺织服装鞋帽制造业、塑料制品业实际利用外资分别达到上年的 15.5 倍和 3.1 倍。同时，二产合同利用外资快速增长，其中通用设备制造业、纺织服装鞋帽制造业合同利用外资分别达到上年的 4.9 倍和 8 倍。

亚洲仍是宁波市首位引资来源地，从欧美主要国家引资高速增长。2014 年，宁波市来自亚洲的实际利用外资 31.6 亿美元，同比增长 27.1%，占全市总额的 78.5%，比重提高 2 个百分点。其中，来自中国香港的实际利用外资同比增长 23.7%，来自新加坡、中国台湾的实际利用外资分别是去年的 3.4 倍和 9.6 倍，但从日本、韩国引入的实际利用外资同比分别下降 61.3% 和 88.6%。2014 年，来自法国、美国的实际利用外资分别为 7886 万美元和 3883 万美元，同比分别增长 509.9% 和 96.6%；来自非洲的实际利用外资 5990 万美元，是 2013 年的 5.9 倍。

外资大项目支撑作用稳固，世界 500 强企业投资项目继续增加。2014 年，全市新批（含增资）总投资 3000 万美元以上外资项目 104 个，合同利用外资 46.6 亿美元，同比增长 23.9%，占全市总额的 66.4%，比重同比提高 1.8 个百分点。全年全市共引进 4 个世界 500 强企业投资项目，截止到 2014 年年底，全市共引进 48 家世界 500 强企业，投资项目 108 个，总投资 105.3 亿美元。

增资扩股增势加快，并购投资稳步推进。2014 年，全市新批外商投资增资项目合同利用外资 23.03 亿美元，同比增长 40.4%；全市新批外商投资并购项目 31 个，合同利用外资 4 亿美元，同比增长 8.1%。

境外投资。对亚非拉境外投资快速增长。2014 年，宁波市对亚洲核准中方投资额 13.79 亿美元，同比增长 17.9%，占全市总额的 75%，比重仍居全市首位。对非洲、拉美分别核准中方投资额 6493 万美元和 1.08 亿美元，同比分别增长 27.6% 和 98.5%。全年宁波市境外投资国家新增 4 个，为科威特、科特迪瓦、赞比亚和塞浦路斯，累计境外投资国家和地区达 112 个。

境外营销网络建设加力推进。2014 年，宁波市在境外设立营销机构 141 家，核准中方投资额 5.23 亿美元，同比增长 21.4%。同时境外三产项目投资成倍增长，全年分别核准服务性企业、研发中方投资额 2.83 亿美元和 1.35 亿美元，分别是去年的 9.2 倍和 2.9 倍。此外，全年核准资源开发企业中方投资额 2.74 亿美元，同比增长 33.1%。

外经合作大项目主导作用显著，境外并购步伐加快。2014 年，宁波市核准千万美元以上大项目 48 个，中方投资额 12.2 亿美元，占全市总额的 66.3%；宁波市核准境外并购项目 20 个，核准并购中方投资额 1.04 亿美元，同比增长 56%。

（2）2015 年宁波市双向投资面临的国内外环境

2015 年宁波市双向投资工作面临的国际国内形势依旧是复杂多变，具有较强的不确定性。

从国际形势看，全球经济在曲折中复苏，以美国为首的发达国家经济体，整体经济呈现良性复苏态势。欧美日等主要发达国家政治体制调整后，新政府实施了一系列新经济刺激政策和新兴产业发展战略，全球经济正在逐渐缓慢恢复，国际资本流动和跨国直接投资动力增强，这都为宁波市利用外资提供了必要的外部条件。但是国际政治发展存在诸多不稳定因素，金融危机和欧债危机的阴影尚在，不利于宁波市引进外资。

从国内形势看，十八届四中全会首次以全会形式专题研究部署全面推进“依法治国”这一基本治国方略，这是全面深化改革部署的必然要求和重要条件，为当前及今后一段时期经济发展提供了更为稳定的保障。“一带一路”战略规划以及设立亚洲基础设施投资银行和丝路基金等一系列重大决策的提出，有利于我国进一步扩大和深化 30 多年来改革开放成果。当前及未来相当一段时期，我国经济处于实行从“引进来”到“走出去”并重的重大转变期，已经出现市场、资源能源、投资三大块对外深度融合的新局面。随着我国经济总量不断提升，改革红利进一步释放，城镇化进程持续推进，产业压力倒逼转型升级，潜在的巨大商机将会吸引越来越多的有实力跨国企业调整在华战略布局。这都为我市大力引进先进制造业、发展现代服务业、提高外资与民营经济合作的广度和深度提供了难得的商机。

从宁波市情况看，相继出台了《宁波市加快推进城市国际化行动纲要》《关于进一步加强国际招商工作的若干意见》《关于进一步强化工作机制合力推进重点开发区域建设的若干意见》等事关开放型经济阶段性发展的重要文件，完善了国际招商组织体系，今后一个时期宁波市双向投资仍将继续保持平稳较快发展态势。但是，宁波市开放型经济发展中劳动力等成本大幅增加，用地难、招工难、融资难等问题仍然突出；利用外资竞争日趋激烈，国家对房地产市场调控力度不减，现有项目储备不够充足；宁波市境外投资以中小民营企业为主，大规模的投资项目不多。

（3）2015 年双向投资工作主要任务

2015 年，宁波市双向投资工作挑战与机遇并存。为实现既定目标，应重点做好以下工作。

1）量质齐升促进国际招商工作再上新台阶

后金融危机时代，国际资本流动和跨国直接投资动力逐渐增强，这为宁波市大规模引资工作营造了有益的外部环境。结合当前宁波市招商工作现实情况和发展目标，宁波市国际招商工作的重点是推动从“引资”为主的传统招商向“引资、引技、引智”的全方位招商发展，重点引进一批具有国际竞争力的高端先进制造业和现代服务业产业集群。着力引入宁波市鼓励发展的战略性新兴产业；大力促成跨国公司地区总部、区域研发中心、功能性机构的落地；积极吸引金融投资、国际贸易物流、文化创意、旅游休闲等现代服务业项目；促成宁波市医疗、教育、文体、养老等民生项目与相关国际知名企业合资合作。

2）主动参与“一带一路”国家战略

在对外开放工作中宁波与同类城市相比，缺乏高层次的国家战略支撑，在新一轮竞争中处于不利地位。在这一背景下，抢抓参与“一带一路”建设对于宁波来说是推进城市国际化的难得机遇。下一步宁波市将紧密围绕“一带一路”战略，充分发挥开放优势和产业优势，鼓励引导宁波市企业加强对东亚、东南亚和非洲等传统地区贸易和投资合作，同时积极开拓中东、拉美以及中东欧等新兴市场；政府牵头，强化完善政策保障力度，构造交流平台统筹好“走出去”与“引进来”信息资源，引导企业利用平台拓宽境外信息渠道；加强对境外基地的扶持，推进生产制造基地、境外贸易营销基地和境外资源开发基地等“三大基地”建设，完善境外红利回输渠道；引进境外投资中介服务机构，培育形成一批本土境外投资服务企业，推动彼此合作对接；重视金融在参与“一带一路”过程中的保障作用，积极促进“走出去”企业同金融机构对接的深度，推出一批有宁波特色的金融创新产品。

10. 青岛市

2014 年，全市上下紧紧围绕贯彻党的十八届三中、四中全会精神，按照市委、市政府“寻标、对标、达标、夺标、创标”和“加速、提升、创新、增效、落实”的部署要求，以“构建开放型经济新体制”为主题，以“深化改革创新”为主线，全面实施“四项改革”，加快推进“八大创新”，全市利用外资和境外投资发展呈现了规模质量同步提升的良好态势，为全市经济社会发展做出了积极贡献。

（1）2014 年青岛市利用外资和境外投资情况

1）外商直接投资

2014 年，全市新批外商投资项目 619 个，实现合同外资 63.86 亿美元，实际使用外资 60.81 亿美元，增长 10.15%，增幅高于全省 2.02 个百分点，总量占全省比重继续保持 40.02%，增幅高于 5 个计划单列市平均增幅 17.03 个百分点。全年有 10 个世界 500 强项目落户青岛市，截至目前，累计有 115 家世界 500 强企业在青岛市投资设立 232 个项目。全市外商投资继续保持稳定增长态势，呈现如下主要特点。

利用外资方式实现创新，引资领域实现突破。大力推动股权并购、参股合作等新的利用外资方式，阿里巴巴股权投资海尔项目实现到账 2.5 亿美元；海尔集团与国际知名私募股权投资机构 KKR 达成战略投资协议实现到账 5.18 亿美元；青岛港集团香港上市募集资金 29.26 亿港币等，为全年外资到账起到重要支撑作用。外资小额贷款企业——总投资 1.5 亿美元的城阳区亚联财小额贷款有限公司和总投资 6552 万美元市北区维信小额贷款有限公司资金已全部到位，国泰世华银行和星展银行等外资著名金融机构相继落户。截至 12 月底，批准 26 家外资融资租赁公司。

外资大项目支撑全市外资快速增长。2014 年，全市新批总投资过千万美元外资企业 164 家，增资过千万美元外资企业 81 家，合计新增合同外资 56.6 亿美元，占全市合同外资的 88.6%。全市实际利用 1000 万美元以上外资项目 146 个，外资金额 46.72 亿美元，占实际利用外资总数的 76.8%。董家口矿石码头、华信储备、空气化工产品、双盛万隆融资租赁等大项目起到了重要支撑作用。

主要外资来源地大部分保持增长态势。2014 年，全市利用港资 27.14 亿美元，同比增长 2.5%，占全市的 44.6%，保持青岛市外资来源地首位；利用美资 8.16 亿美元，同比增长 218.7%；利用韩资 7.57 亿美元，同比增长 10%；利用日资 3.53 亿美元，同比下降 6.7%；利用台资 3.35 亿美元，同比增长 157.6%；利用新资 2.58 亿美元，同比增长 185.1%。2014 年前十位外资来源如表 1-38 所示。

表 1-38　2014 年前十位外资来源地外资情况表

金额单位：（万美元）

序号	国别（地区）	利用外资	同比（%）	占比（%）
1	中国香港	271 439	2.5	44.6
2	美国	81 560	218.7	13.4
3	韩国	75 677	10	12.44
4	日本	35 321	−6.7	5.8
5	中国台湾	33 499	157.6	5.51
6	新加坡	25 842	185.1	4.25
7	加拿大	8 807	10.5	1.45
8	罗马尼亚	5 800	13 388	0.95
9	意大利	5 707	899.5	0.94
10	印度	4 821	1 925.6	0.79

制造业与服务业实现双增长。2014 年，全市制造业领域新批外资项目 203 个，合同外资 27.8 亿美元，同比下降 2.32%，实际利用外资 30.57 亿美元，同比增长 26.87%，占利用外资总数 50.3%（见图 1-34）。其中，通用设备制造业利用 5.58 亿美元，同比增长 97%；专用设备制造业利用外资 2.7 亿美元，同比增长 187%；电器机械及器材制造业利用外资 4.32 亿美元，同比增长 159.4%；通信设备、计算机及其他电子设备制造业利用外资 1.83 亿美元，同比增长 159.4%。服务业领域新批外资项目 397 个，合同外资 32.97 亿美元，实际利用外资 27.08 亿美元，占到账外资总数的 44.5%。交通运输、仓储和邮政业外资 4.95 亿美元，同比增长 111.8%；金融业外资 2.56 亿美元，较去年同期实现零突破。

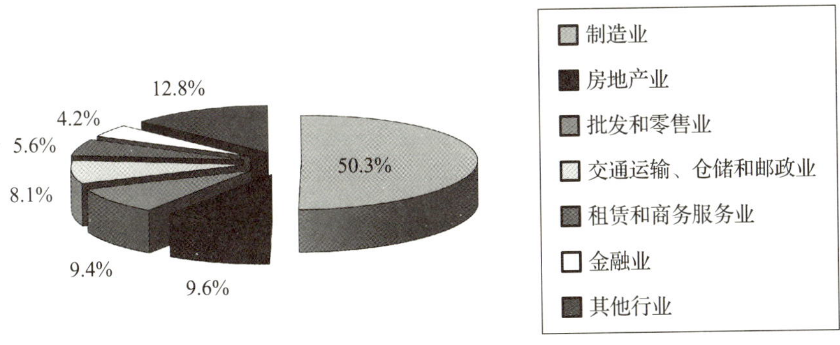

图 1-34　本市各行业利用外资占比

外资企业对全市经济社会发展做出积极贡献。根据对2014年度参加全国外商投资企业年度经营状况联合申报的外资企业统计，现存外资企业投资规模不断扩大，投资总额增长7.92%，注册资本增长10.77%，实收资本增长8.86%。平均单个企业实际资本412.67万美元，比上一年度增加94.67万美元。参检企业营业收入3485.64亿元，纳税总额389.89亿元，提供就业岗位512 460个。

2012年以来，青岛市年度直接利用外资连续跨上40亿美元、50亿美元、60亿美元三个台阶，利用外资规模在副省级城市中居于前列，但仍存在一些值得关注的问题：一是利用外资后劲不足，全市过亿美元大项目引入和储备不足，世界500强企业投资项目增长缓慢，龙头项目的产业带动作用不明显。二是利用外资质量和水平有待提升，外商企业在固定资产投资、科研创新、就业等领域占比较小，对经济和社会效益贡献有待提高。三是利用外资产业结构有待优化，外资利用主要集中在房地产、商贸零售、通用设备制造等领域，战略性新兴产业、现代服务业、先进制造业等对外资吸引力不足。四是利用外资区域集聚度不明显，园区对外资吸引力和项目承接能力有待提高，应进一步统筹青岛市外商投资区域布局和产业布局。五是外资引入形式多元化程度有待提高，境外股权、债权融资处于探索阶段。

2）境外投资

2014年，全市“走出去”工作抢抓国家实施“一带一路”战略重大机遇，加快全球布局步伐，当年对外投资合作项目涉及62个国家和地区。2014年，全市共核准或备案对外投资项目145个，实现翻番增长，中方投资额14.7亿美元，同比增长24.6%；中方实际投资额10.8亿美元，增长5.3%，在5个计划单列市中进2位居第二位。

对“一带一路”沿线国家投资快速增长。2014年，全市核准或备案对“一带一路”沿线国家和地区投资项目27个，中方投资额5.3亿美元，同比分别增长 50%、51.4%，涉及资源能源、金属冶炼、纺织服装和食品加工等行业领域。恒顺新加坡国际控股有限责任公司增资 1200 万美元，中方投资额累计达到 1.8 亿美元，加大对印尼镍矿工业园开拓力度，这是青岛市对“一带一路”沿线国家最大投资项目。

（2）对外投资大项目创历史新高

2014 年，全市新核准或备案过千万美元对外投资项目 25 个，中方投资额 11.1 万美元，占全市总额的 75.5%；增资过千万美元项目 2 个，中方投资额 1.1 亿美元，占全市总额的 7.5%。中启控股集团股份有限公司投资 9000 万美元设立中启控股集团（澳大利亚）股份有限公司，从事房地产开发、建材进出口贸易等业务，这是青岛市在大洋洲最大的投资项目。

境外资源开发取得新进展。2014 年，全市新核准或备案境外资源开发项目 6 个，比 2013 年增加 1 个；中方投资额 4.5 亿美元，同比增长 147.7%，占全市总额的 30.6%。青岛鲁海丰投资有限公司分别投资 9800 万美元在马来西亚和毛里求斯建设渔业生产加工基地，获取境外渔业资源。青岛齐华投资控股有限公司对蒙古益胜明公司增资 9950 万美元，加快开采、回运当地铅锌矿资源。

境外经贸园区建设取得新成效。青岛瑞昌棉业有限公司投资 5000 万美元在赞比亚进行农产品加工合作园区基础设施及相关配套项目建设，成功被省商务厅和财政厅确认为青岛市第一个省级境外经济贸易合作园区。

近年来，虽然青岛市境外投资规模增长迅速，但制约性因素依然存在。

一是支持企业“走出去”的政策配套不够有力。国家鼓励企业通过境外投资转移过剩产能，但由于缺乏必要的财税、金融等配套支持政策，企业需要承担巨大的转移成本和风险压力，导致青岛市纺织、橡胶、钢铁、化工等行业产能转移动力不足。另外，国家鼓励企业走出去开展境外资源合作开发，通过资源回运弥补自身能源短缺，但青岛市企业在境外获得的权益项下的农产品、天然橡胶等仍受国家配额、资质以及关税的限制，影响企业境外投资积极性。

二是企业境外投资融资难、成本高。调研发现，80%以上的企业表示国内贷款申请难，且融资成本高。企业普遍反映，国内贷款利率较高，目前一年期商业贷款基准利率为6%，企业拿到贷款一般都会上浮15%左右，中小企业上浮30%～40%，过高的融资成本给企业带来沉重的负担。目前的国内金融机构的产品设计主要着眼于“大出口、大并购”的需求，尚缺乏专门针对中小企业需求的配套融资产品，使得“走出去”金融服务在中小企业端存在缺失。而金融机构在定价上对中小企业天生的风险溢价之外，单一项目上沟通成本、法律和技术等咨询服务成本等都会造成青岛中小企业融资难、融资贵的问题。我国金融业走出去缓慢，目前中资银行在海外分支机构偏少，难以满足海外中资企业融资需求。金融创新不足，许多中资企业在境外获取的土地和形成的资产已达一定规模，但受政策限制难以形成抵押贷款。政策性贷款门槛高，中非基金、中委基金、中国—东盟基金等政策性贷款对中小企业来说获取难度较大。

三是风险保障不能满足企业需求。主要表现在“两少一高”：机构少，目前国内从事大额进出口和海外投资业务担保的机构只有中信保一家；产品少，中信保对企业境外投资主要是政策险，且主要集中在风险较低的国家；保费高，费率一般在4‰以上。保费支出对企业特别是中小企业压力较大，企业投保境外险的积极性不高。对外投资风险防控等保障性政策尚未到位，政府服务政策还不够完善，为企业提供的公共信息服务较少。

四是投资主体境外经营风险控制能力不够强。青岛市企业还处于跨国经营初级阶段，企业受管理能力不足、对东道国资源供求状况、交通运输条件、企业技术装备、投资法律等缺乏全面的考察和论证，对境外投资的商机、自身的优势和劣势，缺少深入和客观的分析，存在着商业风险、资源民族主义政策风险、战争与动乱等一系列风险，企业需要成熟有效的风险应对机制，政府还没建立起与境外投资快速发展相适应的风险防范机制，如风险发生前的预警机制，风险发生时的危机处理机制，风险发生后的防止风险再次发生的安保机制，“走出去”企业抗风险能力有待加强。

（3）2015 年双向投资发展趋势展望

1）利用外资形势

青岛市利用外资工作在经历连续三年跨越式增长后，2015 年稳增长压力较大，利用外资工作将转入稳规模、调结构、提质量的优化提升阶段，这也与新常态下我国经济发展趋势相吻合。总的来看，2015 年青岛市利用外资工作既有不利因素有以下几点，也有一些新的机遇。

不利因素有以下几点：一是受房地产严重下滑和制造业产能过剩及创新技术相对不足等因素影响，传统产业利用外资增长难度较大；二是 2014 年开始正式实施的新《中华人民共和国公司法》，取消了出资方式及出资期限的限制性规定，用前期的合同外资促即期到账外资的难度加大。我国利用外资“三法”修改进入快车道，新的外国投资法出台在即，使得部分境外投资者持观望态度。三是从青岛市利用外资形势看，2014 年虽然实际到账外资实现增长，但新批项目和合同外资都相对减少，2014 年新批项目 619 个，同比下降 4%；合同外资 63.86 亿美元，同比下降 15%，预示着 2015 年能够转化为实际利用外资的项目储备不足，有把握落地的外资大项目较去年同期有所减少。

有利因素有以下几点：一是国际货币基金组织、世界银行、商务部对 2015 年 FDI 的流动预测都是持平或略有增长，说明外资流动不会有大的起伏；二是外资准入管理体制改革的进度明显加快。2014 年 11 月国家商务部和国家发改委已经下发了《外商投资产业指导目录》修改版征求意见稿，大幅缩减限制类条目，放开外资股比限制。配合外国投资管理体制改革，外资统计制度也将进行调整，商务部和省厅都在研究把一些新的条目纳入利用外资统计；三是青岛市经过这两年利用外资的调结构转方式，2015 年有可能成为青岛市创新利用外资方式的一个利好年，其中重点企业境外上市、股权投资和并购，特别是融资租赁、商贸物流、养老医疗等现代服务业项目预计会进入一个快速增长期。

2）2015 年重点工作

直接利用外资。2015 年青岛市实际利用外资预计目标为 63.9 亿元，同比增长 5%。重点工作包括以下几点。

一是充分利用财富管理金融综合改革试验区和外商投资企业外汇资本金意愿结汇试点政策优势，重点引进外商投资股权投资企业和合格境内机构投资者（QDII）。除力争一汽大众、惠普等项目设立投资性公司形成外资外，鼓励青岛市重点企业利用优质资源以并购、上市方式引进战略投资者，重点推进淡马锡、高盛、KKR 等知名股权基金与青啤、青岛港等形成并股合作意向。

二是重点推进融资租赁等金融业外资。2015 年有可能会成为青岛市外资融资租赁企业的密集引进年，推进成立融资租赁企业协会，研究融资租赁支持政策，重点推进招商局码头、光大证券、城投、中信资产、厦门国际银行等项目，做大外资融资租赁行业。推进韩国产业银行、澳新银行、星展银行、爱和谊保险、美亚保险等传统金融项目，确保其落户青岛市。

三是以三泰水科技项目为载体，研究推进外商投资企业股权出资和跨境换股，实现“引进来”和“走出去”的高效结合。

四是结合商务部、山东省外资统计制度的改革，鼓励外商投资企业通过境外金融机构借款扩大融资渠道降低融资成本。

五是结合新一版《外商投资产业指导目录》研究引入取消准入限制和股比限制且与青岛市产业发展契合的商贸物流、大型写字楼、商业综合体、电子商务等高端服务业项目，重点推进保利、中化方兴、华信联港、招商局集团、凯德、金狮、昂展等项目。

通过以上五个方面的工作力争全年利用外资在稳定规模的基础上实现增长并提升质量。

3）境外投资

2015年，全市在“走出去”改革创新上将围绕“四个聚焦”：一是聚焦加快实施“走出去”与“引进来”相结合的开放引领战略，形成“四外融合”新优势；二是聚焦“一带一路”战略，形成投资贸易新亮点；三是聚焦中日韩自贸区谈判进展，形成区位、产业新机遇；四是聚焦青岛财富管理金融综合改革试验区，形成境外投资新突破。主要工作思路是：深入贯彻落实党的十八大和十八届三中全会精神，加快实施“走出去”与“引进来”相结合战略，以改革创新为动力，加快实施“走出去”与“引进来”相结合战略，抢抓“一带一路”新机遇，打造新优势，培育新亮点，进一步提高境外投资质量，提升承包工程层次，优化外派劳务结构，确保对外投资合作业务保持持续、快速、健康发展，巩固全省领先水平。主要工作目标为：预计2015年全市核准对外投资中方投资额14.5亿美元，同比增长11%。重点工作包括以下几点。

一是加快推进政策创新突破。以国发〔2014〕9号和鲁政办发〔2014〕32号文件为统揽，围绕创新建立“引进来”与“走出去”相结合的“双向投资贸易合作”新模式，认真谋划“十三五”规划编制工作，明确未来一个时期“走出去”工作的总体目标、主要措施和实施步骤。进一步借鉴上海自由贸易试验区经验，研究创新境外绿地投资、并购投资、证券投资、联合投资等方面的配套政策，重点研究制定培育跨国经营企业、推进优势产能境外转移以及支持企业在境外建设经济贸易合作区等政策措施。

二是突出推进“一带一路”双向投资贸易合作。大力拓展“一带一路”投资贸易市场，推动青岛家电电子、纺织服装、橡胶轮胎、食品加工、机制制造、化工医药等优势产业向“一带一路”转移。发挥青岛工程建筑领域比较优势，推动企业参与“一带一路”国家和地区港口、公路、机场、铁路、能源通道、基础设施等领域的工程承包建设。深化与“一带一路”国家和地区能源资源领域合作，推进企业合理有效的投资矿产、农业、林业和远洋渔业等资源能源项目。支持商贸、餐饮、文化、旅游、物流、教育、电商、动漫等企业到“一带一路”沿线国家和地区设立分支机构，在东北亚、南亚、中东和中东欧等国家地区开展服务外包业务，努力扩大服务出口，提高青岛市服务业的国际竞争力。

三是加快境外经贸合作园区建设。用好国家境外建立经济贸易合作区新政策，支持企业抱团“走出去”开展境外经贸合作区和产业集聚区建设，重点推进瑞昌棉业、恒顺电气、中启控股等优势企业投资建设境外经济贸易合作园区，帮助企业做好入区、生活配套设施建设、道路、供水、供电等相关项目投资建设以及园区招商等工作，力争 2015 年、2016 年两年有 1 ~ 2 个项目基本完成首期开发，认定国家和省级境外园区，打造成为全市“走出去”发展的集聚平台和国际样板园区。

四是扶持和壮大一批跨国经营企业。在有跨国经营需求并具备一定规模实力的企业中，选择一批规模型、增速型和效益型的企业纳入政策扶持范畴予以重点扶持。推进企业加快制定实施品牌、资本、市场、人才、技术国际化战略和跨国经营发展计划，促进企业在境外开展研发、生产、销售等方面的国际化经营，实现全球范围内的资源和价值链整合。争取通过 3 年的重点培育，在青岛市形成一批拥有自主知识产权、国际竞争力较强的外向型跨国经营企业。

五是积极推进优势产能转移。重点推进赛轮、海尔、康原药业等企业到境外设立生产制造基地项目；推动市机械总公司、地恩地、三链锁业等企业到境外收购国际知名品牌、先进技术、营销网络和研发机构；鼓励纺织轻工、橡胶轮胎、家电电子等青岛市优势产业向境外转移过剩产能；积极推进川山国际、金王、鲁海丰等企业开展境外资源能源合作开发项目；加快推进山东电建三公司巴基斯坦电站项目、南车四方乌拉圭 EPC 项目、颐杰鸿泰约旦项目、中交一航局二公司沙特项目等 10 个过亿美元对外工程承包大项目，鼓励企业带资开展境外工程承包，推动企业运用境外投资、工程承包、进出口贸易等多种方式“融合式”参与国际产业分工和国际市场竞争。

六是加快推进投资便利化。进一步完善国际经济合作交流、政策服务综合保障、“走出去”风险防范体系、双向经贸交流合作、高层出访推动、三年定向跟进、效能评估推进等七大工作机制，全面落实国家境外投资管理办法新政，将境外投资备案制，下放到各区市办理，加强事中、事后管理和服务，构建支持企业“走出去”服务保障体系。

（二）中部地区

1. 山西省

2014 年以来，山西省利用外资和境外投资工作紧紧围绕全省转型跨越发展和国家资源型经济转型综合配套改革试验区建设，以保持经济稳中求进为中心任务，以深化改革，探索构建利用外资管理新模式为契机，以开放促发展，进一步解放思想、转变观念，进一步简政放权，提高工作效率，促进投资便利化，同时加强投资项目事中事后服务和监管，有力地保障了项目的推进顺利。全省利用外资和境外投资水平进一步提高。

（1）2014 年主要工作开展和完成情况

1）加强政策引导，进一步简政放权，切实推进全省对外开放工作

一是为促进山西省境外投资工作，根据国务院有关指导意见，代省政府起草了“关于做好山西省境外投资工作的实施方案”并已下发执行，对指导全省企业积极稳妥走出去，促进山西省产业转型升级具有重要意义。

二是按照山西省政府安排，省商务厅牵头，山西省发展改革委会同等有关部门共同研究提出《山西省委省政府关于进一步扩大开放的若干意见》和《山西省扩大开放行动计划》（2014 ~ 2015 年）等。

三是积极贯彻落实国家行政审批制度改革措施，进一步简政放权。2014 年，国家外商投资项目和境外投资项目管理方式发生重大改革，由过去的核准制变为有限核准和普遍备案相结合，同时推进网上申报和备案。根据国家有关精神，山西省发改委即时将国家有关规定转发传达给各市、县、开发区和企业。同时进一步简政放权，进一步下放审批权限，修改完善了山西省的外商投资项目、境外投资项目审批管理规程。除国家明确不允许下放的审批事项外，全部下放到市、省级试点县和省级开发区审批。目前，省级权限内鼓励类和中方控股 3 亿美元以下的外商投资项目全部由市县发改委和省级以上开发区核准或备案；省级权限内所有境外投资项目均由核准改为备案，投资主体通过网上即可申报和得到反馈，大大简化了办事程序，同时激发了基层工作主动性和企业投资活力。

四是认真落实转型综改分解的“探索实行准入前国民待遇加负面清单的外商投资管理模式，完善建立外商投资项目审批绿色通道”“进一步放开一般制造业”等任务。

积极与国家发改委沟通，在国家发改委统一指导下落实“准入前国民待遇加负面清单的外商投资管理模式”和“进一步放开一般制造业”

相关工作。全面落实国家在简政放权、投资便利化方面的政策和措施，积极开展外商投资业务知识等培训工作，强化系统的服务和依法行政意识。联合省商务厅、省工商局、省外汇管理局、太原海关等相关部门以及委内相关处室，建立利用外资重大项目审批绿色通道。同时，加大招商引资力度，引导外资投向更趋于合理，营造出稳定、透明、可预期的营商环境。

2）进一步简政放权，激发投资活力，积极引导外商投资山西省新兴产业

在进一步简政放权，加强对市、县和开发区业务指导和培训的基础上，积极引导外资投向我省新能源业、新材料业、节能环保业、高端装备制造业、现代服务业等战略性新兴产业。

2014 年山西省外商投资继续保持平稳增长态势，产业分布更加合理、项目质量水平明显提高。全省新批外商投资企业 50 家，同比增长 4.17%；合同外资金额 9.7 亿美元，同比增长 0.66%，实际利用外资金额 29.52 亿美元，同比增长 5.17%。50 个新批项目中，属于山西省鼓励发展的战略新兴产业项目 30 个，占 60%，现代服务业项目 15 个，占 30%，很多项目技术含量较高，比如飞机制造、环保、清洁生产、新能源、高端通用装备制造等，项目质量进一步提高。

3）做好规范和服务，实现山西省境外投资审批便利化

结合国家境外投资项目管理工作改革，研究提出山西省境外投资实施方案和管理细则，规范程序，简化手续，同时会同省商务、外管等部门建立境外投资审批协同工作制度，协调有关管理部门形成合力，提高投资审批便利化。

近年来，山西省企业获取境外资源、消化省内过剩生产技术、设备和能力等驱动力提升，加上国家和省内出台一系列鼓励境外投资的政策利好，山西省境外投资规模不断扩大。2014 年，全省对外投资企业核准（含增资和变更 14 家）42 家，协议投资额 21.9 亿美元，其中中方投资额 14.9 亿美元。当年实际投资额 1.774 亿美元。

4）积极融入环渤海经济圈，推动区域合作

根据省政府安排，为推进山西省融入环渤海经济圈，做好承接产业转移工作，省发展改革委会同省有关部门，结合全省转型综改工作和产业结构调整的需要，编制了《山西省推进加快融入环渤海圈承接产业转移的指导目录》供各市和有关部门参考。按照省政府安排，参加了山西省与京津产业对接会等一系列工作，将推动国内区域合作作为当前山西省对外开放工作的重点来抓。为进一步加强晋冀两省优势互补、互利共赢合作，共同推进区域经济协调发展，与河北省对接，起草了《山西省人民政府、河北省人民政府深化发展全面合作框架协议》，深化两省更宽、更广领域的合作，同时组织经信、商务、农业、旅游、文化、交通等行业部门起草了行业和部门合作协议。

同时，会同省商务厅分别前往上海、浙江、安徽、湖北、陕西、河南等省市对接区域合作，探讨参与大中原经济圈、主动承接“长三角”产业转移、推动“飞地经济”发展等事宜。

5）合规高效进行项目会审，助推我省招商引资

根据山西省政府“六位一体”推进工作机制，会同省有关部门认真、高效完成了项目会审工作。2014 年 1 ～ 12 月完成对外招商引资项目会审共 1221 个，同意招商项目 1092 个，涉及总投资 12 523 亿元，拟引资 11 250 亿元；山西承接北京、天津产业转移对接项目 19 个，总投资 878.9 亿元，拟引资 754.1 亿元，均符合相关政策；第二届晋商大会拟签约及招商项目共会审 196 个，同意对外签署合作及对外招商项目共 188 个，涉及总投资 2845 亿元，拟引资 1540 亿元；并完成共十批拟签约项目共 2363 个，同意签署合作项目共 2024 个，涉及总投资 22 626 亿元，拟引资 20 603 亿元。确保完成了“六位一体”工作机制中“项

目签约”任务。

（2）2015 年工作计划

2015 年是“十二五”规划最后一年，实现“十二五”规划目标的关键一年，也是“十三五”规划编制的启动之年。国家将进一步深化行政审批制度改革，持续推进政府职能转变和简政放权，并将再次修订政府核准的投资项目目录，进一步取消下放审批事项，进一步简化审批手续，并将强化投资项目的事中事后监管。2015 年，改革事项多，工作任务重，这些都对山西省外商投资、境外投资项目和借用国外贷款工作提出了全新和更高的要求。将重点做好以下工作。

1）规划编制

认真做好规划编制的组织和研究，做好顶层设计，切实发挥规划统领作用和指引作用。组织省内有关部门，做足调查研究，做好山西省“十三五”开放型经济发展规划编制工作。

2）政策制定

根据国家新的《政府核准的投资项目目录》，和国家发改委关于外商投资项目、境外投资项目管理新办法、新规程，修改完善、下发山西省外商投资和境外投资项目核准和备案具体管理办法，指导全省相关工作。

3）境外投资工作

完善与商务、外管等部门的联动机制，提高境外投资审批便利化程度。总结我省境外投资工作，建立境外投资项目审批（备案）项目档案，跟踪已备案项目进展，召开境外投资座谈会，了解和掌握境外投资过程急需解决的问题，有针对性地提出相关政策建议和指导意见。

（3）关于山西省国际产能合作情况

总体上看，山西省对外投资尚处于起步阶段，对外投资企业数量不多、规模不大；投资主体多为民营企业，国有企业主要以太原钢铁集团公司和太原重型机械集团公司为主；企业“走出去”多单打独斗，以个体分散投资为主，尚未形成对外投资的合力，应对风险的能力极为有限。“走出去”企业仍大多处于附加值较低的中低端行业，缺乏核心竞争力。

同时，企业在“走出去”过程中普遍存在一些困难和问题。一是企业特别是民营企业融资和担保困难；二是企业跨国管理经验仍严重不足，风险防范意识不强、缺乏国际经营人才，是企业在海外“站得稳”“融得进”的软肋。三是法律、财务、税收、金融、信息、人才、知识产权等领域的专业服务严重不足。

2. 安徽省

2014 年，积极应对国际新挑战、适应国内新常态，坚持稳中求进、改革创新，扎实开展各项工作，利用外资和境外投资实现稳健发展。

（1）基本情况

1）外商直接投资

2014 年，全省新批外商投资项目 256 个，增长 4.1%；合同利用外资 31.1 亿美元，增长 15.7%；实际利用外商直接投资 123.4 亿美元，增长 15.5%。

服务业到资增长强劲。2014 年，全省三次产业外资比例为 2.5 : 51.5 : 46。二产外资 63.6 亿美元，下降 14%，其中，制造业中纺织和交通运输设备制造分别下降 63.5% 和 27.9%。三产外资总量首次超过制造业，达到 56.8 亿美元，增长 87.7%，其中，房地产业到资 36.1 亿美元，增长 1.1 倍，是拉动三产外资快速增长的主要因素。此外，仓储物流、租赁和商务服务、金融业外资均突破 3 亿美元，且增速较快，呈现多头并进的发展势头。

皖北外资保持较快增速。全省 13 个设区的市外资实现同比增长，滁州、亳州、宿州 3 市增速分别达到 27.2%、26% 和 26%，合肥、芜湖、马鞍山、蚌埠 4 市外资超 10 亿美元，其中，芜湖到资首次突破 20

亿美元，滁州外资 9.2 亿美元，接近外资第一方阵。皖江示范区外资占全省近七成，达到 84.9 亿美元，增长 13.7%；皖北 6 市外资 33.1 亿美元、增长 20.7%，高于全省 5.2 个百分点；县域外资 45.7 亿美元、增长 16.7%；省级以上开发区外资 67.6 亿美元，增长 0.8%。

欧洲外资波动较大。外资超过 3 亿美元的国家和地区有：中国香港 76.8 亿美元，同比增长 30.9%，占总量 62.2%；中国台湾 8.1 亿美元，增长 54.5%；美国 6.8 亿美元，下降 0.1%；日本 5.3 亿美元，增长 3.3%，连续 6 个季度下降以来，出现拐点；英属维尔京群岛 5.3 亿美元，增长 70.3%；新加坡 4 亿美元，下降 22.1%。值得注意的是，受德国、法国、英国外资下降较大的影响，欧洲外资 8.6 亿美元，下降 36.9%，未能延续 2013 年快速增长（60%）的势头。

利用外资项目质量提升。全年落户和外资过亿美元企业 19 家，增长 26.7%，其中新批过亿美元企业 8 家，新批合同外资 31.1 亿美元、增长 15.7%。新引进境外世界 500 强企业 5 家（设立 9 家企业），截至 2014 年年底，共有 71 家境外世界 500 强企业在安徽省投资设立了 113 家企业。美国惠而浦公司并购合肥荣事达三洋公司，成立惠而浦（中国）股份有限公司，是安徽省交易额最大的外商投资并购项目、第一个由全球领军企业设立的中国研发总部项目。

2）境外投资

2014 年，全省新批境外企业（机构）100 个，实际对外投资 4.7 亿美元，下降 32%。

投资主体多元化。2014 年，除海螺集团、叉车集团等国有企业境外投资外，一批民营企业，如丰原集团、中鼎股份在现有境外投资的基础上，继续加大对外投资力度。六安金领科技、康佳绿色照明等民营企业首次实现“走出去”，民营企业“走出去”数量已占 84%，安徽省“走出去”已形成多种所有制企业共同推进的局面。

投资地区多样化。非洲、南美等国家和地区是安徽省境外投资的重点市场，随着安徽省企业“走出去”步伐不断加大，安徽省企业境外投资快步走向欧美：马钢股份在法国、中鼎股份在德国、新华集团在美国的投资案例，显示出安徽省企业开始加大对发达国家市场的开发力度。目前，安徽省企业境外投资已经延伸到中亚、南美、北美、非洲、欧洲的 74 个国家和地区。

投资结构逐步优化。叉车集团赴欧洲建立营销网络、马钢股份在法国竞标收购、新长江建设柬埔寨商贸物流新区、新华集团筹建纽约安徽文化交流中心，安徽省企业“走出去”逐步由资源开发和货物贸易向加工制造、技术研发和文化旅游等领域拓展，由单一的“绿地投资”向“绿地 + 褐地投资”（直接投资 + 跨国并购）转变，由产品“卖出去”向资本“迈出去”发展。

对俄合作开创新局面。政府交流。安徽省与俄罗斯伏尔加河沿岸联邦主体共签订 2 个省级合作协议（下诺夫哥罗德、奥伦堡），4 个省级合作意向和纪要（鞑靼斯坦、彼尔姆、乌里扬诺夫斯克、马里埃尔），与俄 12 个联邦主体建立了定期交往渠道。经贸合作。建立了安徽省对俄合作项目库，编译了合作项目册。海螺集团投建乌里扬诺夫斯克州水泥厂、丰原集团在鞑靼斯坦阿拉布加开发区投资小麦深加工等 40 个项目达成合作意向，总投资达 30 亿美元。人文交流。省科技代表团与莫尔多瓦共和国经济部签订了《科技合作备忘录》。安徽大学、安徽师范大学等高校分别与下诺夫哥罗德州、萨马拉州等联邦高校签署了 13 份合作协议。省文化厅组团赴俄参加了第 22 届《俄罗斯之源》国际民间艺术节。省内旅游企业在莫斯科、圣彼得堡等地开展宣传推广活动，达成 6 项合作协议。

3）存在的主要问题

2014 年，安徽省利用外资和境外投资虽然取得了一定成绩，但仍存在一些困难和问题。一是利用外资大项目带动作用不明显。截至

2014年年底，落户安徽省的境外世界500强企业只有71家，而2013年，四川省就既有境外世界500强企业200家，湖南省为120家。二是服务业外资结构有待改善。2014年，安徽省服务业利用外资快速增长，但主要依靠外资房地产拉动，金融、物流、社会服务等增速较快，但总量偏低。三是部分外贷项目进度缓慢。一些项目在列入规划后，建设内容频繁调整、配套资金长期无法落实，导致项目建设速度缓慢、周期拉长、成本增加。四是总体环境对境外投资较为不利。部分非洲、南美国家和地区政局不稳、法律制度不健全、政策多变等因素影响安徽省一些项目的落地和实施。此外，随着国内经济增速放缓，一些境外投资企业面临国内生产经营压力，放缓了境外投资步伐。五是缺乏有实力的境外投资主体。主要表现为国有企业缺乏“走出去”动力，民营企业缺乏“走出去”实力，境外投资依赖少数大企业、大项目的现状短期内难以改变，造成了当前安徽省境外投资波动不稳的现状。

（2）2015年双向投资趋势展望

从利用外资看，国家启动“一带一路”和长江经济带建设，明确安徽省纳入长三角一体化发展，使安徽省在全国对外开放新格局中的有利地位进一步凸显，安徽省处于大有可为的黄金发展期；安徽省仍处于新型工业化、城镇化、信息化、农业现代化快速发展阶段，内需潜力巨大；安徽省重点领域改革不断深入，政策的稳定性、透明度和政府公共服务水平明显提高，提供发展的支撑能力显著增强，对外开放环境持续优化。但同时也必须看到，世界经济在国际金融危机后发展的不确定不稳定因素较多；国内经济进入速度变化、结构调整、动力转换的新常态，支撑发展的资源要素约束日益绷紧，宏观环境依然复杂严峻。

从对外投资看，当前，安徽省“走出去”面临众多难得机遇。国家实施“一带一路”开放战略，从更高层面、更广领域扩大开放合作和参与区域分工，为安徽省企业尤其是装备制造企业开拓国际市场提供广阔空间；国务院采取综合政策措施，支持开展国际产能和装备制造合作，为安徽省优势产能和装备制造企业提供诸多有利条件；国外发达市场经济仍面临不同程度的困难，新兴市场投资需求空间仍较大，安徽省企业可积极参与基础设施建设、能源开发、加工制造和技术合作等，带动国内设备、劳务和技术输出，提高安徽省企业的国际影响力。除自身实力不足的因素之外，安徽省企业“走出去”还面临着许多挑战，如境外政策难以把握，投资贸易壁垒难以攻破，并购整合运营难度较大等。

2015年是“十二五”规划的收官之年，也是我国经济进一步适应新常态的关键之年。安徽省将主动适应经济发展新常态，围绕“一带一路”国家战略，加大政策引导力度，积极推动双向投资，努力提高利用外资综合效益和走出去水平，开创对外开放新局面。

3. 江西省

（1）2014年利用外资和境外投资基本情况

2014年，面对复杂严峻的国内外经济形势，全省按照发展升级、小康提速、绿色崛起、实干兴赣的总要求，坚定不移地实施大开放主战略，积极招大引强，抓好项目服务，在全球跨国投资趋于下降的背景下，采取有力措施，排难而进，坚持利用外资和境外投资并重，实现了实际使用外资逆势增长，境外投资加快发展的良好态势。

1）外商直接投资

紧紧抓住产业转移加速重要机遇，主动融入长江经济带建设，深入推进鄱阳湖生态经济区建设和赣南等原中央苏区振兴规划实施，全力打造南昌核心增长极，积极推进沿江开放开发和赣东北扩大开放合作，突出战略性新兴产业招大引强，加大现代服务业招商，着力提升产业承接规模和水平，实际利用外资逆势上扬，增速超过上年度1.3个百分点，呈现量质齐升、结构优化、加速集聚、投资渠道和投资方式多元化发展的良好势头。

一是利用外资总量实现新突破。全省实际利用外资总量达84.5亿美元，同比增长 11.92%，比 2013 年增速提高 1.3 个百分点。实际利用外资总量列全国第 15 位、中部第 3 位。全省新批合同外资金额 107.27 亿美元，同比增长 17.46%。合同外资快速增长，为利用外资保持持续稳定增长奠定了坚实基础。

二是引进外资质量快速提升。新引进法国电力、江森自控、汇丰银行等 3 家世界 500 强企业。新批投资总额 1000 万美元以上项目 185 个，其中：5000 万美元以上 58 个，1 亿美元以上 24 个。新批十大战略性新兴产业项目 292 个，合同外资和实际利用外资金额分别占全省总量 42.4% 和 42.35%。

三是利用外资结构得到改善。制造业仍占主导地位，占比为 66.83%，服务业实际利用外资金额 22.28 亿美元，占全省比重 26.36%，比 2013 年同期提高 1 个百分点。特别是金融领域利用外资实现了新突破，新批设立了 5 家外资融资租赁公司，总数达到 7 家；汇丰银行南昌分行正式营业；向商务部申报将赣州纳入全国商业保理试点范围，新批了 2 家外资商业保理公司。

四是外资产业集群化发展趋势明显。外资企业加快集聚发展，形成了以江铃汽车为代表的小蓝汽车零部件产业群，以江铜股份为代表的鹰潭市铜加工产业群，以世泰科和京瓷为代表的赣州市钨和稀土加工产业群，以晶科为代表的上饶光伏产业群，以艾美特、瑞智精密为代表的九江经开区家电产业群，以宏安物流为代表的抚州市物流产业群，以鹰潭龙虎山天师林文化旅游开发公司、龙虎山美丽目的地文化旅游发展有限公司为代表的旅游产业群等。

五是外资来源地更加丰富。从投资国别（地区）看，港台投资仍占主导地位，两地投资占全省比重为 86.9%，同比增长 11.18 个百分点。但欧盟投资占比有所提高，实际利用外资 2.01 亿美元，同比增长 114.05%，其中法国投资增长了 764.5%、荷兰投资增长了 4482%，欧盟投资占全省实际利用外资比重为 2.37%，同比提高 1.13 个百分点。

2）借用国外优惠贷款

全年组织申报农业综合开发、农产品物流、城乡发展一体化、林业、轨道交通、职业教育、消防和医疗卫生等领域项目借用国外优惠贷款，新增列入国家借用国外优惠贷款备选项目规划贷款金额达 5.58 亿美元，占全国总量 12.4%，连续两年位列全国第一。其中，利用世行、亚行等国际金融组织贷款 34 380 万美元，占全国 10.7%；利用德国、以色列、美国等外国政府贷款 21 424 万美元，占全国 19.2%。积极推进已列入国家备选项目规划的项目的前期准备工作。完成九江市医疗系统、鹰潭市中医院利用以色列政府贷款和省中医药大学附属医院利用美国进出口主权融资贷款引进医疗设备项目可研报告的批复；分别核准萍乡市卫生学校、赣州市第五人民医院利用以色列政府贷款 2 个引进医疗设备项目的资金申请报告，并通过国家发改委复核。推进世行贷款农产品流通体系建设、萍乡亚行贷款城乡基础设施综合发展等项目开展国内外前期工作；帮助指导亚行贷款抚州城市基础设施综合改善项目完善项目内容，其调整建设内容已获国家发改委原则同意。提升江西省利用外资“引资、引技、引智”工作水平和影响力。

3）境外投资

在国家大力实施加快“走出去”战略的统一部署下，积极应对严峻的国际金融形势，千方百计地支持帮助企业实施“走出去”战略。2013 年共核准境外投资项目 10 个，投资总额 1.58 亿美元。支持江西铜业集团公司、新余钢铁股份有限公司、省核工业地质局等国有企业和部门到境外开展能源、矿产资源勘探投资；指导力德风电有限公司、3L 医用制品集团股份有限公司、恒世投资管理有限公司等民营企业“走出去”投资。积极支持江铜参与全球资源重组，推动企业可持续发展，第一时间向国家发改委上报了江铜 8.5 亿美元收购巴拿马 Cobre Panama 铜矿部分股权、江铜 70 亿美元收购秘鲁拉斯邦巴斯（Las Bambas）铜矿

100% 股权项目信息报告。协调招商银行南昌分行为江西 3L 医用制品集团柬埔寨西港经济特区项目提供融资贷款，贷款金额 500 万美元。协调出口信用保险公司为中鼎国际工程公司印尼朋古鲁煤矿开采项目提供优惠保险，投保金额 2000 万美元；为江西中煤建设集团加纳公路建设项目提供优惠保险，投保金额 2800 万美元。

积极出台各项鼓励政策，促进“走出去”。省政府出台了《江西省人民政府关于加快实施“走出去”战略的指导意见》，进一步坚定了企业“走出去”的信心和决心，凝聚了加快“走出去”的共识，激发了推动工作的热情和干劲，形成了省、市、县三级齐抓共管良好局面。省商务厅联合省住建厅印发了《关于鼓励和推动建筑业加快“走出去”发展的通知》，并联合赴地市开展政策宣传和调研，效果明显，联合省农业厅印发了《关于进一步推动全省农业“走出去”的意见》，全省农业产业化龙头企业“走出去”势头良好。

不断简政放权便利企业“走出去”。重新修订并准备出台《江西省境外投资项目备案管理办法》。一是将境外投资项目由核准制改为备案制，简化了项目审批的审查条件，极大地简化了审批程序；二是将项目申报由文本受理改为网上申报，减少了项目审批的审查内容，极大地减轻了企业申报项目的负担；三是明确了自然人境外投资的主体地位。

（2）存在的主要问题

1）利用外资方面

一是龙头带动项目少，行业领军企业少。对于引进具有龙头带动效应的重特大项目和行业领军企业，往往办法不多，力度不大，紧紧盯住、死死咬住项目的韧劲不够，缺少行之有效的超常规举措。尤其是引进境外世界 500 强的数量偏少。二是缺少“蛙跳式”爆发增长的大产业。江西目前缺少在全国或区域有强大竞争力、影响力的引领型企业和爆发式产业。改革开放几十年来，江西省税收贡献前 10 位的企业几乎没什么新的变化，引进“蛙跳式”爆发增长重大产业项目的使命任重道远。三是用改革创新的方法破解难题的闯劲不够足。

2）境外投资方面

一是境外项目融资困难。部分境外资源开发项目由于项目大，企业后续建设资金不足。由于项目在境外，企业无法在国内办理抵押贷款，信用融资、担保融资等其他融资方式也相对困难，且贷款成本高；而在投资所在国，由于缺少资信记录，也很难筹集到资金。

二是信息获取渠道单一，境外投资管理人才和经验不足。企业境外投资矿产资源的有效信息来源，主要靠自行搜寻或者通过合作伙伴获得，渠道比较单一。同时，对投资国的法律法规、投资情况、宗教信仰、风土习俗、合作伙伴缺乏深入了解，也给企业投资带来一定的困难和风险。境外资源投资与开发是项综合性工作，需要一批不仅懂技术、懂生产、懂外语，同时又懂国际法、国际金融、国际贸易和宗教信仰等知识，以及有国外实际工作经验，懂经营、善管理的复合型人才，这在江西省十分缺乏，并将困扰着江西省企业的发展。

（3）2015 年利用外资和境外投资基本思路

2015 年，结合国内外形势，创新开放模式，进一步对接长江经济带建设，促进沿海内陆沿边开放优势互补，持续进行“招大引强”活动，千方百计争取国外优惠贷款，进一步加快走出去步伐，支持企业对外投资，增强企业国际化经营能力，拓展发展空间，全力保持开放型经济平稳较快发展。

1）利用外资的基本打算

一是把稳增长作为当前招商引资工作的紧迫任务。现阶段，稳增长的重心在扩大投资，扩大投资关键靠招商引资。我们尤其要跟踪对接重大产业项目，像四川引进英特尔芯片项目、重庆引进笔记本电脑产业、安徽引进京东方、陕西引进三星、河南引进富士康、贵州引进大数据产业那样，通过紧紧咬住目标，久久为功，力争引进一两个能够促进江西产业集群“蛙跳式”爆发增长的好项目、大产业。

二是把创新作为招商引资工作的不懈追求。要通过驻点招商、主题招商、“走出去”招商、“互联网＋招商”等创新方式，引进一批创新型企业、创新型人才，为江西绿色崛起提供核心竞争力。

三是把抓落实作为招商引资的真功夫。完善招商活动和项目跟踪督查机制，促使签约项目早履约进资、早开工建设、早竣工投产。加大招商引资活动签约项目督办力度，真正使项目落到实处、产生实效。

2)“走出去”的主要想法

一是抓紧出台推进江西省企业参与国际合作的工作方案。尽快将《加快融入“一带一路”战略鼓励江西省企业参与国际合作工作方案》上报省委、省政府审批，抓紧出台实施，指导江西省企业积极参与国际合作，融入“一带一路”建设。进一步完善支持企业参与国际合作的体制机制，提升对企业参与“一带一路”项目合作的服务保障能力。

二是聚焦“一带一路”，加快国际市场布局。积极策应国家外交和“一带一路”战略，加强国别投资合作规划，引导江西省企业以“一带一路”沿线国家和非洲国家为重点，加快布局东南亚和南亚、非洲和中东欧及俄罗斯、南太平洋和拉美、美国及欧盟等五大“走出去”市场。在“一带一路”的重要节点和重要通道，加快建设国际产能合作示范国家，以点带面推进江西省企业“走出去”市场战略布局，拓展江西省经济发展空间。

三是发挥优势，大力推进江西省优势产业参与国际产能合作。立足江西省产业比较优势，围绕“一带一路”六大经济走廊建设和中非“三网一化”合作，引导江西省企业以参与基础设施互联互通为突破口，以国际产能合作为主攻方向、以人文交流合作为纽带，积极推进江西省农业、制造业、矿业、建筑业和服务业等五大行业走出去，加快建设江西省海外加工制造业基地、农业产业基地、矿产资源开发基地和商贸物流基地，积极培育本土跨国企业，在全球范围内配置资源，打造以我为主的全球产业链、价值链和供应链，促进江西省产业转型升级。

四是创新方式，提升“走出去”发展水平。鼓励和支持江西省企业加快建设境外产业集聚区，加强有效协同，促进集中布局、集聚发展，打造江西省参与国际产能合作的重要平台。鼓励和支持江西省企业与股权投资基金合作，开展跨国投资并购，获取境外品牌、技术、市场和营销网络。支持江西省企业实施境外建营一体化工程，开展投资、建设和运营相结合建营一体化项目，延伸产业链条，促进对外承包工程转型升级。

五是继续完善鼓励江西省企业参与国际合作各项保障措施。推动成立重点行业产业联盟。成立江西海外基础设施产业、海外能源资源、海外工业、农业投资开发等联盟，引导省内工程承包、建筑施工、装备制造、能源资源龙头、地质勘探企业组成战略共同体，抱团发展。支持江西工商联合会牵头组建民营企业“走出去”合作联盟，推动民营企业积极参与国际合作。

搭建企业“走出去”服务平台。建立全省统一的企业“走出去”综合信息服务、国际合作滚动开发项目库、海外联络、信用保险统保、国际合作服务翻译等五大服务平台。为江西省“走出去”企业提供风险预警、信息沟通、海外联络、金融和语言等多方面服务和支持。

设立国际合作扶持引导资金。加快组建江西“走出去”引导基金。依托省基本建设投资设立江西省“一带一路”国际产能合作专项资金，对国际合作重点项目给予资金支持。围绕海外基础设施建设和能源资源开发两大优势领域，研究成立江西省海外基础设施建设基金、海外资源能源开发基金。

完善综合协调推进机制。研究建立江西省与重点合作区域的双边合作、政银企金融协作机制、省直部门联席会议、企业参与国际合作省市联动等工作机制，积极参与国家发改委的部省协同机制，加强对江西省产能国际合作工作的领导和统筹协调。

4. 湖北省

2014 年，湖北省深入贯彻落实国家和省扩大对外开放精神，加强地区间的经贸往来和合作，全力实施“一路一带”战略，鼓励双向投资，取得了明显成效。

（1）双向投资发展总体情况和成效

1）总体情况

2014 年，湖北省新增外商投资项目 301 个，同比增长 1.35%，实际投资额 79.28 亿美元，同比增长 15.09%，世行新增湖北省贷款项目 2 个，合计贷款额 2.3 亿美元。2014 年，湖北省协议对外直接投资总额 31.8 亿美元，其中中方协议对外投资额为 12.6 亿美元，同比增长 73%。实际全省非金融类对外直接投资 5.77 亿美元，同比增长 10.60%。

2）主要成效

利用外资方面。

投资结构日趋合理。产业结构上，第二产业虽依然是外商投资重点，但比重有所下降，从过去 60% 以上下降至当前的 50% 左右，而第一产业和第三产业上升明显，尤其是第三产业产业从过去的 30% 左右上升至 38.80%。

投资行业多元化。外商除投资一些传统行业外，对以前很少涉足的农业、林业、牧业、渔业、信息传输业、计算机服务业、科学研究业、技术服务、地质勘测业、居民服务业、文化业、体育业、娱乐业等开始加快投资，增长均超过 1 倍以上，呈现多元化发展趋势。

来源多地化。随着湖北省对外开放度的不断提高，在国际的声誉也与日俱增，来自世界各地，包括欧美、亚太、非洲等地区和国家不断增加，但按投资量高低排名前十的依次是：中国香港、法国、日本、韩国、新加坡、美国、中国台湾、开曼群岛、荷兰、德国。由此看来外商来鄂投资的多地化，也将不断促进湖北加快国际化步伐，推进开放湖北建设。

投资方式多样化。除传统的中外合资、中外合作、外商独资的投资形式外，近年来，外商在股份制、合作开发方面，以及对外发行股票、国际租赁、贸易补偿、加工装配等新型方式上都有新尝试。

市州两极分化有所减弱。过去，湖北省外商投资主要集中在武汉市，占比全省 60% 以上。近年来，外商投资其他市州加强，均衡发展局面逐渐形成。2014 年，武汉市新增外商投资项目 140 个，占比为 46%，同比仅实现 2.19% 的增速。而黄石、黄冈、咸宁、潜江等地市均实现 1 ~ 2 倍以上的增长。

对外投资方面。

投资形式多样化。从投资方式上看，有绿地投资、并购、增资、合资、合作、技术入股、设备入股、新建等多方式。

投资区域多样化。从投资区域上看，主要涉及美国、波兰、爱尔兰等欧美国家，其次是中国香港、韩国、老挝、越南等亚洲地区，以及部分非洲国家。

投资行业多元化。从投资领域上看，涉及医药（医疗器械）、电力、航空、油气、房地产、制造业、物流、服务业等行业。此外，从企业类型上看，投资主力军主要是国内的民营企业。

服务“一路一带”方面。

搭好项目合作平台。一是举办了丝绸之路经济带 · 湖北经贸投资推介会，并组织了分类考察对接，促成了哈萨克斯坦腾格里集团与渝楚化工、国创高科、南车集团的项目合作。二是推进了大冶有色与哈国嘉能可公司铜精等项目合作，以及咸宁市与土耳其卡桑集团乘用车等项目的合作，形成了一批合作成果。三是组织近 20 家企业代表参加了第五届中俄企业合作圆桌会议，促成南航湖北公司与俄罗斯旅游署达成合作意向，实现了武汉与俄罗斯直航，并将进一步推进旅游和航空合作。

推动“汉新欧”铁路发展建设。积极推动“汉新欧”铁路常态化运营，就回程货运组织问题，主动与武汉汉欧国际物流公司和中铁集装箱武汉分公司进行衔接，推进其与沿线铁路公司进行洽谈，寻找合作空间。此外，还结合国家中欧班列战略整合部署，积极衔接国家将“汉新欧”铁路运营纳入其中。

（2）双向投资存在的主要问题

1）外商来鄂投资后劲不足

吸引外资传统优势逐步减弱。近年来，湖北省用工紧缺现象相对突出，企业招工成为一大难题，劳动力成本上升，与此同时，其他生产要素成本也逐年增加，全省吸引外资的传统优势正逐步消散，比较优势弱化。而东南亚、非洲等地吸引外商投资的新优势正逐步建立，劳动力、土地等其他生产要素成本较低，比如在越南一个工人每月只需支付相当于人民币 1500 元左右的工资，而在湖北省却要高达 3000 元左右，反而招不到人。同时，其他要素保障成本均低于湖北省。由此，造成湖北省一些招商项目流失或转移我国周边国家或地区。

承接产业转移实效不明显。开发区等各类产业园区，吸收外资政策落实不到位，配套设施不齐全或部分政府承诺事项难以实现，外商投资谨慎，实际吸收外商投资效率不高。同时，湖北省利用外资的政策、文化、制度、法律、思想观念等软环境依然还有待进一步改善。

内外资同等待遇政策实施带来正面效应的同时，也给吸收外资产生一定的负面影响。一方面，内外资同等待遇实施后，外商投资者积极性减弱。另一方面，“转圈”外资萎缩，湖北省外资很大一部分来自香港，港资中有大部分是内地投资者为享受外资待遇而在香港设立公司后，再以香港公司名义回内地投资。而内外资同等待遇实施后，此类投资逐渐缩小，一定程度上影响了外资统计。

利用外资水平有待进一步提高。一是利用外资仍是政府主导，部分县市仍是靠低地价或零地价，或电价补贴等承诺吸引外资，不注重改善投资环境、以商招商和产业链招商。二是产业链带动和辐射效应较差，活力不强，市场换技术的目标难以实现。三是外商投资的大项目、好项目不多。对湖北省跨越式发展有支撑作用的利用外资重大项目明显不足，通过外资带动尚未形成产业集群和产业聚集效应，全省利用外资重大储备项目不多，通过大型跨国集团投资改造湖北省传统产业、发展高新技术产业缺乏持续项目支撑。

2）对外投资促进体系尚未形成

国际投资环境依然不优。局部战争、动荡因素在世界范围内依然存在，国际经济投资环境依然不稳定，风险大，投资谨慎。另外，全球经济复苏缓慢，经济环境变幻莫测，保护主义升温抬头，不确定性因素较多。同时，海外投资者权益保障体系不完善、不健全。

对外投资企业竞争力不强。湖北省境外投资企业大项目不多，从2014年境外投资项目来看，最大投资项目中方投资额不过1亿多美元，而且仅为2个，大部分都是在几百至几千万美元之间的小项目，整体投资实力有限。从投资行业来看，主要是农业开发、贸易公司、生产加工等行业，国际竞争力不强。从投资方式上看，大部分企业是“单线”找市场，抗风险能力低，“抱团”合作现象少。

对外投资促进服务平台难以形成。虽然湖北省在建立健全全省促进境外投资平台建设上做过一些工作，但是目前为止，诸如信息共享、政策引导、海外援助、权益保障、法律支援、金融支持等平台尚未形成。同时，快速、便捷的境外投资政府管理服务改革还未全部到位，商务、外汇和出入境依然手续烦琐，有待逐步完善。

（3）2014 年以来促进双向投资的主要举措

1）深化外商投资管理体制改革，促进又好又快发展

深化外商投资项目管理体制改革。认真研究全省外商投资新形势和改革新内容，学习上海自贸区经验推进湖北省利用外资重点区域开展先行先试试点。根据国家统一部署，积极探索准入前国民待遇加负面清单管理模式，实现清单外外资项目准入备案管理。根据国家要求，进一步规范湖北省利用外资项目核准和备案管理办法，完善外商投资产业指导目录和中西部外商投资优势产业目录。

积极推进放宽外商投资准入。根据国家要求，稳步推进金融、教育、文化、医疗等服务行业领域有序开放，稳步放开育幼养老、建筑设计、会计审计、商贸物流、电子商务等服务领域的外资准入限制，全面放开一般制造业。

进一步推动外商投资结构优化。根据《外商投资产业指导目录》（2015 修订）的要求，支持推进利用外资与优化产业结构、延伸产业链、形成产业集群相结合。推进电子信息、生物医药、新材料、节能环保、高端制造，以及商贸、物流、科教、金融、保险、旅游等领域外商投资，促进外商投资产业结构调整升级。

2）大力推进“走出去”战略，拓展企业海外发展实力和能力

加大政策支持和指导。一是在国家发改委公布的《对外投资国别指引目录》基础上，结合湖北省产业实际，制定相应政策，搞好规划引导和产业指导。二是进一步简化对外直接投资的审批程序，实行除敏感国家（地区）、敏感行业以外项目一律备案的管理模式。三是推动和促进省内建立健全境外投资、境外承包工程和劳务输出的政策指导、平台搭建、权益保障、涉外法律服务和风险预警的体制机制。

培育和鼓励企业对外投资。一是鼓励湖北省诸如钢铁、水泥、有色金属等产能过剩优势企业“走出去”发展，在全球范围内开展资源、技

术和市场并购，在国外建设生产和研发基地，发挥境外投资对湖北省化解产能过剩矛盾的积极作用。二是鼓励重点矿产资源开发企业以兼并、收购、参股等多种方式寻求境外矿产资源开发项目的合作，建立境外矿产资源供应地，缓解湖北省矿产资源严重不足的矛盾。三是依托大型国企建设、上下游产业中小企业共同参与模式，建立境外经贸合作区。四是实施汽车零部件、纺织产业、化工产业抱团“走出去”策略，结合所在国工业园区等建设，建立中国（湖北）机械汽车、纺织、化工等产业园，形成境外竞争优势。

积极构建对外投资服务体系。一是支持和培育从事国际商务信息咨询、国际投资管理服务等中介服务组织，建立和完善对外经济合作业务信息系统，逐步加强对企业境外投资的信息咨询服务。二是注重发挥对外投资合作联谊会作用，引导企业加强合作，共同开拓国际市场，积极搭建银企合作平台，拓宽企业融资渠道。三是积极指导企业研究驻在国相关法律法规，引导企业提高安全防范意识和突发事件应急处置能力，规避投资风险。

（4）2015 年双向投资发展趋势展望

2015 年，湖北省将以党的十八大和十八届三中、四中全会精神为指导，按照适应经济新常态、引领新常态的要求，抢抓国家实施“一路一带”战略机遇，大力实施开放先导战略，促进外商投资结构优化，积极引导企业“走出去”，全方位推进国际合作，努力探索内陆扩大开放的新途径；着力营造国际化、市场化、法制化的双向投资环境。力争 2015 年实现外商直接投资增长 8% 以上，对外直接投资增长 10% 以上。

1）做好海关特殊监管区工作，为双向投资创设基础平台

一是继续支持东湖新技术开发区学习上海自贸区开展先行先试工作，在投资自由化、贸易便利化、科技体制创新和服务业扩大开放等方面取得实质性突破。二是统筹整合武汉东西湖保税物流中心、武汉阳逻

港区、沌口出口加工区等海关特殊监管区，争取国家批复武汉新港空港综合保税区，以吸引更多的外商向各类海关特殊监管区内投资。三是支持武汉东湖综合保税区、黄石保税物流中心建设和配套完善，加大园区招商力度，进一步拓展保税物流功能；支持具备条件的省内其他地区设立海关特殊监管区。

2）以“一路一带”为纽带，积极推进双向投资合作

一是支持“汉新欧”班列常态化运营，积极推进湖北省与中部省份和中亚、中东欧国家加强铁路物流以及水陆联运物流合作和双边投资。二是支持武汉市申报汽车整车进口口岸城市，实现从欧洲批量进口汽车充实回程货源。三是积极推进长江流域与俄罗斯伏尔加河流域产业务实合作，武汉城市圈与法国可持续发展合作，湖北省与丝绸之路沿线中亚、中东欧国家合作等，推进湖北省向西开放，实现向西双边投资的跨越式发展。

3）改善投资软硬环境，积极引导外商来鄂投资发展

一是根据国家统一部署，积极探索准入前国民待遇加负面清单管理模式，实现清单外外资项目准入备案管理。根据国家要求，进一步规范湖北省利用外资项目核准和备案管理办法，完善外商投资产业指导目录和中西部外商投资优势产业目录。二是创设条件，加强国际交往。进一步推进与世行、亚洲开发银行等国际金融组织合作，抓好一批世行、亚行贷款项目的实施。三是鼓励大型外资企业、世界500强企业来湖北省投资或建立总部，不断推动其发挥其带动和辐射作用，形成聚集效益。

4）鼓励企业对外直接投资，拓宽发展空间

一是推动和促进省内建立健全对外投资的政策指导、平台搭建、权益保障、涉外法律服务和风险预警的体制机制。二是鼓励湖北省诸如钢铁、水泥、有色金属等产能过剩优势企业“走出去”发展，在全球范围内开展资源、技术和市场并购，在国外建设生产和研发基地，发挥境外

投资对湖北省化解产能过剩矛盾的积极作用。三是积极实施汽车零部件、纺织产业、化工产业抱团“走出去”策略，结合所在国工业园区等建设，建立中国（湖北）机械汽车、纺织、化工等产业园，形成境外竞争优势。

5. 湖南省

（1）2014 年湖南双向投资总体情况

2014 年全省新批外商投资企业项目 539 个，同比下降 5.8%；合同外资 111.7 亿美元，同比增长 45.6%；实际使用外资 102.7 亿美元，同比增长 17.9%。对外工程承包和对外劳务合作业务新签合同额 51.9 亿美元，同比增长 14.9%；完成营业额 40.8 亿美元，同比增长 23.3%。2014 年，全省境外投资合同总额 21.5 亿美元，同比增长 36.1%，其中，中方合同投资额 18.2 亿美元，同比增长 31.2%；中方实际投资额 9.5 亿美元，同比增长 36.5%。

（2）2014 年湖南双向投资的特点

1）第三产业直接利用外资增势良好，产业结构进一步优化

2014 年，湖南省实际使用外资第一产业 5.79 亿美元，同比增长 9.13%；第二产业 65.83 亿美元，同比增长 12.16%；第三产业 31.03 亿美元，同比增长 34.67%。一、二、三产业实际利用外资比重为：5.64 : 64.13 : 30.23，其中第三产业占比较上年增加 3.76 个百分点。

2）对湘直接投资亚洲增幅放缓，欧洲增幅较大

从投资来源地看，亚洲实际外资 77.25 亿美元，同比增长 16.39%，占全省总额的 75.25%，但比去年减少 1 个百分点。亚洲国家和地区中，港台对湘实际投资占全省总额的 67.25%，比去年降低 0.27 个百分点。欧洲对湘投资实际利用外资 7.89 亿美元，同比增长 83.53%。北美洲的加拿大和美国等对湘实际投资 2.95 亿美元，同比增长 2.55%。

3）外商投资主要集中在长株潭和湘南三市，洞庭湖区和武陵山片区来势较好

从地区分布来看，长株潭和湘南三市仍是湖南省实际利用外资主要分布地区，这两大板块实际利用外资占全省总额的82.3%，但比去年减少0.37个百分点。岳阳、张家界实际利用外资增幅分别达到19.7%、20.7%，说明上述两市招商引资力度增大，项目开发和投资服务环境更优。

4）外商独资仍是主要投资方式，中外合资企业实际利用外资增幅明显，占比提高

从投资方式来看，全省新批设立外商独资企业407家，实际利用外资64.65亿美元，同比增长2.05%，占全省总额的62.97%，比去年减少9.81个百分点。新批中外合资企业103家，实际利用外资27.42亿美元，同比增长36.9%，占全省总额的26.71%，比去年增加3.7个百分点。

5）国家级园区利用外资增速放缓，但后劲略显不足

全省80个省级以上园区实际利用外资35.92亿美元，同比增长9.66%，占全省总额的34.99%，比去年减少2.64个百分点。其中14个国家级园区实际利用外资22.57亿美元，同比增长17.72%，占全省总额的21.99%，比去年减少0.04个百分点。

（3）2014年湖南双向投资存在的主要问题

一是外商直接投资区域相对比较集中，基本上与经济发展和交流区位优势成正比例，实际上拉大发达地区与欠发达地区的经济发展差距，对区域经济相对平衡发展带来了更多的不足，不利于全面小康社会建设和民生条件改善。

二是外商直接投资来源相对单一，亚洲依然是主要来源地，特别是中国台湾和中国香港地区占比较大，欧美澳等区域投资来源少；产业的同质化现象突出和技术多样性受到限制，不利于湖南省产业结构调整及

新型工业化推进。

三是国家级园区重大项目布局和建设分布集中度不高，园区产业特色、产业化程度形成进展缓慢，从而导致产业产品产业链配套程度化低下，影响园区发展后劲。省级园区发展更加不均衡，招商引资理念、方式方法亟待加强和改进，个别园区引进外资力度小，外商投资项目少，甚至出现年度内利用外资金额为零。

四是境外投资缺少政府和政策的有力指导及支持，相关“走出去”政策配套支持力度不足；境外投资企业间联系、协作性差，全凭企业、个人单打独斗；高端的、跨学科的复合型管理人才少，境外投资地法律法规、风土人情习俗等研究了解均显不足。

（4）湖南对促进双向投资的建议

一是建议国家统筹制定、协调和指导各省深化招商引资的相关优惠政策，有效减少地方招商引资中的恶性竞争；加大环境保护和执法力度，杜绝高能耗、高污染企业在欠发达地区的滋生现象；研究区域经济发展不平衡现状，通过改善政策支持、加大财政转移支付、税收差异化政策等措施，缩小“剪刀差”式经济发展将带来的新矛盾新问题。

二是建议国家层面结合“一带一路”战略实施，加大促进“走出去”投资鼓励系列政策制定，有效地防止不具备条件的企业一哄而上，鼓励和引导国有大企业或各省牵头在国外建立产业园区，鼓励和支持国内更多的中小企业入园形成“抱团出海”局面，从上至下，形成有组织、有特色的产业配套，加强自主创新和现代企业制度建立健全，提高国际市场的抗风险能力及竞争力。

三是建议国家有计划、有步骤、有目标地加大高端的、跨学科的、复合型的管理人才培养，破解在人才、法律、管理上存在的不足，为企业“走出去”和“一带一路”战略实施，做好优秀国际化人才供应和储备。

（三）西部地区

1. 内蒙古自治区

双向投资总体情况

2014 年，全区加快推进向北开放重要桥头堡和充满活力沿边开发开放经济带建设，有效提升了我区开放型经济的水平。

1）对外投资取得积极进展

一是积极吸引外商投资。2014 年，全区实际利用外资 39.8 亿美元，同比下降 14.3%。共批准设立外商投资企业 44 家，同比增长 29%，其中中外合资企业 21 家、中外合作企业 2 家、外商独资企业 21 家。利用外资主要来源于中国香港、美国、英国、韩国、丹麦和德国。按地区分布，鄂尔多斯和包头实际利用外资均突破了 10 亿美元，其余部分主要集中在呼和浩特市、乌兰察布市、巴彦淖尔市和阿拉善盟；按行业分布，利用外资主要集中在采矿业、制造业、农林牧渔业、租赁和商务服务业、交通运输业和仓储业。

二是努力扩大对外开放。2014 年，全区新核准境外投资企业 64 家，同比增长了一倍；中方协议投资额 11.5 亿美元（含增资项目 9 个，增资额 2.03 亿美元），同比增长 12.3%。投资国别 / 地区在中国香港、蒙古、俄罗斯、印度尼西亚、韩国、美国、澳大利亚、加拿大、阿联酋、日本、新加坡、新西兰、维尔京群岛和埃及。投资领域主要涉及资本运营、房地产、批发零售、森林采伐、生产加工、建筑材料、基础设施、贸易、运输、矿产资源勘查、生物制药、能源开发、旅游餐饮等。受国家领导人出访俄蒙，签订多项合作协议，促进改善投资环境以及境外投资实行“备案为主”的管理政策等利好因素影响，内蒙古自治区对俄蒙投资实现恢复性增长。2014 年全区对蒙古国投资项目 19 个，同比增长 13 个；中方协议投资额（含增资）3.5 亿美元，同比增长 4 倍多。对俄罗斯投资项目 19 个，同比增长 9 个；中方协议投资额（含增资）0.8 亿美元，同比增长 88.2%。

2）存在的主要问题

一是利用外资总体规模小，结构不平衡。“十二五”以来，内蒙古累计外商直接投资 164 亿美元，仅占全国的 3% 左右。利用外资主要集中在采矿业、制造业和交通运输业，新批外资企业涉及行业广泛但实际到位资金很少，体现更多的是国际资本的逐利性。招商引资的科学性不强，以资源优势、压低地价、让税让利和降低产业准入门槛等手段吸引外商直接投资，是自治区各地普遍存在的现象，招商引资成为短期行为，缺乏准确定位和长远规划。

二是对外投资合作的地区结构和产业结构不尽合理。虽然我区对外投资合作业务已拓展到五大洲 36 个国家和地区，但投资地区和产业相对集中，企业 60% 集中在蒙、俄两个国家，投资额 83% 集中在柬埔寨、中国香港、蒙古国和俄罗斯，投资领域主要涉及矿产资源开发、木材采伐、房地产等领域。与发达国家间合作较少，投资的层次偏低。

3）下一步工作思路

内蒙古自治区对外开放面临复杂的国际国内形势。从国际看，经济全球化在世界经济格局中的影响将继续加深，国际金融危机对实体经济的冲击仍在进一步加深，资本的流动性不足导致投资者更为审慎。从国内看，我国经济受三期叠加的影响，总体上将长期保持稳定发展的态势。从内蒙古来看，受国际国内形势影响，双向投资发展缓慢的趋势在一定时期内难以根本性的扭转。

下一步，内蒙古自治区围绕贯彻落实党的十八大、十八届三中、四中全会精神和自治区“8337”发展思路，进一步推进涉外投资体制改革，完善外资管理体制机制，创新方式方法，以促进自治区经济结构调整、转变发展方式为主线，大力引进外商投资，主动融入“一路一带”

发展，努力打造沿边开放经济带。

一是做好外商投资服务工作。开展新时期外资转移动态研究，加强政策引导，以金融、教育、文化、医疗、育幼养老、建筑设计、会计审计、商贸物流、电子商务和一般制造业等领域为重点，进一步吸引外商投资。进一步简化审批程序，制定出台《自治区外商投资项目核准和备案管理办法》，规范审批行为，做好后续监管服务工作。充分利用中美地方交流合作平台、我区与港澳合作交流平台等，努力推动我区装备制造、化工、冶金、高新技术、农畜产品加工、现代服务业等企业与国外大型跨国公司开展合作。要在注重引资的同时加大国外先进技术、管理经验和高素质人才引进工作，鼓励区内企业吸引外资合作建设科研机构，提高自主创新能力。

二是努力推动沿边开放步伐。落实国家“一带一路”建设规划，打造内蒙古向俄蒙沿边开发开放新优势。充分发挥国家发改委中俄、中蒙合作机制平台作用，加强同俄蒙的基础设施互联互通建设。推进与俄方共同开展黑山头—旧楚鲁海图、室韦—奥洛契两条跨境铁路前期工作，积极推进甘其毛都口岸、珠恩嘎达布其口岸通向蒙方的标准轨铁路建设。按照《黑龙江和内蒙古东北部地区沿边开发开放规划》(国函〔2013〕81号）和国家、自治区周边外交工作部署，积极配合做好满洲里、二连浩特国家重点开发开放试验区建设，二连浩特—扎门乌德、甘其毛都—嘎顺苏海图、满都拉—杭吉跨境经济合作区以及策克边境经济合作区设立，呼伦贝尔中俄蒙合作先导区建设等中心工作。通过“引进来”与“走出去”相结合，加快同俄罗斯进行境外经济贸易合作区、工业园区、农业园区、木材加工园区和科技园区、物流园区建设。积极参与蒙古国扎门乌德自由经济区、阿拉坦布拉格自由贸易区、赛音山达工业园区和奥云陶勒盖综合物流与矿产加工试验区建设。鼓励引导企业向已建成的边境经济区聚集，形成产业集中、产业链条有机衔接、产品精深加工转化水平高的新型经济区。

三是促进境外投资合作良性发展。进一步提高境外投资便利化水平，制定出台《自治区境外投资项目备案管理办法》。提高对外合作转型升级水平，加快培育各具特色的国际竞争新优势。鼓励我区化工、冶金建材、机械装备制造、农畜产品加工、能源、高新技术等特色优势产业“走出去”，设立境外研发、生产销售基地。引导鼓励有实力的企业采用绿地投资、并购投资、证券投资、联合投资等多种方式输出产能，投资高端产业、高技术产业，发挥企业优势培育国际竞争力。鼓励内蒙古矿业集团、包钢集团、森工集团、鄂尔多斯资源集团、庆华集团等有实力的企业利用境外资源就地加工，推进海外资源基地建设。支持包钢集团与蒙古国赛音山达工业园区股份国有公司在蒙古国合作建设 500 万吨钢厂项目实施。在大力推动大企业、大项目的同时，引导中小企业、民营企业以多种形式到更多国家进行对外投资合作，开拓国际市场。

2. 广西壮族自治区

2014 年，面对复杂多变的国际环境和国内经济下行压力，广西以全面深化改革为动力，持续加大吸引外资力度，积极实施“走出去战略”，双向投资实现快速增长。

（1）双向投资基本情况

1）实际利用外资方面

2014 年全区实际利用外资额 10.01 亿美元（商务部口径，下同），同比增长 43%，比全国高 41.3 个百分点，实现了广西利用外资的快速增长，创近 5 年来同期最好水平。全区实际利用外资呈现以下几方面特点。

一是外资企业占主导地位。从利用外资方式看，在全年的 138 个企业（项目）中，外资企业 89 个，占全区的 64.5%，同比增长 34.9%，实际使用外资金额 65 088 万美元，占全区的 65%，同比增长 90%；中外合资企业 45 个，占全区的 32.6%，同比增长 9.8%，实际使用外资金额 35 031 万美元，占全区的 35%，同比增长 4.7%；中外合作企业仅有 4 个，没有进行实际投资。

二是实际利用外资金额主要来源于中国香港。2014 年，来自中国香港的项目为 72 个，占全区项目比重的 52.2%，比上年增长 33.3%；实际到位资金 54 020 万美元，占全区比重的 54%，比上年增长 45.8%。其次为投资性公司投资，瑞典和英属维尔京群岛，实际到位外资分别为 14 421 万美元、13 700 万美元和 8589 万美元，分别占全区实际到位外资的 14.4%、13.7% 和 8.6%。其余国别或地区合计实际到位外资不足 5000 万美元。

三是实际利用外资金额主要集中在房地产业和制造业。从直接利用外资的行业看，2014 年实际利用外资金额主要集中在房地产业和制造业，这两个行业合计利用外资金额 78 330 万美元，占全区实际利用外资金额的 78.2%，比上年同期增长 71.4%。其中，房地产业实际利用外资 40 673 万美元，占全区实际利用外资额的 40.6%，比 2013 年增长 9.7 倍，制造业实际利用外资 37 657 万美元，占全区实际利用外资额的 37.6%，比 2013 年下降 10.2%。

2）对外投资方面

2014 年，广西壮族自治区核准企业境外投资 58 个（含增资和境外机构），较去年同期增加 14 个，协议总投资额 236 870 万美元，其中中方协议投资额 212 055.8 万美元，比 2013 年同期增加 172.86%。实际投资额 28 934 万美元，同比增长 128.29%。投资目的地涉及中国香港、马来西亚、越南、泰国、柬埔寨、文莱等国家和地区。行业主要涉及钢铁、矿产资源开发、投资服务、农产品种植与加工、日用品生产、运输和机械制造等。马中关丹产业园区、中国·印尼经贸合作区等成为企业抱团“走出去”的优质平台。广西企业“走出去”从自发、随机、盲目逐步向自觉、主动、战略指引转变，农业、矿业、建筑业、制造业、现代服务业成为桂企“走出去”的主力军团。

（2）双向投资存在的主要问题

1）利用外资方面

一是外资的总量规模偏小。从纵向看，近几年，广西实际利用外资的规模总体上呈扩大之势。但2014年广西实际利用外资的总量占全国实际利用外资额的比重也只有0.83%，利用外资规模偏小。

二是年增减幅度波动较大。十年来，广西实际利用外资额年增长速度40%以上的有3年，但20%以上的年降幅也有两年，年增减的波动幅度都远远大于全国，且有6年与全国的增减方向不一。

三是资金来源渠道较窄。广西实际利用外资额来源相对比较单一。2014年来广西投资的国家和地区只有18个，但其主要资金来源于中国香港。2014年，广西实际利用外资中，中国香港占54%；而发达国家和地区在广西的投资很少，美国占0.72%，日本占0.02%，德国占0.01%、英法几乎没有。这种外资来源较窄单一化的格局，使广西外资来源狭窄，易受国际经济发展形势的影响，对广西经济发展极为不利。

四是外资投向过于集中。2014年广西实际利用外资金额主要集中在房地产业和制造业，这两个行业合计占全区实际利用外资金额的78.2%，而文化体育和娱乐业、居民服务和其他服务业、租赁和商务服务业、电力燃气及水的生产和供应业、交通运输仓储和邮政业、金融业信息传输和计算机服务和软件业等七个行业合计只占全区实际利用外资金额的9.1%。

2）对外投资方面

一是对外投资规模小。虽然对外直接投资增速较快，但总规模仅2.89亿美元，约占全国的对外投资总额的0.23%。

二是对外投资企业融资难。投资过程中，企业普遍遇到金融服务瓶颈，主要体现在外汇与融资成本上。

三是投资结构不合理。对外投资多集中在加工制造业初级产业，对高新技术的投资偏少；偏重于建筑、资源开发等劳动密集型和资金密集型产业，对技术密集型和服务也投资偏低。

（3）促进双向投资的主要鼓励政策

2014 年，全区认真贯彻落实国务院关于促进双向投资的决策部署，制定出台了一系列鼓励利用外资和境外投资的政策举措。一是深化外商投资管理体制改革，制定出台《广西壮族自治区外商投资项目核准和备案管理办法》，进一步提升了外商投资便利化程度。二是加快境外投资管理职能转变，制定出台《广西壮族自治区境外投资项目核准和备案管理办法》，促进和规范境外投资。三是制定出台《广西外经贸发展专项资金管理实施细则（暂行）》（桂财商〔2015〕7 号），对全区企业从事境外投资、对外承包工程和对外劳务合作等对外投资合作业务予以支持。

（4）2015 年双向投资发展趋势展望

当前中国经济发展进入新常态，广西经济发展速度也有所放缓，双向投资将进一步呈现新的趋势和特点。在对外投资方面，从总量看，预计 2015 年全区对外投资额将继续快速增长，增速预计高于外资流入；从投资领域看，对外投资将更加多元化，尽管矿产、资源类投资在相当长时间内仍然是大头，但制造业比重将大幅提升，金融、信息等服务业也将成为对外投资的新热点；从投资地域看，投资分布将更趋均衡，一方面，对欧美等成熟市场投资将稳步增长，另一方面，随着“一带一路”战略加快实施，在东盟等周边国家以及亚非拉地区的投资增长将更加迅猛。在利用外资方面，受国内生产成本提高、经济增速放缓、国际资本加速外流等因素影响，预计明年利用外资增速有可能放缓。

3. 四川省

2014 年以来，面对复杂多变的国际环境和国内严峻的宏观形势，全省上下牢牢把握稳中求进的工作总基调，主动适应经济新常态，抓住国家扩大内陆沿边开放、建设“一带一路”和长江经济带以及天府新区获批等重大机遇，以开放促改革促发展，深化全方位开放合作，开放型经济发展取得新成效。全年实际利用外资106.54亿美元；新增境外投资企业112家，中方投资额8.5亿美元。

（1）基本情况

1）利用外资

2014年，全省实际利用外资106.54亿美元，其中外商直接投资103.6亿美元，略高于去年水平；利用国外优惠贷款1.97亿美元，利用港澳援建资金9677万美元。来川落户的境外世界500强企业新增10家，累计达到210家。

港台地区成为拉动外资增长的主要力量。2014年，四川省利用欧美日韩等发达国家外资呈两位数的下降趋势，其中美国外资2.17亿美元，下降48%。来自港台的投资成为四川省外商投资继续保持平稳态势的重要支撑，全年港台外商投资合计80亿美元，占利用外资资金总额的77.2%，其中中国香港投资实际到位70亿美元，增长18.1%；中国台湾投资实际到位10.06亿美元，增长41.8%。此外，随着新川创新科技园建设的不断深化，新加坡外资11.97亿美元，增长2.3%。

外商投资产业结构逐步优化。2014年，全省新批制造业外商投资企业51家，同时英特尔、富士康、一汽丰田等企业也加大了增资力度，全省制造业实际利用外资和合同金额均出现回暖迹象，分别为34.64亿美元和10.51亿美元，同比增长5.7%和23.4%。金融、IT、物流、科技及商务服务业成为外商投资新热点，特别是外商投资金融业发展迅速，新批金融企业15家（融资租赁企业13家），实际外资5.4亿美元，增长74.3%。房地产业实际外资依然占据首位，达到43.26亿美元，但增速明显下滑，其合同外资降幅更为明显，下降66.4%。

各市（州）利用外资水平不断提高。2014 年，成都利用外资继续保持领跑地位，实际利用外资 87.63 亿美元，占比 84.6%，增长 0.1%。部分市州利用外资工作成效显著，全省共有 14 个市州利用外资增速超过全省平均增速，其中雅安、南充、达州、广元、泸州、宜宾 6 市利用外资的增速均在两位数以上；德阳、绵阳、眉山实际利用外资超过 2 亿美元；眉山、内江、巴中、南充、遂宁、宜宾、资阳 7 市合同外资增幅超过 50%。

利用国外优惠贷款项目有序推进。2014 年，全省争取的国家 3.43 亿美元国际金融组织和外国政府贷款支持“4 · 20”芦山地震灾区灾后恢复重建项目全部列入国家国外贷款规划；外国政府贷款项目正在有力推动中外双方的前期工作，世行和法国开发署贷款项目已完成预鉴别工作。此外，一般贷款项目进展顺利，世行贷款 1 亿美元四川小城镇发展项目、世行贷款 1 亿美元武引二期灌区项目和成都市第七人民医院利用德国促进贷款项目、内江职业技术学院利用以色列贷款项目等共计 2.6 亿美元的外国政府贷款项目正加快推进；世行贷款 1 亿美元川渝合作广安示范区基础设施建设项目已完成国内审批和谈判签约，正在进行国内可研评审，中国农村扶贫项目四川省子项目已完成项目评估，正在进行国内可研审批。

2）境外投资与合作

2014 年，全省加快实施“走出去”战略，鼓励更多有实力的企业走出去开展境外直接投资、对外承包工程和国际经济技术合作。企业“走出去”的积极性得到了进一步提高，风险防范意识不断增强，“走出去”正成为企业提高核心竞争力和综合实力的重要途径。

企业境外投资更加理性。2014 年，随着国家简政放权的力度不断加大，全省企业境外投资积极性进一步增强，中小规模投资成为企业的优先选择。全年开展境外投资的企业达到 131 家，较 2013 年增加 49 家，其中新增企业 112 家，增资企业 19 家，中方对外投资额 8.5 亿美元。企业对能矿资源的投资逐步收缩，对房地产、生物医药、农业等领域的投资呈增长态势。“绿地”投资相对减少，并购方式正在成为更多企业开展境外投资活动的优先选择。

对外承包工程保持良好增势。2014 年，全省对外承包工程主体不断壮大，已有 160 家省内企业获得对外承包工程资格，经营态势总体良好，全年完成营业额 70.94 亿美元，增长 12.6%。从企业类型看，四川省开展对外承包工程的企业日趋多元化，既有以东方电气、中铁二局、水电七局等为代表的在川央企，也有以四川路桥、华西能源等地方企业。此外，四川省企业对外承包工程的国别范围进一步扩大，在稳固亚非传统市场的同时，对欧美发达国家的业务实现了新突破。

（2）存在的主要问题

1）利用外资形势较为严峻

从世界经济形势来看，总体复苏疲弱态势难有明显改观，欧元区经济和日本经济有可能陷入长期低迷，国际资本流动的不确定性进一步增加，四川省利用外资将面临更大的压力。制造业外资的下滑趋势虽得到了遏制，但四川省利用外资的结构未能真正改变；利用欧美发达国家的外资金额呈持续下降趋势，外资在促进技术创新和产业结构调整的带动作用亟待加强。

2）“走出去”遇到新的挑战

随着省内企业开放意识的不断增强，越来越多的企业选择通过境外投资的方式“走出去”，但一些影响境外投资健康发展的因素不容忽视。不少企业忽视了必要的法律、政策咨询服务，通过非正规渠道获取投资信息的现象屡见不鲜，给投资失败埋下了隐患。此外，部分企业对投资前景盲目乐观，高估了自己的投资实力，最终导致境外项目影响了企业的国内正常经营。对外承包工程也面临着国际市场疲软、资金瓶颈制约等不利因素的冲击，导致了新签合同金额增速放缓。国际市场的恶性竞争也给省内企业拓展对外承包工程业务带来巨大冲击。

（3）下一步考虑

深刻认识当前国际经济秩序大调整和“新常态”下开放型经济发展面临的机遇和挑战，积极发挥四川省作为内陆开放型经济高地作用，将融入国家“一带一路”和长江经济带发展战略作为四川省扩大对外开放的主攻方向，深入推动四川省在投资、金融、贸易便利化等方面的改革，加快培育开放型经济新的增长动力和竞争优势，努力开创四川省全方位对外开放新局面。

1）主动转变引资方式，在利用外资质量上下功夫

加快完善投资便捷、安全高效、法律规范的发展环境，促进引资方式从拼资源、拼优惠向拼环境、拼服务转变。努力发挥国家级和省级开发区的集聚、服务和创新功能，加快建设一批承接产业转移示范区，不断提升园区和示范区的发展空间活力和利用外资比重，使之成为具有国际竞争力的高端产业基地。引导外资更多投向高端成长型产业和新兴先导型服务业领域，提高四川省引进外资质量。加大对世界500强和知名跨国公司的招商力度，支持其在川设立地区性总部和研发中心等功能性机构。更加重视对落地项目的跟踪服务和排忧解难，促进企业更好更快发展。

2）抓住发展机遇，提升“走出去”的质量和水平

加大金融和政策支持力度，充分利用四川省产业优势、建设能力和资本实力，推动四川省产业、企业、装备“走出去”步伐，促进省内经济转型发展。利用好中非基金、亚洲基础设施投资银行、丝绸之路基金等机构，紧跟APEC、中俄、中德、中法等多边和双边合作机制。紧密对接国家布局的“一带一路”国际经济合作走廊，鼓励有实力的四川省企业通过直接投资和对外承包工程方式，与沿线国家开展境外基础设施、能矿资源、产业发展和农业开发等领域的合作，促进四川省与周边国家地区的互联互通和经贸合作。鼓励省内企业通过收购国外优质企

业，获取营销渠道、核心技术、关键设备和高端人才，提高四川省企业“走出去”质量和水平。

3）发挥开放平台作用，构建内陆开放高地

积极探索天府新区开放型经济发展新模式，将天府新区建设成为长江经济带、丝绸之路经济带的重要支点和承接国际国内产业转移的重要平台。抓住成都新机场建设机遇，争取开通更多成都至欧洲、东南亚、南亚等城市的航线，加快构建空中丝绸之路的西部核心枢纽。以攀西国家级战略资源创新开发试验区建设为抓手，加强与周边国家和地区在优势资源深加工、高端制品、尾矿及废弃物综合利用等产业方面的合作。进一步发挥绵阳科技城的科技研发优势，加大与“一带一路”沿线国家在科技产业上的深入合作。积极争取中新第三个政府间合作项目落户四川，合力打造中国和新加坡项目合作“升级版”，探索经济社会可持续、可复制、可推广的合作新模式，有力助推中国—东盟区域经济一体化进程。继续抓好新川创新科技园、川法生态科技园、中德中小企业产业园区等国别类园区的合作共建。不断增强西博会作为西部地区与“一带一路”沿线国家加强经贸投资合作的重要窗口和平台作用。

4）创新开放合作机制，形成协同发展新局面

按照“优势互补、共同发展”的原则，促进与相关省市在资产、信息、技术、商品、人才等自由流动和优化配置，共同推进“一带一路”建设。深挖与新疆、陕西、宁夏、甘肃、青海合作潜力，共同打造面向中亚、南亚、西亚的战略通道、商贸物流枢纽、重要产业和人文交流基地。加大与广西、云南的产业和基础设施合作，打通四川省连接印度洋的战略通道，有机衔接21世纪海上丝绸之路，进一步增强四川省与东盟、南亚的经贸投资合作。依托长江中上游城市群、成渝城市群，更加重视与重庆、湖北等内陆省份的互动合作，共同发挥好欧洲班列运输平台作用，不断完善通关一体化建设，深化与沿线国家的产业合作。继续

扩大与长三角、珠三角、环渤海地区的交流合作，积极学习借鉴上海自由贸易试验区经验，创新四川省开放合作新机制，培育四川省参与“一带一路”建设竞争新优势。

4. 重庆市

2014 年，重庆市积极融入国家“一带一路”战略和长江经济带重大部署，围绕“科学发展、富民兴渝”总任务，结合五大功能区规划，积极利用外资推动产业升级和区域协调发展，扩大向东向西对内对外开放，稳步推进利用外资和境外投资工作，推动内陆开放高地建设向高度、广度和深度全面拓展。

（1）2014 年利用外资和境外投资总体情况

1）利用外资情况

2014 年重庆市新批外商投资企业 250 个，同比增长 0.81%；实际利用外资 106.29 亿美元，同比增长 0.3%；利用外资连续四年站稳百亿平台，总量继续在中西部排名前列。

一是外资产业结构进一步优化。金融业、租赁业、商贸流通、物流等服务领域扩大开放，服务业吸收外资超 30 亿美元，形成制造业、房地产、现代服务业 4∶2∶3 的外资产业新格局。德勤华西区总部、华侨城“欢乐谷”项目等一批重大外资项目落户，新引进外资融资租赁企业 17 家，吸收外商投资 6.5 亿美元。

二是利用外资方式创新突破。重庆市国有企业首次采用维好协议方式境外成功发行 5 亿元离岸人民币债券。推动外资债转股，增量超过 3 亿美元。保理业务与租赁业务配套发展，开展单机单船重卡、工程机械、商务飞机租赁业务，保理业吸收外资超过 1.2 亿美元。康达环保、福寿园等民营企业境外上市。

2）境外投资情况

2014 年重庆市新批准境外企业（机构）81 个，实际境外投资总额

11.14 亿美元，较 2013 年增长 10.24%。

一是对外投资合作快速推进。创立重庆市首个海外并购基金和海外矿权交易中心，促进并购境外股权资源。建立“对外承包工程联盟”，带动富余产能和上下游企业抱团“走出去”。全年举办投资英国、东盟等 20 余场大规模境外投资活动，搭建境外投资项目对接平台。

二是民营企业“走出去”步伐加快。随着国家和重庆市陆续出台民营经济鼓励政策和境外投资便利化政策，全市民企境外投资继续保持良好增势，实际境外投资 6.25 亿美元，占全市总量一半以上，较 2013 年增长 74%。振发能源收购美国上市公司 STR，力帆集团筹建俄罗斯工厂，方德地产老挝拉萨翁城市综合体成为当地标志性建筑。

（2）促进利用外资和境外投资的主要鼓励政策

1）简政放权，深化涉外投资体制改革

一是贯彻落实十八届三中全会“探索对外商投资实行准入前国民待遇加负面清单的管理模式”精神，对外商投资不再单设管理办法，出台内外资统一的《重庆市五大功能区产业投资禁投清单》《重庆市企业投资项目核准管理办法》和《重庆市企业投资项目备案管理办法》。

二是简政放权，推动项目属地化管理。除国家有明确要求的外，外资项目核准备案权限一律下放到项目所在区县，便利外商投资行为。

三是由市政府印发《重庆市境外投资项目核准和备案管理办法》，境外投资项目由“核准制”改为“备案制”管理。

2）强化服务，网络管理推动跨境投资便利化

一是搭建全市统一的企业投资项目网上备案平台。全面推行外商投资网上备案登记，完善项目备案管理在线运行及信息实时查询系统。

二是依托国家发展改革委“全国境外投资项目备案管理网络系统”，对境外投资项目实行网上申报、后台处理、备案证送达的管理模式，进一步减小企业负担，提高行政效率，在要件齐全的前提下可一天办结。

三是制定重庆市网上行政审批改革实施方案，筹建企业投资项目网上并联核准系统，尽快实现各部门在线审批监管平台网络见面、数据见面和业务见面，并实现企业投资项目市级核准备案监督平台与工程建设领域网上行政审批试点平台的信息共享和流程连接。

（3）存在的主要问题

一是国内土地、能源等要素成本上升，加之美国经济复苏，发达国家实施再工业化战略，内陆地区利用外资面临较大压力。

二是融资租赁、证券投资、项目融资、境外发债等新兴投资方式虽然有所突破但总体规模较小。

三是国际金融组织和外国政府贷款总量较小且受宏观政策影响较大，在合理使用国外低息商业贷款来降低我市相关项目融资成本方面有待进一步探索。

（4）2015年发展趋势展望

在国际形势复杂多变背景下，国内经济有望兼顾结构调整和稳步增长，对跨国投资仍有巨大的吸引力。值得注意的是，发达国家推行“再工业化”带动资本回流和印度、越南等周边国家利用人力资源优势分流国际投资的趋势日渐明显，外商投资第二产业预计会明显下降。在国家和重庆市陆续出台鼓励企业“走出去”相关支持政策下，对外投资将保持快速增长态势。预计全市新增境外投资大多数将来自于民营企业，原因是经过一段时间的谨慎试水海外市场积累经验，民营企业参与全球资源配置，寻求境外发展的意愿会进一步增强。

5. 贵州省

（1）2014年及近期贵州省双向投资发展总体情况

1）利用外资情况

截至2014年12月，贵州省新批外商直接投资企业67个，新增外商投资企业分支机构101户，新增外商投资合伙企业4户。合同外资金额 338 662.65 万美元，同比增长 186.95%。实际利用外资总额 206 528.65 万美元，比去年同期增加 35.37%。

贵州截至 2014 年 12 月，利用外资主要来自 10 个国家和地区。其中：中国香港 40 家；中国台湾 5 家；中国澳门、韩国、瑞士、开曼群岛等 4 个国家和地区各 1 家。

2）境外投资情况

2015 年 1 ~ 5 月，贵州省批准外商投资企业 72 个，同比增长 35.85%，其中新批外商直接投资企业 31 个，新增外商投资企业分支机构 41 户。合同外资金额 172 267.21 万美元，同比增长 43.65%。实际利用外资总额 9888.21 万美元，比去年同期增加 20.13%。境外投资方面，除部分省内企业在境外进行工程承包外，目前贵州省瓮福集团拟境外收购德国 Compo Expert 化工集团公司股权项目。该项目拟赴德国收购该国大型化肥研发生产销售公司 Compo Expert。收购意向价格 3 亿欧元。如成功收购该项目将使瓮福集团在化肥研发、全球化销售网络构建、国际化管理团队打造等一系列领域取得跨越式发展。

（2）双向投资主要鼓励性措施

贵州省为加大发展双向投资力度，在教育人才、文化旅游、产业发展等方面陆续出台了很多鼓励性措施政策。2013 年，贵州省教育厅启动了“千人留学计划”，向派出学生颁发一次性留学奖学金，鼓励留学。争取国家留学基金委“西部项目”帮扶经费 1050 万元，“西部项目”公派出国留学人数首次破百，达 118 人。新增贵州师范大学为中国政府奖学金来华留学生资格院校。设立贵州省外国留学生奖学金，在黔学习的外国留学生数提升到 500 多人。设立“贵州省青年骨干教师公派出国研修项目”、“贵州省青年技术骨干公派出国研修项目”。每年选送优秀青年教师和青年技术骨干到东盟国家优秀高校、科研机构和企业学习。扩大东盟国家中的印度尼西亚、越南、泰国、缅甸和老挝黔留学生规模，逐年提高“来黔留学生奖学金”额度。逐步增加东盟国家优秀师资来黔任教数量。继续支持中国—东盟教育交流周活动。

鼓励省内文化企业通过新设、收购、合作等方式，在东盟国家设立演艺经纪公司、艺术品经营机构、出版物营销机构等。支持文化企业通过独资、合资、控股、参股等多种形式，在东盟国家兴办文化实体，建立文化产品营销网点。推动与东盟国家形式多样的民间文化交流。鼓励贵州省开发投资有限责任公司等省内具备条件的企业积极稳妥地参与东盟各国旅游开发。积极申请贵州省与新加坡、泰国、老挝、缅甸、越南等东盟国家实行旅游方面的互免签证。搭建一批面向东盟国家的招商引资平台。积极吸引香格里拉等国际知名的酒店集团和旅游景区管理集团、旅行社等旅游企业落户贵州。贵州省最新出台的《2014 年鼓励民间资本投资重点领域清单》也将铁路、水运乃至水利、能源等列入鼓励范畴。

“贵阳生态文明国际论坛”已经成为贵州省和国际社会节能环保领域合作的主要平台和名片。2009 年以来，贵州省为普及生态文明理念，探索生态文明建设规律、借鉴国内外成果推动生态文明实践，从 2009 年以来开始举办生态文明贵阳会议，吸引了国内外多名政要和知名学者参与，成为国际上较为知名的环保领域的会议。2012 年，生态文明贵阳会议正式升格为生态文明贵阳国际论坛。该论坛采取了官民结合、中外协作的办会机制，特别是积极吸引联合国机构及国际地方环境行动理事会等高端国际环保组织参与会议，大幅度提高了论坛的影响力。

2013 年年底，贵州获批国家级外贸转型升级示范基地 5 个，建成省级外贸升级示范基地 14 个，此外还建成一批不依托开发区的出口基地，这些基地以技术、品牌、质量、服务为核心的外贸竞争新优势初步形成。截至 2014 年贵州省两个综合保税区相继得到国家批复设立。贵阳综合保税区已经过国家验收封关运营，贵州贵安综合保税区也已经国务院批准同意。同时在中介性平台方面，除成功举办香港投资贸易活动周、中国（贵州）国际酒类博览会、中国（贵州）国际民族民间工艺品博览会；积极组织企业赴境外开拓国际市场，有效地促进了对外贸易的发展。

（3）贵州省双向投资主要成效、思路

1）推进“丝绸之路经济带”和“21世纪海上丝绸之路”建设

贵州作为我国大西南地区贯通“一带一路”的重要连接点，前瞻性提出了与构成“一带一路”的国家和区域开展对外战略性合作的构想，完全契合当前国家推进“一带一路”战略的发展要求。基于此，贵州要充分发挥独特地缘、人缘和资源优势，围绕战略主线，瞄准战略定位，打造经济走廊，突出战略领域，谋划重大工程，积极参与国家的“一带一路”及大湄公河次区域、孟中印缅经济走廊等对外区域规划建设，全面提升贵州开放型经济水平。

2）加快全方位对外开放有利形势

当前世界经济格局不断变化，国际秩序和国际体系进入新的调整期，我国改革开放既面临前所未有的机遇，也面临重大挑战。党中央、国务院适时提出建设“一带一路”、打造中国—东盟自由贸易区升级版、构建孟中印缅经济走廊、推进大湄公河次区域合作等战略构想，标志着贵州省将在更大范围、更宽领域、更深层次融入全球经济体系。

打造中国—东盟自由贸易区升级版。东盟是我国重要贸易投资伙伴。2013年，中国与东盟贸易超过了世界贸易的13%，自贸区已成为一个涵盖11个国家、19亿人口、GDP增长迅猛的巨大经济体。打造中国—东盟自由贸易区升级版，不仅是实现中国与东盟国家之间资源合理配置，形成完整产业链，实现双方市场优势互补的战略选择，也是加快建设“一带一路”的重要组成部分。

构建孟中印缅经济走廊。2013年5月，中印双方共同倡议建设孟中印缅经济走廊，该走廊以昆明、密支那、曼德勒、达卡、加尔各答 5 个经济城市为主要节点，以实现四国间人员、交通、物流、经贸、投资、信息等互联互通为目标，覆盖中国云南及西南地区、缅甸、孟加拉国全境和印度西孟加拉邦及东部和东北部地区，构成了一条崭新的国际区域经济带。

大湄公河次区域合作。大湄公河次区域经济合作机制于 1992 年由亚洲开发银行倡议成立，该次区域范围目前包括中国（云南省和广西壮族自治区）、柬埔寨、老挝、缅甸、泰国、越南，总面积 256.8 万平方公里，总人口约 3.3 亿。大湄公河次区域经济合作机制在各国及亚洲开发银行共同努力下，有力地推动了该地区经济社会的发展。目前，该次区域合作进入第三个十年发展，将在基础设施互联互通、加强能源合作、推进人力资源开发合作等领域实施优先发展政策。

3）加快开放平台建设战略机遇

贵州是“一带一路”的战略连接点和枢纽，是能矿资源大省和文化旅游大省，在区位交通、资源禀赋等方面具有独特的比较优势，在经贸投资、产业基础、人文交流等领域与“一带一路”沿边国家和地区，尤其是东盟具有较好的合作基础。

贵州是我国西南地区南下出海通道，连接中新、孟中印缅经济走廊的交通必经节点，与广西、云南两个“一带一路”重要边境省份毗邻，是连接丝绸之路经济带和 21 世纪海上丝绸之路的重要连接点，具有区位优势，随着“十二五”以来交通建设的迅速发展，贵州交通优势也逐渐形成。

贵州经南宁通道，可连接中越公路及中越东兴—芒街—下龙公路，进入中新经济走廊东线；或可经南宁南下到钦州港经陆海联运出海，连接海上丝绸之路。经昆明通道，可连接中老铁路（磨憨—万象）、中越铁路（河口—河内—海防）、中缅铁路、中缅公路，进入中新经济走廊东线、孟中印缅经济走廊。经北面重庆通道，可通过渝新欧铁路抵达新疆连接新欧亚大陆桥经济走廊、中伊土经济走廊、中巴经济走廊，以及连接长江经济带。

4）扩大对外重点区域开放、营造对外开放良好环境

积极参与和融入大湄公河次区域、孟中印缅经济走廊等国家战略建设是一项系统工程，沿线沿区域国家国情各异，经济基础和制度不同，贵州要围绕 1 条战略主线，瞄准 4 大战略定位，打造 3 条经济走廊，突出 6 大战略合作领域，配套谋划重大工程，近期以拓展和深化与东盟的战略合作为核心和突破口，从全局高度谋划构建“1+4+3+6”的全方位对外开放合作新格局。

大西南地区贯通南北“一带一路”的战略通道。依托贵州作为连接“一带一路”的重要交通连接点，通过深度参与和融入“一带一路”、大湄公河次区域和孟中印缅经济走廊建设，在云南参与孟中印缅经济走廊建设、广西参与大湄公河次区域建设、重庆参与新丝绸之路经济带建设的进程中，充分发挥贵州独特的通道和资源优势，与周边省份积极开展合作，实现“搭船出海”，使贵州成为大西南地区构建“一带一路”战略新格局的战略通道和资源支撑。

“走出去”参与国家实施“一带一路”重大规划建设项目的重要伙伴。发挥贵州工程建设领域优势，积极参与跨界和境外基础设施建设、能源资源开发等“一带一路”重大项目，推进“两高”经济带建设。抓住大数据、云计算、移动互联网等发展机遇，超前布局和建设一批重大项目。加快贵州在农业和扶贫、经贸合作、能源开发、教育科技、文化旅游等领域的战略平台建设，以重大项目建设带动战略平台建设，以重大项目建设带动资源优化配置，实现“借船出海”，使贵州成为沿线国家实施“一带一路”重大项目建设的重要伙伴。

“引进来”开展与对外战略区域优势特色产业投资合作的平台高地。

加快贵州发展步伐是西部欠发达地区与全国缩小差距的一个重要工作之一，也是国家兴旺发达的一个重要标志。贵州要积极参与和融入“一带一路”、大湄公河次区域和孟中印缅经济走廊建设，发挥资源要素比较优势，通过全领域、全方位、高层次的“引进来”战略举措，实现“引船入黔”，打造成为内陆搭建“一带一路”投资合作的平台高地。

丰富和增强与“一带一路”相关国家多民族人文交流合作的新兴力量。贵州是我国西部多民族聚居省份，具备文化旅游、教育人才资源储量丰富、开发潜力广阔的独特优势，与“一带一路”沿线国家和地区有着较为深厚的文化认同。贵州要大力弘扬多民族多元化的文化内涵，不断拓宽交流合作的广度和深度，加强与沿线国家在教育、文化、旅游、设计、创意等领域的合作，广泛开展国际交流、官方交往和民间交融，实现“联通心海”，成为我国多民族地区增强与“一带一路”国家人文交流合作而努力，打造“面向东盟、面向南亚、面向中亚欧洲”三大经济走廊，以经济走廊作为深度参与和融入“一带一路”、大湄公河次区域和孟中印缅经济走廊建设的战略空间载体。

5）继续加大利用国外优惠贷款力度

随着我国综合国力不断增强，外国政府对华优惠贷款呈现合作和互惠的新态势。世界银行、亚洲开发银行等国际金融组织增加了在华贷款规模。这也为贵州省积极争取国外优惠贷款创造了良好条件。下一步，我们将继续按照省委省政府指示，在委党组领导下加大争取国外优惠贷款力度，使国外优惠贷款成为贵州省经济社会发展的常态化投资形式。

6）进一步改善投资环境

虽然近几年利用外资的投资环境有了很大改善，但是仍然不能满足对外开放形势的需要，在投资软环境上开放意识、诚信意识、管理人员素质、法律服务和金融支持程度等与先进地区相比仍有差距。下一步我委将根据工作职责，对贵州省对外开放平台建设进行专项研究，通过分析贵州省区位、产业等各方面特点，积极构建全方位利用外资的平台，引进先进技术和管理经验，加快经济发展、促进改革开放。

6. 云南省

（1）利用外资和境外投资

1）外商投资情况

2014 年全省新批外商投资项目 132 个，增长 13.8%，合同利用外资 10.82 亿美元，下降 10.9%，实际利用外商直接投资 27.06 亿美元，增长 7.6%。

2）境外投资情况

2014 年全省新批境外投资企业（项目）92 个（含商务厅审批数量），实际对外投资 10.3 亿美元，同比增长 25.5%。

（2）当前存在的问题

当前，世界经济复苏势头趋于改善，增长动力虽有所增强，但风险因素依然突出，国际竞争更加激烈，国内经济仍然面临下行压力，结合云南省实际来看，主要面临以下问题。

利用外资方面。一是云南省地区发展差距大、行业分布不均，造成利用外资在地区、行业间发展不平衡的问题突出。二是外资来源投资领域过于集中。三是各类开发区吸引外资的能力还没有得到充分发挥。

境外投资方面。一是“走出去”企业规模普遍偏小，实力较弱，且同质化现象明显。二是企业融资能力普遍较弱，特别是中小企业的融资贷款难是制约扩大规模的瓶颈。三是周边国家交通、通信等基础设施较差，使得云南省在对外投资重要市场投资的成本较高。

（3）外商投资项目核准权限下放情况及境外投资项目管理情况

1）云南省外商投资项目核准权限下放情况

为进一步深化外商投资管理体制改革，加快构建开放型经济新体制，云南省按照国家、省级简政放权的要求，结合各地实际，一是将总投资（包括增资）3 亿美元以下的鼓励类、允许类外资项目核准权限下放给昆明市、国家级边境经济合作区、瑞丽重点开发开放试验区、红河州河口跨境经济合作区、西双版纳州磨憨跨境经济合作区、滇中产业聚集区（新区）管理委员会。二是将 1 亿美元及以下的鼓励类、允许类外商投资项目核准权限下放州（市）政府投资主管部门及昆明高新技术开发区、昆明经济技术开发区、昆明滇池国家旅游度假区管委会。

2）云南省境外投资项目管理情况

2014 年 4 月，国家发展和改革委员会发布了《境外投资项目核准和备案管理办法》(国家发展和改革委员会令第 9 号)，除重大项目或涉及敏感国家、地区，敏感领域的投资项目需由国家核准外，对一般境外投资项目由原来的核准制调整为备案制，最大限度落实企业投资自主权，并开通了全国境外投资网上备案系统，实现了电子上报、线上交流、实时查询。同时，大幅提高了省级境外投资项目备案审核权限，中方投资额 3 亿美元以下的境外投资项目一律实行省级备案。从国家新政策的出台，审批权的下放，提高了境外投资企业的审批便利，加速了云南省企业开展境外投资的步伐，云南省企业境外投资国别已扩大至 37 个。

（4）2015 年发展双向投资趋势展望

2015 年的利用外资和境外投资工作，要按照中央确定的大政方针，主动适应经济发展新常态，通过全面深化改革进一步释放市场活力，通过转方式调结构不断提升发展质量和效益，全面实现“十二五”规划目标任务。

1）简化手续，改善投资环境，提高引进外资水平

一是进一步优化外商投资环境，强化服务意识，提高行政效率，做好软环境和硬环境相结合、制度改革和政策引导相结合。二是继续开展鼓励引导外资投向高端制造业、高新技术产业、现代服务业及新能源和节能环保产业的工作。三是充分发挥国家级经济技术开发区、边境经济

合作区和瑞丽国家级重点开发开放试验区的窗口、示范、辐射和带动作用，积极推进利用外资工作。

2）加快境外投资核准制度改革，提高政策支持力度

一是继续探索简化核准手续的可行办法，稳步推进境外投资便利化。二是稳步推进境外经贸合作区建设，强化其功能定位和产业集聚发展优势，使其成为我国在境外重要的生产加工基地。三是扩大企业及个人对外投资，确立企业及个人对外投资主体地位，允许发挥自身优势到境外开展投资合作。四是指导企业加强对东道国政治、经济、安全信息的收集、评估，建立健全安全风险预警机制，提高企业风险防控能力，切实保障“走出去”企业的合法权益和境外人员的人身财产安全。

7. 西藏自治区

2014 年，西藏自治区面对经济下行压力，积极探索构建利用外资和境外投资新体制，着力促进西藏自治区经济持续健康发展。

（1）2014 年双向投资情况

1）利用外资

2014 年度西藏自治区新设外商投资项目 9 个，合同利用外方资金 5947.86 万美元，实际利用外资 15 854.62 万美元，比上年度实际利用外资增加 5754.62 万美元。

西藏自治区利用外资领域主要涵盖特色矿产、啤酒、矿泉水、饮料、酒店宾馆、旅游、商贸、餐饮、医药与医疗保健、羊毛加工销售、能源、民族手工艺等行业。外商直接投资主要来自中国香港、尼泊尔、英属维尔京群岛、开曼群岛、丹麦、加拿大、澳大利亚、中国台湾等国家和地区。

2005 年，西藏自治区引进香港运高世纪有限公司，先后在西藏投资建成四星级拉萨福朋喜来登酒店和五星级拉萨瑞吉度假酒店，结束了西藏没有国际标准五星级酒店的历史，提升了西藏自治区的旅游发展层

次、服务管理水平和客源市场定位。酒店建成后受到全球旅游业与酒店餐饮业的瞩目，先后获得彭博 Bloombery Magazine 最佳酒店建筑设计奖、金枕头中国最佳新开业酒店奖和 2011 年全球最佳度假酒店等。截至目前，网站点击率已超过 4 亿人次，展示了西藏的国际旅游城市形象，为将西藏打造成重要的世界旅游目的地做出了突出贡献。同时，酒店秉承低碳、环保的设计理念，采用高效油电混合动力的环保车队，平均每年可减少二氧化碳排放达 30%。对于节能减排、倡导生态旅游、保护雪域高原的蓝天碧水起到了重要作用。

2014 年，西藏自治区通过中外合资方式，引进香港宏领控股有限公司，成立了西藏天富租赁有限公司。该公司当年缴纳税收近 18 万元。对于帮助西藏自治区中小企业盘活存量资产、有效解决中小企业融资难问题、实现产业优化升级发挥了重要作用。

2）境外投资

2014 年审批备案境外投资企业 11 家，投资金额 7827.8 万元。与 2013 年相比分别增长 450% 和 1084%，无论是审核数量还是投资额度均有大幅上升。项目集中在尼泊尔、英国、澳大利亚和中国香港等国家和地区，涉及农业、医药、矿业、房建、食品销售、出版、民用航空运输等领域。

西藏自治区境外投资呈现如下特点：一是投资主体以民营企业为主，投资规模较小。二是增速较快。截至目前西藏自治区境外投资企业 20 家，投资总额累计 1.79 亿美元，参与境外投资企业逐年增多。三是投资领域扩大。前期主要以商贸为主，近年来逐步拓展到医药、矿业、天然水、食品加工、民用航空运输等领域，投资合作层次逐步提高，规模有所扩大。

西藏航空有限公司积极实施“走出去”战略，探索拓展境外合作新领域，2014 年与尼泊尔合资设立了喜马拉雅航空公司，架起了中国与尼泊尔的“空中桥梁”。开航后，将极大方便西藏自治区与南亚、欧洲的贸易往来和人员交流，有利于中尼双方实现互联互通，构建西藏出境综合立交交通运输体系，实现从南亚陆路贸易大通道到南亚大通道的提升，促进中尼经贸持续快速发展。

（2）存在的主要问题

1）利用外资方面

一是改革开放以来，西藏自治区经济社会取得了跨越式发展。但是，与全国相比，西藏自治区经济发展水平在全国乃至西部地区仍处于较低水平，对外资的吸引力远远不如其他地区，导致引进外资的规模和数量得不到较大提升。

二是随着中央对西藏自治区投资力度的加强，西藏自治区能源、交通、运输、通讯等基础设施得到了较大改善，特别是青藏铁路、拉日铁路建成通车所带来的巨大辐射效应，极大地改善了西藏自治区的投资环境。但是与其他地区特别是东部沿海地区相比，西藏自治区的基础设施建设还很落后，吸引外资的条件和环境依然需要下大力气改善。

三是西藏自治区利用外资工作起步较晚，鼓励外资进入西藏自治区的政策体系和实施措施还不够完善，对外招商引资宣传工作开展得还比较少，宣传力度也还不够大，从而使外国投资者对西藏自治区的实际情况缺乏了解。

2）境外投资方面

一是投资企业产业投资规模偏小且创新能力不足，在国际市场的抗风险能力偏低，削弱了一些特色产品的国际竞争力。

二是投资企业管理创新能力有待提升，特别是受资金、技术、人才和企业制度的约束，缺少从事境外投资高级管理人才，还未能真正适应当今激励的国际市场竞争。

三是市场信息掌握不充足，缺乏对投资项目的深入了解，企业在进行对外投资的过程中，对其他国家的投资环境、市场供需情况、行业竞争程度以及政府政策等方面信息了解不够充分，致使在经营过程中出现业绩不佳或无业绩等情况。

（3）2015 年双向投资发展趋势

第一，继续按照引进大项目、着力提高利用外资规模、质量和水平的思路，进一步努力改善投资环境，提高对现有外商投资企业的管理和服务水平，鼓励外资向西藏自治区特色优势产业、绿色清洁产业、产业联动性强等领域转移，大幅提升外资利用质量。

第二，利用各类招商引资平台，加大招商引资工作的力度。

第三，通过促进西藏自治区园区经济发展，培育西藏自治区发展双向投资的重要载体。

第四，随着“一路一带”发展战略的实施，以及我国对印、对尼的深化合作、扩大开放，西藏自治区将着力构建喜马拉雅次区域经济合作新机制，双向投资规模、质量将会得到进一步优化和提升。

第五，积极实施新版《境外投资管理办法》，简化审批手续，充分发挥外经贸发展专项资金作用，鼓励并推动企业开展境外投资工作。

8. 陕西省

（1）陕西省利用外资发展基本情况

陕西地处内陆，经济外向度低，成为长期制约陕西经济快速发展的“短板”，外贸依存度长期徘徊在 6% ~ 9% 之间，与全国平均水平的 45.34% 相比，差距较大。近年来，陕西省全面实施对外开放战略，围绕实施“一带一路”战略，发挥陕西优势，推进产业转型，落实国家政策，着力提升陕西省经济外向度，加快打造全国内陆地区对外开放新高地，利用外资质量不断提高，对外贸易结构不断优化，“走出去”的步伐也明显加快。

截至 2014 年，全省外商累计直接投资 253.7 亿美元，“十二五”期间年均增速 21%。2014 年全省新批外商投资企业 141 家，同比下降 30.88%；合同利用外资 58.54 亿美元，同比增长 57.34%；实际利用外资 41.76 亿美元，同比增长 13.52%。外商投资重点投向制造、批发零售以及房地产等领域；美国英特尔、美光半导体、应用材料等 74 家世界 500 强企业在陕落户；投资主要来源为香港、新加坡和美国。受三星项目带动，韩资显著增长。总投资 70 亿美元的三星半导体芯片项目于 2014 年 4 月投产，已带动 60 余家韩资及国内外配套企业落户陕西，有望形成年产值超过 1000 亿元的产业集群。

全省前三位的地市情况分别是：西安市今年新批项目 92 个，下降 33.81%；合同外资 480 457 万美元，同比增长 81.43%；实际外资 370 318 万美元，同比增长 18.31%。宝鸡新批项目 10 个，增长 150.0%；合同外资 14 101 万美元，同比增长 933.8%；实际进资 8008 万美元，增长 14.3%。咸阳新批项目 2 个，与上年持平；合同外资 11 824 万美元，增长 367.54%；实际进资 10 356 万美元，增长 36.97%。

陕西外贸基础比较薄弱，“十二五”以来增长较快，进出口总值从 2011 年的 146.23 亿美元增长到 2014 年的 274.1 亿美元，年均增长 22.9%。外贸依存度由 2011 年的 7.6% 增长到去年的 9.5%，重型卡车、输变电设备、飞机及零部件和浓缩苹果汁四类产品的出口居全国前列。2014 年，陕西省加快丝绸之路新起点建设，实现对中亚地区出口额达 12.4 亿元，同比增加 79.4%。

截至 2014 年年末，陕西省共有 194 个境内主体在境外设立了 300 家境外企业和境外机构，累计实现对外投资 24.3 亿美元，主要投向中国香港、吉尔吉斯斯坦、加拿大、阿根廷等 48 个国家和地区。投资领域主要涉及装备制造、矿产资源勘查开发、房地产、批发零售等 15 个行业。陕西省最大的单体项目，省属陕西煤业化工集团投资 4.3 亿美元在吉尔吉斯斯坦建设 80 万吨 / 年炼油项目已建成竣工，成为吉尔吉斯斯坦最大的工业项目之一，年产值占吉尔吉斯斯坦 GDP 约 20%，年利税约 1 亿美元。

（2）积极推进省内过剩产能境外转移，助力民营企业“走出去”参与国际竞争合作

2014 年陕西省境外投资备案项目 16 个，中方投资协议额 3.49 亿美元；中方实际投资 4.5 亿美元，同比增长 55.2%，超额完成全年中方实际投资额 3 亿美元的目标。

一是鼓励过剩产能行业企业通过境外投资扩大生产经营化解产能危机。2014 年以来，多次组织省内建材、水泥、玻璃等产能过剩企业境外投资业务交流会，通过宣传境外投资新政策，与已经“走出去”的企业交流对外投资经验，积极支持产能过剩行业企业通过境外投资扩大生产经营，有效消化过剩产能，促进经济结构调整和产业转型升级。二是积极鼓励“走出去”的民营企业享受财政、融资、进出口等优惠政策，扩大企业对外投资规模。三是积极创新对外投资方式。加快推进延长集团和美国 KKR 集团共同发起设立的延长–KKR 全球能源基金后续资金募集工作。通过在西安新设资金整合平台，整合汇聚沿海等地的新增募集资金，再汇入延长–KKR 全球能源基金进行海外资本运作。这种方式有利于陕西省企业依托资本运作积累海外油气资产并购经验，培育对外投资高端人才，是对传统“走出去”模式的创新和突破。

（3）贯彻简政放权新政，提高外资项目便利化和规范化管理水平

研究出台《陕西省外商投资项目核准和备案管理办法》和《陕西省境外投资项目管理办法》。研究制定相关事项办理的服务指南提升服务质量，推行在线运行系统和格式化审批提高行政效能，积极为陕西省外商投资和境外投资企业创造更为便捷、高效、透明、规范的政策环境。

（4）存在的主要问题

一是土地、劳动力，能源价格等生产要素价格普遍走高，影响了企

业的投资预期，部分外资企业因用工成本上涨过快，关停生产工厂，将产能转移东南亚地区。如世界500强企业ABB公司由于利润率过低将位于西安经开区的大功率整流器工厂全部关停。

二是国内“走出去”中介服务体系发展缓慢，阻碍了企业“走出去”发展。由于国内法律、会计、投资、信息咨询等中介机构匮乏，中资企业无法有效地开展境外投资项目前期工作，多数企业往往根据国内的经营经验开展对外投资，导致项目成功率较低。

（5）2015年工作的重点

1）加强对外开放形势研判和政策研究

深入研究陕西省参与实施“一带一路”等国家战略的外部机遇和内部条件、实行外资负面清单管理和扩大对外投资领域、减政放权后外资项目的事前服务和事中事后监管、发挥企业主体作用提高境外投资决策水平等重大问题的研判分析，研究探索适合陕西省省情的利用外资新模式和新举措。

2）提高外资项目便利化和规范化管理水平

继续贯彻落实简政放权外资新政，制定和对外公布相关事项办理的服务指南，推行在线运行系统和格式化审批，提高行政效能，增加行政透明度。加强系统培训，扩大宣传，促进地市有效履行管理职能，帮助企业了解和理解政策，为陕西省外商投资和境外投资企业创造更为便捷、高效、透明、规范的政策环境。

3）围绕重点领域和重大项目开展招商引资

充分发挥各类开发区在科技创新、产业聚集和体制机制等方面的示范和带动作用，切实提升产业承载能力。继续发挥三星、美光、方卓等项目的带动效应，加快引进具有区域性、功能性、支撑性的重大项目和拥有先进管理、技术的龙头企业，抢占行业竞争制高点。围绕基础产业、主导产业、上游产业和支撑产业等环节，突出抓好产业链招商。

4）切实加强境外投资宏观指导和综合服务

积极配合国家实施“一带一路”战略和“周边国家基础设施互联互通”规划，充分发挥陕西省在技术、人才等方面的比较优势，有效利用各类双边投资合作机制，推动陕西省设备、工程、技术、标准和劳务的“走出去”。鼓励企业发挥主体作用，创新境外能源和矿产资源开发模式，积极参与加工制造、资源利用、农业产业化、商贸物流等境外经贸合作区建设。

9. 甘肃省

2014 年，甘肃省抢抓“一带一路”战略机遇，坚持稳中求进工作总基调，统筹推进“稳增长、调结构、促改革、惠民生”各项工作，紧紧围绕甘肃省经济社会发展总体目标，认真贯彻合理、高效利用外资方针，积极推进“走出去”战略，甘肃省利用外资 4.6 亿美元，其中：借用国外贷款 3.5 亿美元，外商直接投资 1.1 亿美元，实现境外投资 1.85 亿美元。甘肃省利用外资和境外投资呈现出平稳发展态势。

（1）双向投资总体情况

1）利用外资情况

大力促进直接利用外资工作。根据国家发展改革委《外商投资项目核准和备案管理办法》（国家发展改革委第 12 号令），结合近年来国内外和甘肃省经济形势发生的变化及外商投资领域出现的新情况、新问题，出台了《甘肃省外商投资项目核准和备案管理办法》（甘政办发〔2014〕126 号），大力简化外商直接投资项目核准和备案程序，继续创新工作机制，不断完善外商投资服务体系，优化投资环境。以兰州新区等开发区和工业集中区为载体，以特色优势产业和战略性新兴产业为突破口，加大实施向西开放和向东合作开放力度，主动承接东部产业转移，努力扩大外商投资规模。核准了香港正威国际集团有限公司和深圳正威（集团）有限公司合资建设低氧光亮铜杆及电气化铁路架空导线等外商直接投资项目。

着力做好各类国外贷款工作。一是努力提高项目谋划水平。围绕甘肃省委政府“3341”项目工程，进一步加大了争取利用国外优惠贷款工作力度，将其作为支持甘肃省加快发展的重要建设资金之一，以缓解自身发展财力有限、建设资金严重不足的现实困难。一方面密切跟踪国家投资政策趋向，强化项目深度谋划，做好基本功；另一方面紧密结合甘肃省实际需求和国外优惠贷款具体要求，找准切合点和着力点，加大项目前期工作力度。先后向国家发展改革委上报了世行贷款甘肃职业教育发展、甘肃生态农业及农村环境综合治理、兰州新区生态安全体系建设和环境综合治理，亚行贷款甘肃农业物联网社会化平台建设、敦煌太阳能供暖、甘肃省城镇化建设、兰州市城市轨道交通 2 号线一期工程等国际金融组织贷款项目，以及意大利贷款民勤绿洲可持续农业发展和荒漠化防治、庆阳市第三人民购置医疗设备等外国政府贷款项目。甘肃省职业教育发展项目列入世行贷款 2015 ~ 2017 财年规划新增备选项目清单，批准利用世行贷款 1.2 亿美元。

二是大力推进规划内项目实施进度。通过专题会、现场督促检查、电话沟通协调等多种方式，大力推进国外贷款规划内项目实施工作，督促项目建设进度，规划内项目总体进展顺利。扎实做好前期工作。世行贷款甘肃统筹城乡发展基础设施建设项目完成可研批复和外方正式评估工作，中国产业扶贫甘肃项目完成外方预评估；亚行贷款白银城市综合发展项目贷款谈判工作，甘肃特色农业及金融服务体系建设项目技术援助工作稳步推进；中央财政统借统还以色列政府贷款甘肃农田水利项目完成施工招标。加快推进贷款生效项目实施。亚行贷款白银城市发展项目全面完成，亚行贷款天水城市基础设施建设项目进展顺利；亚行贷款张掖城市基础设施和湿地保护、定西城市道路项目，世行贷款农村经济综合开发示范镇、庆阳城市基础设施建设项目及亚行贷款酒泉城市环境综合治理项目全面开工建设，部分工程已完工。

三是认真做好世行贷款灾后重建收尾。自2008年国家安排2亿美元世行优惠紧急贷款支持甘肃省陇南市地震灾后重建以来，根据国家和省上关于灾后重建总体要求以及世行贷款工作规定，积极推动前期工作进程，加快项目审批进度，主动帮助协调解决问题和困难，灾后重建工作总体进展顺利。31个子项目累计完成投资11.5亿元，占总投资84.5%；市级财政提款报账10.2亿元，其中8个项目完成竣工验收工作。除成县磨坝峡水库、成县城区供水共2个项目外，其余29个项目基本完工。

2）境外投资情况

根据国务院办公厅《关于加快培育国际合作和竞争新优势的指导意见》（国办发〔2012〕32号），进一步规范和支持境外投资，积极实施“走出去”战略，大力支持甘肃省国有大型资源性企业开展境外投资，积极参与国际竞争，获取战略性能源和资源，提高国际化经营水平和能力。金川公司、白银公司、酒钢公司已核准的境外项目进展顺利。按新的备案管理办法，对甘肃腾达西铁资源控股集团有限公司参股英国钢敏公司改造波黑钢敏公司48兆瓦电炉主辅设备等项目进行备案。根据国家发展改革委发布的《境外投资项目核准和备案管理办法》(国家发展改革委第9号令)，出台了《甘肃省境外投资项目备案管理办法》（甘政办发〔2014〕126号），大力简化境外投资项目备案程序，为境外投资营造高效便捷的服务环境。

（2）存在的主要问题

甘肃省利用外资和境外投资中长期积累的问题和矛盾主要是：外向型经济发展不充分，利用外资和境外投资总量小、水平低；利用外资结构性矛盾明显，外商直接投资比重低；外贷项目执行周期长，实施能力弱；境外投资领域和主体单一，协调支持体系不完善；专业人才缺乏，投资环境有待改善。

（3）2015年双向投资的展望

随着全球经济深入调整，国内经济进入发展新常态，2015年甘肃省双向投资面临更加严峻的形势。预计开放型经济发展仍然缓慢，利用外资的支撑能力偏弱；直接利用外资短期内难以提升，需要在保持稳定方面下功夫；各类国外贷款仍是甘肃利用外资的主渠道，规模呈现出平稳发展态势；境外投资的环境更趋复杂，在国内产业转型升级驱动下，走出去步伐将呈现加快趋势，继续扩大规模的有空间。

10. 青海省

（1）2014年本地区双向投资发展的总体情况

青海省利用外资工作紧紧抓住全球产业转移和国家深入实施西部大开发战略、促进藏区经济发展的历史性机遇，努力增强对外开放意识，利用外资规模、水平和质量不断提高，为全省在新形势下进一步扩大对外开放，实现科学发展奠定了良好基础。

1）国外贷款

围绕国外政府贷款重点投向，做深做细项目前期工作和积极推进项目建设工作。全年实际使用国外贷款约6300万美元，有效支持青海省生态环境及农牧区生产生活条件改善，提高水资源综合利用水平，实现可持续发展发挥了积极的作用。争取青海海东城乡环境综合治理利用亚行贷款1.5亿美元项目列入备选规划，将拉动青海省投资14.3亿元。

2）外商直接投资

全年，新批准外商投资项目9项，办理外商投资企业增资项目9个，投资总额49 722.29万美元，注册资本13 017.6万美元，合同外资10 646.11万美元。其中：新批准中外合资项目3项，合同外资7576.14万美元；新批准外商独资项目6项，合同外资3198.09万美元。外商投资主要来自美国、中国香港、韩国、新加坡、英属维尔京群岛等国家和地区；变更项目增加合同外资 2243.37 万美元，外商投资来自中国香港。项目涉及物资贸易，融资租赁，农副产品（不含粮食）收购、销售，艺术培训等领域。

（2）双向投资存在的主要问题

一是外资规模偏小。青海省吸收的外资在全国外资总量中占比低，与沿海省市差距大，对本省经济的拉动力不强。

二是外资质量不高。从投资来源看，来青海省投资的境外客商大多为中小投资者，世界知名跨国公司、超大型企业集团在青海省没有投资。外商投资项目的科技含量普遍较低，缺乏品牌企业和名牌产品，还没有形成具有族群聚集效应的外商投资产业链。

三是地区外资不平衡。利用外贷项目主要集中于西宁、海东、海西等地区，青南地区尚未涉及。

四是青海省缺乏国际化经营管理人才，境外投资企业规模小、领域窄、经营水平普遍较低，综合竞争能力较差。利用国外贷款项目储备不足、前期工作不够扎实和细致，亟待加强。

（3）关于双向投资的政策措施

青海省主要贯彻执行国家《外商投资产业指导目录（2015 年修订）》《中西部地区外商投资优势产业目录（2013 年修订）》《西部地区鼓励类产业目录》《青海省外商投资项目核准和备案暂行管理办法》及《青海省境外投资项目备案管理办法》等政策。

（4）对 2015 年双向投资发展趋势展望

从国内外政治环境和政策上看，青海省的双向投资工作面临着更大的机遇。从政治环境和政策上看，中央提出的“丝绸之路经济带”建设的宏伟构想得到了丝绸之路沿线国家的积极响应。近年来青海省与丝绸之路沿线国家的关系发展趋势向好，为青海省企业在丝绸之路沿线国家开展对外投资合作业务营造了良好的政治环境，也带来了良好的政策机遇。从合作领域上看，青海省与丝绸之路沿线国家产业有各自的发展特点，也存在一定的互补性，将为青海省基础设施建设、能源合作、建材、农业合作及现代服务业“走出去”提供较大的市场开拓空间。

青海省将进一步加大对内对外开放步伐，立足自身优势资源，结合周边市场需求，以中亚、西亚、南亚有关国家为重点交流地区，以资源能源、生态保护、人文旅游为重点合作领域，着力推进全方位、多层次、宽领域交流合作。

11. 新疆建设兵团

2014 年，新疆紧抓丝绸之路经济带核心区建设这一重大历史机遇，坚持稳中求进、改革创新的思路，进一步改善外商投资环境，加快企业走出去步伐，全方位扩大对外开放，利用外资和境外投资稳步发展。

（1）新疆利用外资和境外投资基本情况

1）利用外资情况

2014 年，新疆实际利用外商直接投资额 4.17 亿美元，呈现出以下特点。

外商直接投资主要以独资企业为主。早期，合资企业是外商直接投资在新疆的唯一方式。2000 年以来，外商独资所占比重逐渐加大。截至 2014 年，新疆外商直接投资法人企业 519 户，各类独资企业共计 245 户，占总量的 47.21%。投资主要集中在批发零售业和制造业这两个行业，共有 164 户，占法人企业总户数的 31.6%。

外商直接投资来源国不断增加。新疆的外商投资主体已由 20 世纪 80 年代初的中国香港、中国台湾、日本等地区和国家，逐步扩展到美国、加拿大、澳大利亚、独联体、欧盟、亚洲等 47 个国家和地区。

外商直接投资领域不断拓宽。新疆外商投资的企业领域也从改革开放初期的仅有的制造业和服务业，拓宽至农业、制造业、建筑业、交通邮电业、批发零售贸易业、房地产业、公共事业、居民服务业等各个行业。新疆在吸收外商直接投资保持一定规模的同时，结构进一步得到优化，质量逐步提高，服务业正成为吸引外资的新生主导力量，比重不断上升。

2）境外投资情况

2014 年，新疆境外投资额 7.77 亿美元，同比增长 158%，呈现以下特点。

一是从投资规模来看，近 80% 的企业投资额仅占到投资总额的 5%，而剩下约 20% 的企业投资额却占到投资总额的 95% 以上。

二是从投资国别来看，近 80% 的企业投资主要集中在亚洲，尤其是中亚五国。在中亚五国的投资额占总投资额约 75%。

三是从投资行业来看，投资相对集中在能源资源勘探开发、园区建设、化工、电力、建材、农业等领域，即企业主要依托境外的资源进行投资。

（2）外资和境外投资存在的主要问题

1）利用外资方面

一是外商直接投资企业投资规模总体偏小，外商直接投资近 10 年来首次下滑。二是外商直接投资企业投资来源国较为集中。香港依然是向我区投资的主力，占总外商投资额的 1/3，其次为中、西亚国家。三是全疆外商直接投资企业地域分布不均衡。北疆地区外商直接投资企业投资额占到全疆的 2/3 以上，其中乌鲁木齐市外商直接投资企业投资额占总额的一半以上。尽管外商直接投资企业在北疆地区分布比较集中，但产业聚集度和关联度不高，大部分外商直接投资项目未形成集群效应。

2）境外投资方面

一是企业融资难。国内银行在为大型境外投资项目提供融资方面，政策和力度不足，费率高，融资和保险机构对高端装备制造业也无专门支持政策。二是通关难。与新疆接壤的周边国家基础设施和口岸建设滞后，通关效率低。企业往来人员签证办理困难，费用高。三是政策限制多。国家对进口原油和矿产资源的标准和限制较多，一定程度上影响了新疆企业“走出去、拿回来”的积极性。四是协调引导少。针对国内企业境外投资快速发展的形势，国家政策和资金支持不足，缺乏有效的协调、引导和激励机制，对新疆的企业，尤其是民营企业“走出去”也没有特殊政策支持。五是新疆企业总体实力较弱。相比于内地省份，新疆走出去的企业 95% 以上都是民营企业，受政策、资金、技术等因素限制，相对境外生产规模小、实力弱、人才匮乏，跨国经营经验和企业文化融合能力不足，企业信誉度及产品知名度还不高，面临的限制性措施和国外政府干预风险也有所增加。与内地一些知名企业相比，新疆“走出去”的民营企业在各方面均存在较大差距。

（3）今后工作的思路和重点

今后一段时期，新疆将以国家“一带一路”建设为契机，紧抓新疆丝绸之路经济带核心区建设的重大历史机遇，与“丝绸之路经济带”丝绸之路沿线国家，在交通、经贸、金融、科教、文化、医疗等领域开展全方位、多层次的投资合作交流，进一步发挥新疆向西开放的门户作用，加快推进新疆“丝绸之路经济带”核心区建设。

1）积极合理利用外商投资

加大简政放权力度。根据国家发展改革委 2014 年第 12 号令《外商投资项目核准和备案管理办法》，进一步加大简政放权力度，将国家赋予省级投资主管部门的项目核准和备案权限（限制类项目除外），全部下放至各地、州（市）投资主管部门和国家级开发区，减少审批流程，加快审批效率，进一步提高企业投资便利化水平。

优化外商投资环境。一是完善外商投资“硬环境”。加大基础设施投入，提高项目所在地和配套服务区基础设施条件。发展壮大新疆各类开发区，发挥开发区的产业集聚作用。二是改善投资“软环境”。继续深化改革，全面下放审批权限，最大限度减少企业办事环节，提高办事效率。进一步完善政策环境和法制环境，鼓励中介服务机构为企业提供服务。探索引入 PPP 管理模式，将外商投资纳入社会资本范畴，构建适合 PPP 模式发展的制度环境，开展 PPP 项目试点工作，转变政府职能，激发社会经济活力和创造力。加大人才教育和培训力度，制定激励政策培养、引进和留住人才。

2）大力推动企业走出去

加强境外投资政策研究。按照《国务院关于进一步做好境外投资工作的若干意见》《国务院关于推进国际产能和装备制造合作的指导意见》要求，抓紧出台《贯彻落实国务院关于进一步做好境外投资工作及推进国际产能和装备制造合作指导意见的实施意见》和任务分工，为境外投资企业做好各项服务。

推进境外投资重点领域和重大项目建设。支持新疆企业参与丝绸之路沿线中亚国家的能源资源开发、基础设施建设和工程承包等项目，支持新疆企业在境外建立商贸物流和工业园区，以“龙头企业”带动配套企业集群式“走出去”，在境外形成产业链，带动新疆产能、装备、技术和服务出口。

指导和规范企业投资行为和水平。加强对境外国家政策环境、经济环境、市场需求以及产业状况的研究和信息指导，为企业提供全方位的综合信息，实时向企业做出重大风险警示和通报，协调解决企业境外投资遇到的问题，保障企业合法利益。

12. 宁夏回族自治区

2014 年，宁夏全力推进内陆开放型经济试验区建设，大力实施开放带动战略，重点推进向西开放，深化与“一带一路”沿线国家的深层次合作，双向投资取得新的进展。

（1）2014 年宁夏双向投资情况

2014 年，宁夏双向投资一减一增特点突出，双向投资涉及金额为 4.37 亿美元。其中：利用外资大幅下降，全年实际利用外资 0.92 亿美元，同比下降 30%；境外投资超常增长，全年对外直接投资实际完成额达 3.45 亿美元，同比增长 392%。

1）外商投资低位徘徊

外商投资大幅下降但降幅逐渐收窄。外商直接投资同比降幅一季度下降达 98%，从 3 月下降 98% 触底后降幅逐渐收窄，全年降幅缩小到下降 30%，实际利用外资 0.92 亿美元。同比降幅如图 1-35 所示。

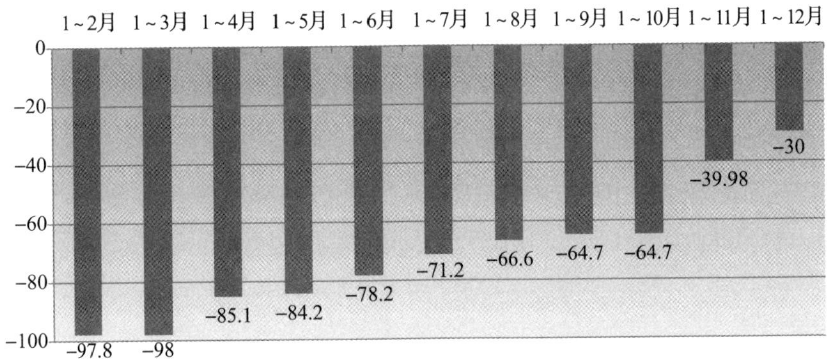

图 1-35　全年外商直接投资减幅情况（单位：%）

新批外商投资项目合同外资大幅增长。全年新批外商投资项目 22 个，比去年多 1 个。新批项目合同外资额为 37 085 万美元；外资企业增资项目 7 个，合同外资额 16 717.84 万美元。全年外商投资项目合同外资额 53 802.69 万美元，同比增加 37%。合同外资的大幅增长，为下一阶段稳定利用外资打下了较好的基础，但能否转化为实际到资还有待观察。

外商投资地区扩大。以往外商投资主要集中在银川市，但 2014 年其他市县利用外资逐渐增多，特别是中卫市利用外资比重增加，新批外商投资项目 6 个，涉及旅游、云计算配套服务和城市燃气应用等领域，合同利用外资总计为 7573.6 万美元。银川综合保税区外商投资项目取得突破，新批外商投资项目 4 个，涉及贸易和金融领域，合同利用外资规模 3243.3 万美元。固原市外商投资项目取得突破，新批六盘山国际旅游休闲度假区建设项目，合同利用外资近 2 亿美元。

2）境外投资超常增长

在大项目带动下境外投资超常增长。2014 年，中绒投资控股（香港）有限公司斥资 2.8 亿美元收购盛大游戏有限公司 15% 股权，是宁夏企业首次境外投资超亿美元的项目。在此项目的带动下，对外直接投资实际完成额达 3.447 亿美元，同比增长 392%。是 2010 年至 2013 年 4 年累计额的 2 倍，在全国 32 个省市中名列第 23 位，首次超过广西、吉林、内蒙古、甘肃、山西等省区。

民营企业仍然是宁夏境外投资的主力军。全年境外投资的 14 家企业中 13 家为民营企业。香港成为宁夏企业主要投资地，全年在香港的投资额为 3 亿美元，占总额的 87%。全年货币投资额 3.23 亿美元，占总额的 94%，实物投资占 6%。

境外投资国别和行业继续增加。2014 年宁夏境外投资行业分布继续扩展，涉及文化信息、农业、采矿业、轻纺制造业和服务业等行业。投资地域多元化，分布于 27 个国家和地区。

（2）宁夏双向投资存在的主要问题

一是总体经济对外资的吸引力小。宁夏经济总量小、经济结构层次低，远离生产中心和消费中心，对外资特别是跨国公司的投资布局吸引力小。

二是交通“瓶颈”凸显了区位环境劣势。宁夏地处西北内陆，没有沿海的区位优势，缺少港口对外运输通道建设和区域经济的巨大引领作用。由于宁夏对外运输通道不足，无法形成运输合力，交通运输网络规模偏小，综合运输能力不足，铁路发展缓慢，交通运输结构不够合理，综合运输体系尚不完善，交通集约化发展层次较低。物流体系不健全，没有大型专业化的物流企业，流通效率不够高，物流综合成本比较高。

三是现代服务业发展缓慢。服务行业起步晚，发展缓慢，生产性服务业特别是对经济发展起着至关重要的现代金融服务、保险服务、中介服务等方面品种少、总量小、服务不到位，远远不能满足国外大公司现代化经营的需要。

四是劳动力素质偏低，专业人才流失严重。宁夏劳动力数量少、素质偏低，企业如果需要扩大规模，短时间内很难从人才市场上招聘到熟练、合适的技术工人。与此同时，现有的专业人才又极易被发达地区挖走，流失非常严重，既影响对劳动密集型外资的吸引力，又影响对高端制造业外资的吸引力。

五是境外投资尚处于摸索起步阶段。与国内发达地区比，宁夏境外投资项目规模小、数量少、国有大型企业参与少。政府支持体系不健全，中介服务体系不成熟，企业观念滞后，缺乏清晰地对外投资合作长远规划，缺乏对国际市场的深度了解，缺乏具有跨国经营经验的国际化人才，缺乏投资高端制造业、金融、高科技行业及现代服务业的能力，风险防范措施欠缺等问题较为突出。

（3）双向投资政策继续优化

2014年，宁夏根据国家政策，改进外商投资项目管理体制，修订了《宁夏回族自治区外商投资项目核准和备案管理办法》和《宁夏回族自治区境外投资项目核准和备案管理办法》。外商投资项目由全部核准改为有限核准、普遍备案，备案管理的项目占全部项目的90%。下放市县核准权限，市县备案的项目占全部项目的80%。大幅缩短项目审核时限，减少项目审核材料，方便企业办事。减少核准内容，落实企业自主权。今后审核外商投资项目主要从维护经济安全、合理开发利用资源、保护生态环境、保障公共利益、优化重大布局、防止出现垄断等方面进行审查，不再审查项目市场前景、经济效益、产品技术方案等内容，完全由企业自主决策。

（4）2015 年双向投资发展趋势

2014 年我国对外投资规模首次超过吸引外资规模，成为净对外投资国。对外投资可有效的突破发展瓶颈，提升国际竞争力，随着企业国际视野的开阔和国内生产成本的上升，境外投资将会越来越多。

2014 年以来，美国经济复苏超出市场预期，美联储结束量化宽松政策，美元指数走强成为大概率事件，国际资本从新兴市场国家流入美国也成为大概率事件。外部增长环境不确定性，内部面临调整和下行压力，能源、矿产等资源价格下行将会对宁夏这样以能源、重化工为主的经济产生不利影响，也必然对利用外资产生负面影响。

13. 新疆生产建设兵团

（1）2014 年利用外资和境外投资工作

1）基本情况

2014 年兵团利用外资 2.28 亿美元（约合人民币 14.03 亿元），同比增长 4.5%，其中外商直接投资 6231.73 万美元，外资企业境内投资 10 222.1 万美元；新批外商投资企业 5 家，投资总额 1.54 亿美元，注册资本 1.2 亿美元。投资地区均为中国香港，项目涉及加气站、光伏、农产品深加工、农产品研发、机械制造业等领域。通过积极有效地利用外资，拓宽了融资渠道，促进了兵团经济社会的发展。

2014 年兵团新批对外投资企业 7 家，对外投资 750 万美元。兵团农科院吉尔吉斯斯坦玉米良种繁育基地建设项目、吉尔吉斯斯坦现代农业技术示范中心项目分别投入建设；兵团国资公司龙腾天域哈萨克斯坦花卉培育及境外营销网点项目，八师天业集团塔吉克斯坦农业节水示范区项目，兵团设计院塔吉克斯坦水稻扩种项目，鑫纪元公司哈萨克斯坦阿斯塔纳现代农业示范种植园等一批项目分别落地。塔吉克斯坦卡巴基扬农业项目由兵团建工集团牵头已正式启动；兵团建工集团自建的安哥拉天昶农场不断扩大种植规模、与苏丹农业新的合作项目正在推进；兵团参与中信建设牵头安哥拉 50 万公顷农业合作项目，已经兵团同意，正在进行前期有关工作。兵团在“走出去”实践中，境外投资取得了较快发展。但由于对外投资受外部经济形势及投资环境影响大，兵团企业对外投资很大程度上受制于外部经济的变化，境外投资在一定程度上也受制于投资国的投资环境。国外投资环境多变，东道国投资环境不稳定影响兵团企业“走出去”的步伐。

2）主要政策措施

贯彻落实《国务院关于进一步加快境外投资若干意见》。2014 年 7 月兵团制定印发了《兵团贯彻国务院〈关于进一步加快境外投资若干意见〉的实施方案》，并对境外投资项目予以网上备案。为加强兵团境外投资项目管理，更好地促进全方位对外开放，2014 年 8 月以来，兵团发展改革委对吉尔吉斯斯坦现代农业技术示范中心项目、吉尔吉斯斯坦玉米良种繁育基地项目、安哥拉天昶农业开发项目、安哥拉卡代代农场开发项目、新疆银隆公司采购营销网络、新疆如意毛纺织有限公司收购中国泰丰床品控股有限公司股权项目和巴基斯坦拉合尔市 KAHNA 跨线立交桥 BOT 项目等 7 个项目予以网上备案，总投资 12 262.23 万美元。项目单位可凭此备案通知书依法办理外汇、海关、出入境管理和税收等相关手续。此类项目的实施，对加快兵团“向西开放”和“走出去”具有重要意义。

加快外商投资和境外投资管理制度改革。研究制定《新疆兵团境外投资项目备案管理办法》，兵团投资额 3 亿美元以下且未涉及敏感国家和地区、敏感行业的兵团境外投资项目，由兵团发展改革委备案，最大限度落实企业投资自主权。境外投资项目电子备案系统从 2015 年上线运行。按照国务院颁布新的《政府核准的投资项目目录》，研究制定《兵团外商投资项目核准和备案管理办法》，除国家发展改革委核准的外商投资项目外，《外商投资产业指导目录》限制类中的房地产项目和总投资（含增资）小于 1 亿美元的其他限制类项目，由兵团发展改革委核准。《外商投资产业指导目录》中有兵团控股（含相对控股）要求的总投资（含增资）小于 10 亿美元以下鼓励类项目，由师发展改革委核准。除由国家、团、师核准以外的外商投资项目按属地原则均由团、师发展改革委备案。

3）存在的问题

虽然兵团利用外资和境外投资工作有了一定进展，但同全国其他省区相比，无论是数量、规模还是质量和效益，都有很大差距。

对国际金融市场的认识、风险管理能力的不足。国外贷款项目还贷期限长，利率较低，但国内有利于企业积极防范外债风险的制度不够健全，缺乏熟悉国际资本运作的人才，导致部分项目出现汇率损失。人民币汇率调整、汇率制度改革、内外贸体制改革、财税制度、价格制度改革等也使一些贷款项目承担了政策性损失。

投资环境尚需改善，利用外资缓慢。一是受国内外形势的影响，国内外经济下滑，企业盈利能力普遍降低，对外投资意愿不强。二是园区基础设施落后。兵团目前有 29 个团级以上产业园区，很多园区仅仅完成了“三通一平”，制约了园区的引资和企业的落地。三是人才队伍建设需要加强。兵团缺乏高素质的专业引资人才队伍，导致兵团引资项目签约多、落地少。

实施“走出去”战略步伐较慢，难以形成规模。一是兵团企业目前的对外投资还处于数量少、规模小、效益低的起步阶段，在投资规模、方式、领域、国际竞争经验等方面都处于相对弱势地位。二是由于兵团外经企业资金短缺、融资困难、出口信用保费过高等因素，制约了兵团向中亚等周边国家实施资源开发及农业综合开发等项目。三是兵团目前尚未出台扶持企业“走出去”的优惠政策，国家对“走出去”企业中央资金支持的力度也较小。

（2）2015 年利用外资和境外投资工作思路和重点任务

1）总体思路

紧紧抓住建设丝绸之路经济带战略机遇，以扩大开放、深化改革为动力，以加快促进兵团发展为目标，全面提高开放经济水平，实行更加积极主动的开放战略，加快转变对外经济发展方式，创新开放模式，坚持循序渐进，稳步发展的原则，不断提高利用外资综合优势和总体效益，加快走出去步伐，提高抵御国际经济风险能力。坚持创新思路，优化投资环境，大力引进国际先进设备、技术、理念和管理经验，积极支持有利于经济结构调整、产业升级和增加就业的外商投资项目。加大实施向西开放战略，充分发挥兵团组织化、集团化优势，支持企业“走出去”合理有效利用国外资源和市场。加强外资项目管理，切实提高利用外资的质量和效益。

2）重点任务

2015 外商直接投资目标 2 亿美元，借用国外贷款目标 2000 万美元，境外投资目标 1600 万美元。为做好利用外资和境外投资工作，下一步要集中精力推进以下几方面工作。

一是放宽外商投资准入，简化管理程序，提高工作效率，增加透明性。鼓励外商投向制造业、高新技术产业、现代服务业、新能源和节能环保产业；稳步扩大金融、物流、教育、医疗、文化等领域开放，引导外商参与生态文明建设和创新驱动发展战略，支持外商投资企业增强创新能力，深层次融入兵团发展，引导外资向兵团重点发展领域流入。

二是密切关注借用国际金融组织贷款和外国政府贷款的国内外环境条件和发展趋势。做好外国政府贷款规划工作，积极扩大美贷、德促、以色列、法开署等重点国别贷款规模。在重点领域（节能减排、产业升级、社会发展等）、重点区域（城市、经济技术开发区、产业园区）率先获得突破，进而推动利用外资工作的全面整体推进。

三是依托国内外“两种资源”“两个市场”，充分发挥市场的决定性作用，加快各类资源要素在疆内外的优化配置，积极在疆内外拓展发展空间，依托新疆周边国家优势矿产资源，支持兵团企业参与新疆周边国家矿产资源开发利用；推动以企业为主体，通过出口、对外援助、劳务输出、对外投资和经济技术合作等多种形式，加快企业“走出去”步伐。将兵团农业走出去作为兵团参与丝绸之路经济带建设的突破口和切入点，全面推进农业走出去战略。

（3）对策建议

由于利用外资和境外投资工作政策性强，程序复杂，持续时间长，建议国家继续加强对各省利用外资和境外投资工作的宏观指导和协调。一是在国家发展改革委网站建立境外企业信息服务平台，及时发布国家“走出去”有关政策，提供周边国家的国外投资环境、产业发展和政策、市场需求、项目合作等信息，帮助“走出去”企业掌握信息、发掘投资机会、规避投资风险。二是加大对利用外资项目的扶持力度，实施利用外资与申请中央投资计划挂钩政策，对积极利用外资的项目在安排中央预算内投资时给予配套倾斜。三是抢抓丝绸之路经济带、中巴经济走廊战略机遇，充分发挥国家欧亚基金、丝路基金和其他优惠政策的作用，积极支持有实力企业参与周边国家矿产、土地、旅游等资源开发利用。支持水泥、钢铁等优势过剩产业向国外转移。支持对丝绸之路经济带国家的公路、市政工程、道路、桥梁和住房等项目的建设。将农业“走出去”上升到丝绸之路经济带战略层面，对农业“走出去”给予特殊政策和投资支持。

（四）东北地区

1. 辽宁省

（1）2014 年利用外资和境外投资基本情况

2014 年全省新批外商投资企业 478 家，同比下降 15.4%；合同利用外资额 187.97 亿美元，同比下降 13.1%；实际利用外资额 274.23 亿美元，同比下降 5.57%。共核准境外直接投资企业 222 个，同比增长 27.59%；协议投资总额 35.22 亿美元，同比增长 11.99%，中方对外投资额 33.01 亿美元，同比增长 10.36%。

1）外商直接投资和国外贷款

利用外资先增后降，形势更加严峻。近几年，辽宁省实际利用外商投资增速较快，尽管总量上不断增长，但增速明显放缓，“十二五”期间呈逐年下降的趋势。2014 年前 9 个月，累计实际利用外资同比正增长，从 10 月份开始，同比出现负增长，全年实际利用外资同比下降 5.57%，低于全国 1.7% 的平均水平，部分企业投资意愿下降；2014 年前 5 个月，合同利用外资额同比增幅较大，增幅超过 20%，从 6 月开始，同比增幅逐渐下降，全年合同利用外资同比下降 13.1%，利用外资形势越发严峻。

重大项目建设顺利，企业再投资势头不减。受国际环境不景气和国内劳动力成本上升等因素影响，来辽投资企业逐渐减少，但辽宁省原有外资企业继续加大投入，增资扩产，引进技术，再投资势头不减。如华晨宝马汽车有限公司再投资 88 亿元的扩建铁西工厂项目（三期）、投资 70 亿元的大东工厂第七代新五系建设项目，上海通用北盛汽车有限公司投资 21.8 亿元的 D2SB、D2JB 多用途及其变型车技术改造项目，米其林沈阳轮胎有限公司投资近 50 亿元高性能子午线轮胎扩建项目相继开工建设；鞍钢股份与日本神户制钢合资建设冷轧高强汽车板连退生产线项目，辉山乳业集团累计投资 40 亿元乳制品搬迁改造、新建生产乳制品项目已获我委备案。

外资来源以亚洲国家和地区为主，比重逐渐减小。全省外资来源前 5 位的地区和国家，依次是：中国香港、日本、英属维尔京群岛、美国和新加坡。实际利用外资依次为 120.8 亿美元、30.2 亿美元、21.1 亿美元、13.8 亿美元、10.9 亿美元。从目前看，亚洲仍是辽宁省利用外资的重要地区，中国香港仍为来辽宁投资最多的地区，但 1 ～ 9 月亚洲主要国家实际利用外资继 1 ～ 8 月后，同比继续下降，韩国同比下降幅度最大，1 ～ 9 月达到 61.6%；美国及欧洲国家却呈现不同幅度的增长，且增幅较大，1 ～ 9 月美国同比增长达到 82%，表明美国及欧洲国家仍看好我省投资环境，正在加大投资力度。

国外贷款项目稳步推进，逐步拓宽领域。正在实施的世行贷款 1.5 亿美元辽宁沿海经济带城市基础设施建设项目、利用亚行贷款 1.5 亿美元沈阳经济区城镇基础设施建设项目和世行贷款 1.91 亿美元辽宁中等城市基础设施集中供热项目，涉及城市交通、供排水、污水处理、集中供热、节能环保等城市基础设施领域，提高城市功能和居民生活质量，将带动近 50 亿元城市基础设施建设投资。近两年，辽宁省在国外贷款方面逐渐向植树造林、湿地保护、抗洪排涝等方面引导，这些项目的实施将为环境保护做出重要贡献。

2）境外投资情况

境外投资同比继续增长，项目示范作用更加突出。2014 年，中方投资额为 30.29 亿美元，同比增长 2.15%。自 2014 年以来，中方投资额同比增幅继续保持增长，除 1 月和 1 ～ 9 月外，其他月份累计增幅同比超过 10%，尤其是 1 ～ 7 月受国家政策红利影响，企业纷纷走出去，中方投资额同比增幅超过 50%。境外投资项目数量继续增加，示范作用更加突出，主要为并购类项目、获取资源类项目和拓展市场类项目以及转移过剩产能项目，如辽宁春成工贸（集团）有限公司并购吉尔吉斯斯坦共和国诺爱利集团有限责任公司项目、辽宁时代万恒股份有限公司收购加蓬拉斯图维尔木材公司股权项目，通过并购将弥补辽宁省短缺资源；辽宁康乃尔聚氨酯有限公司并购瑞典 Chematur 公司项目、沈阳和平子午线轮胎制造有限公司增资收购加拿大 GOMA 公司部分股权项目，实施后将通过获得先进技术增强自身实力，调整辽宁省产业结构；葫芦岛市钢管工业有限公司在文莱设立葫芦岛（文莱）钢铁有限公司项目，即转移国内过剩产能，又开拓国际市场；特变电工沈阳变压器集团有限公司增资特变电工能源（印度）有限公司，促进成套设备出口，同时进一步开拓国际市场。

境外投资项目分布更广，单体项目投资额度较大。辽宁省境外投资项目数量不断增长，涉及区域更加广泛。今年，辽宁省企业在除大洋洲外的其他四大洲都有投资，如俄罗斯、加拿大、印度、加蓬等，投资区域更广泛。受国家政策导向影响，企业境外投资信心更足，项目投资额度更大，如万达商业地产股份有限公司投资 87 000 万美元购买西班牙大厦项目、投资 9816 万美元的辽宁春成工贸（集团）有限公司并购吉尔吉斯斯坦共和国诺爱利集团有限责任公司项目、投资 8300 万美元的辽宁康乃尔聚氨酯有限公司并购瑞典 Chematur 公司项目，等等。

（2）存在问题

1）外商投资方面

一是利用外资结构亟须优化，质量有待提高。外资缺乏有牵动力的重大项目，产业集群及产业配套能力偏弱。高端制造业和金融、物流、商贸、信息服务、研发设计等现代服务业项目少，利用外资结构亟待优化，质量有待提高。二是省内各市产业布局缺乏统筹，重点不突出，特色不明显，外资项目同质化竞争加剧，内耗增多。三是存在重数量轻质量的现象。部分地区招商引资的总量和规模仍是考察干部和地区政绩的硬指标，很多地方土地税收政策优惠，外商进入门槛过低，超国民待遇现象普遍，不乏“两高一资”项目，加剧了对环境的破坏和资源浪费。四是吸引外资优势弱化。近年来，国内劳动力、土地、能源资源等要素价格不断提升，依靠要素成本优势吸引外资的传统做法已经不能适应形势发展的需要。五是招商引资氛围不浓，积极性、主动性不够。招商方式习惯于传统的大轰大嗡，等客上门，缺乏招商方式的创新。

2）境外投资方面

一是企业缺乏准确有效的境外投资国别的综合信息，对境外投资环境、政策、机遇、风险等信息缺少必要的认知和了解。二是企业境外投资融资困难，财税、金融、保险等服务还需完善。三是企业缺乏宏观长远的境外投资规划，缺乏国际化专业化的人才。四是辽宁省是装备制造业、成套设备大省，目前还没有走出去的旗舰型企业，与本省雄厚的产业基础和地位不匹配。五是企业的联合抱团发展的意识还没有形成，缺少联合协同作战的战略意识，同行业企业境外投资恶性竞争现象严重。六是部分国产装备技术标准得不到国际普遍认可，对装备产品出口形成制约。

（3）2015 年双向投资发展趋势

从国际看，全球经济复苏步伐低于预期，复苏动力尚未形成。美国受消费增加、房地产市场和就业市场持续改善，经济表现较好。英国企业投资意愿增强，失业率降低，经济恢复到危机前水平。欧元区经济复苏步伐再次放缓，受乌克兰地缘政治危机的拖累，投资放缓，失业率增加，经济复苏乏力。日本经济有所回升，但高额债务和低潜在增长率仍是危险因素。新兴经济体受美国“再工业化”和结构调整缓慢影响，经济增长放缓。地缘政治更加复杂，美国重返亚太，日本政治右倾严重，越南等南海岛国不时挑起事端、乌克兰危机、伊斯兰国危机等，都将会影响全球经济和多双边合作。根据 IMF 预测，2015 年全球 FDI 流量将达到 1.8 万亿美元。但鉴于发达国家经济发展不平衡，不确定性因素较多，将会影响全球 FDI 的投向。

从国内看，中国经济处在“增长速度换挡期、结构调整阵痛期、前期刺激政策消化期”三期叠加阶段，结构性减速有一定的必然性、复杂性和合理性。随着投资环境不断改善，依法治国全面推进，需求结构持续改善，节能降耗成效不断显现，产业结构更趋优化，电子商务和现代服务业快速发展，经济运行态势总体平稳，且稳中有进、稳中提质。在新常态下，中国经济增速仍将保持在合理区间。但房地产市场持续调整累积效应有所增加，传统产业产能过剩挤出效应有所增加；钢铁、水泥和传统制造业持续低迷，一些与房地产市场相关联的消费品工业也随之出现产销下滑；电子信息、高端装备制造、节能环保等新兴产业虽然呈现较快增长势头，但仍不足以抵御传统产业增速放缓的压力。新旧经济增长点接续不够，内需动力不足，将进一步影响 2015 年经济运行，进而影响外商投资。受国家实施“一带一路”战略和推动国际产能和装备制造合作的影响，中国将与“一带一路”沿线国家签订多边或双边协定，制定支持政策，中国企业“走出去”步伐将加快。

从省内看，在新常态下，2015 年辽宁省发展仍面临着新的机遇。党中央、国务院高度重视辽宁老工业基地转型升级和全面振兴发展，习近平总书记关于推动东北地区新一轮振兴发展的重要批示、国务院出台的近期支持东北振兴的重大政策举措，给辽宁省提供了最独特、最直接的重大战略机遇。党中央、国务院做出的加快推进“丝绸之路经济带”“21 世纪海上丝绸之路”建设和京津冀协同发展战略，必将有利于辽宁省统筹好国际国内“两个市场”“两种资源”，推动辽宁省先进装备走出去、富余产能转出去、技术标准带出去，在更大范围、更宽领域、更深层次上融入全球经济体系。国家相继出台的一系列既利当前更惠长远的稳增长措施，以及宏观调控预调微调的政策作用将逐步发挥作用，有利于促进实体经济发展。辽宁将借助“一带一路”战略和国家出台各类支持政策的东风，境外投资将会得到发展。吸引外商投资的综合优势依然存在，但受国际、国内经济不景气等因素影响，引进外资速度将放缓，由追求“速度型”向“质量型”转变。通过“走出去”和“引进来”，辽宁经济将实现转型升级和结构调整。

（4）主要措施

1）推进境外投资便利化，鼓励企业“走出去”

落实企业投资“自主决策、自负盈亏”原则。放宽境外投资限制，简化境外投资管理，严格限定核准范围，实行备案制为主的管理方式。通过规划指导、政策支持等推动有比较优势的行业企业走出去。鼓励企业或个人到境外开展投资合作，到各国各地区自由承揽工程和劳务合作项目，创新方式走出去开展绿地投资、并购投资、证券投资、联合投资等，带动辽宁省产品、技术、标准、服务出口，提高我省产品国际市场占有率。鼓励有实力的企业采取多种方式开展境外基础设施投资和能源资源合作。支持有条件的企业通过并购、合资等方式与国外高新技术和先进制造业企业开展合作，鼓励在境外设立研发中心，加快提升我省科技创新能力，提高在国际产业分工中的地位，促进省内产业升级和战略性新兴产业发展。创新境外经贸合作区发展模式，支持省内投资主体自主建设和管理。加快同有关国家和地区商签投资协定，推进对外投资合作便利化。

2）做好境外投资宏观引导和综合服务

研究制定《辽宁省境外投资产业指导目录》，组织编制《辽宁省重点国家和地区境外投资指南》，提升投资便利化。加强对重大问题和重大项目的协调，引导省内企业围绕重点国家、重点领域、重点项目开展工作，重点支持获取能源、高新技术，转移过剩产能，投资境外基础设施，推进境外农业合作等方面的企业“走出去”。鼓励和引导商业银行加大对企业“走出去”信贷支持力度，拓宽境外投资项目融资渠道。

3）创新外商投资管理体制，放宽准入条件

实行统一的市场准入制度，推进负面清单管理模式。配合国家，分层次、有重点地放开服务业领域外资准入限制，扩大金融、教育、文化、医疗等服务业领域对内对外开放，放开育幼养老、建筑设计、会计审计、商贸物流、电子商务等服务业领域准入限制。进一步放开一般制造业，有序放宽外资在汽车、化工、运输设备等制造业领域的股比限制。加强事中事后监管和外国投资安全审查，提升外商投资监管体系的科学性、规范性和透明度。

4）扩大对外开放，提升外商直接投资质量

继续扩大利用外资规模，提升利用外资水平，更加注重利用外资质量。着重培育重大利用外资项目，发挥重大项目对经济结构调整和方式转变的重要作用。创新招商引资方式，尤其发挥区域优势吸引外商投资。扩大面向发达国家合作，建立中德政府间老工业基地振兴交流合作机制，加强东北振兴与俄远东开发的衔接，推进对蒙、对日合作，尤其是紧紧抓住中韩自贸区协议签订契机，发挥辽宁区位优势，进一步加强与韩国的深入合作，吸引外资更多投向高端制造业、高新技术产业、现代服务业、新能源和节能环保产业。加强对各类开发区规划指导、创新发展，发挥开发区的引领和带动作用，推动区内产业升级，实现产业结构、产品附加值、品牌、技术水平、创新能力的全面提升。

5）提高国外优惠贷款使用质量，发挥调结构惠民生的重要作用

积极争取国外优惠贷款，引进国际先进管理理念、经验和技术，充分发挥调结构和惠民生的重要作用。国际金融组织贷款使用要注重质量，增强项目的示范性和创新性，缩短准备周期，加强项目监管，保质保量完成项目建设。促进外国政府贷款转型发展，按照以我为主原则，将政贷资金主要用于引进国外技术和设备，做好政贷由“援助型”向“合作型”转变。继续优化行业和区域投向，完善沟通机制，加强部门配合，推动项目尽快实施，强化贷后监管。加强创新，用好国际商业贷款，支持有条件的企业借用国际商贷，用于开展境外投资。

2. 吉林省

2014 年，吉林省努力应对国内外错综复杂的形势和各种挑战，围

绕国家“一带一路”重大战略，大力推进与周边国家互联互通基础设施建设，积极开展招商引资工作，坚持实施“走出去”与“引进来”相结合，利用外资规模保持了稳定增长，境外投资不断取得新的突破。

（1）2014 年全省利用外资和境外投资完成情况

1）利用外资的主要情况

2014 年，实际利用外资 76.53 亿美元，同比 13.13%。其中，直接利用外资 19.66 亿美元，同比增长 8.08%。主要呈现以下特点：

全省直接利用外商投资依然以第二产业为主。2014 年，吉林省直接利用外资在三个产业的分布情况是：第一产业 3792 万美元，占 1.93%；第二产业 167 009 万美元，占 84.93%；第三产业 25 842 万美元，占 13.14%。直接利用外资在第一产业主要投在家禽养殖业；第二产业主要以制造业为主，分布在交通运输设备制造业，化学原料及化学制品制造业，食品制造业，纺织业、医药制造业，电力、燃气及水的生产和供应业等领域；第三产业主要投在房地产，居民服务和其他服务业，批发和零售业、交通运输、仓储和邮政业以及金融业等领域。

外资来源地比较稳定。2014 年直接利用外资主要来自中国香港、德国、韩国、中国台湾等国家和地区，共有中国香港、日本、韩国、荷兰、美国等 16 个国家和地区对吉林省有直接投资。其中中国香港、德国、韩国、中国台湾为主要资金来源，占全省直接利用外资的 60.38%。中国台湾、开曼群岛、德国、英国等国家和地区增幅较为明显；美国、新加坡、中国香港等国家和地区降幅较为明显。德国增幅较大原因是一汽 – 大众有限公司增资已全部到位，开曼群岛、英国投资增幅突出，主要是 2013 年同期基数较少。日本下降主要原因是日本经济低迷，日本对我省投资下降幅度低于全国水平；中国香港的降幅较为明显主要是由于外国投资者不再单一地将这里作为资金中转站，逐渐转移到英属维尔京群岛、开曼群岛、马绍尔群岛等地区；新加坡降幅主要是由于去年同期基数较大。

各市（州）直接利用外资进度相对均衡。2014 年，全省各地区外商直接投资到位资金均完成年度指导性工作目标。其中辽源降幅较大，主要原因是去年同期基数较大。

在建项目进展顺利，同时积极推进规划项目前期工作。2014 年全省共实施国外贷款项目 5 个，到位资金 7735 万美元。其中借用国际金融组织贷款项目 1 个，世行农产品质量安全项目到位资金 1100 万美元；外国政府贷款项目 4 个，共到位资金折合 6635 万美元，包括长春市卫生系统 6 家医院引进医疗设备项目利用以色列政府贷款 2000 万美元、吉林大学第一医院引进医疗设备项目利用以色列贷款 2700 万美元、白城中心医院引进医疗设备项目利用以色列贷款 990 万美元、长春汽车工业高等专科学校引进教学设备项目利用奥地利贷款 700 万欧元。同时积极推进列入规划项目的前期工作。一是完成了列入国家备选规划的亚行贷款吉林省城市发展项目的签约谈判工作，贷款额度 1.5 亿美元，用于吉林省城市发展建设项目。二是列入国家 2014 年外国政府贷款备选项目规划的有 5 个项目，利用外国政府贷款额度 12 415 万美元。

2）境外投资情况

2014 年，全省共设立境外机构和企业 90 家。其中，境外机构 6 家；境外企业 84 家，中方协议投资额 13.43 亿美元；境外投资备案项目 3 个，总投资 11.52 亿美元，主要投资领域是矿产资源，即铜镍矿、镍铁矿和煤矿，主要投资国家是加拿大、印度尼西亚和俄罗斯。具体项目是吉林吉恩镍业股份有限公司再次增资 42 167 万美元加拿大皇家矿业努纳维克铜镍矿建设项目；吉林昊融集团有限公司在印度尼西亚投资 2.8 亿美元，建设镍铁工程项目；吉林省华峰能源开发有限责任公司在俄罗斯滨海边疆区与俄方合作投资 4.5 亿美元，建设亚当斯煤矿区建设项目，其中中方投资 2.7 亿美元，340 万美元为项目前期费用。

（2）2015年全省利用外资和境外投资工作基本思路

2015年要紧紧抓住国家实施“一带一路”对外开放战略和东北老工业基地振兴的重大机遇，立足本省实际，坚持科学发展、创新发展，进一步巩固、发挥和创造比较优势，突出重点国家和地区，突出重点产业和领域，以重点项目为依托，创新工作思路和方法，加强引资平台建设，坚持“引进来”和“走出去”相结合，拓宽外资来源渠道和利用外资方式，进一步扩大利用外资和境外投资规模，拓展领域，注重“引资”和“引智”并重，不断提高利用外资的质量和效益，为促进全省经济社会又好又快发展做出新贡献。

2015年实际利用外资预计达到85.65亿美元，同比增长12%；外商直接投资预计达到21.06亿美元，同比增长8%。

1）继续做好利用国外优惠贷款有关工作

积极谋划和组织申报明年贷款备选项目工作。利用国际金融组织贷款重点围绕国务院支持东北振兴28号文件中涉及的政策投向和重点倾斜领域，着眼全省老工业基地改造、资源枯竭性城市转型发展、重大水利交通基础设施、棚户区民生改造等领域准备谋划1亿美元左右的贷款项目。利用外国政府贷款要准确把握国家由“援助型”向“合作型”转变的政策趋势，准备围绕社会事业、环境保护、节能减排等领域重点谋划8000万美元左右的贷款备选项目，并及时向国家进行项目的组织申报。

积极推进规划内的项目开展前期工作。项目谈判签约后立即着手准备项目招标文件，扎实有序地组织项目开工建设，指导亚行贷款吉林省城市发展项目积极向前推进。继续组织已列入国家备选规划的梅河口市利用法署贷款的既有建筑节能改造项目、长春水务集团利用德促贷款的中水回用项目、东丰县职教中心利用以色列贷款引进教学设备项目、长春中医药大学附属医院利用以色列贷款引进医疗设备项目、长春市中心医院利用以色列贷款引进医疗设备项目、延边州卫生系统三家医院利用科威特贷款引进医疗设备项目、公主岭市职教中心利用以色列贷款引进教学设备项目的编制及批复工作，推动项目早日开展谈判签约及设备的引进工作。积极推进落实东北振兴重大项目——吉林碳谷碳纤维有限公司利用美国进出口银行贷款4500万美元引进年产1000吨碳纤维生产线项目有关工作。

2）进一步加强外商投资管理工作

密切关注国家外商投资负面清单的编制工作。及时了解掌握此项工作的进展，密切关注中美谈判和上海自由贸易区进展情况，待国家外商投资负面清单出台后，按照其要求研究制定我省外商投资的负面清单。

加强对《吉林省外商投资项目核准和备案管理办法》落实情况的服务和指导。重点是各市县将国家和省里下放的审批权限承接情况，进一步转变工作职能和工作作风，由原来的重项目核准转变为更多地为基层单位提供政策咨询和业务指导；由原来的注重事前核准转变为大力加强项目的事中和事后全过程监管。

3）继续做好境外投资有关工作

加强对《吉林省境外投资项目备案管理办法》落实情况的服务和指导。深入地区和企业调研，重点检查各市县对国家和省里下放的审批权限承接情况，积极为基层单位提供政策咨询和业务指导。

做好境外投资企业的跟踪服务。收集境外投资信息和相关国家投资政策法规，为吉林省有“走出去”意愿的企业提供信息服务；对吉林省有实力开展境外投资的企业进行跟踪指导，加快走出去的进程和步伐；对已在境外投资的企业做好后续服务，提升吉林省境外投资企业的投资水平和规模。

建立全省境外投资重点项目库，加强项目的事中事后服务。为切实推动吉林省境外投资工作，加快企业“走出去”步伐，建立全省境外投资企业重点项目库，搞好项目的跟踪调度，不断提高境外投资项目的事中事后服务水平。

3. 黑龙江省

2014年，面对世界经济环境低迷、国际市场需求萎缩、国内经济增速趋于放缓的严峻形势，黑龙江省服务国家“一带一路”战略大局，积极落实推动对外经济稳定发展各项政策措施，利用外资规模进一步扩大、结构进一步改善，境外投资规模与质量进一步提高，双向投资呈现持续快速发展的良好势头，对于加快产业项目建设、调整优化经济结构、促进观念转变和制度创新、深化市场化改革、促进“中蒙俄经济走廊”黑龙江陆海丝绸之路经济带建设发挥了积极作用。

（1）双向投资取得的主要成效

1）外商直接投资规模扩大、结构改善

全省利用外资继续保持快速增长势头。2014年，外商直接投资50.88亿美元，同比增长10.3%，合同利用外资金额58.63亿美元，同比增长17.33%，新批准设立外商投资企业（项目）98项，同比增长15.3%。

第三产业比重明显提高。在外商直接投资中，第一产业利用金额1.11亿美元，占2.2%；第二产业28.23亿美元，占55.5%，其中，制造业21.75亿美元，占外商直接投资的42.8%；第三产业21.53亿美元，占42.3%。与2013年相比，第三产业在利用外资总额中的比重上升22.5个百分点，对全省经济结构调整起到了一定促进作用。

新兴国家外商投资比重上升。来自亚洲、非洲、大洋洲的外商投资同比分别增长43.3%、70.3%、146.7%，来自欧洲、北美洲、拉丁美洲的外商投资同比分别下降26.8%、69.1%、67.6%。以实际使用外资金额计，2014年对黑龙江省投资前五位的国家和地区依次为：中国香港38.75亿美元，同比增长47.9%；新加坡2.67亿美元，同比增长16.3%；

英属维尔京群岛1.24亿美元，同比下降74.7%；英国0.99亿美元，同比下降68.5%；瑞士0.91亿美元，同比增长225.7%。

2）国外金融组织贷款项目投向优化、进展顺利

对区域可持续发展支持作用显现。在积极争取国际金融组织优惠贷款的同时，开拓贷款领域，优化贷款投向，促进经济社会可持续发展。黑龙江省特殊林木可持续培育项目利用欧洲投资银行中国气候变化框架贷款2500万欧元，已列入欧洲投资银行一期余款安排计划。哈尔滨市亿丰垃圾焚烧发电项目列入国家外国政府贷款备选项目规划。向国家申报了亚行贷款2.5亿美元黑龙江省煤炭资源枯竭型城市转型促进项目，已列入2015 ~ 2017年贷款规划。

现有贷款项目稳步推进。利用亚行贷款1亿美元松花江流域水污染治理项目顺利完成建设任务。亚行贷款1.5亿美元黑龙江省集中供热项目进展顺利，9个子项目有6个已启动实施。世行贷款2亿美元北方高寒城市智能公交系统建设项目贷款已生效，牡丹江子项目设备采购工作已经开展。亚行贷款1.5亿美元佳木斯市现代农业生态灌溉体系建设项目前期准备工作全面开展，亚行鉴别团已进场。

3）境外投资数量与质量进一步提高

投资合作领域不断拓宽，规模不断扩大。2014年，黑龙江省核准备案对外投资21.8亿美元，同比增长64%，境外投资总规模和单个项目规模均有较大增加。投资目标国涉及俄罗斯、蒙古、中国香港、澳大利亚、美国、韩国等20多个国家和地区。其中，对俄投资额14.8亿美元，同比增长56%，占全国30%以上，对俄合作“桥头堡”的作用进一步凸显。对其他国家投资额6.96亿美元，同比增长84.1%。黑龙江省投资已拓展到能源资源、轻工、基础设施、房地产、农业开发、食品加工、森林采伐和木材加工、计算机软件开发和物流等多个领域。特别是为适应国内资源短缺日益突出的形势，加大了对能源资源富集国的能

矿资源开发力度，在一定程度上弥补了国内重要资源缺口。

投资合作方式灵活多样。境外投资合作从最初的绿地投资发展到境外并购、股权投资、企业联合投资、合作等更加灵活的投资方式，取得了良好成效。黑龙江省整合资源，规范投资，成立了黑龙江对俄电力合作联盟、对俄农业产业协会、对俄林业产业协会，促进企业抱团走出去，提升了企业境外投资的风险抵抗能力和国际竞争力。近年来，跨国并购由于其市场进入灵活方便，投资和建设周期短，容易获得境外企业现有资源，融资更为便捷，在境外投资中比例逐年提高，已成为黑龙江省企业对外投资的重要手段。

境外投资向发达国家扩展，产能合作势头显现。2014 年对美国、中国香港、韩国、瑞典四个国家和地区协议投资超过 2.4 亿美元，占核准协议投资总额的 34.5%，协议投资额分别为 1.36 亿美元、5200 万美元、2300 万美元和 3200 万美元。大庆路通新材料技术开发有限公司在瑞典投资 0.32 亿美元收购 GEVEKO 集团，成为黑龙江省转移富裕产能、增加进出口的新途径。随着国内房地产市场趋于降温，15 家房地产企业开展对外投资，协议投资额 3.34 亿美元。

积极融入“一带一路”战略，出现对外投资明星企业。以对俄合作园区为主的境外产业园区继续发挥引领作用，华信现代农业开发园区、龙跃林业经贸合作区通过国家确认考核，加上此前已通过国家确认考核的乌苏里斯克境外经贸合作区，黑龙江省已有 3 个国家级境外经贸合作区，在国内位居前列。2014 年，乌苏里斯克经贸合作区等 15 个境外园区带动进出口近 20 亿美元。除俄罗斯外，在“一带一路”沿线其他国家投资也取得积极进展。中蒙石化有限公司获得在蒙古建厂的全部证件许可，将成为蒙古第一家石化企业，预计总投资超过 5 亿美元，生产能力 160 ~ 200 万吨 / 年，年收益超过 1 亿元人民币。印尼巴布亚农业产业园区将建设亚洲最大的高级淀粉生产基地。绥化蓝天钢结构公司在肯尼亚投资建设方圆 5 平方公里的中肯加工区，一期工程已动工。

（2）双向投资存在主要问题

黑龙江省地处边疆，在经济发展水平和对外开放程度方面与东部沿海地区还有较大差距。从双向投资规模来看，利用外资金额占全国的 4%，处于中游水平；境外投资金额仅占全国的 2.1%。双向投资结构也有待进一步优化，具体表现如下。

1）利用外资水平不高

同发达省份相比，黑龙江省利用外资仍然集中在制造业领域，且多数集中在组装、食品加工、工业产品初级加工等劳动密集型产业和中低档加工制造环节，大项目较少、技术含量偏低、发展后劲不足。在市场需求减弱、国内劳动力成本上升的情况下，2014 年制造业利用外资金额同比下降 25%。少数规模较大的外资项目多为独资经营，先进技术和管理经验流动不畅，溢出效应较小。部分外资对矿产资源开发和粮食加工等产业链关键环节兼并兴趣浓厚，有形成市场垄断的潜在风险。服务业吸引外资虽然实现较快增长，但总体比重仍然较低，且少有技术研发中心、财务成本核算中心、销售中心、物流中心等总部型外商投资项目，经济拉动作用不强。

2）地区利用外资不平衡

黑龙江省的 15 个市（地）和省直管市（县）中，排名前 5 位的哈尔滨市、齐齐哈尔市、牡丹江市、佳木斯市和大庆市总计实际利用外资 45.53 亿美元，占全省的 85.56%，其他 10 个市（地、县）只占 14.44%，其中哈尔滨市实际利用外资 25.36 亿美元，占到了黑龙江省实际利用外资的 49.85%。

3）境外投资主体实力较弱

黑龙江省境外投资主体以民营企业居多，大型企业少，流动资金紧张，国际市场开拓能力和竞争力相对较弱。一些企业在境外投资过程中没有进行足够的法律和社会风险评估，专业人才匮乏，片面追求经济利益，造成盲目投资，无序发展。俄罗斯市场体制不够完善、投资政策多变、审批程序复杂、劳务指标限制较多等因素，也进一步放大了境外投资的风险。

（3）促进双向投资的主要鼓励政策和措施

1）加快行政审批制度改革

按照新出台的政府核准投资项目目录要求，黑龙江省实现了外商投资由核准制向核准制加备案制的转变。梳理并公布了外商投资企业审批服务流程，努力提高外商投资审批效率。境外投资由核准制转为备案制，起草了《黑龙江省境外投资项目备案实施办法》，简化材料、合并环节、缩短时限，推动对外投资合作便利化。

2）完善“走出去”政策支持体系

加强政策性指导。为了规范境外投资企业行为，近年来出台了《关于鼓励开展境外农业投资合作的指导意见》《对外投资合作规定》等指导政策，在加强境外人员文明守法教育、对外劳务合作经营资格管理、境外安全事件应急响应和处置、企业安全生产、劳务合作服务平台建设等方面出台了多项指导性文件，促进了境外投资企业依法依规经营。

加大资金支持力度。加大对外投资合作专项资金对重点项目的支持力度，重点支持项目前期、贷款贴息、保费补贴、资源回运补贴，研究探索股权投入、资本金投入等支持方式。利用政策性资金支持企业开展投资促进活动，近年来组织省内企业连续参加中国—东盟博览会、中国工程技术展览会、黑龙江与中央企业对外承包工程业务合作对接会等对外投资促进活动并取得实际效果。

加强信息服务。进一步落实重点企业、重点项目跟踪服务制，完善重点投资企业和投资项目储备库，培育一批有潜力的投资企业。在前期对接、上门服务、联合办公、简化手续等方面进行个性化服务。

3）搭建双向投资交流平台

充分发挥中国—俄罗斯博览会主平台作用，首届博览会签订经济合作项目260项，涉及资金683亿元。成功举办“2014中国—俄罗斯大型企业项目合作对接会”，形成对俄合作线索684个，达成意向性协议125个，其中千万美元以上大项目43个，拟投资金额147.5亿美元。组织了与俄罗斯哈巴罗夫斯克边疆区、滨海边疆区的经贸合作对接活动。

4）双向投资发展趋势展望

当前，黑龙江省双向投资面临的挑战与机遇并存。从国际形势看，外部增长环境仍有不确定性，世界经济仍然处于深度调整期，跨国投资和产业转移出现新动向。从国内形势看，经济增长进入新常态，依靠要素成本优势吸引外资的传统做法已经不能适应新形势需要。在此情况下，中央提出“一带一路”重大战略构想，为新时期双向投资发展创造了历史性机遇。

2014年，黑龙江省制定了《“中蒙俄经济走廊”黑龙江陆海丝绸之路经济带建设规划》，并不断扩大“一带一路”战略和黑龙江陆海丝绸之路经济带的推介宣传力度，在国内外引起强烈反响。随着通道基础设施和配套服务设施的不断完善，以亚欧大陆桥跨境运输为代表的国际物流业和以对俄电子商务为代表的跨境电商服务产业正在向我省集聚，电子信息等加工贸易产业转移也初露端倪。全国第一粮食大省地位的确立、生态化优势的形成、资源开发及深加工的巨大潜力、对俄合作的长期积累、高科技成果转化和市场化改革的巨大空间，构成了黑龙江省加快发展的后发优势，已经日益引起关注，为相关领域双向投资合作创造了重要机遇。

按照国家赋予的发展定位，黑龙江省将以政策沟通、设施联通、贸易畅通、资金融通、民心相通为合作重点，以哈尔滨为中心，以大（连）哈（尔滨）佳（木斯）同（江）、绥（芬河）满（洲里）、哈（尔滨）黑（河）

沿边铁路四条干线和俄罗斯西伯利亚、贝阿铁路形成的连接亚欧的“黑龙江通道”为依托，建设连接亚欧的国际货物运输大通道，吸引生产要素向通道沿线聚集，发展境内外对俄产业园区，打造跨境产业链，构建发达的外向型产业体系，努力形成区域经济新的增长极，为我国扩大与俄欧、东北亚合作提供重要平台，建设我国向北开放的重要窗口，为国家“一带一路”建设提供重要支撑、做出重要贡献。为此，黑龙江省将以通道沿线为重点，在商贸旅游、金融物流、进口资源精深加工、出口产品加工、高科技成果转化等领域进一步加大招商引资力度，促进利用外资结构优化升级。同时，加大境外基础设施建设和能源资源开发合作力度，积极推进国际产能合作和装备制造业合作，推动加工制造企业“走出去”规避国际贸易壁垒，增强可持续发展的能力。

4. 大连市

（1）2014 年大连市双向投资发展情况

2014 年，面对复杂多变的国际经济形势和艰巨繁重的改革发展任务，大连市对外开放战线以深入开展“工作落实年”活动为契机，一手抓改革，一手抓开放，通过明确目标，落实责任，强化措施，在改革创新中保持了利用外资和境外投资工作的平稳运行，质量和效益进一步提升。

1）利用外资水平持续提升

2014 年，全市完成外商直接投资 25 亿美元，同比增长 3.8%，确保了“规模全省第一、增幅高于全省平均水平”的目标。赛博底盘、中远船务、德原工业、辉瑞制药、日立机械设备等先进制造业项目进资良好，大洋百货、腾讯云计算、住友不动产、华润置地、中升集团、装备融资租赁等现代服务业项目实现较大进资，利用外资产业结构由劳动密集型向先进制造业方向调整趋势增强，现代服务业利用外资发展迅猛，已成为我市实际利用外资重要支柱。

2）对外投资合作快速发展

2014年，大连市新增境外投资项目99个，协议总投资额32.7亿美元，同比增长30.2%，其中中方投资额28.5亿美元，同比增长15%。主要项目有：獐子岛集团对香港公司增资4000多万美元；大连盈丰置业投资2800万在韩国进行房地产及旅游项目开发；大连国合集团投资2000多万美元在新加坡成立公司承揽海洋工程建造；大连东达集团在香港投资2900万美元从事公共事业管理及商务管理；大连韩星环流物流公司投资1300万美元在韩国成立公司从事软件及车备品行业；大连金广建设集团有限公司在美国新设绿树地产控股有限公司，协议投资8000万美元，从事地产及其他投资。

并购项目有15项，协议并购额14.7亿美元，实际交易额5.1亿美元。大连鲜星环球物流有限公司投资1315万美元，并购成立韩国供应链管理（株）从事软件和信息技术服务业；大连万达商业地产股份有限公司协议投资87 000万美元购买西班牙马德里大厦（实际已投资37 785万美元）；大连万达商业地产有限公司协议投资42 700万美元（实际已投资7756万美元）并购澳大利亚日东黄金海岸开发有限公司；大连经济技术开发区光伸物业服务有限公司协议投资4000万美元购买新西兰林业；大连汇能投资控股集团有限公司协议投资6900万美元并购（株）韩国东方海洋重工，从事海洋工程特种船、海洋工程模块、海洋工程装备设计、制造与修理改造等业务。

3）服务外包加快向高端化发展

世界500强及行业领军企业继续聚集，软件和信息服务外包产业规模持续壮大，业务向高端化攀升，有实力的外包企业强力进入大数据分析、生物医药服务、金融分析与解决方案等高端业务。全市离岸服务外包合同金额22.6亿美元，执行金额18.1亿美元，同比增长10.9%。全市目前累计拥有服务外包企业1066家，从业人员13.8万人。

（2）大连市的重点工作

1）大力优化利用外资结构

主动适应经济发展新常态和招商政策变化，成功实现全口径外资统计向外商直接投资统计转变，引导全市加强务实招商，推动项目建设，提高利用外资质量。加强境内外招商工作，开展澳新印、欧美、日韩出访招商，通过高层出访，有效发掘新项目线索，有力推进重点项目落地。同时，组织各先导区、区市县开展小规模、多层次的专题招商活动。建立全市重点外资在谈项目库并实行动态管理，深入开展“双百强”招商，新增世界500强和行业百强投资企业15家，全市已有110家世界500强在大连市市投资设立了243家企业，极大地推动了大连市高端装备制造、融资租赁、服务外包、技术研发、物流仓储等行业的发展。重启合同外资调度工作机制，分析新批项目和合同外资情况，力争项目扎实落地。创新利用外资方式，打开项目进资突破口，针对企业“融资难、融资贵”问题发展融资租赁项目，全市新批外资融资租赁项目7个，力促实际利用外资到位。

2）积极推动企业“走出去”发展

一是深入推进境外投资大项目。推行备案管理，及时解决项目推进过程中出现的问题，保证了万达集团、金广建设、汇能投资、瓦轴集团、大橡塑等企业跨国并购和投资。二是加快发展对外工程承包步伐。多次组织召开全市对外承包工程企业座谈会，搭建银行、信保、企业多方交流平台，帮助企业解决到境外承揽工程中的融资难题，推动了中冶焦耐公司印度2.44亿美元焦炉项目、大连国合集团肯尼亚5852万美元公路项目等签约建设。三是有序推进对外劳务健康发展。制定下发了《对外劳务合作企业经营资格管理办法》和《关于及时妥善处理外派劳务纠纷相关问题的通知》，推动我市外经工作向规范化、法制化方向发展，积极妥善解决劳务纠纷，投诉协调率达到100%，纠纷处理满意率达到 95%。

3）继续推动服务外包特色化高端化发展

一是加快服务贸易发展，以重点企业为牵动，大力推进软件和信息服务、文化等优质服务出口，鼓励引进先进技术，积极扩大服务进口，努力提高大连市服务贸易在对外贸易中的比重。二是加强政策促进，争取国家服务外包发展专项资金 8213 万元，直接受益服务外包企业和培训机构 116 家，受益技术出口贴息项目 89 个。三是做好企业服务，以服务外包行业协会为依托，以重点服务外包企业为抓手，多次组织召开座谈会，就落实国家有关政策、提高大连软件外包人才质量、建立校企联盟等进行对话和调研，用好用足政策，争取受益政策最大化。四是注重开拓市场，成功引进了全球著名跨国公司美国聚思鸿、印度沃思落户大连软件园，产业集聚进一步加强。五是强化信息安全保护，积极开展服务外包企业认证工作，对认证企业给予财政补贴，全市累计获得各类信息安全认证项目达到 170 个，进一步优化了服务外包产业发展的环境。

4）努力打造全市对外开放新平台

一是制定了对接上海自贸区经验的“实施方案”，相关先行先试制度已经推广实施。二是制定了金普新区对外开放规划，开展了新一轮东北振兴开放政策的研究和争取工作，加快把金普新区打造成面向东北亚开放合作的高地。三是一手抓基础设施建设，一手抓项目招商，长兴岛综合保税区申办工作实现了新进展。四是推动旅顺经济技术开发区落实市级经济管理权限工作，增强发展活力，加快形成开发开放新优势；五是开展了“一带一路”和中韩自贸区的前期研究工作，分析影响，提出对接措施，抢占政策先机。

（3）2015 年工作总体要求和重点任务

2015 年，是全面深化改革、推进全域开放的关键之年，也是完成“十二五”规划的收官之年，全面完成 2015 年各项目标任务意义重大。

全市工作总体思路是：抢抓“一带一路”建设、新一轮东北振兴、发展国家级金普新区、开发建设长兴岛石化产业基地等重大历史机遇，坚持创新驱动、稳中求进总基调，实施新一轮高水平对外开放，深化开放型经济体制改革，高水平推进沿海经济带建设，大力推动优质外资项目建设，努力促进外贸稳增长，加快海外并购和投资步伐，进一步培育对外开放新平台，努力推动全市对外开放进入新境界，开创新局面。

2015 年全市双向投资工作主要预期目标是：外商直接投资 27 亿美元，增长 8%；境外投资中方协议额增长 8% 左右；为实现上述目标任务，主要需做好以下重点工作。

1）强化创新驱动，推进新一轮高水平对外开放

要以开展“工作创新年”为抓手，创新工作理念，积极主动作为，抓住多项国家战略惠及大连的机遇，把开放引领作为牵动全局的基本战略，靠开放拓展发展空间、聚集创新要素、释放改革红利，再创竞争优势，在新的起点上推进高水平对外开放。主动融入“一带一路”等国家战略，提出对接思路和措施，打造对外开放新平台，在更大范围、更宽领域、更高层次上推进开放。

2）深化全面改革，加快构建开放型经济新体制

紧密跟踪外资三法修订实施进展，继续开展具有大连特点“负面清单”管理模式的研究和探索，为国家放开实施负面清单管理做好充分准备；做好将不含股权比例要求的鼓励类、允许类外资合同章程审批改为备案制管理；协调市政府相关行业主管部门，加强与国家部委的沟通和争取工作，大力推进现代服务业扩大对外开放。加强与海关、国检、口岸等部门协作配合，推动上海自贸区 14 项先行先试海关监管制度措施在大连全面复制推广，加快智慧口岸建设。深化对外投资管理体制改革，全面实施备案制管理，建立对外投资台账制度。进一步理顺园区管理体制，制定推进各级开发区（重点园区）转型升级创新发展实施意见

和综合发展水平评价办法。全面清理非行政许可审批事项，规范行政审批管理，制定并公布市、区外经贸部门权力清单、责任清单，推广网上并联审批。

3）突出项目建设，大张旗鼓开展招商引资

一要把项目建设、外商直接投资、投资性公司再投资作为招商引资的工作重点，发挥区市县、先导区利用外资的主体作用，强化目标责任制，加强外资通报、考核和项目调度，千方百计扩大利用外资，确保实际利用外资稳定增长。二要围绕大连市传统优势产业、战略性新兴产业和现代服务业，以引进产业大项目和总部型项目作为重点，以金普新区、长兴岛石化产业基地、北黄海新区、新机场沿岸商务区等作为重点承载区域，进一步推进面向世界500强、行业100强企业的招商工作。三要做好重大项目谈判工作，以问题为导向，着力解决问题，努力推进项目落地。四要开展精准招商，分国别制定产业招商指南，建立项目台账，组织以“小团组”“小分队”为主要形式的专业化招商团队，多频次、点对点、一对一开展产业链招商，提高招商引资的精准度和命中率。五要做好重大招商活动的组织工作，进一步完善全年招商计划，重点做好赴日本、韩国、欧美招商的筹划，做好利用夏季达沃斯平台扩大宣传和招商工作。六要实施境外招商“窗口前移”，探索在日韩、欧美、港台等与大连市经贸往来密切的国家和地区设立境外招商中心，延伸招商的触角。七要创新利用外资方式，鼓励外资参与国有企业混合所有制改革，推动企业境外上市融资，加快融资租赁发展，争取商业保理试点，扩大外商投资性公司、创业投资企业、股权投资企业投资，力促现有外资项目增资扩股。

4）发挥比较优势，大力提升走出去水平

一要加大对外投资扶持力度，贯彻落实国家鼓励企业“走出去”各项政策，会同财政等部门修改完善现有的财政扶持政策，加大“走出去”

支持力度和支持面。二要贯彻国务院加快中国装备“走出去”部署，推进国际产能合作，实施大企业带动策略，调研制订大连市本土型跨国公司认定办法，积极推动大连市机车、轴承、制冷、工程机械等优势产业和石化、造船、钢材等产能过剩产业中的龙头企业走向世界，开展境外投资或建立境外合作园区，加快培育一批境外投资的“旗舰”。三要主动对接“一带一路”国家战略，抢占对俄开发和周边发展中国家建设项目机遇，加大关键通道、关键节点投资合作，在港口、铁路、能源开发等方面承接一批重点承包工程，提升我市对外承包工程发展水平。四要简化境外投资备案手续，加强境外投资管理和综合分析，建立覆盖全部流程的综合监管体系。五要加强外经工作组织领导，定期举办“境外投资说明会”和“走出去”业务培训会，工作联系，更好地为企业境外投资协调服务，建立境外投资企业安全预警机制，全面加强对劳务企业的规范管理，积极防范和应对“走出去”过程中可能遇到的问题和风险。

（五）中国省区市“一带一路”项目清单

1. 东部地区

（1）天津市参与“一带一路”战略重点项目情况

天津市深入贯彻国家建设“一带一路”的战略部署，遵循共商、共建、共享原则，以港口为龙头，以投资贸易为纽带，以产业为支撑，着力提升服务辐射能力、示范引领能力、资源配置能力、金融保障能力，打造东承日韩、西联中亚、北通蒙俄、南接东南亚的“一带一路”战略枢纽。天津市编制的《天津市融入丝绸之路经济带和21世纪海上丝绸之路建设规划纲要》梳理了涉及沿线20个国家的5大类项目，项目类型主要包括基础设施、能源合作、产业合作、自贸金融、人文交流等。

基础设施类，结合京津冀重大铁路项目，重点策划了津蒙欧通道，即加快建设津承铁路，在承德地区衔接在建的张家口唐山铁路，经张唐、张集（集宁）、集二铁路至二连浩特出境，连接蒙古；津满欧通道，通过津承铁路，在蓟县衔接京哈（哈尔滨）铁路，经京哈、滨洲铁路至满洲里，连接俄罗斯；津新欧通道，即新建津石、津保忻铁路，与新亚欧大陆桥衔接，打造西部货运通道。

能源合作类，结合天津市能源需求和蒙古、俄罗斯能源优势，重点策划了中俄合资天津炼化一体化项目、渤化集团内蒙古能源化工综合基地项目、哈萨克斯坦油气收购项目等重大项目。

产业合作类，我们策划了中俄合作研制重型直升机项目以及俄罗斯、蒙古水泥厂新建改造等海外工程承包交钥匙、苏伊士经贸合作园区、印尼农业合作产业区等一批“走出去”项目。

自贸金融类，重点策划了中蒙俄自由贸易园区、基础设施产业基金等，主要目的在于利用天津自贸区建设的有利时机，为中蒙俄经济走廊建设提供新动力。

人文交流类，主要是联合培养人才和汉语言文化国际交流的合作项目。

（2）上海市“一带一路”境外投资重大项目（2014）

光明食品（集团）有限公司收购以色列特鲁瓦公司食品工业有限公司。特鲁瓦公司的总部设在以色列，在美国设有分公司，拥有员工8500人，是以色列最大的食品综合企业，乳制品是公司最重要的业务，其产品销售额占以色列乳制品市场70%左右。特鲁瓦公司专门生产各种类型的新鲜产品，并涉及食品产业链的所有方面包括开发、生产、营销和分销。拥有12个工厂和9个配送中心，在以色列十大著名食品品牌中公司拥有七个。本项目总投资83亿元人民币（折合10.5亿欧元），由光明食品集团向目标公司原股东支付对价，取得APMSTN公司100%股权，间接持有特鲁瓦公司76.7%股权。

绿地控股集团海外投资有限公司与泰国正大集团有限公司合资开

发泰国芭提雅住宅项目。项目由绿地集团与泰国正大集团及其子公司Magnolia Quality Development Corporation Company Limited合资开发。项目位于芭提雅地区素坤逸路西侧、泰国湾东侧，占地面积约99亩，总规划建筑面积39.6万平方米，计划开发建设包括度假公寓、酒店、商业中心在内的综合社区。项目总投资7.29亿美元，其中绿地集团出资3.57亿美元，持股比例为49%。

上海鼎信投资（集团）有限公司在印度尼西亚年产100万吨不锈钢连铸坯合资项目。项目位于印度尼西亚中苏拉威西省青山工业区内（上海鼎信为园区开发主体之一），有上海鼎信与苏拉威西矿业有限公司合资成立青拓不锈钢有限公司，计划年产不锈钢连铸坯100万吨，从而拓展园区镍铁产业链。项目总投资1亿美元，其中上海鼎信出资6670万美元，持股比例为66.7%。

（3）宁波市参与"一带一路"重点项目清单

1）丝路国际港口合作服务组织建设

实施单位：宁波港集团

组建浙江省港口联盟、拓展国内港口联盟成员，在此基础上建立"一带一路"国际港口合作服务组织。会员覆盖面遍及国内、国际各主要港口和宁波"一带一路"内陆节点"无水港"城市；设立工作机构，建立《丝路国际港口合作服务组织章程》等。

2）中国—中东欧投资贸易博览会

实施单位：宁波市商务委员会

积极主动争取商务部的支持和指导，不断扩大、提升中东欧特色产品展的规模和档次，设立中东欧特色产品常年展，在此基础上，办好中国—中东欧国家投资贸易博览会，通过投资洽谈、贸易展览、会议论坛、人文交流等形式，全面深化和扩大我国与中东欧国家经贸文化合作；力争通过三至五年努力，办成具特色品牌、永久落户宁波的国家级博览会。

3）刚果（布）钾肥生产基地

实施单位：加拿大麦格矿业公司

由中国春和集团控股上市企业加拿大麦格矿业公司投资。项目位于刚果（布）西南港口城市黑角蒙哥村，总投资13.64亿美元；产品规模为120万吨/年钾肥，包括采输卤工程、加工厂区工程、造粒包装工程、热电站工程、办公生活区工程、厂外工程以及港口工程等七个主项，共计38个装备或系统。

4）越南纺织工业园

实施单位：百隆东方股份有限公司

百隆东方越南生产基地，主要生产、加工、销售各类纱线及其副产品，以及染色。目前项目中方核准投资额2.5亿美元，其中截止14年底，已投资约1.3亿，预计下一步在实际投资陆续到位之后将进一步扩大项目投资规模。

5）吉利白俄罗斯汽车生产基地

实施单位：浙江吉润汽车有限公司

吉利企业与当地企业合资的白俄罗斯生产基地，主要从事汽车生产制造及销售，市场为俄罗斯和欧洲，目前中方完成投资额3700万美元，下阶段还将增资。

6）新加坡榜鹅组屋工程C35工程

实施单位：宁波市建设集团股份有限公司

该项目共470套住宅，总建筑面积67 000平方米，采用EPC总承包承揽方式，合同额6169万美元，于2013年8月签约，目前基础施工已经完成，正在开始主体建设中，已经累计完成营业额3408万美元。

7）蒙古国上海小区一期工程

实施单位：宏润建设集团股份有限公司

该项目总投资15 070万美元，于2009年由国家发改委和商务部分别批准，并与 2011 年取得商务部对外承包工程投议标许可。该项目一期建筑面积达 28 万平方米，包括多层住宅，别墅的土建、安装工程，累计完成工程营业额 6484 万美元，完成 206 栋房子的建造。

8）柬埔寨大米种植加工项目

实施单位：浙江雅高控股有限公司

主要在柬埔寨从事大米收购加工和进口，下一步计划从事大米种植以及天然橡胶生产，项目顺利的话，还计划从事旅游开发投资。目前中方已投资 3000 万美元左右。

9）中意（宁波）生态产业园

计划投资 50 亿元，总规划面积 47 平方公里，采取中意企业对接合作的方式，利用中国的市场和资本，引进意大利的技术、资金、管理和人才，总体上呈现“一园四区”的空间布局，分别为核心商务服务区、先进制造业集聚区、新兴产业综合区和旅游休闲生态区，重点发展节能环保、生命健康、装备制造、汽车配件等可持续、互补性强的产业，并辅以金融、物流、商务、信息等现代服务业。

10）若水物流跨境库联网

实施单位：宁波梅山若水物流公司

新建项目，正在申请立项。在梅山保税港区建设物流仓，对接俄罗斯海外仓库（莫斯科区，圣彼得堡区，东方港海参崴区，新罗西斯科区，Kaluga 经济区，Lipezk 经济区海关监管仓库六大区域），打造库联网。总占地 11 万平方米，一期工程 5 万平方米，建设物流仓，为跨境电子商务 B2B 及 O2O 模式作为交易场地，为航运公司及物流公司提供集装箱堆存配套服务，并建设“库联网”项目。二期工程 6 万平方米，为进出口俄罗斯跨境电商项目提供综合服务，对接俄罗斯专属海关监管仓库，形成中俄示范海外仓库网络。

（4）青岛市“一带一路”建设重点项目表

青岛市“一带一路”建设重点项目表如表 1-39 所示。

表 1-39　青岛市“一带一路”建设重点项目表

单位：万元

序号	项目名称	建设地点	业主单位	建设内容及规模	总投资
基础设施互联互通（共 26 项）(主要是港口、铁路、公路、光缆、信息化、物流等方面)					
1	青岛新机场建设项目	胶州市	青岛国际机场集团有限公司	一期建设 2 条远距跑道，西 1 跑道为 3 600 米 ×45 米（E 类），东 1 跑道为 3 600 米 ×60 米（F 类）。2 条跑道的间距为 2 200 米 45 万 m^2 的航站楼、171 个机位的站坪、配套的空管、供油工程，以及东航和山航基地 二期再建 2 条跑道、25 万平方米候机楼，增加 47 个机位及相应配套	3 300 000 （一期）
2	青岛邮轮母港项目	市北区	青岛港（集团）有限公司	1. 六号码头新建超大型邮轮泊位 1 个，利用现有 2 个泊位，共规划建设 3 个。配套建设邮轮母港 6 万平方米客运中心，满足通关联检需要，总投资 11 亿元。整个工程将于 2015 年 5 月份建成投入使用，设计年通关能力达到 150 万人次，具备停靠、接待世界上最大邮轮的能力 2. 规划开发建设邮轮母港启动区 77 公顷，3 ~ 5 年完成，总投资约 200 亿元。规划建设内容包括商业办公、居住休闲，打造旅游目的地，打造青岛市最靓丽的城市名片，提升城市品质，辐射东北亚，建设成为东北亚最具影响力的邮轮母港城 3. 未来规划建设大港老港区 4 平方公里的邮轮母港城，实现青岛老城区功能提升，打造老城区皇冠上的明珠	2 000 000
3	新建铁路潍坊至莱西城际铁路工程项目	莱西市	山东省人民政府\铁路总公司	建设时速 350 公里双线高速客运铁路，线路自济青高铁潍坊北站引出，沿荣潍高速公路向东，经昌邑市、平度市，引入青荣城际铁路莱西北站，正线全长 124.4 公里，设车站 4 座（分别为潍坊北站、昌邑南站、平度南、莱西北站）	1 604 800

4	中国北方（青岛）国际水产品交易中心和冷链物流基地一期项目	黄岛区	青岛鲁海丰投资有限公司	项目规划用地面积 286 公顷，建筑面积 257.22 万平方米，主要建设远洋水产品交易及集散中心、远洋水产品加工基地、冷冻冷藏基地、渔船整备及补给基地等“四基地一中心”，以及码头、卸鱼棚、配套办公休闲居住区等设施	1 017 000
5	青岛港前湾港区集装箱自动化码头工程	黄岛区	青岛新前湾集装箱码头有限责任公司	本工程建设 10 万吨级及 3 万吨级集装箱专用泊位各 2 个（码头结构按靠泊 20 万吨级集装箱船舶设计），码头长度 1 320m	718 814
6	济铁即墨综合物流园	即墨市	青岛即墨济铁物流园有限公司	建设 300 万平方米写字楼、仓库等，铺设 8 条 1 050 标准铁路专用线	600 000
7	青银高速济青段拓宽改建工程	即墨市 胶州市	山东高速集团	青岛境内长约 33 公里，由双向四车道高速公路拓宽成双向八车道高速公路	500 000
8	青岛港董家口港区港投万邦矿石码头工程	黄岛区	青岛港口投资建设（集团）有限公司与万邦董家口（新加坡）有限公司合资建设	建设规模为 30 万吨级（兼顾 38.8 万吨）矿石和 20 万吨通用散货码头各一座。30 万吨级矿石码头设计水深 -25 米，泊位设计长度 510 米，设计泊位通过能力 1 600 万吨 / 年。通用散货码头为 20 万吨中转码头，码头设计水深 -19.2 米，泊位设计长度 342 米，设计泊位通过能力 600 万吨 / 年	404 062
9	胶州铁路集装箱中心站物流园	胶州市	济南铁路局	园区总占地规模约 5 000 亩，按照“一园两片”进行规划布局。其中，胶州站周边规划建设占地约 3 500 亩的物流片区（含既有胶州集装箱中心站用地）。建成以海陆空铁多式联运为核心依托的集现代仓储、大宗物资集散保税交易、自动化仓库等功能为一体的综合性现代物流基地	300 000
10	青岛港董家口港区疏港铁路项目	青岛市	青岛港口投资建设（集团）有限责任公司	青岛港董家口港区疏港铁路工程新建线路起点为青连铁路董家口站（DK104+200）至董家嘴站（含）（疏港 CK14+850），正线长 12.638km。铁路建设标准为电力牵引，正线双线 I 级铁路，沿线分布董家口站、产业园区站、董家嘴站，其中产业园区站为港区预留站。青岛董家口港疏港铁路港口支线工程是港区集疏运重要通道，是保障港口生产运行的重要基础设施，其建设对促进青岛市、山东省及广大腹地的国民经济发展，完善国家铁路交通网具有重要战略意义	192 000

（续）

序号	项目名称	建设地点	业主单位	建设内容及规模	总投资
基础设施互联互通（共26项）(主要是港口、铁路、公路、光缆、信息化、物流等方面)					
11	青岛港董家口港区北三突堤通用泊位工程	黄岛区	青岛港国际股份有限公司	建设规模为新建2个10万吨级粮食泊位（其中南侧326m码头主体结构兼顾12万吨级船舶）。码头设计通过能力为1 000万t/a。码头岸线总长577.5m	147 377
12	董家口港区原油码头工程	黄岛区	青岛实华原油码头有限公司	建设1个30万吨级原油泊位（水工结构按靠泊45万吨油船设计），设计年通过能力1 880万吨，泊位长450米，设计水深为-27米；1个10万吨级油品泊位（水工结构按靠泊12万吨级油船设计），设计年通过能力620万吨，泊位长度302米，设计水深为-16.7米，以及相应配套设施	133 000
13	董家口港区海业摩科瑞通用码头工程	黄岛区	青岛海业摩科瑞物流有限公司（由青岛港集团、瑞士摩科瑞能源亚洲投资公司、青岛益佳海业贸易公司合资设立）	主要建设1个10万吨级通用散杂货泊位（水工按20万吨级设计和建设）和1个7万吨级通用散杂货泊位1个（水工结构按照12万吨级设计和建设），码头泊位总长583.56m	128 000
14	即墨国际陆港	即墨市	青岛华骏投资集团有限公司等	建设26平方公里物流区，建成济铁综合物流园6条铁路专线和6万平方米仓库，骏发城市配送中心、电商物流园二期，引进全国性第三方、第四方物流企业入驻，设立保税物流中心，构筑海陆连接顺畅的国际贸易大通道	120 000
15	巴基斯坦M4高速公路项目P-1合同段	巴基斯坦	巴基斯坦国家公路局	项目主要为一条双向四车道公路，由我单位承建的部分约26.6KM，另外包含6座桥梁，两个收费站，另外还包括地下通道、涵洞等结构物。该项目是巴基斯坦国家贸易走廊的重要组成部分，对于连接国家北部地区和南部港口提升地区贸易起到至关重要的作用	34 930

16	缅甸铁路工厂和车辆新建项目总承包	缅甸	缅甸国铁	铁路工厂及设施	28 000
17	菲律宾巴伦苏埃拉污水管网项目	菲律宾	马尼拉供水服务公司	该污水管网项目是马尼拉污水处理工程的一部分，由我方承建的部分包括污水管道 12 000 米，污水泵站 8 座，此外还包括污水处理设备如水泵、格栅除污机的安装等	24 274
18	菲律宾马尼拉北部公路项目 LM2.1 项目	菲律宾	菲律宾公共工程与道路部	该项目工程主要包括道路复原项目及道路养护项目两个部分，全长 234 公里	19 709
19	巴基斯坦克什米尔城市发展项目	巴基斯坦	克什米尔灾后重建委员会	项目工程主要包括学校项目，供水项目，污水项目，水厂项目，体育场项目，汽车站项目和卫星城项目	16 572
20	煤炭及煤炭码头建设项目	印度尼西亚	恒顺新加坡国际控股有限公司	煤炭码头位于印尼东加里曼丹省、卡达尼加拉县，占地 7 公顷，其中码头 2 公顷，堆场 5 公顷，拥有码头运营资质及对应的土地所有权	12 000
21	TPE（中美跨太平洋海缆）扩容工程	青岛市及美国、日本等相关登陆站	中国联通	系统将扩容升级成 100G 系统，跨太平洋容量将增加近 1Tbit/S	8 000
22	胶州陆海空多式联运互联互通综合贸易枢纽	胶州市	胶州市政府	建设“青新欧”跨国货运直达通道，搭建“铁、陆、空、邮”四位一体物流体系	5 800
23	EAC 海缆（东亚环球海缆）	青岛市及韩国、日本等相关登陆站	中国联通	系统将进行升级换代，升级后系统容量将增加 4 倍达（10Tbit/S）	5 000
24	吉隆坡机场线牵引传动系统项目	马来西亚	马来西亚 ERL 机场快线运营公司	提供 6 列动车组用牵引传动系统关键系统，并与马来西亚业主、整车主机企业——长春轨道客车股份有限公司共同完成调试、运营现场服务等，并在当地筹建办事机构	1 000
25	参与新加坡 28 条公交线路国际招标	新加坡	新加坡陆路交通管理局	竞标当地 28 条公交线的经营管理权；涉及营运车辆 380 部	竞标成功，输出人员和管理制度

（续）

序号	项目名称	建设地点	业主单位	建设内容及规模	总投资
经贸合作（共 11 项）（主要是合作建设的产业园区等）					
1	恒顺电气印尼苏拉威西镍铁工业园	印度尼西亚	青岛市恒顺电气股份有限公司	规划拟建成冶炼加工、建材物流、农林牧渔三个生态、循环可持续发展的工业园。规划总面积 1 723 公顷，包含 15 公里海岸线，两条主干河流，及 90% 以上的平原面积	120 000 ~ 150 000(美元)
2	马来西亚北方农渔业产业园项目	马来西亚	青岛鲁海丰投资有限公司	项目前期计划投资 30 亿人民币，项目占地 25 平方公里（包括海域和腹地），建设印度洋渔业中心，集码头、市场、冷库、加工厂、修造船厂等渔业服务设施，配套商业、**培训**及休闲旅游等服务设施。既为我印度洋远洋渔业船队服务，也为其他国家和地区船队及马来西亚近海渔业提供补给仓储中转及加工等服务，带动相对落后设施欠缺的马来西亚北部及周边缅甸、印尼、泰国、斯里兰卡和孟加拉国等渔业冷链物流业发展。同时对接青岛中心项目，成为印度洋鱼货的中转枢纽	300 000
3	印尼苏拉威西镍铁工业园项目	印度尼西亚	恒顺印尼资源有限公司	一期建设 4 条 4.5×110m 回转窑、4 台 33 000kVA 矿热炉、2×65MW 燃煤机组及其他公辅配套设施	60 000
4	毛里求斯海洋发展项目	毛里求斯	青岛鲁海丰投资有限公司	该项目计划前期投资 1 亿美元，在毛里求斯建立配套的专用码头、冷库、修船厂、海产品加工厂、滩涂养殖场、海洋旅游度假村等面向毛里求斯海洋事业长期发展的产业链	60 000
5	橡胶综合工业园区	印度尼西亚	穆迪亚·迪安·桑托萨公司、太平洋公司及印尼经济统筹部及所属各级政府部门	和印尼当地政府合作，建立橡胶工业综合园区，当地政府给予税收优惠支持，引进国内、外规模较大的企业及文化产业入住工业园区	9 300（美元）

6	海信埃及家电工业园	埃及	青岛海信中非控股股份有限公司	在埃及投资建设家电工业园，生产制造电视、空调、冰箱及相关配套设施	5 000（美元）
7	中海海洋青岛远洋渔业公司印尼美娜多（MANADO）海洋产业园项目	印度尼西亚	中海海洋青岛远洋渔业有限公司	项目占地面积约 130 000 平方米，拟规划于 2014 ~ 2016 年建设成为一个集渔业生产、水产加工、水产养殖、冷链物流、散杂货运输、后勤补给、船舶维修与岛际物流等于一体的海洋产业基地。拟建设渔业综合码头一座，相邻建设散杂货深水码头一个，具备靠泊万吨货船及散杂货装卸，堆存，中转换装等能力，最终把项目建设成一个综合性产业基地。项目投产后年水产品捕捞量 5 万吨，货物吞吐量 500 万吨	3 000（美元）
8	瑞昌棉业赞比亚非洲农业产业园区	赞比亚	中非棉业发展有限公司	2 个轧花厂，年生产加工能力可达 4 万吨；1 个榨油厂，年产棉籽油可达 2 500 多吨；涉及种植面积达到 10 万多公顷，签约农户达 6 万余户，雇用当地员工 900 余名	3 000（美元）
9	青岛港“一带一路”境外内陆港建设	沿“一带一路”陆向境外段	青岛港国际股份有限公司	与国际战略合作伙伴积极推动加快建设哈萨克斯坦等国际内陆港，沿“丝绸之路经济带”打造我国—中亚—欧洲的中亚段商贸物流通道，积极推动国内外商贸物流体系的协调统一发展	约 5 000
10	青岛国际商品交易所国际能源交易平台	青岛、非洲各国、中西亚各国	青岛国际商品交易所	利用现有交易平台和外汇政策，升级服务体系，建设分支服务机构，以期达到国际能源交易的目的，实现资产证券化、基金化	3 500
11	软控欧洲研发和技术中心	斯洛伐克	软控股份有限公司	主要面向全球橡胶轮胎业的需要，从事轮胎装备、工艺技术的研究以及高质量、高稳定性轮胎生产装备的生产制造，并为欧洲用户提供技术服务	218（欧元）

（续）

序号	项目名称	建设地点	业主单位	建设内容及规模	总投资
产业投资合作（共24项）					
1	印度尼西亚西Jawa-5 2×1 000MW IPP超临界燃煤电厂	印度尼西亚	PLN（印尼国家电网公司）	印度尼西亚西Jawa-5 2×1 000MW IPP超临界燃煤电厂；项目资金来源：出口信贷；承包方式：IPP	300 000
2	西港旅游综合开发项目	柬埔寨	中启控股集团	拥有西哈努克市云壤临海湾地块200余公顷的旅游综合开发项目，一期102公顷已经进入设计开发阶段。项目计划总投资3亿美元，已完成900万美元。距西哈努克市国际机场及西港经济特区仅10分钟车程，可从海上乘船直达西港市区和众多岛屿。云壤海滩曾被福布斯评为22个亚洲最美海滩之一。公司项目地块拥有海岸线1 300多米，依山傍海。其间清澈见底的海水，自然的白色沙滩，古老的七彩火山礁石和天然的浅水珊瑚群等，使其成为优良的海水浴场和旅游休闲胜地。规划中的海边度假酒店、博彩娱乐城、度假别墅、游艇码头、直升机观光、高尔夫球场、会议中心、餐饮购物中心等分布其中，是休闲居住、旅游度假、国际会议、商务接待等最佳一站式目的地。该项目的建成将帮助提升当地旅游业整体形象，改善当地住宿接待能力不足的局面，吸引大量的国内外游客，促进当地的经济发展	30 000（美元）
3	双星轮胎东南亚出口制造基地	云南省	青岛轮胎工业有限公司	建成占地500亩，总建筑面积90 000平方米的年产全钢80万套和斜交胎40万套的轮胎制造基地	160 000
4	巴基斯坦卡西姆2×660MW燃煤电站项目	巴基斯坦	PowerChina等（中水电海外投资有限公司，Al Mirqab Capital）	巴基斯坦卡西姆2×660MW燃煤电站项目，项目资金来源：中国融资；承包方式：FEPC（带融资的）总承包	125 000

5	斯努经济特区项目	柬埔寨	中启控股集团	拥有桔井省900公顷经济特区，距离柬埔寨与越南海关边境陆路国际口岸仅3公里，周边地区盛产木材、橡胶、木薯、大米、胡椒、咖啡、石材等。园区土地、电力供应充沛，劳动力充足，生产成本低廉；入园企业享受国家级机关以及海关、商检、税务等一站式服务；园区进口生产设备，生产原材料等免关税；出口产品享受欧美最惠国和普惠制优惠政策。项目计划投资2亿美金，已完成300万美元。全部建成后可容纳企业200多家，解决当地5万～8万人的就业问题	20 000（美元）
6	孟加拉国S.ALAM 2×660MW燃煤电站项目	孟加拉国	S.ALAM group	孟加拉国S.ALAM 2×660MW燃煤电站项目，项目资金来源：中国融资；承包方式：FEPC（带融资的）总承包	120 000
7	新疆棉花加工及交易平台	新疆、胶州市	青岛纺联控股集团有限公司	对接国家“一带一路”规划，在新疆扩建打造优质棉花加工基地，在胶州市建立新疆棉花交易平台	84 000
8	双星轮胎哈萨克斯坦制造基地	哈萨克斯坦	香港双星国际产业有限公司	建成年产斜交工程胎1.5万条、全钢子午胎60万条的轮胎制造基地	68 000
9	橡胶园种植项目	柬埔寨	中启控股集团	该特许地主要用于橡胶及其他经济作物种植。项目总投资9 000万美元，已完成自主投资2 400万美元，可为中国市场供应大量木材资源和橡胶资源。项目地上资源主要为巴劳、金车花梨、高棉酸枝、花梨、克隆、黄檀等珍贵树种	9 000（美元）
10	海藻植物空心胶囊	印度尼西亚	青岛浩然生态海洋水产科技有限公司	主要进行鲜活海藻的酶提取、加工以及海藻植物空心胶囊的生产和销售。其中厂房建设面积85 000平方米，配套净化室设备（10万级），生产设备、净水设备、溶胶设备（配料缸，不锈钢溶胶设备，胶体磨，均质机）、生产线设备（含模具，蘸胶装置，干胶系统，脱模装置等）36条、内外切割机连杀菌系统、套合机、印字机、检测及杀菌系统、化验室设备（化验设备，抽检设备等）、其他设备工具（激光测标系统）	50 000

（续）

序号	项目名称	建设地点	业主单位	建设内容及规模	总投资
产业投资合作（共 24 项）					
11	埃及西达米埃塔 2 200MW IPP 项目	埃及	ACWA Power	埃及西达米埃塔 2 200MW IPP 项目，项目资金来源：业主自筹；承包方式：EPC 总承包	47 000
12	尼日利亚 AFC Kogi 州 300MW 燃煤电站项目	尼日利亚	Africa Finance Corporation（AFC）	尼日利亚 AFC Kogi 州 300MW 燃煤电站项目，先期计划建设 2×150MW 的燃煤机组。承包方式：EPC 总承包；项目资金来源：SEPCOIII 协助业主从中国融资	45 000
13	双星轮胎孟加拉制造基地	孟加拉	香港双星国际产业有限公司	建成年产 60 万条全钢胎的轮胎制造基地	42 000
14	海洋捕捞机器人建设项目	印度尼西亚	青岛恒昌机器人科技有限公司	青岛恒昌机器人科技有限公司与印度尼西亚 Central Proteinaprima 公司合作研发生产，技术战略合作。目的是为制作一个可以执行多种水下任务的载体，例如海底资源探测、海洋捕捞、水下地形探测、水下管线维护等，而且可以通过地面站对水下机器人的多种参数进行远程无线监控，尤其是可以实现实时视频监测水下环境	39 000
15	海尔俄罗斯冰箱项目	俄罗斯联邦鞑靼斯坦共和国	海尔集团	投资冰箱工厂建设：一期：产能 25 万台；二期：产能达 50 万台	5 000（美元）
16	昆格瓦格纳工艺技术公司	德国	青岛华通集团	装备制造年产值 5 000 万欧元	30 000
17	年产 6 000 吨红藻多糖卡拉胶项目	印度尼西亚	青岛聚大洋藻业集团有限公司、印尼林氏集团	项目征用土地约为 80 亩，以红藻为原料生产高品质的红藻多糖产品，利用海洋生物技术，建设国外先进的红藻海藻产业蓝色经济园，建设车间、办公楼、库房等 26 000 平方米。建成精制卡拉胶车间二条，半精制卡拉胶车间二条，预计将实现年产，2 000 吨精制卡拉胶，4 000 吨半精制卡拉胶。成品综合车间一条，成品库、原料库、办公楼、污水处理工程完成全部设备的订购、制作、安装、调试和验收，投入生产	26 000

18	中德轨道交通技术联合研发中心建设	德国	德累斯顿工业大学等	在德国建设“中德轨道交通技术联合研发中心”，以轨道交通车辆智能化前沿技术、新结构、新材料和轻量化技术为切入点，开展技术合作与研究，在欧洲建立聚合新技术的“桥头堡”	20 000
19	澳柯玛埃及家电项目	埃及	澳柯玛股份公司	投资建设家电制造工厂：冰柜产能 30 万台，空调产能 10 万台	3 000（美元）
20	澳柯玛印度家电项目	印度	澳柯玛股份公司	投资建设家电制造工厂：冰柜产能 20 万台，空调产能 10 万台	2 000（美元）
21	中泰铁路系统联合研发中心建设	泰国	泰国科技部	在中泰两国科技部领导下，由中国南车股份有限公司与泰国国家科技发展署和泰国国家科技研究院分别代表中泰双方，牵头共建铁路系统联合研究中心，共同在轨道交通装备系统的试验、仿真、检修维护、人才培养等方面，开展铁路系统技术的联合研究工作，促进中泰两国间的铁路技术合作，为东盟区域内的互联互通做出贡献	10 000
22	南海海域海洋工程装备污损腐蚀及控制技术	菲律宾	菲律宾腐蚀学会（Philippine Corrosion Society, Inc.）	双方拟针对南海区域的海洋环境特点，开发针对南海环境的腐蚀防护与生物污损控制技术，解决海洋工程腐蚀与生物污损领域的重大关键性、基础性和共性技术问题，建设特种防护工程	10 000
23	甲壳素绿色生产技术及其在农业和食品中应用开发与产业化示范	越南	越南永環股份有限公司	计划总投资 5 000 万元人民币。由山东卫康生物集团作为中方投资单位，中国科学院海洋研究所提供技术，与越南的合作企业共同建厂投资并对产品进行市场推广。建成后将建立 500 吨甲壳素生产线 1 条，年产 1 亿粒软胶囊生产线 1 条、年产 2 亿粒硬胶囊生产线 1 条、年产 100 吨甲壳低聚糖/寡糖生产线 1 条、年产 1 000 吨海洋生物农药生产线 1 条、年产 1 000 吨海洋生物肥料生产线 1 条	5 000

（续）

序号	项目名称	建设地点	业主单位	建设内容及规模	总投资
产业投资合作（共 24 项）					
24	热带产胶海藻栽培技术的示范与推广应用	马来西亚	马来西亚：波诺海洋海藻（BOS）有限公司	1. 组建优质产胶海藻种质资源保存基地、示范平台和技术培训推广中心，从丰富的产胶海藻资源中选育 1 ~ 2 个抗逆性强、含胶高、强度大的优质株系，针对优良株系结合当地环境特点，建立高效海藻高效栽培模式与技术、病害防御与控制技术，并通过平台示范和技术培训，技术推广，逐步扩大生产规模，形成基地；2. 利用 3 年时间，完成一期产胶海藻规模栽培工作，初步将东马沙巴州建成国际上 1 个重要的热带海藻原料生产、供应和粗加工基地。具体实现 10 000 亩海藻栽培生态体系，产胶海藻年干藻亩产 1.5 ~ 2.0 吨，每亩年收入达到 8 000 ~ 10 000 元（约合 1 300 ~ 1 600 美元），获得海藻 15 000 吨干藻。3. 为项目 2 期实施拓展栽培规模，形成国际上新的海藻及产品生产基地；并提供解决 2 万 ~ 3 万人年就业机会，创造经济效益，带动沿海渔民致富提供借鉴模式	3 700

（5）深圳市“一带一路”建设情况

深圳市“一带一路”建设情况如表 1-40 所示。

2. 中部地区

（1）山西省国际产能合作清单

山西省国际产能合作意向项目表如表 1-41 所示。

（2）江西省建设项目清单

江西省建设情况如表 1-42 所示。

（3）湖北省“一带一路”建设项目清单

湖北省参与“一带一路”建设项目清单如表 1-43 所示。

（4）湖南省投资项目清单

湖南省投资建设情况如表 1-44 所示，对接“一带一路”备选项目清单如表 1-45、表 1-46 所示。

3. 西部地区

（1）重庆市项目清单

1）重庆—西安高速铁路。重庆至西安快速铁路是联系重庆城市群与关中城市群的快速铁路大通道，串联起沿线广安、巴中、汉中等大中城市，将进一步增强重庆作为长江经济带西部枢纽的功能作用，提升未来兰渝铁路货运能力，更好地发挥渝新欧国际贸易大通道的作用。项目总里程 410 公里，估算总投资 530 亿元。该项目已纳入长江经济带综合立体交通走廊规划。

2）重钢韩国浦项融熔炼铁示范工厂项目。FINEX 综合示范钢厂将采用国家鼓励的非高炉炼铁工艺，是世界炼铁工艺的重大革新性技术，通过韩国浦项的研究已经成熟并投入实际生产，最大特点是环境污染小，资源综合利用效率高。

表 1-40 深圳市“一带一路”建设情况

序号	企业名称	项目名称	主要建设内容	投资国家（或地区）	投资总额	投资领域	建设起止时间	备注
参与丝绸之路经济带项目								
1	华为技术公司	华为欧洲物流中心	仓库面积将达 25 000 平方米，进出口货物金额达到 15 亿美元，物流吞吐量预计达到 50 万立方米，将覆盖欧盟境内全部国家	匈牙利	150 000 万美元	仓储物流	2012 ~ 2017	在建（2012 年启动）
2	华为技术公司	白俄罗斯网络技术培训中心	致力于利用高校的科研资源，开展通信技术研发和培训，为白俄罗斯通信产业发展提供人才储备支持。帮助 300 多家白俄罗斯大型企业进行信息化改造。为白企业提供 IP 通信、远程会议、安全监控、智能物流等一揽子解决方案	白俄罗斯	50 000 万美元	电信工程	2011 ~ 2020	在建（2014 年 6 月华为入驻中国—白俄罗斯工业园。）
3	华为技术公司	华为土耳其研发中心	设于伊斯坦布尔，2009 年启建，为华为海外第二大研究所，主要致力于软件产品和业务、无线技术、全 IP 融合技术等的研发，以及产品规划、优化等相关流程的分析和研究	土耳其	5 000 万美元	电信工程	2009 ~ 2018	在建
4	华为技术公司	中巴国际光缆项目	建设从巴基斯坦拉瓦尔拉瓦尔品第到红旗拉普的通讯光缆，提供跨国语音和数据通信	巴基斯坦	5 000 万美元	电信工程	2015 ~ 2018	在建

5	华为技术公司	乌兹别克电信通信设备框架项目	为乌兹别克电信通信设备框架建设	乌兹别克斯坦	1 800 万美元	电信工程	2007 ~ 2015	在建
6	华为技术公司	华为白俄电信公司网络扩容项目	为白俄电信公司网络扩容	白俄罗斯	16 200 万美元	电信工程	2007 ~ 2016	在建
7	华为技术公司	吉尔吉斯电信公司网络建设项目（CDMA）	为吉尔吉斯电信公司网络建设（CDMA）	吉尔吉斯斯坦	1 000 万美元	电信工程	2008 ~ 2016	在建
8	华为技术公司	塔吉克斯坦 BABILON-M 公司第二期网络扩容项目	为塔吉克斯坦 BABILON-M 公司第二期网络扩容	塔吉克斯坦	3 300 万美元	电信工程	2013 ~ 2016	在建
9	华为技术公司	土耳其 turkcell 网络扩容及电信公司固网项目	为土耳其 turkcell 网络扩容及电信公司固网	土耳其	73 500 万美元	电信工程	2013 ~ 2022	在建
10	招商局集团	丝绸之路物资集数基地	在新疆哈密、乌鲁木齐、甘泉堡、霍尔多斯等地购置土地、建设仓库堆场等配套设施，用于进出疆及西行进出口物资的集数	新疆	15 000 万美元	仓储物流	2013 ~ 2017	在建（10 亿元人民币以上）
11	中兴通讯	中石油 D 线项目机电配套系统	中石油与塔吉克斯坦，吉尔吉斯，乌兹别克各国合建天然气管道，D 线投产后，中国从中亚进口天然气输气规模将达到 850 亿立方米 / 年，中国—中亚天然气管道将成为中亚地区规模最大的输气系统	塔吉克斯坦 吉尔吉斯斯坦 乌兹别克	4 000 万美元	信息化	2014 ~ 2017	在建

（续）

序号	企业名称	项目名称	主要建设内容	投资国家（或地区）	投资总额	投资领域	建设起止时间	备注
参与丝绸之路经济带项目								
12	中兴通讯	中亚天然气管道C线项目监测系统	中石油在已建成投运的A线和B线基础上，为进一步满足国内对清洁能源的需求，规划建设的又一条能源大动脉，由中石油和中亚合作伙伴联手建设。起源于土库曼斯坦，经过哈萨克，在新疆霍尔果斯口岸入境，与西气东输三线相连	哈萨克斯坦	6 000万美元	信息化	2014 ~ 2017	在建
13	国银租赁	GECAS带租约飞机资产包购买项目	在俄罗斯、土耳其等国开展开展航空飞机GECAS带租约飞机资产包购买项目售后回租项目	俄罗斯、土耳其等	90 000万美元	金融	2010 ~ 2025	在建
14	华为技术公司	华为云服务数据中心	总占地面积21 000平方米，将提供16 500平方米的数据机房，面向全疆乃至全国、中亚提供云计算服务	新疆克拉玛依	7 500万美元	信息化	2014 ~ 2016	新建（4.8亿人民币以上）
15	比亚迪公司	新能源汽车产品销售及售后中心	在俄罗斯、匈牙利、芬兰等国建设新能源汽车产品销售及售后服务网络	俄罗斯、匈牙利、芬兰	3 300万美元	新能源汽车	2014 ~ 2017	新建（3 000万欧元）
16	大洋物流公司	深新欧国际跨境汽车物流平台	建设国际汽车运输网络平台，建立阿拉木图、莫斯科等网点，完善中亚、俄罗斯多式联运网	中亚、俄罗斯	1 100万美元	仓储物流	2015 ~ 2016	新建（7 180万元人民币）

17	天道医药公司	依诺肝素钠生产线	与土耳其 Kocak 合作生产依诺肝素钠注射液。是土耳其第一家成功仿制依诺肝素钠的企业。负责车间工程设计、依诺肝素钠原料药生产的技术转移，和生产工艺的验证等	土耳其	500 万美元	生物医药	2015 ~ 2017	新建（为海普瑞子公司）
18	中广核集团	罗马尼亚切尔纳沃德核电项目	承建切尔纳沃德核电工程	罗马尼亚	300 000 万美元	能源	2015 ~ 2020	前期
19	深圳得润贸易公司	老挝烟草种植	与老挝政府共同组建老挝国际烟草集团有限公司，先拥有 21 公顷工业用地、300 公顷建设中国家烟草种植示范基地和 800 公顷建设中高规格高品质烟草生产基地	老挝	10 000 万美元	农业	2010 ~ 2016	在建
20	深圳市昌红科技公司	精密模具制造	在越南投资设立 OA 设备精密非金属制品模具制造、注塑成型以及装配生产基地	越南	1 700 万美元	工业制造	2014 ~ 2016	在建
21	南方航空深圳公司	开通东南亚、非洲航线	重点引进 A380、A330 等大型宽体客机，陆续开辟东南亚洲内航线和毛里求斯洲际航线，目前唯一一条由国内航空公司执飞的中国直达非洲航线。自 2014 年起，南航陆续开通了深圳—普吉、深圳—巴厘岛等东南亚航线	毛里求斯、泰国、印尼	1 500 万美元	航空运输	2014 ~ 2016	在建（2 亿元人民币）

（续）

序号	企业名称	项目名称	主要建设内容	投资国家（或地区）	投资总额	投资领域	建设起止时间	备注
参与丝绸之路经济带项目								
22	中海通海运公司	华南—东南亚杂货班轮	投入4条8 000 ~ 10 000DWT杂货船舶，开通至泰国等国杂货班轮航线	东南亚	1 300万美元	物流	2014 ~ 2017	在建
23	深圳鹏湾假日国际旅游酒店	鹏湾假日旅游度假酒店	在泰国岛已投资2个旅游度假酒店建设改造项目，其中一个五星级酒店即将建成，一个4星级酒店明年开始升级改造	泰国	1 000万美元	旅游	2013 ~ 2015	在建
24	深圳天城运输实业公司	印尼薯类种植项目	在印度尼西亚合资设立从事木薯种植的PT ADHI AGRO	印度尼西亚	1 000万美元	农业	2012 ~ 2016	在建
25	中集车辆集团	中集三友汽车制造	主要从事汽车整车制造	泰国	1 000万美元	工业制造	2007 ~ 2015	在建
26	深圳华大基因科技公司	老中现代农业科技示范园	承建“老挝—中国现代农业科技示范园”、“生物技术实验室”，后期将筹建分子育种中心及“南繁”育种试验基地，在筹建医学检测中心、健康养生基地，后续准备筹建生育监看、热带传染性疾病检测、地方性疾病防控等相关项目	老挝	1 000万美元	农业	2013 ~ 2015	在建（已投569万人民币）
27	华强文化科技集团	方特欢乐世界	在伊朗伊斯法罕建设方特欢乐世界主题公园	伊朗	7 700万美元	文化	2009 ~ 2015	在建（7 000万欧元）

28	深圳市震有科技有限公司	印度 BSNL-C5 NGN 及 Access 项目	印度 BSNL NGN 项目，共 8 个邦，提供综合接入设备及软件服务等	印度	4 300 万美元	电信通讯	2014 ~ 2018	在建
29	华为技术公司	印尼 PALAPA RING 项目	印尼国家针对公众的全国基础网络连接项目，包括 6 大经济走廊各大岛屿之间的海缆连接，陆缆连接，以及偏远地区网络覆盖	印度尼西亚	150 000 万美元	电信工程	2014 ~ 2020	新建（第一期 40 000 万美元）
30	中广核集团	100 万兆瓦太阳能光伏发电二期	中广核工程承建巴基斯坦 QA 光伏园区 100 万兆瓦太阳能光伏发电二期（中巴经济走廊优先项目名单）	巴基斯坦	15 000 万美元	新能源	2015 ~ 2016	新建
31	中广核集团	泰国 10MW 光伏屋顶	在泰国建设 10MW 光伏屋顶项目	泰国	1 700 万美元	新能源	2014 ~ 2016	新建
32	中兴通讯	太阳能电站	巴基斯坦拥有大量的光伏发电和热力发电的太阳能资源，中兴通讯将于未来两年内建设多座太阳通发电厂	巴基斯坦	5 000 万美元	新能源	2014 ~ 2016	新建
33	中国国际海运集装箱集团	马来西亚 Jackup 项目	马来西亚上市公司 Coastal Conatracts，在中集来福士下单建造 2 座 JU2000E(自升式钻井平台)和 1 座自升式生产平台	马来西亚	60 000 万美元	海工装备	2014 ~ 2017	新建
34	中国国际海运集装箱集团	印尼 FPSO 项目	与中海油正联合投标位于印尼的小型 FPSO（浮式生产储油平台）项目，中集来福士及海油工程为工程承包方	印尼	50 000 万美元	石油开采	2014 ~ 2017	新建（已与中海油签订协议共同推进）

（续）

序号	企业名称	项目名称	主要建设内容	投资国家（或地区）	投资总额	投资领域	建设起止时间	备注
参与丝绸之路经济带项目								
35	中国国际海运集装箱集团	印尼 CNG 船项目	全球目前首个 CNG（压缩天然气）船项目，业主是印尼国家电力公司，中集安瑞科控股有限公司建造，中集上海院提供设计	印度尼西亚	20 000 万美元	海工装备	2014 ~ 2017	新建
36	金通威科技公司	下一代通讯及互联网研发中心	在印度、巴基斯坦、孟加拉国设立，建设 4G/5G 智能通信设备研发，软件开发、互联网国际化基地、云计算与大数据综合平台	印度、巴基斯坦、孟加拉国	10 000 万美元	信息化	2015 ~ 2020	新建
37	深圳能源集团	希腊 Karystia 市风电项目	总装机容量 156MW。电力通过地下和海底电缆输送至雅典市。项目合作方 Terna 能源公司是希腊第一大新能源公司	希腊	29 000 万美元	新能源	2014 ~ 2016	新建
38	深圳能源集团	希腊 Trinity 公司风电项目	总装机容量 228MW，包括 7 个位于希腊不同省份的风电场。其中两个已具备开工条件	希腊	42 000 万美元	新能源	2015 ~ 2017	新建
39	鹏森投资集团	柬埔寨七星海滨海旅游特区园林绿化工程	为柬埔寨七星海滨旅游特区启动区开展园林绿化等工程分包	柬埔寨	10 000 万美元	建筑工程	2014 ~ 2016	新建
40	深圳市理奥网络技术公司	移动互联网网络开发应用	在东盟、印度、中东等国家开展移动互联网产品研发和运营推广	东盟、印度、中东	1 000 万美元	信息化	2015 ~ 2018	新建（为正威国际公司子公司）

41	深圳龙商跨境电子商务公司	巴林王国 CTE 跨境 O2O 电子商务平台	依托巴林中国龙城，套合展厅销售、电子商务平台、城市连锁店线上线下销售模式，打造多元化海外展销电商平台	巴林	2 400 万美元	电子商务	2015 ~ 2016	新建（1.5 亿民币）
42	联成远洋渔业公司	南太平洋渔业综合基地	在南太平洋各岛国建立远洋渔业码头及相关配套服务	密克罗尼西亚、库克群岛拉罗汤加、塞班	2 000 万美元	渔业	2014 ~ 2017	新建（1.5 亿民币）
43	远望谷信息技术公司	智慧图书管理应用全球运营平台	包括技术与产品的开发、解决方案的完善、服务网络的搭建、以及全球化的投资并购等，铺设国内外技术交流的桥梁，打造成国际领先的图书管理 RFID 解决方案供应商	新加坡	1 500 万美元	信息化	2015 ~ 2018	新建（1 亿元人民币）
44	丰润文化公司	迪拜塔中国经济文化展示中心	在迪拜塔 149 楼设立中国文化体验馆	阿联酋	1 000 万美元	文化	2015 ~ 2016	新建（先期投入 3 000 万元人民币）
45	深圳市加加为科技有限公司	电子产品工厂	在爱赛尔比亚等国设立手机，家用电器生产线	埃塞俄比亚，肯尼亚，尼日利亚	400 万美元	电子科技	2013 ~ 2016	新建
46	深圳市加加为科技有限公司	日用化工工厂	在爱赛尔比亚等国洗涤产品生产线	埃塞俄比亚，肯尼亚，尼日利亚	600 万美元	日化等轻工业	2014 ~ 2017	新建
47	前海新电子商务公司	马大哈商务商场	在马来西亚投资建设 5 个电子商务平台，推动中马贸易发展	马来西亚	300 万美元	电子商务	2014 ~ 2017	新建

（续）

序号	企业名称	项目名称	主要建设内容	投资国家（或地区）	投资总额	投资领域	建设起止时间	备注
参与丝绸之路经济带项目								
48	华为技术公司	海域 TM-LTE	海域 TM-LTE 通讯工程建设	马来西亚	30 000 万美元	电信工程	2015 ~ 2018	前期
49	华为技术公司	Mobily 网络扩容	Mobily 公司通讯工程建设	沙特阿拉伯	40 000 万美元	电信工程	2015 ~ 2018	前期
50	华为技术公司	True 网络扩容	True 集团网络扩容建设	泰国	20 000 万美元	电信工程	2015 ~ 2018	前期
51	华为技术公司	ZAIN 和 SHAS 电信网络	沙特阿拉伯 ZAIN 和 SHAS 公司电信网络扩容	沙特阿拉伯	15 000 万美元	电信工程	2015 ~ 2019	前期
52	中广核集团	印尼水电站	美亚电力投资印尼水电站建设	印度尼西亚	70 000 万美元	能源	2015 ~ 2020	前期
53	招商局集团	巴加莫约综合开发	在坦桑尼亚达累斯萨拉姆市以北 50 公里，巴加莫约镇以南 12 公里的地方建设港口和面积为 1 700 万平方米临港工业区	坦桑尼亚	100 000 万美元	仓储物流	2018 ~ 2025	前期（计划 2018 年开工）
54	招商局集团	吉布提综合开发	在吉布提建设面积为 5 350 万平方米的物流园区	吉布提	90 000 万美元	仓储物流	2018 ~ 2025	前期（2012 年 1.85 亿美元收购吉布提码头）
55	招商局国际	汉班托塔港二期	建成国际集装箱中转、大型散杂物进出口、油品输入及存储的综合性港口	斯里兰卡	81 000 万美元	仓储物流	2015 ~ 2020	前期
56	招商局集团	斯里兰卡综合开发	在斯里兰卡首都科伦坡建设面积为 110 万平方米 +30 万平方米的物流园区	斯里兰卡	40 000 万美元	仓储物流	2018 ~ 2025	前期

57	中兴通讯	PI LTE	PI LTE 电信网络工程建设	马来西亚	30 000 万美元	电信工程	2015 ~ 2018	前期
58	中兴通讯	OML 电信项目	OML 电信	缅甸	15 000 万美元	电信工程	2015 ~ 2018	前期
59	中兴通讯	超宽带传输网络	在印度尼西亚建设首个超宽带光传输网络。在马来西亚研发建设新一代无源光网络，在印尼筹建智能手机工厂	印度尼西亚、马来西亚、越南等国	15 000 万美元	电信工程	2015 ~ 2017	前期（10 亿元人民币以上）
60	光启科技公司	光启空间研发中心	在新西兰南岛建设光启空间研发中心，为光启“旅行者”在新西兰的商业运营提供支持	新西兰	8 000 万美元	新材料	2015 ~ 2018	前期
61	中国国际海运集装箱集团	东盟教育合作基地	筹建海洋商学院、海洋科技大学及海洋职业教育学院。打造面向东盟的高端教育聚集区，重点培养海洋专业管理、海洋高端科技、海洋高端设备操作等东盟各国极缺的海洋专业人才，形成全面覆盖海洋产业各个领域的海洋教育人才培养体系	深圳前海	9 000 万美元	文化	2015 ~ 2020	前期（6 亿元人民币）
62	中国国际海运集装箱集团	海丝国际合作基金	由民间和海丝沿线东道国主要利益集团共同发起，专门投资于海上丝绸之路项目。由中集集团、海上丝绸之路战略倾向的国家及地区私人及政府资本、港澳及东南亚地区华人政商家族。作为发起方包括各类互联互通基础设施、有关服务商、推动投资者进入中国市场、建设海外园区、资源贸易等	深圳前海	100 000 万美元	金融	2015 ~ 2018	前期（筹资 100 亿美元，国家开发性金融机构提供杠杆融资支持。）

（续）

序号	企业名称	项目名称	主要建设内容	投资国家（或地区）	投资总额	投资领域	建设起止时间	备注
参与丝绸之路经济带项目								
63	中国国际海运集装箱集团	东盟合作智库	搭建专业化的面向中国与东盟合作的智库，强化与“一带一路”沿线国家智库展开合作，重点在互联互通和海洋国际开发与合作中发挥作用。智库本身的设计及运行实施市场化运营模式，主打国际化特色，弥补现有国内官方智库以及民间智库在产业化和国际化方面的不足	深圳前海	8 000 万美元	文化	2015 ~ 2020	前期（5 亿元人民币）
64	赤湾石油基地公司	文莱国际油气服务基地	在文莱大摩拉岛中南部规划 50 公顷建设综合海洋油气后勤基地，已提交投标文件	文莱	15 000 万美元	石油服务	2015 ~ 2018	前期
65	前海金融控股公司	西哈努克特区深港产业园	深港产业园建设，吸引珠三角加工贸易企业到西哈努克特区建厂，开展人民币跨境融资等	柬埔寨	40 000 万美元	综合开发	2015 ~ 2018	前期
66	粤网电建（深圳）	老挝电站项目	承建老挝电站	老挝	10 000 万美元	能源	2015 ~ 2019	前期
67	鸿宇物流公司	国际供应链进口商品展示中心	在福田保税区建设进口商品展示中心，开展至中东、东南亚国际供应链建设	巴林、阿联酋等	3 000 万美元	商贸	2016 ~ 2018	前期

68	怡亚通供应链公司	东南亚区域采购平台	在新加坡、马来西亚设立仓储物流线上线下采购平台	新加坡、马来西亚	3 000 万美元	物流	2016 ~ 2018	前期
69	深圳得润贸易公司	老挝议会大厦	投资建设老挝议会大楼及万象高速公路	老挝	10 000 万美元	工程承包	2016 ~ 2017	前期
70	神州数码	斯里兰卡警察信息和通信系统	在斯里兰卡建设警察信息和通信系统	斯里兰卡	2 500 万美元	信息化	2015 ~ 2017	前期
71	陆地方舟集团	新加坡新能源汽车技术输出中心	在新加坡设立新能源汽车技术输出及服务中心	新加坡	1 000 万美元	新能源汽车	2015 ~ 2016	前期（先期投入 3000 万元人民币）
72	华荟国际文化公司	国家对外文化贸易基地（深圳）	在前海设立对外文化贸易公共服务平台和高端艺术品和回流文物展示中心，为粤港澳湾区企业沿线国家文化服务	前海	1 200 万美元	文化	2015 ~ 2018	前期（7360 万人民币）
73	朗华供应链服务公司	澳洲市场建材产品合作交易中心	整合中国制造供应商资源，承接地产行业非核心技术，配置样板房展示、商务洽谈区等	澳大利亚	3 200 万美元	商贸	2015 ~ 2017	前期
74	毅德国际控股集团	泰国毅德城	在泰国曼谷机场建设集商品交易、电子商务、商业综合体、金融服务、智能化仓储物流、星级酒店、国际会展、休闲娱乐、高尚住宅、商业运营管理服务等功能集为一体的商贸物流城市综合体	泰国	67 000 万美元	城市综合开发	2015 ~ 2017	前期

注：1. 在建项目 41 个，总投资 145.58 亿美元；新建项目 23 个，总投资 41.43 亿美元；前期项目 34 个，总投资 172.17 亿美元。共 98 个项目，总投资 359.18 亿美元。

2. 华为公司共有 25 个项目，其中在建、新建项目 21 个（总投资 126.82 亿美元）；中兴通讯共有 8 个项目，其中在建、新建项目 4 个（总投资 2.80 亿美元）。

表 1-41 山西省国际产能合作意向项目表

序号	企业名称	拟投资（国别／地区）	拟投资内容	预计投资额（万美元）	工作进展及安排	问题及建议
1	山西建筑工程集团总公司	印度尼西亚	1. 规划并建设工业园区； 2. 建设吞吐货物 1 000 万吨港口； 3. 建设年产 120 万吨焦化厂； 4. 建设年产 100 万吨钢铁厂（其中含 30 万吨镍铁）； 5. 建设 125MW 余热发电厂； 6. 建设年产 100 万吨水泥厂	100 000	截至 2014 年 12 月已完成的工作： 1. 可行性研究报告； 2. 焦化、镍铁、余热发电的环评； 3. 土地初勘； 4. 项目所在地地方和中央政府的初步审批等相关手续。 2015 年完成所有的土地的征用手续，并开始建设。 2018 年建成投产	1. 希望纳入国家“一带一路”总体项目盘子，争取亚投行、丝路基金等支持；2. 项目涉及煤炭、电力、煤化工、道路建设等多行业，希望国家加强指导，实施“走出去”一盘棋，指导组织煤炭、电力、煤化工、基础设施建设等企业组成联合体，“抱团出海”，按照市场化运作的原则，合力开发此项目
2	山西建筑工程集团总公司	俄罗斯	近期建设： 1. 建设年产 1 000 万吨煤矿 2. 配套建设入洗能力为 1 000 万吨洗煤厂一座 3. 建设自备型的热电厂一座（装机规模根据园区用电负荷和热负荷而定） 4. 建设年产 180 万吨甲醇、60 万吨烯烃煤化工厂 5. 建设配套的工业园区	1 000 000	2015 年 1 月，俄技－全球资源有限责任公司、中工国际工程股份有限公司、山西建筑工程（集团）总公司于签署《关于俄罗斯煤矿开采、配套工业及交通物流基础建设以及后续运营项目的谅解备忘录》。 2015 年 3 月，中工国际与山西建工派遣联合考察组赴俄罗斯进行现场考察，并将形成项目建议书及预可研。 项目的合作事宜正在进一步洽谈中	1. 希望纳入国家“一带一路”总体项目盘子，争取亚投行、丝路基金等支持；2. 项目涉及煤炭、电力、煤化工、道路建设等多行业，希望国家加强指导，实施“走出去”一盘棋，指导组织煤炭、电力、煤化工、基础设施建设等企业组成联合体，“抱团出海”，按照市场化运作的原则，合力开发此项目

3	太原重工股份有限公司	印度	为适应我国经济新常态的发展态势，实现部分主机产品的本土化加工制造，提高在印度及其周边地区的产品销售及综合服务能力，拟投资约2亿元人民币在印度建设本土化制造和服务基地，项目主要包括建设综合办公楼、仓储配送中心以及新建或并购一个钢结构件制作总装厂	3 220	（1）2014年底至2015年上半年现场考察及前期调研；（2）2015年三季度完成可行性论证，明确投资方式和内容；（3）2016年进行新建项目建设，完成并购项目商务谈判；（4）2017年各项目开始投入运营；（5）2020年基本实现项目达产达效	希望政府能够加大资金扶持力度，提供优惠融资条件，或给予一定的贴息政策
4	山西中能绿洲能源技术有限公司	哈萨克斯坦	抽油杆、抽油机等组装、生产二期工程	50 000	一期无焊缝抽油杆工程基本完成，二期工程正在启动	民营企业融资困难
5	山西中能绿洲能源技术有限公司	哈萨克斯坦	一期工程年产量60万吨四方钢坯	20 000	正在办理手续及合作意向	民营企业融资困难
6	盂县中信焦化有限公司	津巴布韦	建设30万吨/年水泥项目	7 200	正在开展前期，国内银行贷款未及时到位、资金短缺，已投入4 390万元，但推进缓慢	民营企业融资困难
7	盂县中信焦化有限公司	津巴布韦	建设30万吨/年焦化项目	2 850	在建	民营企业融资困难

（续）

序号	企业名称	拟投资（国别 / 地区）	拟投资内容	预计投资额（万美元）	工作进展及安排	问题及建议
8	山西振东制药股份有限公司	荷兰	六味地黄丸欧盟注册与 GMP 认证（厂房、科研、注册等）	500	项目正在进行中，目前药材基地调研及相关的基础工作	希望前期费用支持
9	山西振东制药股份有限公司	台湾	中药饮片加工与出口	待定	2015 年启动相关工作	希望前期费用支持
10	山西省天利实业有限公司	马达加斯加	棉花种植及加工	6 000	计划 2015 年建设	将此项目作为援外项目予以资金支持；希望国家允许进口马达加斯加棉籽

表 1-42　江西省建设情况

序号	企业名称	合作项目名称	项目实施所在国家或地区	项目主要建设内容	当前进度	总投资额（万美元）	融资需求（万美元）	其他需要协调解决的事项
1	江西稀有金属钨业控股集团有限公司	喀麦隆钴镍锰矿项目	喀麦隆	收购该项目 60.5% 股权，进行矿山建设，形成年产 1.5 万吨钴镍混合硫化物产品（其中钴硫化物产品折合 6 100 吨钴金属，镍硫化物产品折合 3 300 吨镍金属）和 6.5 万吨碳酸锰生产能力	已与外方合作伙伴就股权收购达成一致，对项目进行了全面尽职调查	88 400	62 000	

2	江西稀有金属钨业控股集团有限公司	印尼青山镍矿项目	印度尼西亚	参股10%，进行矿山建设及冶炼厂建设，形成年产60万吨镍铁生产能力	通过海外投资顾问与合作伙伴进行了初步接洽	10 000	7 000	
3	九江石化盈德气体有限公司	空分合资项目	中国江西省	新建4.5万标立/小时空分装置	2015年6月10日工程中交	5 360.00（33 277.00万元人民币）		
4	SK润滑油公司	API Ⅲ类及以上润滑油基础油	中国江西省	建设润滑油基础油生产及系统配套，润滑油调和等设施	与韩国SK润滑油公司合作意向洽谈中，待加氢裂化装置尾油运往韩国试生产后，确定是否进一步合作			
5	中国江西国际经济技术合作公司	肯尼亚KU医院项目	肯尼亚	建设医院主楼、教学楼、医生广场、餐厅、两栋宿舍楼及医院附属建筑，提供医疗设备和人员培训。项目建筑面积77 264.00m^2	1. 土建部分大约完成76%，整体已进入内部装修阶段；2. 医疗设备采购和人员培训工作即将开始	11 000	中国政府优惠贷款提供11 000万美元	
6	中国江西国际经济技术合作公司	赞比亚卢萨卡肯尼思·卡翁达国际机场升级扩建项目	赞比亚	对现有国际机场进行升级扩建，达到4E级国际机场标准，包括对现有机场飞行区、航站区、货运区等进行规划设计和工程扩建和改造	1. 现场临建三通一平已完成，业主用永久办公室已经开工；2. 主体工程处于设计施工图阶段	36 000	中国政府优惠贷款和优惠买方信贷提供36 000万美元	

（续）

序号	企业名称	合作项目名称	项目实施所在国家或地区	项目主要建设内容	当前进度	总投资额（万美元）	融资需求（万美元）	其他需要协调解决的事项
7	中国江西国际经济技术合作公司	肯尼亚加里萨50MWp太阳能电站项目	肯尼亚	对肯尼亚加里萨50MWp太阳能电站项目进行可行性研究、设计、土建施工、设备采购、安装及调试、人员培训和技术服务等	1. 已完成申贷的报批程序并获批准；2. 办理政府框架协议和贷款协议；3. 准备在下半年开工	13 700	中国政府优惠贷款提供13 700万美元	
8	中国江西国际经济技术合作公司	加纳阿克拉23公里环城公路项目	加纳	建设加纳首都23公里市政公路	1. 项目已在口行入库备案；2. 项目可行性研究报告及环评报告已发口行进行评审	17 000	拟由中国政府优惠贷款提供17 000万美元	
9	中国江西国际经济技术合作公司	赤道几内亚海岸省系列民生项目	赤道几内亚	1. 公交站项目	1. 已完成贷款协议商谈；2. 已完成工程设计；3. 正在商签EPC合同	33 051	拟由中国进出口银行提供自营买方信贷33 051万美元	
				2. 20所医疗中心项目				
				3. 4所技术学校项目	已完成方案设计	45 000	拟申请优惠贷款	
				4. 920套社会住房项目	已完成方案设计	68 000	拟申请商业贷款	

10	中国江西国际经济技术合作公司	巴布亚新几内亚莫尔兹比港国际机场改扩建项目	巴布亚新几内亚	巴布亚新几内亚莫尔兹比港国际航站楼的融资、设计和施工	2015年7月14日递交投标文件	55 400	拟申请中国政府优惠贷款和优惠买方信贷提供80%的融资	
11	中国江西国际经济技术合作公司	赞比亚卢萨卡至恩多拉的双向公路	赞比亚	设计、施工和运营双向双车道公路（单向350公里，共700公里）	1. 初步设计方案阶段；2. 办理申请优惠贷款的相关程序	100 000	拟向中国政府申请优惠贷款或优惠出口买方信贷	
12	中国江西国际经济技术合作公司	肯尼亚ARROR多用途大坝开发项目	肯尼亚	建设1座大坝和1个60MW水力发电站。包括大坝、附属工程、通道、水力发电厂、输电线路及相关设施进行融资、设计、并完成相关施工、经营和维护工作	1. 口行江西省分行已为项目出具贷款兴趣函。2. 中国出口信用保险公司为该项目出具了中长期出口信用保险兴趣函	32 000	拟向中国政府申请优惠贷款或优惠出口买方信贷	
13	中国江西国际经济技术合作公司	南苏丹Mun-driTambura公路项目	南苏丹	建设Mundri-Tambura公路，EPC项目	已于2015年1月5日签署备忘录	78 000	拟向中国政府申请优惠贷款或优惠出口买方信贷	
14	中国江西国际经济技术合作公司	赞比亚蒙巴（Mumbwa）–卡鲁姆比拉（Kalumbila）输变电项目	赞比亚	建设460公里输电网和两个变电站	与为主已签订合作备忘录	40 000	拟向中国政府申请优惠贷款或优惠出口买方信贷	

（续）

序号	企业名称	合作项目名称	项目实施所在国家或地区	项目主要建设内容	当前进度	总投资额（万美元）	融资需求（万美元）	其他需要协调解决的事项
15	中国江西国际经济技术合作公司	乌干达 MUK-ONO 高科技园	乌干达	园区内三通一平，工厂，高校等	与业主商谈融资意向	100 000	拟向中国政府申请优惠出口买方信贷	
16	中冶江铜艾娜克矿业有限公司	阿富汗艾娜克铜矿项目	阿富汗	在阿富汗艾娜克铜矿中部矿区及西部矿区进行矿产勘探及矿石开采	尚处在项目建设期，由于矿区发现古文化佛教遗址，矿区安全环境、形势恶劣等因素，2012 年至今已基本暂停建设	实际投入：39 295.0		
17	五矿江铜矿业投资有限公司	秘鲁 Galeno 铜矿项目	秘鲁	在秘鲁 Galeno 矿区进行矿产勘探及矿石开采	尚处在项目建设期，项目仍处在前期工作阶段，因为当地社区反矿业活动，项目目前进展缓慢	实际投入：59 206.0		
18	Nesko Metal Sanayive Ticaret Anonim Sirketi	Beralb 铜矿项目	土耳其	在阿尔巴利亚从事 Beralb 铜矿采选业务	处在正常生产经营阶段	实际投入：6 760.0		

19	加拿大内富森资源公司	Bisha 多金属矿	厄立特里亚	在非洲厄立特里亚从事Bisha矿及周边矿山的矿产勘探及矿石开采	尚处在项目洽谈阶段			
20	俄罗斯乌多坎项目	乌多坎铜矿	俄罗斯	在俄罗斯东西伯利亚地区从事乌多坎铜矿及周边矿山的矿产勘探及矿石开采	尚处在项目洽谈阶段			
21	俄罗斯奥杰罗项目	奥杰罗铅锌矿	俄罗斯	在俄罗斯布里亚特共和国从事奥杰罗铅锌矿及周边矿山的矿产勘探及矿石开采	尚处在项目洽谈阶段			
22	俄罗斯巴什科尔托斯坦共和国	无主（政府）矿山废料综合处理利用项目	俄罗斯	废料综合处理	已签合作框架协议具体项目尚在洽谈阶段			
23	江西省能源集团公司	印尼朋古鲁二井及电厂项目	印度尼西亚苏门答腊岛	煤矿设计能力 90 万吨 / 年、自备电厂能力 3 000KW/ 年	已投产	3 650.79		
24	江西省能源集团公司	澳大利亚 CMR 煤炭公司西道森项目	澳大利亚昆士兰州	收购澳大利亚昆士兰州西道森矿区煤炭资源，当前勘探结果：JORC 标准控制及推断资源量为 7.72 亿吨（仅占项目面积 8%），煤质中灰、低硫，热值 5 400 大卡以上。未来计划建设年产 199 万吨露天矿井	已签署合作备忘录，下一步是对矿产资源价值进行资产评估	1 300.5[投资额仅为矿权价款，共 3 300 万澳元（约 2 550 万美元），我方占 51%]	1 040.4	
25	江西省能源集团公司	印尼 5 万吨 / 年高炉镍铁冶炼厂项目	印度尼西亚苏拉威西省	建设 2 座 $80m^3$ 镍铁高炉及配套设备设施，年产 50 400t 镍铁合金	已签署合作框架协议，项目可研已编制完成	2 367（项目总投资为 3 480.95 万美元，我方出资 68%）	1 893.6	

（续）

序号	企业名称	合作项目名称	项目实施所在国家或地区	项目主要建设内容。	当前进度	总投资额（万美元）	融资需求（万美元）	其他需要协调解决的事项
26	布拉食品有限公司	奶粉项目	澳大利亚	获取奶源	考察中			
27	江西昌河汽车有限责任公司	KE系列直喷增压发动机设计开发	外方：英国里卡多公司	开发一个具有竞争力的小排量直喷增压汽油发动机平台，进行分析、设计、关键性能开发等工作	方案设计	1 540	—	—
28	江西昌河汽车有限责任公司	福瑞达货车CKD合作	伊朗BAH-MAN集团	福瑞达货车出口伊朗市场相关技术认证、升级和CKD出口等工作	项目待投产	140	—	—
29	正邦集团有限公司	农业综合项目	开罗	建设一座年产20万吨的饲料厂	1. 集团主要领导陪同省有关领导已到拟建设地洽谈；2. 公司已派出人员到达项目地，办理前期有关工作	952.4		
30	江西正邦生物化工高安销售有限公司	农资产品销售	缅甸仰光市	农资销售服务公司	已开展合作业务，目前正提交有关申报材料给缅甸大使馆办理注册手续	50		

31	江西赣粮实业有限公司	援赤道几内亚示范农场项目	赤道几内亚，涅方市	新建部分办公、培训和加工所需建筑物，新建部分灌溉设施，修缮抽水泵站、仓库，新建交配电室等公用配套设施，修筑满足厂区功能需要的道路、围墙、排水等基础设施，并提供必要的仪器设备。 为赤几进行作物多样化培育、良种繁育、生产加工示范、技术推广和人员培训	项目预计8月份竣工，今年下半年进入为期4年的运营期	952.38		大米进口许可证、水稻种子出口许可证
32	江西赣粮实业有限公司	赤道几内亚木薯项目	赤道几内亚，蒙戈莫市	拟建木薯种植加工示范园，种植区占地500公顷，加工区占地10公顷	与赤道几内亚农业和森林部进行充分沟通、探讨，达成意向已形成项目方案报总统批示	24 000	10 000	银行融资
33	江西赣粮实业有限公司	赤道几内亚水稻项目	赤道几内亚，巴塔市	拟建水稻种植仓储加工示范园，种植区占地500公顷，仓储、加工区占地20公顷	与赤道几内亚农业和森林部进行充分沟通、探讨，达成意向已形成项目方案报总统批示	30 000	10 000	银行融资
34	泰豪科技股份有限公司	龙目岛30MW重油电站项目	印度尼西亚	重油电站建设，设备供应	土建75%	2 000		
35	泰豪科技股份有限公司	Jhing项目	巴基斯坦	EPC总包	基础建设	1 925		

（续）

序号	企业名称	合作项目名称	项目实施所在国家或地区	项目主要建设内容	当前进度	总投资额（万美元）	融资需求（万美元）	其他需要协调解决的事项
36	泰豪科技股份有限公司	古巴项目	古巴	设备	已签订合同	278		
37	泰豪科技股份有限公司	现代工程石化项目租赁机组	乌兹别克斯坦	提供 111 台 500kW 租赁机组	总统已经签署总统令批复该石化项目，已经动工。柴油机组项目还在协商中	700	600	
38	泰豪科技股份有限公司	乌兹别克石油天然气公司燃气机组项目	乌兹别克斯坦	提供 9 台 700kW 燃气机组	项目还未得到批复，但是土建已经开始动工	250	200	
39	泰豪科技股份有限公司	乌兹别克 4×120MW 电站	乌兹别克斯坦	提供 4×120MW 电站	项目还未得到批复	20 000	20 000	
40	泰豪科技股份有限公司	苏门答腊10MW水电	印度尼西亚	10MW 水电站 bot 工程	已拿到国家电力公司的 PPA，等待解决融资	2 500	2 500	
41	泰豪科技股份有限公司	60MW重油电站	印度尼西亚	重油电站投资建设	等待解决融资，与合适的项目地点	2 400	1 200	

42	泰豪科技股份有限公司	2个小水电，分别为2×1.5MW和2×3.75MW	印度尼西亚	水电bot工程	国家电力公司的PPA能确保拿到，但须等待融资	1 600	1 600	
43	泰豪科技股份有限公司	25MW水电站EPC	尼泊尔	EPC总包	EPC报价	4 467.5	3 127.25	
44	泰豪科技股份有限公司	6.8MW水电站	乌干达	EPC总包	EPC报价	1 500		
45	泰豪科技股份有限公司	48MW水电站	巴基斯坦AJ&K	EPC总包	了解项目信息	7 500		
46	昌河飞机工业集团有限公司	S760整机	江西景德镇	S760整机（转包生产）	2013年签订50架框架协议，2015年底交付首架机：现已完成工装验证，按节点逐步完成零部件采购等	5 158		
47	昌河飞机工业集团有限公司	AW109型号直升机	江西景德镇	AW109型号直升机机身、尾梁和水平面的制造（转包生产）	已成功交付8架份机身，93架份尾梁，94架份平尾及部分条件	1 429		
48	北京通用航空江西直升机有限公司	H3型直升机代理销售	中国	与比利时DYNALI公司进行国内直升机销售合作	合作中	1 000	500	

（续）

序号	企业名称	合作项目名称	项目实施所在国家或地区	项目主要建设内容	当前进度	总投资额（万美元）	融资需求（万美元）	其他需要协调解决的事项
49	北京通用航空江西直升机有限公司	H2S 型直升机代理销售	中国	与比利时 DYNALI 公司进行国内直升机销售合作	合作中	1 000	500	
50	同方江新造船有限公司	中国援圭亚那渡船（2 艘）	江西九江	总体打包承建船舶	2011 年 10 月完工交付	约 704 万美元	—	
51	中船九江工业有限公司	三菱船用锅炉	江西九江	引进 MAC-SB 型、MJC 型、MCD 型、MCC 型等三菱船用辅锅炉以及三菱船用节能器的生产许可和技术信息	正在技术消化吸收，已经承接六十余条船的锅炉合同	100	0	
52	江西江州联合造船有限责任公司	14000 吨重吊多用途船设计开发及建造	江西瑞昌	14 000 吨重吊多用途船设计开发及建造	已开发成功，并交付了该产品 9 艘	设计费用 168 万美元。建造合同总额约 44 800 万美元	5 000	
53	江西德利直升机有限公司	KA-2HT 直升机出口项目	东南亚国家	与所在国签订直升机代理协议或成立合资公司，扩大直升机销售渠道，推动中国民用直升机产业的发展	正在寻找合适的目标公司	7 758	1 000	希望省政府能够在 KA-2HT 取证上给予资金支持

54	北京通用航空江西直升机有限公司	法国G2直升机国内合作	中国	与法国G2直升机生产厂商合作在国内进行销售、组装、建线	进行商务洽谈	5 000	4 000	需高层出面前往法国G2直升机公司进行考察，获取对方充分信任
55	北京通用航空江西直升机有限公司	瑞士蒙兰柯直升机国内合作	中国	与瑞士蒙兰柯直升机生产厂商合作在国内进行销售、组装、建线	进行商务洽谈	3 000	2 000	须尽快协调落实正式协议
56	北京通用航空江西直升机有限公司	美国希勒直升机国内合作	中国	与美国希勒直升机生产厂商合作在国内进行销售、组装、建线	进行商务洽谈	20 000	18 000	须进一步与外方就型号项目价格、合作深度进行协调
57	江西江联国际工程有限公司	糖厂项目（24 000TCD）EPC总承包	埃塞俄比亚	我司主要承担糖厂EPC建设，工程范围为：设计、制造和生产、采购、质量保证、发货至现场和安装调试（含土建）等	项目已报国家相关部委审批	64 700	55 000	
58	江联重工股份有限公司	太阳能光热综合利用	中国，澳大利亚	完成利用太阳能热生产太阳合成气产业化示范	完成利用太阳能热生产太阳合成气阶段性研究	500	300	

（续）

序号	企业名称	合作项目名称	项目实施所在国家或地区	项目主要建设内容	当前进度	总投资额（万美元）	融资需求（万美元）	其他需要协调解决的事项
59	江西 3L 医用制品集团股份有限公司		柬埔寨	生产医用产品	目前已基本完成厂房 5 栋，灭菌解析车间 1 间，净化车间一间等建设	1 500	800	
60	南昌矿山机械有限公司	纳米比亚湖塞项目	纳米比亚	总包项目	90%	534.18	373.93	
61	南昌矿山机械有限公司	卡拉奇 K2，K3 项目	卡拉奇	总包项目	90%	427.53	299.27	
62	南昌矿山机械有限公司	刚果（金）项目	刚果（金）	成套项目	90%	171.57	120.11	
63	南昌矿山机械有限公司	芬兰老城堡项目	芬兰	单机	90%	25.78	18.04	
64	济民可信集团	韩国联合制药公司（KUP）醋氯芬酸项目	韩国	新药合作研发	申报进口注册	200		
65	济民可信集团	韩国联合制药公司（KUP）西洛他唑项目	韩国	新药合作研发	申报进口注册	200		

66	九江石化盈德气体有限公司	空分合资项目	中国江西省	新建4.5万标立/小时空分装置	2015年6月10日工程中交	5 360.00		
67	（丰城）江西春光药品包装材料股份有限公司	药用PVC硬片、PVC/PVDC、PVC/PVDC/PE、阿克拉等复合硬片分切、销售及物流供应项目	巴基斯坦、埃及	洁净分切车间、包装车间、洁净物化检测中心、原材料成品物流中心	已有业务合作，为提升产品可靠性和供应稳定性，尝试与现有客户规划、论证合作建设该项目	500	200	境外投资大希望政府能出台相应政策防范相关风险给公司造成的影响
68	中冶江铜艾娜克矿业有限公司	阿富汗艾娜克铜矿项目	阿富汗	在阿富汗艾娜克铜矿中部矿区及西部矿区进行矿产勘探及矿石开采	尚处在项目建设期，由于矿区发现古文化佛教遗址，矿区安全环境、形势恶劣等因素，2012年至今已基本暂停建设	实际投入：39 295.0		
69	五矿江铜矿业投资有限公司	秘鲁Galeno铜矿项目	秘鲁	在秘鲁Galeno矿区进行矿产勘探及矿石开采	尚处在项目建设期，项目仍处在前期工作阶段，因为当地社区反矿业活动，项目目前进展缓慢	实际投入：59 206.0		

（续）

序号	企业名称	合作项目名称	项目实施所在国家或地区	项目主要建设内容	当前进度	总投资额（万美元）	融资需求（万美元）	其他需要协调解决的事项
70	（江铜）Nesko Metal Sanayive Ticaret Anonim Sirketi	Beralb 铜矿项目	土耳其	在阿尔巴尼亚从事 Beralb 铜矿采选业务	处在正常生产经营阶段	实际投入：6 760.0		
71	虔东稀土集团股份有限公司	年产 1 500 吨稀土金属生产线项目	泰国罗勇府	Magnequench（Korat）Co, Ltd 合作，通过研究，开发出一套适用本地的稀土金属电解生产工艺，并开发出适用于这条工艺的相关设备，最终在泰国建立年产 1 500 吨稀土金属生产线	完成项目相关批文，设备研制调试阶段	560	/	/
72	京瓷精密工具（赣州）有限公司	年产 500 吨高性能硬质合金生产线	中国	建设厂房，购置生产设备，完善相关配套设施，形成年产 500 吨高性能硬质合金的生产能力	正在办理立项、环评等前期手续	3175	/	/
正在考察、洽谈的意向性项目或者具初步设想的合作项目								
1	康达电梯有限公司	电梯项目代理	科威特		洽谈取证签协议		200	帮助证信我公司及融资便利

2	南昌矿山机械有限公司	PALABORA COPPER (pty) Ltd. PC LIFT Project	南非	分包（颚破单元）	招标	210.59	147.41	
3	南昌矿山机械有限公司	PALABORA COPPER (pty) Ltd. PC LIFT Project	南非	分包（旋回破单元）	招标	194.54	136.18	
4	中石化股份有限公司九江分公司	API Ⅲ类及以上润滑油基础油	中国江西省	建设润滑油基础油生产及系统配套，润滑油调和等设施	与韩国SK润滑油公司合作意向洽谈中，待加氢裂化装置尾油运往韩国试生产后，确定是否进一步合作			
5	方大特钢科技股份有限公司	对新余九龙矿业有限公司的增资扩股	江西新余	对新余九龙矿业有限公司的开采生产建设	目前还正在洽谈中	10 000		
6	江西稀有金属钨业控股集团有限公司	喀麦隆钴镍锰矿项目	喀麦隆	收购该项目60.5%股权，进行矿山建设，形成年产1.5万吨钴镍混合硫化物产品（其中钴硫化物产品折合6 100吨钴金属，镍硫化物产品折合3 300吨镍金属）和6.5万吨碳酸锰生产能力	已与外方合作伙伴就股权收购达成一致，对项目进行了全面尽职调查	88 400	62 000	

（续）

序号	企业名称	合作项目名称	项目实施所在国家或地区	项目主要建设内容	当前进度	总投资额（万美元）	融资需求（万美元）	其他需要协调解决的事项
正在考察、洽谈的意向性项目或者具初步设想的合作项目								
7	江西铜业集团公司	加拿大内富森资源公司Bisha多金属矿	厄立特里亚	在非洲厄立特里亚从事Bisha矿及周边矿山的矿产勘探及矿石开采	尚处在项目洽谈阶段			
8	江西铜业集团公司	俄罗斯乌多坎项目乌多坎铜矿	俄罗斯	在俄罗斯东西伯利亚地区从事乌多坎铜矿及周边矿山的矿产勘探及矿石开采	尚处在项目洽谈阶段			
9	江西铜业集团公司	俄罗斯奥杰罗项目奥杰罗铅锌矿	俄罗斯	在俄罗斯布里亚特共和国从事奥杰罗铅锌矿及周边矿山的矿产勘探及矿石开采	尚处在项目洽谈阶段			
10	江西铜业集团公司	俄罗斯巴什科尔托斯坦共和国无主（政府）矿山废料综合处理利用项目	俄罗斯	废料综合处理	已签合作框架协议具体项目尚在洽谈阶段			

表 1-43　湖北省参与“一带一路”建设项目清单

序号	项目名称	建设地点	业主单位	建设内容及规模	总投资（万美元）
1	鄂钢新加坡投资贸易有限公司项目	新加坡	武汉钢铁集团鄂城钢铁有限责任公司	建设贸易公司进行销售等服务	4 000
2	2 万吨铜精矿采购项目	哈萨克斯坦	大冶有色金属集团控股有限公司	大冶有色集团与哈萨克斯坦嘉能可有限公司签署了 2 万吨铜精矿、5 000 万美元采购合同	5 000
3	香菇生产经营项目	哈萨克斯坦	炎帝科技股份有限公司	炎帝科技股份有限公司与哈萨克斯坦天石国际有限公司签署了 1 500 万美元生产经营香菇协议书	1 500
4	茶叶分装和销售中心项目	哈萨克斯坦	咸宁羊楼洞茶业有限公司	咸宁羊楼洞茶业在哈萨克斯坦阿拉木图建设茶叶分装盒销售中心	
5	茶叶分包厂和茶饮料厂项目	俄罗斯	咸宁羊楼洞茶业有限公司	拟在俄罗斯建设茶叶分包厂和全自动化的茶饮料厂	10 000
6	专用车生产项目	湖北省咸宁市	中远邦泰投资公司	卡桑集团以 J10 商务客车生产线和直接投资，与中远邦泰投资公司合作建设年生产智能型残障用车、校车及 J10 全系列商务客车 5 万辆的项目，年产值 100 亿元人民币	32 000
7	5 万吨聚醚生产项目	沙特阿拉伯	武汉格瑞林建材股份有限公司	年产 5 万吨聚醚	1 800
8	制冷压缩机生产项目	埃及	湖北黄石东贝机电集团有限责任公司	建设厂房、购置生产设备，形成既有生产力	4 500
9	5 万吨电解金属锰项目	乌克兰	湖北长阳宏信实业集团有限公司	在乌克兰投资建设年产 5 万吨电解金属锰工厂，成立乌克兰宏信公司	15 700

（续）

序号	项目名称	建设地点	业主单位	建设内容及规模	总投资（万美元）
10	160万片金刚石锯片生产项目	泰国	黑旋风锯业集团股份有限公司	建设年产160万片金刚石锯片生产线	1 160
11	哈萨克斯坦商用车生产项目	哈萨克斯坦	十堰德瑞工贸有限公司	商用车整车生产和销售	2 000
12	蒙古国商用车生产项目	蒙古	湖北运银实业有限公司	商用车整车生产和销售	1 600
13	水泥生产项目	蒙古	华新水泥股份有限公司	由华新水泥股份有限公司总承包，采用新型干法预分解生产工艺，建一条1 500t/d新型干法熟料水泥生产线	
14	波兰克拉希尼克滚动轴承股份公司并购项目	波兰	湖北三环集团襄阳汽车轴承股份有限公司	汽车机械	3 300
15	胡占德3 000TPD水泥生产线项目	塔吉克斯坦	华新水泥股份有限公司	建材	10 000
16	蒙古国蒙欣巴音水泥厂项目	蒙古	中国十五冶金建设集团有限公司	工程承包	2 277
17	纤维水泥板生产线项目	沙特阿拉伯	武汉建筑材料工业设计研究院有限公司	建材	512
18	孟加拉帕德玛大桥项目	孟加拉	中铁大桥局股份有限公司	该桥为双层钢桁梁大桥，包括长6.15公里、宽21.5米的主桥，3.1公里长的公路引桥和3.8公里的铁路引桥	154 901

19	科威特961项目2–4分区场平、道路、管道安装工程项目	科威特	中国葛洲坝集团股份有限公司	交通建设	10 112
20	以色列阿什多德南部港建设项目	以色列	中交第二航务工程局有限公司	用于停靠10万吨至15万吨级的散货船、集装箱船等，合同总工期93个月	64 199
21	铁矿、煤矿开发和加工项目	印度尼西亚	武汉钢铁集团鄂城钢铁有限责任公司	一是与三林集团合作，年开采铁矿、煤矿800万～1 000万吨，年产钢材200万吨。二是与中镍合作开发铁矿，年产钢材100万吨	100 000
22	宜昌三新矿业新加坡、澳大利亚、中国香港贸易公司项目	新加坡、澳大利亚、中国香港	宜昌三新矿业有限公司	成立贸易公司，从事磷矿资源采购、营销等	400
23	印尼中苏拉威西省红土镍矿投资项目	印度尼西亚	中国葛洲坝集团国际工程公司（暂定）	原矿开发与镍铁冶炼	1 200
24	柬埔寨CPC 500万吨/年炼油厂厂外工程项目	柬埔寨	湖北宏源电力工程股份有限公司	自备电厂、码头、储库等工程建设	61 000
25	哈铜巴夏库铜选矿厂项目	哈萨克斯坦	中国十五冶金建设集团有限公司	矿产建设	4 710
26	孟加拉诺瓦布甘杰100兆瓦重油EPC项目	孟加拉	湖北省电力勘测设计院	项目形式为业主提供主权担保，承包商提供融资并负责四年运营主导的服务交钥匙竞标工程	12 500
27	缅甸塔山水电站建设项目	缅甸	中国长江三峡集团公司	水电站装机7 110MWBOT模式	150 000
28	巴基斯坦科哈拉水电站建设项目	巴基斯坦	中国长江三峡集团公司	水电站BOT模式装机1 100MW	37 497
29	老挝南椰水电站建设项目	老挝	中国长江三峡集团公司	水电站BOOT模式装机180MW	29 289

（续）

序号	项目名称	建设地点	业主单位	建设内容及规模	总投资（万美元）
30	越南海阳 2×600MW 燃煤火电厂项目	越南	武汉凯迪电力工程有限公司	项目总装机容量 2×600MW，每台机组为两炉一机配置，拟采用 300MW 级燃煤循环流化床锅炉	220 000
31	老挝拉龙河流域水电站项目	老挝	中国葛洲坝集团国际工程有限公司	首期建设拉森水电站，预计装机 35MW	6 403
32	巴基斯坦 Suki Kinari（苏基克纳里）水电站项目	巴基斯坦	中国葛洲坝集团第三工程有限公司	Suki Kinari 引水式电站主体工程及附属设施建设	50 000
33	矿产开发项目	马来西亚	湖北江润物贸有限公司	向其在马来西亚全资子公司增资，利用增资收购当地矿山，进行开采、加工生产	1 100
34	老挝波乔省南塔河哈勐水电站有限公司	老挝	十堰市平云工贸有限公司	水力发电及销售	520
35	比利时中比高科技园区孵化项目	比利时	武汉东湖创业中心、武汉市政府、东风设计院、华勇投资公司联合	孵化园区位于比利时瓦隆州新鲁汶大学科技园内，计划 2016 年建成。该孵化园区占地 82 700 平方米，办公和实验建筑 77 500 平方米，包括“五大中心”：生物技术中心、光电通讯中心、绿色工程中心、物联网工程中心及孵化服务中心	24 100

表 1-44　湖南省投资建设情况

序号	项目名称	依据	投资区域	项目单位	建设内容及规模	类别	总投资（万元人民币）	备注
1	澳优乳业公司产能输出项目		荷兰海伦芬	澳优乳业公司	公司将继续加大国内工厂技术改造、扩大产能到2万吨。扩大国外奶源地及生产工厂投资，2015年澳优计划完成投资1.65亿欧元在荷兰海伦芬新建占地面积12公顷（180亩）的新工厂，另外2公顷（30亩）用于企业总部的建设，新工厂建设完成后，年产能将达到10万吨	产业投资	110 000	
2	连铸流程自动检测与控制系统	引领冶金自动控制设备，增加合作竞争新优势	美国伯明翰市	衡阳镭目科技有限责任公司	新建美国分公司办公场所1 000平方米，建设成以研发为主的镭目科技美国分公司，达到年产连铸流程自动检测与控制系统100套的规模	产业投资	500 万美元	
3	印尼组装工厂项目	减少海运成本，扩大中联品牌在印尼影响力，提升销售业绩	印度尼西亚雅加达	中联重科	年产量600套搅拌上装组装工厂	产业投资	5 000	

（续）

序号	项目名称	依据	投资区域	项目单位	建设内容及规模	类别	总投资（万元人民币）	备注
4	埃及苏伊士运河管理委员会（SCA）100MW 光伏电站工程	已签框架协议	埃及伊斯梅利亚	苏伊士运河管理委员会（SCA）；红太阳光电	100MW 光伏电站工程建设	能源资源合作	120 000	
5	越南哈松发 1 及哈松发 2 水电站；巴基斯坦 FHPP-1/3/4 项目	合同	越南、巴基斯坦	华自科技海外事业部	1. 哈松发 1 电站：2 台 2 700KW 全套水轮发电机组。2. 哈松发 2 电站：2 台 2 700KW 全套水轮发电机组	能源资源合作	716.93 万美元	
6	共创南非 250MW 光伏电站	市委书记带队，初步意向	南非	共创实业集团有限公司（衡阳）	建设 250MW 光伏发电站	能源资源合作	250 000	
7	波黑共和国 100MW 光伏电站项目		波黑共和国	共创实业集团有限公司（衡阳）	承建 100MW 光伏发电系统，相关工作正积极推进	能源资源合作	140 000	
8	以色列阿什多德南部港口项目	央企境外施工自带设备	以色列阿什多德	中交集团二航局	工程起重机等设备	基础设施	2 000	
9	电工及照明产品生产基地建设	“一带一路”沿线互联互通的国家或地区	具有优惠政策的保税产业园区	贵派电器股份有限公司	1 电工及照明产品国外生产基地建设	经贸合作	200 000	
10	中国—白俄罗斯工业园生产基地	解决贸易壁垒，本身中白工业园是“一带一路”项目的欧洲重要支撑点	白俄罗斯明斯克州	中联重科	年产 3 000 台套工程机械设备，超过 20 000 平方米生产厂房	经贸合作	5 000 万美元	

11	沙特军营项目	央企境外施工自带设备	沙特全境	中国铁建国际集团有限公司	混凝土、起重等设备	经贸合作	5 000	
12	印尼农业机械招标项目	印尼政府农业机械化发展规划	印度尼西亚雅加达	印尼农业部	1 000 台小水稻收割机、2 000 台水稻插秧机的招标	经贸合作	910 万美元	
13	12 000 吨乳化包装炸药投资建厂		津巴布韦	湖南南岭民用爆破器材股份有限公司	包括厂区建设、设备生产和当地销售网络建设、爆破工程与服务一体化	产业投资	3 200 万美元	审批阶段
14	无缝钢管生产线项目	正在做前期考察调研和寻找合作方，并与意向方进行了接洽	土耳其/印尼	华菱钢铁集团	拟以直接投资方式在土耳其或印尼巴淡岛经济开发区合作建设炼钢–连铸–轧钢生产线，我方以设备技术出资，设计能力 100 万吨 / 年	产业投资	4 亿美元	重点跟踪但未签约
15	伊朗合作管加工项目	正在做前期考察调研和寻找合作方，并与意向方进行了接洽	伊朗	华菱钢铁集团	拟以直接投资方式在伊朗西南部波斯湾沿岸的阿瓦土 ARVAND 自由贸易区合作建设 2 条油井管车丝加 1 条工生产线和油井管接箍生产线。设计能力 8 万吨 / 年	产业投资	1 500 万美元	重点跟踪但未签约
16	3.8 米宽厚板生产线项目			华菱钢铁集团	拟以直接投资方式建设 3.8 米宽厚板生产线，我方以设备、技术出资，设计能力 120 万吨 / 年	产业投资	3.5 亿美元	远景规划

（续）

序号	项目名称	依据	投资区域	项目单位	建设内容及规模	类别	总投资（万元人民币）	备注
17	土耳其ICDAS钢铁公司烧结项目		土耳其	中冶长天	EP	产业投资	8 000万美元	投标中
18	GA集团Ouro Branco厂烧结改造		巴西	中冶长天	E	产业投资	1 000万美元	投标中
19	孟加拉吉大港2 000吨垃圾能源化项目		孟加拉吉大港	长沙斯博泰科技有限公司	日处理2 000吨垃圾焚烧发电厂	能源资源合作	5亿美元	前期准备
20	老挝万象1 000吨垃圾焚烧发电项目		老挝万象市	长沙斯博泰科技有限公司	日处理1 000吨垃圾焚烧发电厂	能源资源合作		前期准备
21	越南轻卡汽车项目		越南河内	长沙斯博泰科技有限公司	1.25吨，2吨轻型卡车的试制以及整车配件供应	产业投资		样车试制成功
22	收购“中国城轨交通设备有限公司”	依据通号轨道车辆有限公司的章程、股东协议、合资合同	香港	通号轨道车辆有限公司	中国通号拟在长沙建立产业园，整个产业园计划投资30亿元。以轨道交通装备研发、测试、生产、实验、物流、展示、维修的完整产业链。通号轨道车辆有限公司规划总体建设规模：年产现代有轨电车（70%、100%低地板车）500列，前期注册资本34 200万元人民币	产业投资	11 666.59	正在签订股权转让协议

23	高性能碳纤维复合材料及其热工装备研究中心建设项目	国家“一带一路”战略方针	俄罗斯莫斯科科罗廖夫州	湖南顶立科技有限公司	与俄罗斯 Public Joint Stock Company “Kompozit” 公司合作，开展高性能碳纤维复合材料及其热工装备研究中心的建设，项目总投资额 1.8 亿元	产业投资	18 000	
24	斯里兰卡道路升级改造项目		斯里兰卡	湖南建工 EPC 总承包	5 路 13 桥的改造升级	基础设施	9 900 万美元	已签约未开工
25	斯里兰卡污水厂处理厂项目		斯里兰卡	湖南建工 EPC 总承包	新建污水处理厂（10 500 吨 / 天）	生态环境保护	7 900 万美元	已签约未开工
26	蒙古第三电厂扩建项目		蒙古	湖南建工 EPC 总承包	新建 2 × 125MW 燃煤机组	能源资源合作	3.5 亿美元	重点跟踪未签约
27	孟加拉拉杰沙希地表水处理厂项目		孟加拉	湖南建工 EPC 总承包	新建日处理 20 万吨饮用水厂，及 63KM 管网	基础设施	3.3 亿美元	重点跟踪未签约
28	老挝高速公路开发建设项目		老挝	湖南建工参与投资并负责工程施工	老挝万象—老挝柬埔寨边境 700 公里，（第一期 100 ～ 150KM）	基础设施	130 亿美元	
29	越南莱州水电站机电设备成套项目		越南	中国电建集团中南勘测设计研究院	越南莱州水电站机电设备供应，成套设计及安装等	基础设施	1.27 亿美元	在建但未完工
30	泰国 WED 风电项目		泰国	中国电建集团中南勘测设计研究院	装机 60MW 风电场工程总承包	基础设施	1.2 亿美元	在建但未完工

（续）

序号	项目名称	依据	投资区域	项目单位	建设内容及规模	类别	总投资（万元人民币）	备注
31	马来西亚沙巴州100万吨化学木浆厂项目		马来西亚	业主方是马来西亚Pandawa Sakti SDN BHD公司；进出口行湖南分行	建设年产100万吨化学木浆工厂及其配套设施	金融合作	30亿美元	重点跟踪但未签约
32	远大住工南美建筑工业化基地		苏里南	长沙远大住宅工业集团有限公司	与苏里南共和国合作，在苏里南首都帕拉马里博市建设远大住工首家海外工厂，按照与政府合作协议为苏里南共和国提供18 000套房屋住宅	产业投资	80 000	在建但未完工
33	新华联印尼高炉镍铁一期项目		印度尼西亚	湖南新华联镍业有限公司	建设12座80m^3高炉，每座高炉年产镍铁2.5万吨，一次规划，分三期建设，每期建设产能10万吨镍铁	产业投资	60 000	正在备案
34	特变电工南非变压器厂	国际市场需要	南非	特变电工衡阳变压器有限公司	建设小型变压器生产线及厂房	产业投资	3 000万美元	

35	特变电工老挝万象市115KV变电站及输变电线路建设	老挝电力行业战略发展计划、2014年9月15日老挝中老委员会主席指示、2014年9月18日中国进出口银行与老挝财政部签署的50亿美元贷款框架协议、2014年10月10日老挝国家电力公司申请函	老挝万象市	特变电工衡阳变压器有限公司	两座115KV变电站建设、部分115KV输变电线路建设及22KV配网建设	能源资源合作	4 000万美元	已签署MOU
36	特变电工哈萨克斯坦50兆瓦光伏电站建设	哈萨克斯坦电力发展规划	哈萨克斯坦	特变电工衡阳变压器有限公司	50兆瓦光伏电站建设，后期扩容至100兆瓦	能源资源合作	1亿美元	
37	特变电工白俄罗斯戈梅利州10兆瓦地面集中式光伏电站建设	白俄罗斯电力发展规划	白俄罗斯戈梅利州	特变电工衡阳变压器有限公司	10兆瓦地面集中式光伏电站建设	能源资源合作	2 000万美元	
38	塞尔维亚电力公司AMI/MDM项目		塞尔维亚	特变电工衡阳变压器有限公司	规划AMI/MDM项目	基础设施	5亿美元	前期调研
39	尼泊尔Tamakoshi-V水电站项目		尼泊尔	特变电工衡阳变压器有限公司	87MW水电站建设	基础设施	1.7亿美元	已签署MOU

（续）

序号	项目名称	依据	投资区域	项目单位	建设内容及规模	类别	总投资（万元人民币）	备注
40	尼日利亚输变电总承包项目		尼日利亚	特变电工衡阳变压器有限公司	EGBE132/33KV 变电站新建和 OMUARAN 变电站线路间隔扩建工程	基础设施	30 亿美元	MOU 谈判
41	喀麦隆库塞里 100MW 太阳能电站、加鲁阿 100MW 太阳能电站		喀麦隆	特变电工衡阳变压器有限公司	200MW 太阳能电站建设	能源资源合作	5.6 亿美元	MOU 签署
42	喀麦隆 225KVE-BOLOWA-KRIBI 和 90KVMBAL-MAYO-MEKIN 输变电线路项目		喀麦隆	特变电工衡阳变压器有限公司	220KV/90KV 输变电线路项目	基础设施	8 000 万美元	已签署 MOU
43	坦桑尼亚 132kV 电网扩建和农村电气化项目（一期）	2014 年 9 月 26 日，特变电工衡阳与坦桑尼亚能矿部签署 MOU；2014 年 10 月 23 日，特变电工衡阳与坦桑尼亚能矿部签署框架协议	坦桑尼亚中西部 5 省	特变电工衡阳变压器有限公司	近 1 000 公里 132kV 输电线路、7 个 132kV 新建变电站及几千公里 33/0.4kV 配网线路	能源资源合作	5 亿美元以上	已签署 MOU
44	坦桑尼亚 IPTL-200MW 天然气发电项目	IPTL 公司及坦桑尼亚国家供电公司的规划	坦桑尼亚	特变电工衡阳变压器有限公司	200MW 天然气电厂设计、采购及施工，不含送出变电站	能源资源合作	1.6 亿欧元以上	已签署 MOU

45	哈萨克斯坦东哈州热电联产项目	哈萨克斯坦萨姆鲁克能源公司规划	哈萨克斯坦东哈州	特变电工衡阳变压器有限公司	3 号热电站项目（用于发电和供暖项目）	能源资源合作	6.5 亿美元以上	客户已经做了可研和环评，获得政府许可
46	黑山 110KV 变电站项目	黑山电网公司	黑山	特变电工衡阳变压器有限公司	黑山首都某即将开发的旅游岛提供照明及设备用电	基础设施	约 1 700 万欧元	已签署框架 MOU
47	缅甸油气开发项目		缅甸	三一重工	合作伙伴为陕西某石油公司，此缅甸项目勘探期刚结束，发现有较好的油气资源；三一正在与该石油公司谈判合作细节，预计首期投资额超过 5 亿元人民币	能源资源合作	50 000	
48	日本 420MW 海上风电项目		日本	三一重工	在日本安装 70 台 6MW 风机，共 420MW，属于大型风电投资项目	能源资源合作	350 000	
49	阿曼 Duqm 风电投资项目		阿曼	三一重工	在阿曼 Duqm 特区建立风场，15 ~ 20 套风电设备	能源资源合作	30 000	
50	坦桑尼亚港口扩建项目		坦桑尼亚	三一重工	对坦桑尼亚某旧港口进行升级改造，三一已中标，现在在沟通融资方案	基础设施	350 000	
51	缅甸钦邦梯镇镍矿开发项目		缅甸	三一重工	已探明 4 221 万吨红土镍矿，镍平均含量 1.409%，将联合某矿业开发公司共同开采	能源资源合作	260 000	

（续）

序号	项目名称	依据	投资区域	项目单位	建设内容及规模	类别	总投资（万元人民币）	备注
52	建立沙特合资公司		沙特	三一重工	与沙特当地某大型政府投资机构建立合资公司，大力拓展中东工程装备市场，预计3年内沙特本地年销售额从5亿元增加至50亿元	经贸合作	500 000	
							254.166 659亿元，242.132 693亿美元，1.77亿欧元	

表 1-45　湖南对接“一带一路”备选项目清单（境外平台项目）

序号	项目名称	依据	投资区域	项目单位	建设内容及规模	类别	总投资（万元人民币）	备注
1	老挝粮食生产基地		老挝人民民主共和国	湖南炫烨生态农业发展有限公司	在老挝成立全资子公司炫烨（老挝）有限公司主要承建老挝粮食生产基地项目，同时成立中国湖南农科院老挝水稻研究中心承担粮食生产基地的育种培训工作；建设一座集粮食加工、交易、物流、仓储及农机交易、林产品交易为一体的现代化农业产业园区	产业投资	37 000	开工项目

2	阿基曼中国城		阿联酋阿基曼	湖南博深实业集团	占地28万平方米	产业投资	80 000	收购完毕
3	蓝思科技国际贸易平台建设项目：蓝思国际（香港）有限公司	国家鼓励走出去发展产业政策，扩大进出口贸易，促进产品出口	香港	蓝思科技股份有限公司	进出口贸易及相关产业投融资。注册资本990万美元	经贸合作	720 000	已运行四五年
4	五金机电产业园	根据当地市场需求及我方产业优势	东南亚（泰国、柬埔寨）	湖南省五金机电商会、湖南合望达投资有限公司	五金机电生产、销售、售后服务、技术咨询，侧重于农业机械、园林机械，产业园占地面积500亩	经贸合作	200 000	谋划项目
5	湖南农业机械柬埔寨销售合作产业园	省委、省政府“走出去”战略	柬埔寨首都金边建产业园和县市区建全国性的营销网络	中国：张家界中昌进出口贸易有限公司； 柬埔寨：万东农业机械集团公司	在柬埔寨首都金边市水净华大桥前行2公里临街有土地2 000平方建门市部和展厅；后面有20 000平方的土地建仓库、企业入住场所、办公及宿舍、售后服务中心、科研大楼等；对面有385公顷土地可供购买扩大产业园规模。把柬埔寨全国128个县市区总经销商打造好，进一步巩固、发展和壮大起来，在每个县市区总经销商处征0.5公顷或1公顷土地，建一个集销售门市、仓库储运和售后服务为一体的营销网点	经贸合作	30 000	

（续）

序号	项目名称	依据	投资区域	项目单位	建设内容及规模	类别	总投资（万元人民币）	备注
6	杂交水稻种子研发分中心建设		孟加拉、巴基斯坦、印尼、印度、泰国	隆平高科	各水稻种子研发、加工仓储中心20 000平方米，生产、试验基地1 000公顷	产业投资	150 000	
7	泰国湖南工业园	“走出去”发展战略	泰国	邵东县隆源贸易有限责任公司	泰国湖南工业园坐落在甲民武里工业城内，总开发4平方公里，分三期开发，总投资50亿人民币。第一期开发1平方公里，2010年破土动工，项目招商非常成功，不仅湖南企业，泰国当地、日本、美国等国家的企业也纷纷入园，一期开发已基本完成。第二期建设800亩，正在进行。整个园区分五大区进行规划布局：纺织服装工业区、汽车电子工业区、农用机械制造区、建材冶金工业区和生活配套设施区	经贸合作	500 000	
8	三一巴西产业园升级		巴西	三一重工	2007年在温家宝总理见证下，三一签约在巴西投资6 000万美元建立研发制造基地；2014年在习近平主席见证下，三一集团宣布增加3亿美元投资扩大巴西产业园规模。顺应中央与湖南省“一带一路”三年规划，三一积极推动将巴西产业园升级为国家级海外工业园区，带动中国工业企业开拓巴西市场	产业投资	223 000	已建成扩大规模

9	三一印度产业园升级		印度	三一重工	2006年三一投资6 000万美元在印度普纳建立了研发制造基地，主要生产混凝土设备、起重设备等，现三一印度已实现本土化发展，业绩增长迅速。为配合湖南省“一带一路”三年规划的“产能装备出海行动”，三一积极推动将印度产业园升级为国家级海外工业园区，带动中国工业企业开拓印度市场	产业投资	36 000	已建成扩大规模
10	JingYang（Singapore）Investment Pte Ltd		新加坡、越南、老挝、柬埔寨、伊朗等东南亚及中东国家	湖南省京阳物流有限公司	投资建设当地物流基础园区，提供对应的第三方物流配套服务		50 000	

表 1-46 湖南对接“一带一路”备选项目清单（科技文化走出去）

序号	项目名称	依据	投资区域	项目单位	建设内容及规模	类别	总投资（万元人民币）	备注
1	山猫卡通	文化部等五部委认定为“国家文化企业出口重点企业”		山猫卡通	产品出口 70 个国家和地区，动画节目和衍生产品累计出口创汇超过 5 000 万美元			建设项目
2	《锦绣神州之奇游迹》	国家新闻出版广电总局推荐为全国 2013 年第三季度国产优秀动画片，并入围“中国梦”主题动画片全国 12 强，自去年首播以来，已先后在国内近 200 家电视台和视频网站播出		湖南锦绣神州影视文化传媒有限公司	纽约时间 2014 年 10 月 23 日下午 4 时 30 分开始，在美国 ICN 电视联播网纽约 24.2 中文台播出			建设项目
3	埃及苏伊士运河光伏项目			电子科技集团第四十八研究所	2014 年 12 月，中国电科装备子集团第四十八所与苏伊士运河管理委员会、法塔可再生能源公司签署了《合资建立埃及 100MW 光伏工业园与 100MW 太阳能光伏电站合作框架协议书》			建设项目
4	中国—赞比亚农业高科技示范园			袁隆平农业高科技股份有限公司	2013 年			建设项目

5	巴基斯坦杂交水稻联合研发中心				2014年，与巴基斯坦农业研究中心合作，在巴基斯坦建立杂交水稻育种研发基地、高产栽培示范基地及杂交水稻技术培训中心，并开展杂交水稻育种研发、生产技术改良及培训；提高巴方杂交水稻从业人员专业水准，提升水稻生产水平，发挥杂交水稻增产潜力			建设项目
6	中国杂交水稻技术在马来西亚的应用研究与示范			湖南省杂交水稻研究中心	湖南省杂交水稻研究中心与马来西亚在农业领域开展联合技术研究与示范，通过引进先进的中国杂交水稻技术，筛选适应当地推广的杂交水稻品种，摸索配套高产栽培和制种技术，培训科技人员，促进杂交水稻在马国的推广和应用，大幅度提高水稻产量，帮助其提升科技创新能力，实现粮食自给自足			储备项目
7	钴粉短流程制备联合技术研究与示范		南非	湖南顶立科技有限公司	采用中方掌握的短流程钴冶金、无扬尘超细均匀钴粉制备等新技术、新工艺，与外方开展高端钴粉短流程制备技术联合研究并建立示范生产线，帮助外方建立创新研究中心，促进外方提高科技创新能力，同时将高品质钴粉出口到包括中国在内的国际市场			建设项目

3）重庆对外经贸集团承包孟加拉 PVC 项目。重庆对外经贸集团下属子公司重庆五矿机械进出口公司，将以 EPC 方式总承包孟加拉麦格拉工业集团年产 10 万吨 PVC 新建厂项目。

4）力帆集团俄罗斯汽车整车生产项目。重庆力帆集团拟在俄罗斯投资建设汽车焊接、涂装和总装车间，年产整车 6 万辆。

5）信威通信海外投资项目。在俄罗斯、开曼群岛、坦桑尼亚、卢森堡等国家（地区）合资独资设立电信公司，开展通信系统集成、设备销售、技术支持与咨询等业务。

（2）甘肃省项目清单

1）酒钢集团哈萨克斯坦全流程钢铁生产线项目，建设 200 万吨全流程钢铁生产系统及附属设施，中方投资额 21 亿美元，目前正在接触，尚未开展技术谈判。

2）白银公司与哈萨克斯坦矿业集团建设铜冶炼项目，建设 30 万吨铜冶炼生产线及附属设施，中方投资额 20 亿美元，目前完成尽职调查，正在编制预可研报告。

3）金川公司巴基斯坦雷克迪克铜矿项目，建设规模为 11 万吨 / 天采选矿厂 1 座，中方投资额 33 亿美元，正在协助业主办理申办采矿权证，商谈股权比例。

4）金川公司古巴皮纳瑞斯红土镍矿项目，建设规模为 9666 吨 / 天采选矿厂 1 座，中方投资额 14 亿美元，目前处于可研阶段，正在争取将列入中国古巴两国政府间合作项目。

5）金川公司印尼红土镍矿项目，建设 25 万吨镍铁生产线及附属设施，中方投资额 7 亿美元，目前与业主签署投资协议，正在编制项目可研报告。

6）酒钢集团印尼铝土矿和氧化铝项目，近期建设年产 100 万吨、远期年产 300 万吨冶金级氧化铝工厂及附属设施，中方投资额 6.5 亿美元，目前正在项目可研报告审查，协商有约束力合作框架协议。

7）酒钢集团与俄铝牙买加公司建设氧化铝项目，改造 160 万吨氧化铝生产线，配套建设 70 兆瓦燃煤发电机组等，中方投资额 4 亿美元，目前双方已签署保密协议，正在组织项目可研报告论证。

8）八冶公司承建北方公司缅甸蒙育瓦莱比塘铜矿项目，承建缅甸蒙育瓦莱比塘铜矿工程，中方投资额 1 亿美元，目前办理开工建设手续。

9）酒钢集团哈萨克斯坦电解铝生产线项目，建设 45 万吨电解铝生产线及附属设施，中方投资额 20 亿美元，目前正在接触，尚未开展技术谈判。

10）八冶公司吉尔吉斯斯坦干法水泥生产线项目，建设 3000 吨 / 天干法水泥生产线，中方投资额 1.5 亿美元，目前正在办理中外合资企业手续，同时开展项目可研报告编制工作。

11）八冶建设集团公司吉尔吉斯斯坦熟料水泥生产线项目，建设 2800 吨 / 天熟料水泥生产线，中方投资额 1.5 亿美元，目前正在编制项目可研报告。

12）兰州蓝天浮法玻璃公司哈萨克斯坦高档浮法玻璃生产线项目，建设一窑两线 700 吨 / 天超白深加工高档浮法玻璃生产线，中方投资额 1 亿美元，目前正在编制项目可研报告。

13）甘肃临夏清真食品有限公司在阿盟国家建设绿色清真食品加工生产线和销售中心项目，在东南亚、中东、西亚等穆斯林国家建立清真食品生产线、3 个区域性清真食品营销中心，发展 5 个国家级总代理商和 15 个省州代理商，开设 50 个经贸合作区，中方投资额 2 亿美元，目前正在编制项目可研报告。

14）甘肃聚馨集团白俄罗斯麦芽加工生产线项目，在中白工业园开发 30 万亩大麦种植基地，建设年产 30 万吨麦芽加工厂生产线，2015 年 5 月中白工业园管委会批准首批入园企业并颁发证书，中方投资额 2 亿美元，目前正在编制项目可研报告。

15）甘肃大禹节水公司哈萨克斯坦灌溉设备生产研发基地项目，建设节水灌溉输出基地、技术服务基地、高效节水灌溉示范基地等，中方投资额 1.5 亿美元，目前正在与当地政府及相关企业洽谈。

16）甘肃大禹节水公司安哥拉农业示范区节水灌溉机械基地项目，建设年产 20 亿米滴灌管及器材生产线，中方投资额 1 亿美元，目前投资合同已签，正在注册当地公司。

17）甘肃大禹节水公司埃及农业开发示范区节水灌溉机械生产基地项目，建设年产 30 亿米滴灌管及器材生产线，中方投资额 4 亿美元，目前投资合同已签，正在注册当地公司，在中非工业园征地 500 亩。

18）酒钢集团与哈萨克斯坦合作煤电一体化生产线项目，安装 3 × 350 兆瓦超临界燃煤凝汽式间接空冷机组，建设发电设施，中方投资额 18 亿美元，目前正在与当地政府及相关企业洽谈。

19）华天科技集团收购美国 AMD 部分股权项目，收购美国 AMD 部分股权，延长封装业务产业链，中方投资额 5.6 亿美元，目前正在开展第二轮报价及尽职调查。

20）甘肃九和阿拉美金公司与吉尔吉斯斯坦多伦多依公司共建经贸合作区项目，在吉尔吉斯斯坦建设经贸合作园区，中方投资额 1 亿美元，目前已设立境外企业，正在筹集建设资金。

（3）青海省投资项目清单

青海省投资情况如表 1-47 所示。

表 1-47　青海省投资情况

序号	项目	项目所在国	投资/合同金额	项目状态	建设内容
1	青海东部批发市场马来西亚“凯云国际村”大酒店投资项目	马来西亚	计划总投资10亿元人民币	境外公司已成立，前期投资资金已汇出	建设大酒店
2	贵南草业开发有限责任公司“俄罗斯农业养殖基地”建设项目	俄罗斯	230万美元	正在执行	租赁土地8.11万亩，农业养殖基地建设
3	青海硕日新能源科技有限公司“吉尔吉斯斯坦中国（青海）特色商品境外营销中心”项目	吉尔吉斯斯坦比什凯克市	620万元人民币	营销中心已揭牌运营	营业面积1 651m²，仓储库房500m²。营销中心划分为青海地域介绍区和六个销售区建设
4	青海齐鑫地质勘查股份有限公司塔吉克斯坦扎尔尼索里－西莫利、派－布拉克多金属矿区勘查项目	塔吉克斯坦	1 772万美元	正在执行	金属矿区勘查

（4）云南省项目清单

1）河口跨境经济合作区。2013年10月，中越签署了《关于建设中越跨境经济合作区的谅解备忘录》。目前，中越双边国家部委正在组织编制中越跨境经济合作区建设共同总体方案。

2）老挝赛色塔综合开发区。老挝赛色塔开发区国内投资主体企业为云南省海外投资有限公司，国外运营开发主体企业为云南海投和万象市政府共同出资组建的老中联合投资有限公司。项目位于老挝万象市东北21公里处，面积约11.49平方公里，园区内市政基础设施总投资估算为11.66亿元人民币。项目自2010年启动以来，已投入资金约2亿美元。老挝方面已完成园区管委会组建并入驻现场办公。

3）中缅国际光缆。通过建设中缅国际光缆，形成中国大陆至印度洋的出海通道，构建至欧洲大陆的新路由，进一步提高我国国际通信的安全性。

4）边境动植物疫病联防联控体系。2011 年起，每年在中国河口或越南老街定期开展中越陆生野生动物疫源疫病联防联控交流活动，初步建立了河口—老街边境地区联防与交流合作机制。

5）中缅联合保护区域建设。2004 年以来，云南高黎贡山国家级自然保护区与缅甸边境特区政府签订了“中缅边境资源保护联防协议”，建立跨边境协调机制，共同配合森林火灾预警、查处跨国盗伐林木和偷猎野生动物案件，严厉打击犯罪行为。

6）中越泰缅水稻迁飞性害虫防治合作。我国云南、广西两省是“两迁”害虫入境第一站，近年来“两迁”害虫在云南呈上升危害趋势。近几年，配合禁毒等工作，云南省扶持周边越南、缅甸、老挝一带发展农业生产，扩大杂交水稻等作物种植，减少毒品原料种植，同时扩大了“两迁”害虫寄主，加深了对周边区域的危害。

7）中老跨境生物多样性保护廊道后续示范建设。中老边境地区是东南亚生物多样性最为丰富的区域之一，也是国家级珍稀濒危物种亚洲象的迁徙通道。因交通不便，保护意识和管理薄弱，该区域盗猎、砍伐及蚕食森林资源等现象时有发生，生物多样性保护压力较大。为使该区域的亚洲象、印支虎、绿孔雀等国家珍稀濒危动植物提供一个安全的生态栖息地，云南省与老挝南塔省就开展跨境生物多样性保护等领域的合作与交流初步达成共识，将在大湄公河次区域环境合作机制下持续推动中老跨境生物多样性保护廊道建设示范。

8）澜沧江—湄公河国际航道二期整治。中方正联合老缅泰三方开展澜沧江—湄公河国际航道二期整治项目相关工作，目前正各自履行

《澜沧江—湄公河国际航运发展规划（2015 ~ 2025 年）》国内审批程序。根据规划方案，工程实施资金约 23 亿元，范围为中缅 243 号界碑至老挝琅勃拉邦之间 631 公里长航道，拟按通航 500 吨级船舶标准进行整治。

9）扩容中国—东盟跨境国际陆缆 CSC 系统。为充分发挥云南区位优势，通过扩容系统，调整国际话务路由和负荷分担，增强国际通信的安全性。

10）大湄公河次区域（GMS）疟疾等传染性疾病监测合作。项目地区为云南省部分边境县（市、区）。投资金额预计为 460 万元，开展艾滋病、疟疾、登革热、鼠疫跨边境联防联控工作。目前已与相邻国家（越南、老挝、缅甸）相应的省份和地区建立了工作联系机制。

11）大湄公河次区域（GMS）农村环境治理合作示范项目。项目将分别在中国西双版纳州—老挝南塔省和中国瑞丽市—缅甸木姐市跨境区域选择一个示范点开展农村环境综合整治示范，通过示范项目的实施，建立跨境环境合作交流机制，分享中方环境管理经验和科学技术，促进中老和中缅跨境区域生态文明建设。云南省环境保护厅与老挝南塔省自然资源和环境保护厅、瑞丽市政府与缅甸木姐市政府已经就加强双方环境保护交流合作进行了磋商，就边境区域开展农村环境治理合作达成了共识。

12）大湄公河次区域（GMS）环境友好型城市伙伴关系。项目所在地为中国云南省瑞丽市和缅甸木姐市。2014 年，云南省瑞丽市政府与缅甸木姐市政府就共建中国云南省瑞丽市与缅甸木姐市环境友好城市伙伴关系进行了会晤，双方达成了合作交流的初步意向。通过推动中国瑞丽市与缅甸木姐市创建环境友好城市伙伴关系，为云南省与周边国家跨境城市建立环境互信、互通、环境技术和生态建设成果共享的伙伴关系提供示范。

13）与有关国家签订双边农业合作协议、农产品检验检疫议定书。近年来，我国企业到周边国家投资开发、与周边国家的经贸合作呈现出良好的发展态势，带动了缅甸、老挝等国家的农业经济发展。缅甸、老挝等国家政府希望扩大农产品对云南的出口，并希望双方加快解决输华农产品检验检疫准入问题。目前中老两国已签署老挝玉米、西瓜、香蕉、木薯干输华植物检验检疫要求议定书，中缅两国已签署大米、玉米输华植物检验检疫要求议定书，老挝大米、印奇果有害生物风险分析评估工作已完成。

14）建立和完善相关协调机制，设立沿线国家政党论坛、人脉工程、智库合作联盟、非政府组织交流合作网络。周边国家与我开展合作、搭乘我快速发展顺风车的意愿强烈，视我国为其重要发展机遇，视云南为其与中国开展交流合作的重要支点；但同时对我国的快速发展心存疑虑，对我国对外方针政策了解不足，近而不亲倾向有所加强，亟须加强对周边国家的公共外交、民间外交、人文交流，巩固和扩大我国同周边国家关系长远发展的社会和民意基础。

15）境外森林培育与利用基地建设、干旱地区土地退化综合生态系统管理（IEM）推广与示范。随着东南亚木材的大量出口及高强度的毁林开荒，其森林生态系统日益恶化、土地退化加剧，干旱问题突出。越南、老挝、柬埔寨、缅甸、泰国等中南半岛国家生态环境不断恶化不仅威胁着我国西南地区生态环境，也严重制约着东盟经济圈的可持续发展。

16）云南省跨界河流治理。维护边境界限的稳定，维护国家形象，防止水土流失，是国务院常务会议确定的172项重大水利工程项目之一。

17）云南昆明与南亚国家的航权开放。我国与不丹未建交，与其余南亚6国均签订有航空运输协定和航权安排，但航空运输市场还不够开放。目前，除不丹、巴基斯坦外，昆明开通其余南亚5国航线，通航点有印度加尔各答、孟加拉达卡、马尔代夫马累、尼泊尔加德满都、斯里兰卡科伦坡。

18）国际道路运输便利化合作。中国与老挝和越南已分别签署了双边汽车运输协定和关于在磨憨—磨丁口岸、河口—老街口岸实施《大湄公河次区域便利货物及人员跨境运输协定》的谅解备忘录，云南省与老、越两国共开通了24条客货运输线路，中缅和中老泰便利运输文本商签工作正在推进。

19）中国—南亚博览会。中国—南亚博览会（南博会）是经中国国务院批准的综合性国际博览会，由中国国家商务部和云南省人民政府共同主办，并邀请南亚各国商务部门联合举办。南博会的前身是业已举办了5届的南亚国家商品展，为适应形势发展需要，进一步加强中国与南亚国家互利合作，2012年10月，中国国务院批准将南亚国家商品展升格为中国—南亚博览会，从2013年起每年在中国昆明举办一届。

20）云南沿边金融综合改革试验区。云南省启动建设沿边金融综合改革试验区以来，先后出台《云南省沿边金融综合改革试验区个人经常项目跨境人民币结算试点暂行办法》《云南省沿边金融综合改革试验区跨境人民币贷款管理暂行办法》等28个实施细则、实施办法，开展了经常项下个人跨境人民币结算、经常项下人民币对缅币特许兑换业务、跨境人民币双向贷款业务、企业携带现金出入境携带证制度等“四个试点”。2014年，云南省实现了跨境人民币结算775亿元，同比增长30.9%，自2010年7月启动试点以来，已累计结算2044.6亿元。

（5）宁夏回族自治区项目清单

1）打造空中丝绸之路。宁夏作为紧邻国际重要航路的内陆省份，着力谋划打造时效性高、产业带动能力强的空中丝绸之路，构建重点面向阿拉伯国家的航空运输网络，大力发展航空物流、航空装备制造、保税服务等临空经济产业，全面促进宁夏与“一带一路”沿线国家的经贸合作和人文交流。主要项目包括：银川河东机场三期、四期扩建工程、银川河东国际机场综合交通枢纽工程、银川河东机场航空油料和航空零配件保税仓库建设项目、组建宁夏货运航空公司等。

2）构建丝路铁路枢纽。建设宁夏东进渤海湾、北联蒙古和俄罗斯、西接中西亚、南下中南半岛的国际铁路运输通道，积极加强和周边国家在贸易通关、运输等方面按的合作，加强宁夏与西安、兰州等丝绸之路经济带重要节点城市的铁路运输联系，将宁夏打造成丝绸之路经济带的重要铁路交通枢纽。构建国际铁路运输通道网络。发挥宁夏毗邻新亚欧大陆桥的优势，建成由天津港经宁夏前往西北地区和中西亚国家的国际铁路运输大通道。发挥宁夏地处包兰铁路重要节点的优势，建设宁夏经包头、二连浩特联通中蒙俄经济走廊的跨境铁路运输通道。主要项目包括：银川至西安客运专线、银川至郑州客运专线、呼包银兰客运专线、太中银铁路银川（中卫）至定边增建二线、石嘴山至鄂托克旗铁路、干武铁路增建二线、宝中铁路增建二线、包兰铁路复线、开通“中阿号”国际货运班列等。

3）完善综合交通体系。加快推进宁夏与“一带一路”重要节点城市的公路运输体系建设，大力发展宁夏与周边、沿海、沿边省份的多种运输方式联运，形成多层次、立体化综合交通运输体系，促进畅通丝路建设。主要项目包括：乌海至玛沁公路宁夏段建设项目、银川至百色公路宁夏段建设项目、银川至昆明公路宁夏段建设项目、银川至巴彦浩特公路项目、银川国际空港物流中心建设项目等。

4）推动能源化工产业开放合作。能源化工产业是宁夏经济发展的重要引擎和对外开放合作的重点领域。未来重点在于加强与“一带一路”沿线国家的产业合作，引进优质高端要素资源，建立境外能源化工基地为主要抓手，提升综合竞争优势，打造全国性的能源化工产业开放合作基地。以开放合作促能源化工产业优化发展。加大煤炭、石油、天然气等领域引进来和走出去力度，支持有条件的本地企业采取直接投资、并购、参股等方式开拓国际市场，积极引入国内外战略合作伙伴，聚合资源、技术、人才、企业、园区等发展元素，培育一批具有国际竞争力的大型综合能源集团。主要项目包括：神华宁煤集团400万吨煤炭间接液化示范项目、神华宁煤集团第二套400万吨煤炭间接液化项目、神华宁煤集团100万吨煤化工副产品深加工烯烃项目、国电中石化煤基多联产项目、宝丰煤制烯烃项目、推进与沙比克、巴斯夫公司能源合作项目、中卫干塘国家能源战略储备基地项目等。

5）推动清真食品和穆斯林用品产业开放合作。宁夏具有发展清真食品和穆斯林用品产业的独特优势。打造清真食品和穆斯林用品产业开放合作基地，提高产业综合竞争优势，是宁夏推动丝绸之路经济带建设的重要内容。依托宁夏清真食品国际贸易认证中心，深化与阿拉伯国家和伊斯兰地区及国内省区的标准互认合作，进一步增加互认合作方数量，争取国家以宁夏地方标准为基础出台清真食品认证国家标准，推动形成国内统一、国际认可的认证标准体系。主要项目包括：吴忠清真产业园建设项目、宝迪集团清真食品加工项目、宁夏进境肉类口岸基础设施项目、南苏丹水稻种植技术培训项目、中宁枸杞产业基地项目等。

（6）新疆生产建设兵团项目清单

新疆建设兵团建设情况如表1-48所示。

表 1-48 新疆建设兵团建设项目情况

序号	项目名称	建设性质	项目主要建设内容和建设规模	开工年份	建成年份	总投资	截至目前累计完成投资	“十三五”规划投资	前期工作进展情况
	合计（83 项）					25 867 589	684 086	21 421 699	
	信息电网油气网络重大工程（5 项）					583 400		583 400	
1	广播电视台站建设工程	新建	新建 6 个市级广播电视台站基础设施建设	2016	2020	8 400		8 400	项目规划
2	农网改造升级工程	新建 / 改造	建设 110 千伏变电站 40 座、输变电线路 1 500 公里，35 千伏及以下配套变电站 300 座、输变电线路 4 000 公里	2016	2020	400 000		400 000	
3	城市电网升级改造	新建 / 改造	220 千伏变电站 20 座、输变电线路 300 公里，110 千伏变电站 30 座、输变电线路 1 000 公里，35 千伏变电站 20 座、输变电线路 1 000 公里	2016	2020	100 000		100 000	
4	电子政务工程	新建	兵团审计局金审工程三期、兵团社会信用信息综合管理平台、兵团人社局金保工程三期等电子政务工程以及“十三五”期间国家信息化重大工程项目中的兵团建设部分	2016	2020	25 000		25 000	兵团审计局金审工程三期项目正在编制可研报告，兵团金融办正在编制信息体制规划和项目实施方案

5	云计算平台建设工程	新建	在八师石河子市、一师阿拉尔市等具备条件的师市建设云计算中心，实施工业云解决方案研发及推广、云计算数据中心等项目	2016	2020	50 000		50 000	八师兵团云计算中心工业云解决方案研发及推广项目可研报告已编制完成
	生态环保重大工程（18 项）					2 053 514	76 992	1 976 522	
1	三北防护林和退耕还林工程建设	新建	人工造林 195 万亩，封山育林 105 万亩	2011	2020	78 538	25 413	53 125	已编制兵团生态建设规（2013 ~ 2020）
2	林木种苗基地	新建	新建一批林木种苗良种基地	2011	2020	4 313	1 188	3 125	已编制兵团生态建设规（2013 ~ 2020）和年度项目可研报告
3	湿地保护与恢复工程	新建	建设三个湿地保护区域	2011	2020	9 430	1 930	7 500	已编制兵团生态建设规（2013 ~ 2020）
4	水土保持工程	新建	44 个团扬的水土保持重点工程的小流域治理的建设、10 个易灾地区生态综合治理、南疆水土保持治理工程等	2011	2020	50 243	15 375	34 868	规划正在修编
5	塔里木盆地周边和准噶尔盆地南缘防沙治沙	新建	绿洲内部沙化土地综合治理和水蚀沙地防护林建设，以批准的方案为准	2016	2020	37 000		37 000	规划已完成

（续）

序号	项目名称	建设性质	项目主要建设内容和建设规模	开工年份	建成年份	总投资	截至目前累计完成投资	“十三五”规划投资	前期工作进展情况
6	生态环境治理示范工程建设	新建	示范团场4个	2016	2020	3 000		3 000	已编制上报实施方案
7	天然草原退牧还草工程	新建	草原围栏、退化草原补播改良，人工饲草地和舍饲棚圈建设，具体建设内容和投资规模以国家下达退牧还草工程年度建设任务和建设资金计划为准	2003	2020	48 086	33 086	15 000	兵团退牧还草工程规划已纳入国家总体规划，并在“十一五”期间已启动兵团规划实施
8	退耕还林	新建	在11个师严重沙化耕地实施退耕还林141万亩	2016	2020	192 000		192 000	正在组织编制实施方案
9	退耕还草	新建	在南疆及边境严重沙化耕地实施退耕还草250万亩	2016	2020	200 000		200 000	正在组织编制实施方案
10	环保能力建设项目	新建	实施兵师团三级环境监测、监察、监控、应急、宣教、信息、业务用房、运行保障等能力建设项目，具体包括：10个师级监测站按二级站标准化填平补齐项目，兵师团三级监察机构按标准化填平补齐项目，10个师级监控中心项目，兵师两级环境应急项目，兵师两级环境宣教项目，环境信息化项目及各环保机构运行保障费等	2016	2020	100 000		100 000	已编制相应规划，尚未编制建设方案

11	环保设施提标改造工程	改建	对大气污染重点控制区内的火电、钢铁、水泥、石化、有色、化工等行业和燃煤锅炉环保设施进行提标改造。以批准的建设方案为准	2016	2020	100 000		100 000	项目规划
12	危险废物处置中心项目	新建	拟在石河子建设年处理3万吨危险废物处置中心一座	2016	2020	20 000		20 000	已编制可研
13	团场连队环境综合整治项目	新建	实施兵团160个中心连队和12个中心垦区团场职工居住区生活污水收集处理、生活垃圾收集转运、水源地保护和养殖场污染物治理综合利用项目建设	2016	2020	50 000		50 000	项目库已完成
14	生态保护项目	新建	在阿尔金草原荒漠化防治生态功能区、阿尔泰山地森林草原生态功能区、塔里木河荒漠化防治生态功能区、天山西部森林草原生态功能区和夏尔西里山地森林生态功能区、准噶尔西部荒漠草原生态功能区、准噶尔东部荒漠草原生态功能区、天山南坡中段山地中段草原生态功能区涉及兵团区域中包括1个师、2个市、42个团场用于涵养水源、防风固沙、恢复植被、湿地保护、生物多样性保护等生态保护和建设	2016	2020	250 000		250 000	区划已完成

（续）

序号	项目名称	建设性质	项目主要建设内容和建设规模	开工年份	建成年份	总投资	截至目前累计完成投资	“十三五”规划投资	前期工作进展情况
15	水质良好湖泊生态保护项目	新建	兵团10个重要水质良好水库生态保护工程，包括水源地保护、流域污染治理、生态修复与保护、水库生态安全评估及能力建设等	2016	2020	200 000		200 000	部分（3个）水库已完成生态保护方案编制工作
16	残膜回收及降解膜示范工程	新建	建设500万亩残膜回收机具及应用项目，建设100万亩降解膜示范应用项目	2016	2020	165 000		165 000	正在编制规划
17	循环经济、资源节约示范试点及节能重点工程	新建	实施石河子园区循环化改造示范试点等循环经济示范试点项目。实施燃煤锅炉节能环保综合提升、余热余压利用、资源综合利用等工程	2016	2020	235 000		235 000	项目规划
18	城镇污水垃圾处理设施建设工程	新建	新增城镇污水处理能力10万立方米/日，污水管网1 000公里，污泥处置能力300吨，再生水利用能力18万立方米/日。新增成生活垃圾无害化处理能力1 500吨/日。以批准的建设方案为准	2016	2020	130 000		130 000	项目规划
	清洁能源重大工程（3项）					90 452		90 452	
1	农村沼气工程	新建	建设10个规模化养殖场大中型沼气项目	2016	2020	5 000		5 000	规划已编制

2	小水电代燃料项目	新建	建设一批小水电代燃料项目	2016	2020	20 000		20 000	兵团规划正在编制
3	水电新农村电气化项目	新建	建设电气化县 10 个	2016	2020	65 452		65 452	兵团规划正在编制
	粮食水利重大工程（19 项）					7 275 375	607 094	2 906 477	
1	南疆中小河流治理工程	新建	8 条河防洪治理工程，其中：开都－孔雀河、车尔臣河流域、阿克苏河流域、塔里木河干流流域、喀什噶尔河流域、叶尔羌河流域、和田河流域、克里雅河流域	2016	2025	333 377		100 000	叶尔羌河防洪工程整体可研报告已上报国家待批
2	农村饮水安全提质增效工程	改建	水厂改扩建及管网铺设工程，及水厂水质监测、实验室改造等	2016	2020	468 542		100 000	正在编制规划
3	小型农田水利工程	新建	新建高效节水灌溉面积 253 万亩，支斗渠防渗 1 381.5 公里	2009	2020	516 700	45 100	471 600	
4	中小型水源建设	新建	新建中型水库 4 座，小型水库 34 座，水库清淤 35 座	2014	2030	1 132 700	25 286	125 000	水利部已审查兵团中小型水源工程规划
5	高效节水灌溉工程	新建	建设一批现代化节水示范项目	2016	2020	93 750		93 750	规划已上报水利部
6	奎屯河引水工程	新建	工程由将军庙水利枢纽（总库容 8 006 万立方米）、山区引水系统、出山口引水系统、团结干渠改造及沿线建筑物等构成	2017	2021	419 716		320 441	水利部已对项目建议书进行了审查，并出具审查意见

（续）

序号	项目名称	建设性质	项目主要建设内容和建设规模	开工年份	建成年份	总投资	截至目前累计完成投资	“十三五”规划投资	前期工作进展情况
7	大型灌区续建配套与节水改造工程	改建	22座大型灌区节水改造工程	1998	2020	735 204	237 628	497 576	
8	水文工程建设	新建	中小河流水文监测工程、地下水监控工程	2016	2020	20 000		20 000	兵团规划正在编制
9	内陆河治理工程	新建	塔里木河、阿克苏河、玛纳斯河等河流防洪工程	2010	2020	252 284	132 346	119 938	项目前期已全部完成
10	病险水库、大中型病险水闸除险加固工程	改建	9座水库除险加固工程包括一师新井子水库、胜利水库、西大桥水库、三师小海子水库、前进水库、永安坝北库、永安坝南库、托克拉克水库、七师奎屯水库；对大中型水闸34座进行除险加固，其中属三类闸15座，四类闸19座；属大（2）型水闸4座，属中型水闸30座。建设方案以批复为准	2016	2025	181 537		167 841	“十二五”续建项目
11	退地减水工程	改建	压减灌溉面积145万亩	2016	2030	870 000		130 500	规划在编
12	旱改水工程	新建	九师、六师奇台垦区、四师昭苏垦区旱改水200万亩	2016	2025	300 000		150 000	规划在编
13	中小河流治理工程及城市防洪工程	新建	56条小河防洪治理工程及8座城市防洪	2011	2020	418 180	140 760	277 420	

14	山洪灾害防治工程	新建	17 条山洪沟治理工程	2016	2020	17 000		17 000	
15	中型灌区续建配套与节水改造工程	改建	62 个中型灌区续建配套与节水改造工程	2005	2020	252 885	25 974	226 911	
16	抗旱应急水源工程	新建	七个师 24 个团场抗旱应急水源工程；186 团水资源配置及 185 团场额供水	2016	2020	49 500		49 500	兵团实施方案已完成
17	特大防汛抗旱资金项目	新建	防汛抗旱物资购置、水毁修复、抗旱机井及设备维护	2016	2020	7 500		7 500	
18	水利工程水毁修复	新建	水利工程水毁修复等	2016	2020	6 500		6 500	
19	高标准基本农田	新建	400 万亩高标准基本农田	2003	2030	1 200 000		25 000	
	五、交通运输重大工程（8 项）					4 707 000		4 707 000	
1	兵团南疆交通基础设施建设	新建	在南疆新建及扩建团场建设公路 2 000 公里	2016	2020	300 000		300 000	
2	支线机场建设	新建	建设图木舒克、阿拉尔支线机场	2016	2020	120 000		120 000	
3	铁路建设项目	新建	建设阿拉尔支线铁路、图木舒克等铁路项目	2016	2020	300 000		300 000	
4	农村公路	新建 / 改造	通营和通连公路 6 000 公里	2016	2020	750 000		750 000	
5	干线公路	新建	垦区干线、战略通道、团场干线等 4 800 公里	2016	2020	3 050 000		3 050 000	

（续）

序号	项目名称	建设性质	项目主要建设内容和建设规模	开工年份	建成年份	总投资	截至目前累计完成投资	“十三五”规划投资	前期工作进展情况
6	通用航空建设项目	新建 / 改造	建设北屯、38团、北塔山牧场等通用机场15个；购置应急救援飞机及配套机载设备	2016	2020	150 000		150 000	
7	通用航空教学培训基础设施建设	新建	建设航空教学楼6 916.7平方米、学员公寓3 970平方米、教师公寓2 592平方米、餐厅736平方米、飞行机务训练中心4 189平方米，以及配套建设水、电、气、道路、绿化等	2016	2020	23 000		23 000	
8	通用航空直升机起降点建设	新建	在兵团党政机关、城市（镇、团场）、医院、交通卡点和南疆边境团场等重要区域建设20个直升机起降点（不含已规划建设支线机场、通勤机场、通用机场的直升机起降机坪）	2016	2020	14 000		14 000	
	健康养老服务重大工程（10项）					2 113 300		2 113 300	
1	公共租赁住房建设项目	新建	“十三五”期间实施公共租赁住房5万户建设任务，户均60平方米左右，总建筑面积300万平方米	2016	2020	480 000		480 000	
2	城镇棚户区改造工程	改扩建	“十三五”期间实施棚户区改造任务10万户，改造面积750万平方米	2016	2020	1 200 000		1 200 000	

3	农村安居工程	新建	团场、连队农村安居工程10万户	2016	2020	160 000		160 000	正在开展规划编制
4	养老服务机构建设	新建	建设75个城镇养老机构及配套设施建设	2016	2020	67 500		67 500	项目规划
5	医疗卫生机构建设	新建	10个中医院（中西医综合医院、民族医院）、5个师（市）级综合医院和30个城市社区及80个乡镇医疗卫生服务设施标准化建设	2016	2020	88 200		88 200	项目规划
6	基层公共活动设施建设	新建	建设40个团场全民健身活动多功能运动场地	2016	2020	16 000		16 000	项目规划
7	残疾人康复和托养服务设施	新建	50个团场残疾人托养服务机构	2016	2020	10 000		10 000	项目规划
8	地市级综合医院	新建	建设8所晋升三级医院和6所新建城市医院基础设施	2016	2020	47 000		47 000	项目规划
9	基层社区综合服务设施	新建	建设24个城市社区综合服务中心及90个服务站	2016	2020	14 600		14 600	项目规划
10	信息惠民试点示范工程	新建	在石河子市、阿拉尔市、五家渠市3个城市开展信息惠民试点示范工程建设	2016	2020	30 000		30 000	3个城市均制定了实施方案，石河子市、阿拉尔市2014年获批国家试点城市，试点城市创建工作已启动

（续）

序号	项目名称	建设性质	项目主要建设内容和建设规模	开工年份	建成年份	总投资	截至目前累计完成投资	“十三五”规划投资	前期工作进展情况
	能源矿产资源保障（5项）					4 004 000		4 004 000	
1	兵团产业发展项目	新建及改扩建	建设重大电源、电网、煤炭开采、煤制油、煤制气等基础产业工程；石油化工、煤化工、金属加工、机械装备、医药、新材料等工业产业项目；物流中心、商品交易场所等服务业项目	2016	2020	3 100 000		3 100 000	
2	矿产开发及有色冶金深加工产业项目	新建及改扩建	1. 新建及改扩括蛭石矿、石棉矿、铜矿、玉石矿、大理石、铁矿、石英矿、石灰石矿、膨润土开发利用加工项目及配套附属设施 2. 新建铝材、钢材等深加工项目，包括生产金属构件、金属制品等	2016	2020	100 000		100 000	
3	煤矿产业升级	改扩建	对兵团所属20余对具有资源潜力和整合条件的煤矿进行升级改造	2016	2020	300 000		300 000	
4	国电新疆准东煤电煤化工有限公司煤电化工项目	新建	建设规模为2×660MW超超临界机组，同步建设烟气脱硫、脱硝装置	2016	2017	474 000		474 000	国家发改委重新规划准东电厂布局，国电项目和华能项目合并为北三电厂，装 机4×66万KW。目前兵团正在与国电商讨股权问题

5	能源储备基地建设工程	新建	支持3个能源储备基地建设，重点支持能源储存场所、油库、物流信息管理系统、装卸设施及停车场、消防等附属设施	2016	2020	30 000		30 000	正在开展前期工作
	现代物流（7项）					516 000		516 000	
1	农产品冷链物流工程	新建	支持新建20个农产品冷链物流项目，形成15万吨果品保鲜能力和5万吨肉类冷藏能力，支持农产品产地预冷、初加工、冷藏保鲜、冷链运输等设施建设，提升农产品批发市场等重要节点的冷链设施水平	2016	2020	90 000		90 000	正在开展前期工作
2	棉花现代物流发展工程	新建	支持新建、改扩建4个棉花储运站，建设棉花物流信息平台。重点支持铁路专用线、站台、风雨棚、专业监管仓储、信息化、监控、消防管网等设施建设	2016	2020	16 000		16 000	正在开展前期工作
3	专业商品批发市场建设工程	新建	支持新建5个专业商品交易市场，依托霍尔果斯、阿拉山口等重点口岸和乌鲁木齐等重点城市建设建材、日用百货、服装、机电、家具等商品批发市场，重点支持门面房、展示交易厅、仓储、信息化、消防、监控等设施建设，完善批发市场与海关、商检等部门的信息对接	2016	2020	50 000		50 000	正在开展前期工作

（续）

序号	项目名称	建设性质	项目主要建设内容和建设规模	开工年份	建成年份	总投资	截至目前累计完成投资	“十三五”规划投资	前期工作进展情况
4	物流园区（中心）建设工程	新建	支持新建15～20个物流园区（中心），依托石河子、五家渠、阿拉尔经济开发区及喀什、霍尔果斯经济开发区兵团分区等重点工业园区和乌鲁木齐、奎屯、北屯、铁门关市等交通枢纽、阿拉山口、霍尔果斯等重点口岸建设物流园区，重点支持铁路专用线、仓储库房、信息化、道路、消防等基础设施建设	2016	2020	272 000		272 000	正在开展前期工作
5	跨境电子商务网络交易平台及直销平台建设工程	新建	支持建设2个电子商务交易网络平台和10个境内外商品展销中心，形成国内国外联动、线上线下互动、集交易、报关、报检、物流为一体的跨境电子商务网络交易平台。主要支持建设信息化、展销中心、仓储物流设施等建设	2016	2020	8 000		8 000	正在开展前期工作
6	物联网重大应用示范工程	新建	在农业生产、商贸物流、工业制造等领域实施兵团物联网重大应用示范工程，组织实施8个重点项目	2016	2020	55 000		55 000	兵团总体实施方案和8个子项目实施方案已编制完成并上报国家发改委
7	物流信息平台建设项目	新建	建设条形码、二维码、射频识别等信息系统，提高物流配送信息化水平	2016	2020	25 000		25 000	编制规划及可研报告

	增强制造业核心竞争力（4项）					1 015 000		1 015 000	
1	战略性新兴产业区域集聚示范工程	新建	在兵团具有区域特色和比较优势的生物产业、新材料产业等领域作为战略性新兴产业区域集聚发展方向，组织实施一批重点项目建设，主要集中在动物用生物制品、生物育种、高性能复合材料等领域	2016	2020	500 000		500 000	生物农业、高性能复合材料2个子领域实施方案已编制完成，并上报国家发改委
2	重大科技研发与技术创新工程	新建	结合兵团重点战略需求和发展实际，争取国家重点研发计划、技术创新引导专项、基地和人才专项等国家科技计划（专项、基金）对兵团的支持。以重点实验室、国家工程技术研究中心、国家农业科技园区、科技创新人才和团队建设为重点，强化兵团科研基础条件和能力建设；聚焦兵团“三化”建设，强化重点行业（产业）重大关键技术攻关和应用示范，推动特色优势产业发展	2016	2020	60 000		60 000	正在编制“十三五”科技发展规划
3	自主创新能力建设工程	新建	实施工程研究中心（工程实验室）和企业技术中心建设工程，购置研究开发及工程化所需的仪器设备、改善工艺设备和测试条件，建设成套装置和试验装置、必需的配套基础设施，购置必要技术、软件等，主要支持项目研究开发，提升自主创新能力	2016	2020	35 000		35 000	目前已认定国家、兵团级工程研究中心（工程实验室）17家，国家自治区级企业技术中心48家。正在开展前期工作

（续）

序号	项目名称	建设性质	项目主要建设内容和建设规模	开工年份	建成年份	总投资	截至目前累计完成投资	“十三五”规划投资	前期工作进展情况
4	装备制造产业发展项目	新建及改扩建	建设专用汽车、农用机械、采收机械、大功率拖拉机、风电设备、环保设备等生产线及配套附属设施	2016	2020	420 000		420 000	
	新兴产业（1项）					100 000		100 000	
1	新型建材项目	新建及改扩建	新建及改扩建木塑新材料、环保耐火材料、压型彩板、纳米塑木复合材料、秸秆综合利用、水利水电钢结构及玻璃钢管生产线等	2016	2020	100 000		100 000	
	城镇及园区基础设施建设项目（3项）					3 500 000		3 500 000	
1	城市基础设施建设	新建	现有城市、拟建城市供水、供热、道路建设	2016	2020	1 500 000		1 500 000	
2	团场城镇基础设施建设	新建	团场城镇（建制镇）供水、供热、道路建设	2016	2020	500 000		500 000	
3	产业园区基础设施建设	新建	园区供水、供热、道路等建设	2016	2020	1 500 000		1 500 000	

4. 东北地区

（1）黑龙江省项目清单

1）交通基础设施项目（20 项）

铁路项目

①中俄东宁至乌苏里斯克铁路。预计投资 63 200 万元，线路全长约 74 公里。该项目正在与俄方磋商。

②中俄牡丹江至海参崴高速铁路。预计中方境内投资 210 000 万元，建设客货共线 140 公里。该项目正在与俄方磋商。

③中俄绥芬河至格罗迭科沃跨境铁路改造。预计中方境内投资 20 000 万元，改造客货共线 6 公里。该项目正在与俄方磋商。

④中俄抚远跨境铁路。预计投资 270 000 万元，主桥、引桥及线路全长约 50 公里，其中跨境铁路大桥全长约 3 公里。该项目处于谋划阶段。

⑤中俄虎林至列索扎沃茨克铁路。预计投资 72 829 万元，新建铁路虎林—吉祥—松阿察河国界中心的铁路 35.6 公里。该项目处于谋划阶段。

⑥佳木斯至鹤岗铁路扩能改造。预计投资 620 000 万元，扩能改造线路全长 77.927 公里。该项目正在开展前期工作。

⑦佳木斯经双鸭山至同江铁路扩能改造。预计投资 1 200 000 万元，扩能改造线路全长 256.9 公里。该项目正在开展前期工作。

⑧牡丹江至佳木斯既有铁路扩能改造。预计投资 1 550 000 万元，扩能改造线路全长 331.6 公里。该项目正在开展前期工作。

公路项目

①中俄洛古河黑龙江公路大桥。预计投资 10 000 万元，大桥长 984 米，引道二级公路 6 公里。该项目已经纳入《中国东北地区和俄罗

斯远东及东西伯利亚地区合作规划纲要》。

②中俄萝北名山黑龙江公路大桥。预计投资 20 000 万元，大桥长 1100 米，引道二级公路 3 公里。该项目处于谋划阶段。

③中俄饶河乌苏里江公路大桥。预计投资 40 000 万元，大桥长 1480 米，引道二级公路 3 公里。该项目处于谋划阶段。

航运项目

①松花江依兰航电枢纽。预计投资 373 600 万元，渠化松花江航道 88 公里。该项目正在开展前期工作。

②松花江悦来航电枢纽。预计投资 430 000 万元，渠化松花江航道 56 公里。该项目正在开展前期工作。

③哈尔滨港。预计投资 39 300 万元，哈尔滨港区建设 8 个 1000 吨级货运泊位、3 个客运泊位；呼兰河作业区建设 4 个 600 吨级货运泊位；依兰港区建设 4 个 1000 吨级货运泊位。计划 2016 年开工建设。

④佳木斯港宏力港区。预计投资 18 000 万元，建设 6 个 1000 吨级货运泊位。计划 2017 年开工建设。

⑤同江东港区建设工程。预计投资 186 000 万元，建设 20 个江海联运泊位，其中：集装箱泊位 3 个、木材泊位 4 个、矿石泊位 2 个、煤炭泊位 4 个、杂件泊位 4 个、油料泊位 2 个、大件泊位 1 个，后方场地硬化、办公生活区、装运设备及其他附属设施。该项目正在建设。

机场项目

①饶河机场。预计投资 40 000 万元，新建 4C 级跑道。该项目正在开展前期工作。

②珍宝岛机场。预计投资 50 000 万元，新建跑道 2000 米，新建航站楼、航管楼、导航台及停车场等。该项目正在开展前期工作。

③塔河机场。预计投资 28 000 万元，新建跑道 2000 米。该项目正

在开展前期工作。

④嘉荫机场。预计投资 28 500 万元，飞行区等级为 3C 级，跑道长 2300 米，航站楼面积 1500 平方米。该项目正在开展前期工作。

2）产业园区项目（40 项）

特殊园区

①绥芬河综合保税区。2009 年 4 月 21 日经国务院批准设立，规划控制面积 1.8 平方公里，2010 年 8 月 31 日通过国家验收，2010 年 12 月 22 日正式封关运营，是目前中俄边境地区唯一的综合保税区。发展方向为农产品精深加工、化工产品保税仓储、木制品精深加工、冷链物流、IT、进口酒类保税分装、对俄农用机械展览展示、跨境电子商务。累计入住企业 306 户。

②哈尔滨综合保税区。正在履行审批程序。位于哈尔滨市香坊区幸福镇，规划面积 3.29 平方公里。发展方向为保税加工、保税物流、保税服务。目前已征拆完毕，2015 年 5 月末开工建设。

③大庆市综合保税区。正在开展前期工作。位于大庆市高新区。发展方向为汽车、新材料、化工、装备、绿色食品、商贸物流。

④齐齐哈尔市综合保税区。正在开展前期工作。位于齐齐哈尔高新区。发展方向为机电装备、IT 业、绿色食品、商贸物流等。

⑤双鸭山综合保税区。正在开展前期工作。规划面积 2.4 平方公里。发展方向为现代物流、进出口加工、经贸、商务代办，正在进行物流区、经贸区、代办区建设。

⑥佳木斯综合保税区。正在开展前期工作。发展方向为矿产品精深加工、农产品精深加工、木制品精深加工、保税仓储、冷链物流、IT、对俄农用机械展览展示、跨境电子商务。该项目子项目包括佳木斯临港国际物流园区。

⑦绥芬河中俄跨境科技园区。处于谋划阶段。整合绥芬河市境

内外园区，与俄方共建跨境科技园区，招引及培育木材精深加工、现代物流、绿色食品加工、电子商务、光伏、生物医药等科技型企业入驻。

⑧黑河跨境合作区。处于谋划阶段。与俄罗斯布拉戈维申斯克市共同开展中俄能源资源合作、进出口加工、物流仓储、商贸旅游、科技研发等产业园区建设。

⑨同江跨境经济合作区。处于谋划阶段。与俄罗斯犹太自治州共同建设综合保税区、商贸服务综合服务中心和国际物流、铁精及矿产品加工、木材运储精深加工、机电产品加工等园区。

⑩黑河边境经济合作区。1992 年国务院批准设立，规划面积 7.63 平方公里，已开发 4.9 平方公里。依托对俄区位和能源资源合作优势，辟建的五秀山和二公河俄电工业区基础设施已基本完成，初步形成了硅基、有机化工、石油化工、进出口加工和国际物流等产业格局。

⑪绥芬河边境经济合作区。1992 年国务院批准设立。截至 2013 年年底，区内企业达到 305 家，固定资产投入累计 47.49 亿元，基础设施投入累计 22.87 亿元，培育形成了木材加工、IT、服装、食品、现代服务业等 5 项基础产业。签约入区企业 61 户，招商引资到位 5 亿元，开工建设 15 户。

⑫黑龙江（抚远）中俄沿边开放示范园区。处于谋划阶段。根据《中国东北地区面向东北亚区域开放规划纲要》关于将黑瞎子岛建成中俄合作示范区的要求规划建设。总规划面积 13.3 平方公里，其中一期面积 2.79 平方公里。拟建设现代物流、绿色食品、高新技术三个产业园。

⑬穆棱边境经济合作区。正在向商务部申报。规划面积 8.3 平方公里。发展方向为木家居、装备制造、塑料、食品加工，已落户企业

96 家。

⑭哈尔滨市临空经济区。正在向国家发改委申报。规划面积 43 平方公里。发展方向为：临空高技术产业，航空物流业、飞机拆解产业、现代服务业。基础设施施工已开始启动，正在进行相关招商工作。

物流贸易园区

①哈尔滨华南城商贸物流及商业配套项目。规划面积 2.07 平方公里，已完成投资 363 610 万元。主要建设内容包括物流园区、奥特莱斯华盛商业、皮草城、建材、五金、机电及小商品、副食品、汽摩配件、住宅、酒店。一期精品 A、B、C 区已投入使用，二期正在施工中。

②双鸭山中俄国际文化物流经贸产业园区项目。规划面积 2.4 平方公里，已完成投资 50 000 万元。发展方向为商贸物流产业，正在进行物流区、经贸区、代办区建设。

③牡丹江东宁中俄危化品运输口岸和专业物流园区。已与俄方企业完成洽谈。预计投资 200 000 万元，总占地 8 平方公里，分为五个区：液化石油天然气接卸存储区；石油石化接卸存储区；铁路换装站；进口化工产品深加工区；办公生活区。年可换装和加工中俄化工产品 500 万吨。

④绥芬河公路口岸国际物流中心。规划面积 1.5 平方公里，已完成投资 110 000 万元。建设内容包括国际商展中心（互市贸易区）、商务会议酒店、国门观光区、客运联检区、货运联检区、商贸物流区等。新建联检楼年底完成主体封顶，货运联检区明年 5 月份即可施工，30 万平方米商贸物流区正在规划设计之中。

⑤绥芬河铁路口岸国际物流中心。规划面积 2.0 平方公里，总建筑面积约 20 万平方米，已完成投资 70 000 万元。主要建设内容有：北站场新建火车站、铁路站场扩能改造、站前商贸广场区、商业中心区、公

路客运枢纽站等。站房主体已封顶正在进行内部装修；4.8 万平方米配套站前商贸广场区和 7 万平方米商业中心区正在规划设计。

⑥佳木斯对俄贸易产业园区。规划面积 8.68 平方公里，位于佳木斯市高新区。已完成投资 31 500 万元。

⑦黑龙江牡丹江阳明物流园。规划面积 27 平方公里，已完成投资 386 000 万元。发展方向为商贸物流、新能源、生物科技。

⑧哈尔滨空港物流园。预计投资 300 000 ~ 500 000 万元，建设航空快递中心、物流配送中心、电商物流服务基地。

⑨绥芬河中俄国际物流园区。预计投资 80 000 万元，占地 1.2 平方公里，主要建设“七通一平”基础设施，建设冷库、厂房、综合楼及附属设施及信息服务平台，包括交易区、服务区和仓储区，如高架库、保税库、集装箱堆场、拆装箱仓库、铁路专用线等，设计年货物吞吐量 200 万吨。

⑩同江市国际物流园区。该项目处于谋划阶段，预计投资 30 000 万元，建设占地面积 30 万平方米的国际物流园区。园区内建有海关监管库、办公业务用房、车库、露天货场、配备铁路专用线及附属设施。

⑪牡丹江铁路货运枢纽。该项目处于谋划阶段，规划占地 500 亩，围绕旧火车站改造升级开展建设，预计投资 30 000 万元。

⑫牡丹江开发区现代物流园区。该项目处于谋划阶段，预计投资 800 000 万元，规划面积 20 平方公里，建设现代物流园区。

⑬佳木斯国际粮食物流交易中心。该项目处于谋划阶段，规划面积 1.6 平方公里，拟建设信息交流、粮食交易平台。

⑭佳木斯临港国际物流园区。该项目处于谋划阶段，规划面积 3.39 平方公里，为佳木斯综合保税区子项目。包括佳木斯东港综合保税区、佳木斯空港经济区、跨境电商物流产业园。

加工制造园区

①大庆林源精细化工产业园。位于大庆市，规划面积 143 平方公里。总投资 2 500 000 万元，已完成投资 208 000 万元。重点发展俄油深加工、石油石化产品深加工、生物产业、新材料及制品、现代物流等产业，规划建设千万吨俄油百万吨芳烃炼化一体化、俄油稳定装置和俄气战略储备基地（储气库建设）、俄气留尾制烯烃、550 万吨重油催化热裂解项目及其他石油化工深加工、阿穆尔—黑河边境油品储运与炼化综合体项目等项目。其中阿穆尔—黑河边境油品储运与炼化综合体项目已获得国家发改委核准，中方项目组正在与俄方就技术方案进行上下游衔接，待方案确定后即可实施。

②齐齐哈尔市铁锋区鹤城科技产业园区。规划面积 58 平方公里，已完成投资 120 000 亿元。重点发展轨道交通装备、现代物流、木制品加工、新型建材、商贸旅游、鹤文化等产业。

③佳木斯新型农机装备制造业园区。规划面积 40 平方公里，已完成投资 194 586 万元。重点发展农机及装备制造产业、食品制造产业、林木深加工产业、造纸及纸制品产业、新型建材产业、新材料产业、生物医药产业。

④黑龙江中俄宝玉石文化创意产业园一期华坦园。位于哈尔滨市平房区，规划面积 0.19 平方公里。重点发展文化旅游、宝玉石加工销售，建设哈尔滨华坦中俄宝石文化产业园 1.5 万平方米、俄罗斯风情休闲旅游观光带 1.2 千米，综合文创产业园 18 万平方米。基础建设已经完成。

⑤东宁对俄加工区。规划面积 19.7 平方公里，重点发展木材加工、进口粮食加工、食品加工、俄废旧资源进口加工、轻工制造、物流贸易等产业。已完成投资 300 000 万元，入驻企业 88 户。

⑥林口对俄园区。规划面积 5.9 平方公里，重点发展碳酸钙、电子、陶瓷、有机绿色食品加工等，规划建设新材料产业园、高新电子产

业园、有机绿色食品产业园、物流产业园、中小企业园，综合起步区，综合服务中心。累计投入资金 3.6 亿元，建成面积达到 2.1 平方公里。目前已入驻企业 46 户。

⑦同江市木材加工园区。规划面积 2 平方公里，重点发展木材加工。已完成投资 55 000 万元，开发面积 1 平方公里，入驻企业 80 户，加工能力 400 万立方米。

⑧海林对俄进出口加工园区。规划面积 2.6 平方公里，重点发展木材加工、医药、机械制造，已完成投资 1.2 亿元。

⑨虎林经济开发区。规划面积 11.7 平方公里，重点发展生物制药、绿色食品、对俄经贸加工、仓储物流。已完成核心区 3.08 平方公里的七通一平，入住企业 26 户。

⑩密山绿色食品产业园。规划面积 22 平方公里，已完成投资 50 000 万元。重点发展绿色食品加工、对俄进出口加工，其中绿色食品产业园已入驻企业 17 家。

⑪北大荒特色食品产业园。位于黑龙江省农垦总局宝泉岭管理局，规划面积 12.92 平方公里。总投资 270 000 万元，已完成投资 138 836 万元。重点发展食品加工。计划肉类加工能力达到 30 万吨、水稻加工能力达到 100 万吨、大豆加工能力达到 5 万吨、玉米加工能力达到 100 万吨，蔬菜加工能力达到 5 万吨，同时建设仓储区、物流区，建设铁路专用线一条，物流能力达到 100 万吨。

⑫哈尔滨尚志市亚布力服饰创意产业园。规划面积 3 平方公里，总投资 323 000 万元。重点发展寒地服饰，2025 年建成后将形成年产服装 12 300 万件，家纺产品 750 万套，亚麻纱线 4 万锭，亚麻坯布 1500 万米的生产规模。目前园区规划已基本完成，完成 3 平方公里园区的“七通一平”，企业孵化池正在建设，4 家服装加工企业签订入园建设协议。

3）境外园区项目（13 项）

①乌苏里斯克经贸合作区。国家级境外经贸合作区。位于俄罗斯滨海边疆区乌苏里斯克市，2006 年开工建设，重点发展制鞋、服装加工、木材加工业，已开发面积 54 万平方米，基础设施建设投入 18 000 万美元。

②龙跃林业经贸合作区。国家级境外经贸合作区。由阿穆尔园区、帕什克沃园区、伊曼园区三部分组成。其中，阿穆尔园区（比罗比詹耐力工业园区）位于俄罗斯犹太自治州比罗比詹区，2009 年开工建设，已开发面积 77 万平方米，基础设施建设投入 3500 万美元。帕什克沃木材加工园区位于俄罗斯犹太自治州帕什克沃镇，2009 年开工建设，已开发面积 50 万平方米，基础设施建设投入 2092 万美元。伊曼园区位于俄罗斯滨海边疆区伊曼（达利涅列钦斯克）市，2011 年开工建设，已开发面积 200 万平方米，基础设施建设投入 2000 万美元。

③中俄（滨海边疆区）现代农业产业合作区。国家级境外经贸合作区。位于俄罗斯滨海边疆区米哈伊尔区、霍罗尔区和波格拉尼奇内区，始建于 2004 年，拥有耕地 6.8 万公顷，已开发面积 156 万平方米，基础设施建设投入 3650 万美元。

④阿玛扎尔经济贸易合作区。位于俄罗斯外贝加尔边疆区阿玛扎尔镇，2011 年开工建设，重点发展木材加工、纸浆生产，已开发面积 457 万平方米，基础设施建设投入 7564 万美元。

⑤华宇十月区经贸合作区。位于俄罗斯滨海边疆区十月区，2006 年开工建设，重点发展轻工、物流、农业，已开发面积 400 万平方米，基础设施建设投入 12 500 万美元。

⑥弗拉基米尔工业园区。位于俄罗斯弗拉基米尔州，2008 年开工建设，重点发展制鞋、轻工，已开发面积 10 万平方米，基础设施建设投入 2000 万美元。

⑦莫戈伊图伊工业园区。位于俄罗斯阿金斯克州毛盖图区，2009年开工建设，重点发展轻工、机电，已开发面积100万平方米，基础设施建设投入2400万美元。

⑧新友谊农场俄罗斯滨海边疆区现代农业综合产业园。位于俄罗斯滨海边疆区，重点发展粮食种植生产，规划开发面积1200万亩，计划粮食产量500万吨，发展牧、产、销、加工、物流、生态旅游等综合产业项目25个，预计总产值94亿美元。

⑨犹太自治州100万亩有机大豆种植园。位于俄罗斯犹太自治州，重点发展农业种植业，规划开发土地10万亩，种植有机大豆。

⑩绥芬河亿亨乌苏里商贸物流型园区。位于俄罗斯滨海边疆区乌苏里斯克市，规划建设商展、批发零售、物流于一体的综合性大市场，总营业面积21 200平方米。

⑪黑河边境经济合作区阿穆尔境外工业园区。位于俄罗斯阿穆尔州别列佐夫卡镇，规划面积10平方公里，一期2平方公里，重点发展对俄出口产品境外组装加工、俄罗斯资源初加工等产业，功能定位为区域进出口加工中心、区域物流仓储中心、区域国际贸易服务中心。

⑫莫斯科谢列梅杰沃国际经济合作区。位于俄罗斯莫斯科谢列梅杰沃，规划总投资29 581万美元，建设60座标准厂房、物流仓储、商务区展贸、写字楼、公寓及餐饮、娱乐等。

⑬中白工业园哈尔滨园。根据中白工业园区公司、哈尔滨市人民政府、白俄罗斯共和国经济部《关于建立中白工业园哈尔滨园的合作协议》规划建设。园区位于白俄罗斯明斯克市，面积约1平方公里。招商展示中心及基础设施已开工建设。

（2）大连市项目清单

大连市建设清单如表1-49、表1-50、表1-51所示。

表 1-49 参与“一带一路”建设项目清单（2015 年拟开工或已开工）

序号	项目名称	依据	投资区域（境内、境外）	建设地点	业主单位	建设内容及规模	建设类别	总投资（万美元）	项目进展	牵头推进部门	备注
1	大众三代发动机	《外商投资产业指导目录》	境内	金州新区	大众一汽发动机（大连）有限公司	生产 EA888 型号汽车发动机，计划注册资本 7 000 万美元	建设类	20 000	该项目已完成立项工作，计划于 2015 年 6 月试生产，电容量问题尚未得到解决，将影响试生产和最终投产	市外经贸局、金州新区	拟开工
2	辉瑞制药扩建	《外商投资产业指导目录》	境内	金州新区	美国辉瑞制药公司	辉瑞拟在大连工厂进行增资扩建，增加现有产品的产能并增设 15 种新药品的生产，生产的药品计划包括肺炎疫苗项目	建设类	9 000	项目计划在 2015 年 4 月前开工建设，2015 年竣工投产。目前正在洽谈投资协议、进行土地出让准备工作，目前，项目用地有地上物影响土地挂牌，此外，国发[2014]62 号文件影响其投资协议的签订	市外经贸局、金州新区	拟开工
3	世杰航锻外资并购	《关于外国投资者并购境内企业的规定》	境内	金州新区	吉林世杰铝业有限公司	自由锻件、模锻件、特种锻件、冷锻件、温锻件、特殊成形锻件、有色金属锻件、冲压件、钣金件、粉末冶金零件、燃气轮机及航空发动机盘锻件、环锻件制造，注册资本 3 亿元人民币	建设类	4 900	该项目已于 2014 年 9 月动工兴建，目前正在进行基础设施建设，预计 2015 年底竣工。2015 年计划由香港汇成资本有限公司进行外资并购	市外经贸局、金州新区	已开工

（续）

序号	项目名称	依据	投资区域（境内、境外）	建设地点	业主单位	建设内容及规模	建设类别	总投资（万美元）	项目进展	牵头推进部门	备注
4	固特异研发中心	《外商投资产业指导目录》	境内	普湾新区	美国固特异轮胎橡胶公司	设立研发中心，针对中国市场开发新产品，计划总投资1 000万美元	建设类	1 000	2015年3月26日成立	市外经贸局、普湾新区	已开工
5	印度TATA JSR焦化工程	合同条款	境外	印度，詹谢普尔	塔塔钢铁有限公司	年产150万吨焦炭	建设类	89 662	工程基本完成	市外经贸局、中冶焦耐	已开工
6	印度TATA KPO焦化工程（一期）	合同条款	境外	印度，卡林加那加	塔塔钢铁有限公司	年产150万吨焦炭	建设类	86 090	一期工程基本完成	市外经贸局、中冶焦耐	已开工
7	台塑越南河静钢厂焦炉项目	合同条款	境外	越南，河静	台塑河静钢铁兴业责任有限公司	年产298万吨焦炭	建设类	64 323	再次恢复筑炉	市外经贸局、中冶焦耐	已开工
8	印度JSW DCPL焦化项目	合同条款	境外	印度，孟买	印度JSW DCPL	年产300万吨焦炭	建设类	153 972	土建施工正在进行	市外经贸局、中冶焦耐	已开工
9	伊朗NIMIDCO-250万t球团项目	合同条款	境外	伊朗	NIMIDCO	设计，250万t球团	建设类	374	详细设计阶段	市外经贸局、中冶北方	已开工

10	老挝红沙3×626MW燃煤电站3#机组	合同条款	境外	老挝	BANPU POWER LIMITED	电厂建设安装	建设类	3 000	合同正执行	市外经贸局、东电二公司	已开工
11	塞尔维亚B电站脱硫改造项目	合同条款	境外	塞尔维亚		电厂建设安装	建设类	2 700	合同正执行	市外经贸局、东电二公司	已开工
12	菲律宾Ozamiz 2×150MW燃煤机组	合同条款	境外	菲律宾	AVESCO GROUP OF COMPANIES	电厂建设安装	建设类	1 258	合同正执行	市外经贸局、东电二公司	已开工
13	约旦亚喀巴AOT石油终端项目	合同条款	境外	约旦	约旦能源和矿产资源部	6个浮顶储罐共计12万立方米储存能力的石油钢储藏罐，构建距离油品码头1公里长的原油管线	建设类	6 300	2014年开工，年底完成产值的20%	市外经贸局、国合集团	已开工
14	约旦亚喀巴LPG液化气储罐项目	合同条款	境外	约旦	约旦能源和矿产资源部	配套AOT项目，建立3个3 760立方米的液化气储罐	建设类	2 500	2014年开工，截至年底完成产值的5%	市外经贸局、国合集团	已开工
15	蒙古铜矿开采		境外	蒙古	辽宁沈宏集团	探明储量18万吨，占地19平方公里开采权30年	建设类	9 000	已购矿权证，地面工程已进行，未开采	市外经贸局、沈宏集团	已开工

表 1-50 参与"一带一路"建设项目清单（储备类项目）

序号	项目名称	依据	投资区域	建设地点	业主单位	建设内容及规模	建设类别	总投资（万美元）	项目进展	牵头推进部门	备注
1	大众三代发动机		境内	金州新区	德国大众、长春一汽	生产 EA888 型号汽车发动机	建设类	20 000	该项目已完成立项工作	市外经贸局、金州新区	
2	辉瑞制药扩建		境内	金州新区	美国辉瑞	辉瑞拟在大连工厂进行增资扩建，增加现有产品的产能并增设 15 种新药品的生产	建设类	9 000	目前正在洽谈投资协议、进行土地出让准备工作	市外经贸局、金州新区	
3	大阳日酸（中国）投资有限公司增资		境内	长兴岛	日本大阳日酸	大阳日酸株式会社为了加强在华子公司的统一管理，计划利用其在长兴岛注册的大阳日酸（中国）投资有限公司对其全部在华子公司进行伞式管理	建设类	待定	日本大阳日酸正在对在华投资的公司进行整合的前期工作	市外经贸局、长兴岛	
4	韩国浦项 IT 软件园增资		境内	高新区	韩国浦项	韩国软件园开发、建设及运营管理。该项目占地面积 4.69 万平方米，建筑面积 24 万平方米，项目总投资约 3 亿美元	建设类	30 000	该项目已于 2011 年进资 1.2 亿美元，产业大厦将于年内开工建设，正在推动外方增资建设	市外经贸局、高新区	

5	固特异 460 万条 / 年子午线轿车轮胎		境内	普湾新区	美国固特异	项目拟分两期建设。一期投资约 2.2 亿美元，年产子午线轮胎 300 万条，预计 2017 年 4 月投产；二期投资约 1.7 亿美元，年产子午线轮胎 160 万条，预计 2021 年投产	建设类	39 000	2015 年 6 月，固特异董事会将会就该项目做投资决议	市外经贸局、普湾新区	
6	林德大化合成氨		境内	普湾新区	香港林德气体 / 大连大化集团	生产合成氨、二氧化碳等	建设类	24 000	中外双方签订了煤气化合作的框架协议，完成了中方拟合资资产及拟出售资产的评估工作。目前项目正在进一步商谈中	市外经贸局、普湾新区	
7	大连港改造		境内	中山区	香港太古集团 / 大连港置地	拟建设商业综合体、公寓、酒店，总楼面面积 29.5 万平方米	建设类	30 000	项目用地手续正在办理中	市外经贸局、中山区	
8	恒隆地产项目增资		境内	西岗区	香港恒隆	大连恒隆广场项目位于原体育场，规划用地面积 6.5 万平方米，拟建建筑面积 45 万平方米，其中，地上建筑 22 万平方米	建设类	91 988	该项目于 2010 年 9 月 27 日开工，目前处于地下基础施工阶段。项目进展顺利。2015 年 6 月前拟增资 1 亿美元	市外经贸局、西岗区	

（续）

序号	项目名称	依据	投资区域	建设地点	业主单位	建设内容及规模	建设类别	总投资（万美元）	项目进展	牵头推进部门	备注
9	大连北站站北广场区域商业地产开发		境内	甘井子区	日本双日/大连三寰	项目位于东联路以东，岭西路以南，正对大连北站站北广场位置，占地约170万平方米，建筑面积约300万平方米，拟建成商住一体的综合体	建设类	6 000	合作双方已达成意向协议，正在进行动迁成本核算工作	市外经贸局、甘井子区	
10	健康银行云平台数据系统		境内	旅顺	美国IBM	云平台大数据健康管理	建设类	2 000	已签约，项目单位正在准备注册外资公司的相关材料	市外经贸局、旅顺口区	
11	印度JSW钢铁公司Salav钢铁厂300万吨焦化项目	合同条款	境外	印度	JSW公司	年产300万吨焦炭	建设类	157 500	等待与业主接洽	市外经贸局、中冶焦耐	
12	印度乌塔姆焦化及干熄焦项目	合同条款	境外	印度	Uttam Ga-lva steel Ltd/韩国浦项建设公司	年产200万吨焦炭	建设类	88 200	2015.3.15 ~ 20日技术交流	市外经贸局、中冶焦耐	

13	俄罗斯哈巴罗夫斯克煤炭码头	中国机电商会函	境外	俄罗斯	萨哈运输公司	年通过能力 2 400 万吨煤码头	建设类	45 000	工程总承包，正在进行融资和商务谈判	市外经贸局、大连华锐重工	
14	俄罗斯远东富给诺市煤炭码头	驻哈巴罗夫斯克经参处函	境外	俄罗斯	维拉港公司	年通过能力 2 400 万吨煤码头	建设类	12 000	已投标，设备总承包，等商务确认	市外经贸局、大连华锐重工	
15	斯里兰卡 6 条公路升级改造	合同条款	境外	斯里兰卡	斯里兰卡公路局	翻修总长 143.62 公里国家高速公路，分布于斯里兰卡中南部地区	建设类	18 000	已签订合同，正在洽谈贷款事宜；受斯里兰卡政治影响，项目实施存在不确定性	市外经贸局、大连国合集团	
16	仰光—曼德勒公路建设项目	已进入招标环节	境外	仰光—曼德勒		公路建设 366 英里①	建设类	80 000	已入围招标	市外经贸局、大连国合股份	
17	科威特 2 × 1 500MW 电站	与中电投合作文件	境外	科威特		2 × 1500MW 电站	建设类	80 000	已进入实质性接触	市外经贸局、大连国合股份	
18	菲律宾 Ozamiz2 × 150MW 燃煤机组	采购施工总承包合同	境外	菲律宾	AVESCO GROUP OF COMPANIES	电厂建设采购施工安装	建设类	49 000	融资	市外经贸局、东电二公司	

① 1 英里约合 1.6 千米。

表 1-51　参与“一带一路”建设项目清单（谋划类项目）

序号	项目名称	依据	投资区域	建设地点	业主单位	建设内容及规模	建设类别	总投资（万美元）	项目进展	牵头推进部门	备注
1	大连长兴岛港口物流产业园		境内	长兴岛	大连长兴岛港口投资发展有限公司	计划在1平方公里的产业园范围内引入港口机械组装、大型成套设备、海洋工程装备、工程机械、各类钢结构等装备制造业企业	建设类	62 000	谋划类项目该产业园具备现成的土地条件、完善的配套条件。产业园毗邻长兴岛公共港区，目前已建成并投入使用4座7万吨级通用泊位，客货铁路和疏港公路开通运营，可为入园企业提供完善的物流配套服务	市外经贸局、长兴岛	
2	三十里堡电子商务冷链物流园		境内	三十里堡临港工业区	暂无	总占地面积1.3平方公里，计划引进国际知名物流机构与国内物流企业、全球著名电子商务巨头及国际知名金融机构，形成物流采购、仓储集散、电子商务、线上线下交易为一体的现代化冷链物流服务园区	建设类	待定	初步设计中	市外经贸局、普湾新区	

3	松木岛精细化工园区		境内	普湾新区松木岛	暂无	具体分为以下几个园区。化纤产业园：规划面积15平方公里，发展纺织化纤、印染、加弹及下游产业。海洋经济产业园：依托大化、盐化及染化集团，利用大化电厂冷却后的温海水进行海水淡化、排出的浓海水发展下游盐化工。医药产业园：规划面积1平方公里，将结合奥森药业等一批重点项目的落地，建设成为大连市重要的原料药、医药中间体及成品药生产基地。工业催化剂产业园：为园区及周边催化剂使用企业提供各类催化剂，促进炼油、精细化工、医药、涂料等下游产品发展。工业气体产业园：现有气体生产企业5家，包括林德大化、昊华集团大连光明院等，可为大型化工企业提供气体配套	建设类	待定	园区成立于2005年，是辽宁沿海经济带唯一专业化工园区。总规划面积36平方公里，起步区7.8平方公里已实现“七通一平”，现协议入住企业61家	市外经贸局、普湾新区	

（续）

序号	项目名称	依据	投资区域	建设地点	业主单位	建设内容及规模	建设类别	总投资（万美元）	项目进展	牵头推进部门	备注
4	保税生态城		境内	保税区	暂无	未来规划面积28平方公里，设计容纳人口25万，预计土地整理开发总投资170亿元人民币	建设类	待定	2011年3月20日正式动工。目前，各项基础设施已陆续完备，3平方公里起步区已初具规模	市外经贸局、保税区	
5	台湾科技园		境内	高新区信达街5号地块	暂无	占地面积2万平方米，依托大连高新区软件及信息服务产业的优势基础，大力发展高附加值，高科技的集成电路设计产业。项目将建设集办公、生活、培训、以及商业等功能为一体的综合性台湾科技园，结合台湾在集成电路设计产业的优势，打造以集成电路设计为主，兼并发展人才实训、产品销售等在内的台湾高端电子产业聚集区	建设类	10 000	初步设计中	市外经贸局、高新区	

6	大连绿色食品工业园项目		境内	旅顺口区	暂无	规划占地面积2.06平方公里，主要是建设大连市民放心食品供应基地和绿色有机食品加工基地。重点发展市民放心厨房食品、便民旅游食品、健康保健食品、高端出口食品四个品牌	建设类	待定	初步设计中	市外经贸局、旅顺口区	
7	高端轴承及配套产业		境内	瓦房店轴承产业园区	暂无	发挥轴承园区及周边地区装备工业基础优势，积极引进发展石化装备、核电装备、船舶修造、汽车配件、铸造和工程机械等，打造特色鲜明的轴承及配套产业制造基地	建设类	10 000	初步设计中	市外经贸局、瓦房店市	
8	土耳其ISDEMIR3#焦炉改造	合同条款	境外	土耳其	ISDEMIR	年产50万吨焦炭	建设类	56 700	等待与业主接洽	市外经贸局、中冶焦耐	
9	土耳其EREDMIR4#焦炉新建	合同条款	境外	土耳其	ERDEMIR	年产55万吨焦炭	建设类	56 700	等待与业主接洽	市外经贸局、中冶焦耐	
10	印度ESSAR钢铁公司Hazira钢铁厂270万吨焦化项目	合同条款	境外	印度	ESSAR公司	年产270万吨焦炭	建设类	252 000	等待与业主接洽	市外经贸局、中冶焦耐	

（续）

序号	项目名称	依据	投资区域	建设地点	业主单位	建设内容及规模	建设类别	总投资（万美元）	项目进展	牵头推进部门	备注
11	印度 Bhushan Steel Ltd.-450 平烧结工程		境外	印度	Bhushan Steel Ltd.	设计 / 采购，450 平烧结工程	建设类	18 000	已提交技术方案，等待业主回复	市外经贸局、中冶北方	
12	菲律宾 CADIZ1×150MW 燃煤机组		境外	菲律宾		电厂建设安装		20 000	拟投标	市外经贸局、东电二公司	
13	俄罗斯 DMTG 机床生产线和服务联合企业		境外	俄罗斯	大连机床集团、保利科技有限公司、俄罗斯“机床工业”开放式股份公司	建设生产和销售大连机床的合资企业；设立培训中心，培训俄设计、制造、装配、服务、编程和操作人员、售后服务，年产 2 600 台机床，厂房面积 35 000 平方米	建设类 贸易类	30 000	谈判中	市外经贸局、机床集团	
14	伊朗 DMTG 机床生产线和服务联合企业		境外	伊朗	大连机床集团	在谈	建设类 贸易类	待定	在谈	市外经贸局、机床集团	

第二篇 基础数据篇

一、全球直接投资统计

1. 2009 年至 2014 年按地区和经济体划分的（FDI）流量统计

2009 年至 2014 年按地区和经济体划分的（FDI）流量统计如表 2-1 所示。

表 2-1　2009 年至 2014 年按地区和

地区 / 经济体	FDI 流入量（百万美元）					
	2009	2010	2011	2012	2013	2014
世界	1 186 432	1 328 102	1 563 749	1 402 887	1 467 233	1 228 263
发达国家	652 306	673 199	827 351	678 730	696 854	498 762
欧洲	437 075	404 843	489 657	400 723	325 533	288 766
欧盟	391 285	358 644	444 824	364 767	333 084	257 567
奥地利	9 268	2 575	10 616	3 989	10 376	4 675
比利时	75 169	60 635	78 258	9 308	23 396	–4 957
保加利亚	3 385	1 525	1 849	1 467	1 920	1 710
克罗地亚	3 077[b]	1 133[b]	1 682[b]	1 451[b]	955[b]	3 451[b]
塞浦路斯	3 472	766	2 384	1 257	3 497	679[b]
捷克	2 927	6 141	2 318	7 984	3 639	5 909
丹麦	392	–9 163	11 463	418	–742	3 652
爱沙尼亚	1 839	1 024	974	1 569	553	983
芬兰	718	7 359	2 550	4 158	–5 165[c]	18 625[c]
法国	30 733	13 889	31 642	16 979	42 892	15 191
德国	23 805[b]	65 642[b]	67 515[b]	20 316[b]	18 193[b]	1 831[b]
希腊	2 436	330	1 144	1 740	2 818	2 172
匈牙利	1 995	2 193	6 300	14 375	3 097	4 039
爱尔兰	25 715	42 804	23 545	45 207	37 033	7 698
意大利	20 077	9 178	34 324	93	25 004	11 451[b]
拉脱维亚	94	379	1 453	1 109	903	474
立陶宛	–14	800	1 448	700	469	217
卢森堡	27 313[c]	38 588[c]	9 748[c]	79 645[c]	23 248[c]	7 087[c]
马耳他	–8 645	929	15 510	12 061	9 575	9 279
荷兰	38 752	–7 184	24 369	17 655	32 039	30 253
波兰	11 889	12 796	18 258	7 120	120[c]	13 883[c]
葡萄牙	1 611	2 424	7 428	8 242	2 234	8 807
罗马尼亚	4 665	3 041	2 363	3 199	3 602	3 234
斯洛伐克	–6	1 770	3 491	2 982	591	479

经济体划分的外国直接投资（FDI）流量

FDI 流出量（百万美元）					
2009	2010	2011	2012	2013	2014
1 101 335	1 366 070	1 587 448	1 283 675	1 305 910	1 354 046
819 605	963 210	1 156 137	872 861	833 630	822 826
400 223	565 949	586 793	376 402	316 819	315 921
352 388	459 366	519 862	316 726	285 133	280 124
10 998	9 585	21 913	13 109	16 216	7 690
15 251	9 092	46 371	33 985	17 940	8 534
–95	230	163	347	240	215
1 260[b]	–91[b]	42[b]	–56[b]	–180[b]	1 886[b]
383	679	2 201	–281	3 473	2 176[b]
949	1 167	–327	1 790	4 019	–529
3 688	1 381	11 254	7 355	9 537	10 952
1 375	156	–1 488	1 030	375	236
5 681	10 167	5 011	7 543	–7 519[c]	574[c]
100 865	48 156	51 415	31 639	24 997	42 869
68 541[b]	125 451[b]	77 930[b]	66 089[b]	30 109[b]	112 227[b]
2 055	1 557	1 772	678	–785	856
1 849	1 172	4 702	11 678	1 868	3 381
26 616	22 348	–1 165	15 286	23 975	31 795
21 275	32 655	53 629	7 980	30 759	23 451[b]
–62	19	61	192	411	137
198	–6	55	392	192	–36
8 201[c]	23 243[c]	10 737[c]	68 428[c]	34 555[c]	–4 307[c]
–7 059	1 921	922	2 574	2 603	2 335
26 273	68 358	34 789	5 235	56 926	40 809
3 656	6 147	3 671	–2 656	–3 299[c]	5 204[c]
–367	–9 782	16 495	–9 157	–90	6 664
–96	6	–28	–114	–281	–77
904	946	713	8	–423	–123

地区 / 经济体	FDI 流入量（百万美元）					
	2009	2010	2011	2012	2013	2014
斯洛文尼亚	–476	105	1 087	339	–144	1 564
西班牙	10 407	39 873	28 379	25 696	41 733[c]	22 904[c]
瑞典	10 093	140	12 923	16 334	3 571	10 036
英国	90 591	58 954	41 803	59 375	47 675	72 241
欧洲其他发达国家	45 791	46 199	44 833	35 956	–7 551	31 199
直布罗陀	172[d]	165[d]	166[d]	168[d]	166[d]	167[d]
冰岛	86	246	1 108	1 025	397	436
挪威	16 641	17 044	15 250	18 774	14 441	8 682
瑞士	28 891	28 744	28 309	15 989	–22 555[c]	21 914[c]
北美	166 304	226 449	269 531	208 946	301 333	146 261
加拿大	22 700	28 400	39 669	39 266	70 565	53 864
美国	143 604	198 049	229 862	169 680	230 768	92 397
其他发达国家	48 927	41 906	68 162	69 061	69 987	63 735
澳大利亚	31 667	36 443	57 050	55 802	54 239	51 854
百慕大	–70[c]	231[c]	–258[c]	48[c]	55[c]	–32[c]
以色列	4 607	5 458	9 095	8 055	11 804	6 432
日本	11 938	–1 252	–1 758	1 732	2 304	2 090
新西兰	785	1 026	4 034	3 424	1 585	3 391
发展中经济体	463 637	579 891	639 135	639 022	670 790	681 387
非洲	54 379	44 072	47 705	56 435	53 969	53 912
北非	18 134	15 745	7 548	17 151	13 580	11 541
阿尔及利亚	2 746	2 300	2 580	3 052	2 661	1 488[d]
埃及	6 712	6 386	–483	6 031	4 192	4 783
利比亚	3 310	1 909	—	1 425	702	50[d]
摩洛哥	1 952[c]	1 574[c]	2 568[c]	2 728[c]	3 298[c]	3 582[c]
南苏丹	—	—	—	—	–78[d]	–700[d]
苏丹	1 726	2 064	1 734	2 311	1 688	1 277
突尼斯	1 688	1 513	1 148	1 603	1 117	1 060
非洲其他国家	36 246	28 327	40 157	39 284	40 388	42 371
西非	14 725	12 008	18 956	16 322	14 208	12 763
贝宁	134	177	161	230	360	377
布基纳法索	101	35	144	329	490	342
佛得角	174	159	155	70	70	78
科特迪瓦	377	339	302	330	407	462
冈比亚	1	20	66	93	38	28
加纳	2 897	2 527	3 237	3 293[d]	3 226[d]	3 357[d]

（续）

FDI 流出量（百万美元）					
2009	2010	2011	2012	2013	2014
214	–18	198	–259	–223	–9
13 070	37 844	41 164	–3 982	25 829[c]	30 688[c]
26 202	20 349	29 861	28 952	28 879	12 156
20 562	46 633	107 801	28 939	–14 972	–59 628
47 835	106 582	66 932	59 676	31 686	35 797
—	—	—	—	—	—
2 292	–2 357	23	–3 206	460	–247
19 165	23 239	18 763	19 561	20 987	19 247
26 378	85 701	48 145	43 321	10 238[c]	16 798[c]
327 502	312 502	448 717	365 285	378 879	389 563
39 601	34 723	52 148	53 938	50 536	52 620
287 901	277 779	396 569	311 347	328 343	336 943
91 879	84 759	120 627	131 174	137 931	117 343
16 409	19 804	1 669	5 583	–3 063	–351
21[c]	–33[c]	–337[c]	241[c]	50[c]	93[c]
1 751	8 010	9 166	3 258	4 671	3 975
74 699	56 263	107 599	122 549	135 749	113 629
–1 001	716	2 530	–456	525	–4
234 522	340 876	357 570	357 249	380 784	468 148
6 225	9 264	6 500	12 386	15 951	13 073
2 498	4 781	1 491	3 332	951	1 672
214	220	534	193	117	..
571	1 176	626	211	301	253
1 165	2 722	131	2 509	180	940[d]
470[c]	589[c]	179[c]	406[c]	332[c]	444[c]
—	—	—	—	—	—
—	—	—	—	—	—
77	74	21	13	22	39
3 727	4 483	5 009	9 053	14 999	11 401
2 120	1 292	2 526	3 501	2 166	2 255
31	–18	60	19	59	31
8	–4	102	73	58	59
1	0	1	–3	–5	–5
–9	25	15	14	–6	9
—	—	—	—	—	—
7	—	25	1	9[d]	12[d]

地区 / 经济体	FDI 流入量（百万美元）					
	2009	2010	2011	2012	2013	2014
几内亚	141[d]	101[d]	956[d]	606[d]	135[d]	566[d]
几内亚比绍	17	33	25	7	20	21
利比里亚	218	450	785	985	1 061	302[d]
马里	748	406	556	398	308	199
马里塔尼亚	–3[d]	131[d]	589[d]	1 389[d]	1 126[d]	492[d]
尼日尔	791	940	1 066	841	719	769
尼日利亚	8 650	6 099	8 915	7 127	5 608	4 694
塞内加尔	320	266	338	276	311	343
塞拉利昂	110[d]	238[d]	951[d]	225[d]	144[d]	440[d]
多哥	49	86	711	122	184	292
中非	5 639	8 315	7 664	9 528	9 035	12 056
布隆迪	0	1	3	1	7	32
喀麦隆	740[d]	538[d]	652[d]	526[d]	326[d]	501[d]
中非共和国	42	62	37	70	2	3
乍得	375[d]	313[d]	282[d]	343[d]	538[d]	761[d]
刚果（布）	1 274	928	2 180	2 152	2 914	5 502
刚果（金）	864	2 939	1 687	3 312	2 098	2 063
赤道几内亚	1 636[d]	2 734[d]	1 975[d]	2 015[d]	1 914[d]	1 933[d]
加蓬	573[d]	499[d]	696[d]	832[d]	968[d]	973[d]
卢旺达	119	251	119	255	258	268
圣多美和普林西比	16	51	32	23	11	20
东非	3 903	4 520	4 779	5 473	6 127	6 794
科摩罗	14	8	23	10	9	14[d]
吉布提	75	37	79	110	286	153
厄利特里亚	91[d]	91[d]	39[d]	41[d]	44[d]	47[d]
埃塞俄比亚	221[d]	288[d]	627[d]	279[d]	953[d]	1 200[d]
肯尼亚	115	178	335	259	505[d]	989[d]
马达加斯加	1 066	808	810	812	567	351
毛里求斯	248	430	433	589	259	418
塞舌尔	171	211	207	260	170	229
索马里	108[d]	112[d]	102[d]	107[d]	107[d]	106[d]
乌干达	842	544	894	1 205	1 096	1 147
坦桑尼亚	953	1 813	1 229	1 800	2 131	2 142[d]
南非	11 978	3 485	8 758	7 961	11 018	10 758
安哥拉	2 205[c]	–3 227[c]	–3 024[c]	–6 898[c]	–7 120[c]	–3 881[d]
博兹瓦纳	129	218	1 371	487	398	393

（续）

FDI 流出量（百万美元）					
2009	2010	2011	2012	2013	2014
—	—	1[d]	2[d]	0[d]	1[d]
0	6	1	0	0	0
364	369	372	1 354[d]	698[d]	..
-1	7	4	16	3	8
4[d]	4[d]	4[d]	4[d]	4[d]	4[d]
59	-60	9	2	101	21
1 542	923	824	1 543	1 238	1 614
77	2	47	56	33	37
0[d]	0[d]	—	0[d]	-4[d]	-2[d]
37	37	1 060	420	-21	464
48	595	419	191	120	278
—	—	—	—	0	0
-69[d]	503[d]	187[d]	-284[d]	-379[d]	-159[d]
—	—	—	—	—	—
—	—	—	—	—	—
-5[d]	4[d]	53[d]	-31[d]	0[d]	7[d]
35	7	91	421	401	344
—	—	—	—	—	—
87[d]	81[d]	88[d]	85[d]	85[d]	86[d]
—	—	—	—	14	—
0	0	0	0	0	0
118	174	163	251	101	99
—	—	—	—	—	—
—	—	—	—	—	—
—	—	—	—	—	—
—	—	—	—	—	—
46	2	9	16	6[d]	—
—	—	—	—	—	—
37	129	158	180	135	91
5	6	8	9	8	8
—	—	—	—	—	—
29	37	-12	46	-47	0
—	—	—	—	—	—
1 441	2 423	1 901	5 110	12 613	8 769
7[c]	1 340[c]	2 093[c]	2 741[c]	6 044[c]	2 131[d]
6	-1	10	-8	-85	-43

地区 / 经济体	FDI 流入量（百万美元）					
	2009	2010	2011	2012	2013	2014
莱索托	92	30	61	57	50	46
马拉维	49	97	129	129	120	130
莫桑比克	898	1 018	3 559	5 629	6 175	4 902
纳米尼亚	506	793	816	1 133	801	414
南非	7 502[c]	3 636[c]	4 243[c]	4 559[c]	8 300[c]	5 712[c]
斯威士兰	66	120	107	32	84	13
赞比亚	426	634	1 110	2 433	1 810	2 484
津巴布韦	105	166	387	400	400	545
亚洲	323 793	401 851	425 308	400 840	427 879	465 285
东亚和东南亚	209 974	306 975	327 413	320 563	347 537	381 047
东亚	163 840	201 825	233 878	212 428	221 450	248 180
中国大陆	95 000	114 734	123 985	121 080	123 911	128 500
中国香港	55 535	70 541	96 581	70 180	74 294	103 254[b]
朝鲜	2[d]	38[d]	56[d]	120[d]	227[d]	134[d]
韩国	9 022[c]	9 497[c]	9 773[c]	9 496[c]	12 767[c]	9 899[c]
中国澳门	852	2 831	726	3 894	4 513	3 046[d]
蒙古	624	1 691	4 715	4 452	2 140	508
中国台湾	2 805[c]	2 492[c]	−1 957[c]	3 207[c]	3 598[c]	2 839[c]
东南亚	46 134	105 151	93 535	108 135	126 087	132 867
文莱达鲁萨兰国	370	481	691	865	776	568
柬埔寨	928	1 342	1 372	1 835	1 872	1 730
印度尼西亚	4 877	13 771	19 241	19 138	18 817	22 580
老挝	190	279	301	294	427	721[d]
马来西亚	1 453	9 060	12 198	9 239	12 115	10 799
缅甸	27	6 669	1 118	497	584	946
菲律宾	1 963	1 298	1 852	2 033	3 737[c]	6 201[c]
新加坡	23 821[c]	55 076[c]	48 002[c]	56 659[c]	64 793[c]	67 523[c]
泰国	4 854	9 147	1 195	9 168	14 016	12 566
东帝汶	50	29	47	39	50	34
越南	7 600	8 000	7 519	8 368	8 900	9 200
南亚	42 403	35 024	44 539	32 415	35 624	41 192
阿富汗	76	211	83	94	69	54[d]
孟加拉	700	913	1 136	1 293	1 599	1 527
不丹	72[c]	31[c]	26[c]	51[c]	9[c]	6[c]
印度	35 634	27 417	36 190	24 196	28 199	34 417
伊朗	2 983	3 649	4 277	4 662	3 050	2 105

（续）

FDI 流出量（百万美元）					
2009	2010	2011	2012	2013	2014
2	–21	–41	–38	–34	–31
–1	42	50	50	–46	–50
3	2	3	3	—	—
–3	4	5	–11	–13	–34
1 151[c]	–76[c]	–257[c]	2 988[c]	6 649[c]	6 938[c]
7	–8	–2	39	4	–1
270	1 095	–2	–702	66	–213[d]
—	43	43	49	27	72
214 942	284 078	313 648	299 424	335 318	431 591
180 620	250 008	268 534	266 214	292 427	382 581
139 088	194 532	213 680	215 497	225 254	302 520
56 530	68 811	74 654	87 804	101 000	116 000
59 202	86 247	96 341	83 411	80 773	142 700[b]
—	—	—	—	—	—
17 436[c]	28 280[c]	29 705[c]	30 632[c]	28 360	30 558[c]
–11	–441	120	469	795	462[d]
54	62	94	44	41	103
5 877[c]	11 574[c]	12 766[c]	13 137[c]	14 285[c]	12 697[c]
41 533	55 476	54 854	50 717	67 172	80 061
9	6	10	–422[d]	–135[d]	—
19	21	29	36	46	32
2 249	2 664	7 713	5 422	6 647	7 077
1[d]	–1[d]	1[d]	0[d]	–44[d]	2[d]
7 784	13 399	15 249	17 143	14 107	16 445
—	—	—	—	—	—
359	616	339	1 692	3 647[c]	6 990[c]
26 239[c]	33 377[c]	24 490[c]	15 147[c]	28 814[c]	40 660[c]
4 172	4 467	6 106	10 487	12 122	7 692
—	26	–33	13	13	13
700	900	950	1 200	1 956	1 150
16 349	16 298	12 888	10 181	2 135	10 684
81[d]	72[d]	70[d]	65[d]	—	—
29	15	13	43	34	48
—	—	—	—	—	—
16 058	15 947	12 456	8 486	1 679	9 848
90[d]	174[d]	227[d]	1 441[d]	146[d]	605[d]

地区 / 经济体	FDI 流入量（百万美元）					
	2009	2010	2011	2012	2013	2014
马尔代夫	158[d]	216[d]	424[d]	228[d]	361[d]	363[d]
尼泊尔	39	87	95	92[d]	71[d]	30[d]
巴基斯坦	2 338	2 022	1 326	859	1 333	1 747
斯里兰卡	404	478	981	941	933	944
西亚	71 415	59 852	53 356	47 862	44 718	43 046
巴林	257	156	781	891	989	957
伊拉克	1 598	1 396	1 882	3 400	5 131	4 782
约旦	2 413	1 651	1 474	1 497	1 747	1 760
科威特	1 114	1 305	3 259	2 873	1 434	486
黎巴嫩	4 379	3 748	3 390	3 170	2 880	3 070[d]
阿曼	1 485[c]	1 243[c]	874[c]	1 040[c]	1 626[c]	1 180[d]
卡塔尔	8 125	4 670	939	396	–840	1 040
沙特阿拉伯	36 458	29 233	16 308	12 182	8 865	8 012[d]
巴勒斯坦	300	206	349	58	176	124
叙利亚	2 570	1 469	804	—	—	—
土耳其	8 585	9 086	16 136	13 283	12 357	12 146
阿拉伯联合酋长国	4 003	5 500	7 679	9 602	10 488	10 066
也门	129	189	–518	–531	–134	–578[d]
拉丁美洲和加勒比地区	83 514	131 727	163 868	178 049	186 151	159 405
南美	57 740	96 345	127 426	143 881	125 987	120 708
阿根廷	4 017	11 333	10 840	15 324	11 301	6 612
玻利维亚	423	643	859	1 060	1 750	648
巴西	25 949	48 506	66 660	65 272	63 996	62 495
智利	11 868	16 789	16 930	25 021	16 577	22 949
哥伦比亚	8 035	6 430	14 648	15 039	16 199	16 054
厄瓜多尔	308	166	644	585	731	774
圭亚那	164	198	247	294	214	255
巴拉圭	95	210	619	738	72	236
秘鲁	6 431	8 455	7 665	11 918	9 298	7 607
苏里南	–93	–248	70	121	138	4
乌拉圭	1 529	2 289	2 504	2 536	3 032	2 755
委内瑞拉	–983	1 574	5 740	5 973	2 680	320
中美洲	22 302	32 404	31 998	28 004	55 399	33 416
伯利兹	109[c]	97[c]	95[c]	189[c]	92[c]	141[c]
哥斯达黎加	1 347	1 466	2 178	2 332	2 677	2 106
塞尔瓦多	366	–230	219	482	179	275
危地马拉	600	806	1 026	1 245	1 295	1 396
洪都拉斯	509	969	1 014	1 059	1 060	1 144

（续）

FDI 流出量（百万美元）					
2009	2010	2011	2012	2013	2014
—	—	—	—	—	—
—	—	—	—	—	—
71	47	62	82	212	116
20	43	60	64	65	67
17 973	17 771	32 225	23 028	40 756	38 326
–1 791	334	894	922	1 052	–80
72	125	366	490	227	242
72	28	31	5	16	83
8 582	5 890	10 773	6 741	16 648	13 108
1 126	487	934	1 009	1 962	1 893[d]
109[c]	1 498[c]	1 233[c]	877[c]	1 384[c]	1 164[d]
3 215	1 863	10 109	1 840	8 021	6 748
2 177	3 907	3 430	4 402	4 943	5 396[d]
69	84	–128	29	–48	–32
—	—	—	—	—	—
1 553	1 469	2 330	4 106	3 527	6 658
2 723	2 015	2 178	2 536	2 952[d]	3 072[d]
66[d]	70[d]	77[d]	71[d]	73[d]	73[d]
13 284	46 879	36 490	43 847	28 466	23 326
3 501	31 370	22 420	19 164	13 861	16 652
712	965	1 488	1 055	1 097	2 117
–3	–29	—	—	—	—
–10 084	11 588	–1 029	–2 821	–3 495	–3 540
6 213	10 524	13 738	17 120	7 621	12 999
3 505	5 483	8 420	–606	7 652	3 899
47[d]	134[d]	63[d]	–6[d]	42[d]	33[d]
—	—	—	—	—	—
54[d]	7[d]	–34[d]	56[d]	49[d]	24[d]
411	266	147	78	137	84
—	—	3	–1	—	—
16	–60	–7	–3	5	13
2 630	2 492	–370	4 294	752	1 024
9 612	15 426	12 897	22 922	13 922	5 929
0[c]	1[c]	1[c]	1[c]	1[c]	3[c]
7	25	58	428	290	218
—	–5	0	–2	3	1
26	24	17	39	34	31
4	–1	2	208	68	24

地区 / 经济体	FDI 流入量（百万美元）					
	2009	2010	2011	2012	2013	2014
墨西哥	17 679	26 083	23 376	18 951	44 627	22 795
尼加拉瓜	434	490	936	768	816	840
巴拿马	1 259	2 723	3 153	2 980	4 654	4 719
加勒比地区	3 471	2 979	4 445	6 164	4 764	5 281
安圭拉	44	11	39	44	42	39
安提瓜和巴布达	85	101	68	138	101	167
阿鲁巴	–11	190	488	–319	225	244
巴哈马	873	1 148	1 533	1 073	1 111	1 596
巴巴多斯	247	290	384	436	5	275
库拉索	55	89	69	57	17	183[d]
多米尼克	58	58	51	57	39	41
多米尼加	2 165	2 024	2 277	3 142	1 991	2 208
格林纳达	104	64	45	34	114	40
海地	55	178	119	156	186	99
牙买加	541[c]	228[c]	218[c]	413[c]	593[c]	551[c]
蒙特塞拉特	3	4	2	3	4	6
圣基茨和尼维斯	136	119	112	110	139	120
圣卢西亚	152	127	100	78	95	75
圣文森特和格林纳丁斯	111	97	86	115	160	139
圣马丁	40	33	–48	14	34	67[d]
特立尼达和多巴哥	709	549	1 831	2 453	1 994	2 423[d]
大洋洲	1 952	2 240	2 254	3 697	2 791	2 784
库克群岛	–6[d]	—	—	—	—	—
斐济	164	350	403	376	272	279[d]
法属波利尼西亚	22	64	131	155	101	129[d]
基里巴斯	3	0[d]	0[d]	1[d]	9[d]	1[d]
马绍尔群岛	–11[d]	27[d]	34[d]	27[d]	23[d]	28[d]
密克罗尼西亚联邦	1[d]	1[d]	1[d]	1[d]	1[d]	1[d]
瑙鲁	1[d]	—	—	—	—	—
新喀里多尼亚	1 182	1 439	1 715	2 887	2 261	2 288[d]
纽埃	—	—	—	—	—	—
帕劳	–10	–7	6	9	2	6[d]
巴布亚新几内亚	423	29	–310	25	18	–30
萨摩亚	10	1	15	21	24	23
所罗门群岛	120	238	146	80	43	24
汤加	20[d]	25[d]	44[d]	31[d]	51[d]	56[d]
瓦努阿图	32[c]	59[c]	70[c]	78[c]	–19[c]	–22[c]
转型经济体	70 489	75 013	97 263	85 135	99 590	48 114

（续）

FDI 流出量（百万美元）					
2009	2010	2011	2012	2013	2014
9 604	15 050	12 636	22 470	13 138	5 201
–29	16	7	52	107	84
—	317	176	–274	281	368
171	83	1 174	1 761	683	744
0	0	0	0	—	—
4	5	3	4	6	6
1	6	3	3	4	9
216	150	524	132	277	398
–56	–54	301	–129	106	93
5	15	–30	12	–17	27[d]
1	1	0	0	2	2
110[d]	25[d]	39[d]	77[d]	–55[d]	20[d]
1	3	3	3	1	1
—	—	—	—	—	—
61[c]	58[c]	75[c]	3[c]	–87[c]	–2[c]
0	0	0	0	0	0
5	3	2	2	2	2
6	5	4	4	3	3
1	0	0	0	0	0
1	3	1	–4	4	4[d]
—	—	1 060	1 681	824	726[d]
71	655	932	1 593	1 050	158
13[d]	540[d]	814[d]	1 307[d]	887[d]	..
3	6	1	2	4	1[d]
8	38	27	43	66	46[d]
–1	0	—	0[d]	0[d]	0[d]
–25[d]	–11[d]	29[d]	24[d]	19[d]	24[d]
	—	—	—	—	—
—	—	—	—	—	—
58	76	40	109	63	70[d]
0[d]	—	–1[d]	—	—	—
—	—	—	—	—	—
4	0	1	89	—	—
1	—	1	9	0	4
3	2	4	3	3	1
5[d]	3[d]	16[d]	7[d]	7[d]	11[d]
1[c]	1[c]	1[c]	1[c]	0[c]	1[c]
47 208	61 984	73 740	53 565	91 496	63 072

地区 / 经济体	FDI 流入量（百万美元）					
	2009	2010	2011	2012	2013	2014
东南欧	6 270	4 600	7 890	3 562	4 740	4 698
阿尔巴尼亚	996	1 051	876	855	1 266	1 093
波尼西亚和黑塞哥维那	250	406	496	351	283	564
黑山共和国	1 527	760	558	620	447	497
塞尔维亚	2 896	1 686	4 932	1 299	2 053	1 996
马其顿	201	213	479	143	335	348
独联体 CIS	63 560	69 599	88 324	80 662	93 901	42 137
亚美尼亚	760	529	515	489	370	383[c]
阿塞拜疆	473	563	1 465	2 005	2 632	4 430
白俄罗斯	1 877	1 393	4 002	1 429	2 230	1 798
哈萨克斯坦	13 243	11 551	13 973	13 337	10 221	9 562
吉尔吉斯斯坦	189	438	694	293	626	211
摩尔多瓦	208	208	288	195	236	207
俄罗斯联邦	36 583[c]	43 168[c]	55 084[c]	50 588[c]	69 219[c]	20 958[c]
塔吉克斯坦	16	–15	70	233	105	263
土库曼斯坦	4 553[d]	3 632[d]	3 391[d]	3 130[d]	3 076[d]	3 164[d]
乌克兰	4 816	6 495	7 207	8 401	4 499	410
乌兹别克斯坦	842[d]	1 636[d]	1 635[d]	563[d]	686[d]	751[d]
格鲁吉亚	659	814	1 048	911	949	1 279
备忘录						
最不发达国家（LDCs）[e]	16 865	23 774	21 852	23 524	22 327	23 239
内陆发展中国家（LLDCs）[f]	26 108	26 011	36 101	34 426	29 980	29 151
小岛屿发展中国家（SIDS）[g]	4 599	4 606	6 160	6 776	5 703	6 948

注：

a 包括加勒比海地区的金融中心（安圭拉岛、安提瓜和巴布达、阿鲁巴岛、巴哈特岛、圣基茨和尼维斯、圣卢西亚、圣文森特和格林纳丁斯，圣马丁和特克斯和

b 直接投资的资金交易以资产 / 负债计算得出。

c 资产 / 负债的基础上计算。

d 估计量。

e 最不发达国家包括：阿富汗、安哥拉、孟加拉国、贝宁、不丹、布基纳法索、特里亚、埃塞俄比亚、冈比亚、几内亚、几内亚比绍、海地、基里巴斯、老挝、尔、尼日尔、卢旺达、萨摩亚、圣多美和普林西比、塞内加尔、塞拉利昂、所图、也门和赞比亚。

f 内陆发展中国家包括：阿富汗、亚美尼亚、阿塞拜疆、不丹、玻利维亚、博茨斯坦、老挝、莱索托、马其顿、马拉维、马里、摩尔多瓦、蒙古、尼泊尔、尼别克斯坦、赞比亚和津巴布韦。

g 小岛屿发展中国家包括安提瓜和巴布达、巴哈马、巴巴多斯、佛得角、科摩罗、密克罗尼西亚联邦、瑙鲁、帕劳、巴布亚新几内亚、圣基茨和尼维斯、圣卢西汶、汤加、特立尼达和多巴哥、图瓦卢和瓦努阿图。

资料来源：联合国贸易和发展会议《世界投资报告 2015》。

（续）

FDI流出量（百万美元）					
2009	2010	2011	2012	2013	2014
140	317	403	410	380	430
39	6	30	23	40	30
6	46	18	16	–15	2
46	29	17	27	17	27
24	185	318	331	329	356
11	5	0	–8	–15	–21
47 087	61 532	73 190	52 858	90 997	62 440
50	8	78	16	19	18[c]
326	232	533	1 192	1 490	2 209
102	51	126	121	246	–1
3 159	7 885	5 390	1 481	2 287	3 624
0	0	0	0	0	0
7	4	21	20	29	41
43 281[c]	52 616[c]	66 851[c]	48 822[c]	86 507[c]	56 438[c]
—	—	—	—	—	—
—	—	—	—	—	—
162	736	192	1 206	420	111
—	—	—	—	—	—
–19	135	147	297	120	202
1 123	3 055	4 003	4 698	7 454	2 975
4 119	9 378	6 314	2 393	3 917	5 822
275	332	2 158	2 032	1 319	1 377

马、巴巴多斯、英属维尔京群岛，开曼群岛，库拉索岛，多米尼加、格林纳达、蒙特塞拉凯科斯群岛）。

布隆迪、柬埔寨、中非共和国、乍得、科摩罗、刚果（金）、吉布提、赤道几内亚、厄立莱索托、利比里亚、马达加斯加、马拉维、马里、毛里塔尼亚、莫桑比克、缅甸、尼泊罗门群岛、索马里、南苏丹、苏丹、东帝汶、多哥、图鲁瓦、乌干达、坦桑尼亚、瓦努

瓦纳、布基纳法索、布隆迪、中非共和国、乍得、埃塞俄比亚、哈萨克斯坦、吉尔吉斯日尔、巴拉圭、卢旺达、南苏丹、斯威士兰、塔吉克斯坦、土库曼斯坦、乌干达、乌兹

多米尼加、斐济、格林纳达、牙买加、基里巴斯、马尔代夫、马绍尔群岛、毛里求斯、亚、圣文森特和格林纳丁斯、萨摩亚、圣多美和普林西比、塞舌尔、所罗门群岛、东帝

2. 1990 年、2000 年和 2014 年按地区和经济体划分的（FDI）存量统计

1990 年、2000 年和 2014 年按地区和经济体划分的（FDI）存量统计如表 2-2 所示。

表 2-2　1990 年、2000 年和 2014 年按地区和经济体划分的外国直接投资（FDI）存量

地区 / 经济体	FDI 流入存量（百万美元）			FDI 流出存量（百万美元）		
	1990	2000	2014	1990	2000	2014
世界[a]	2 197 768	7 202 348	26 038 824	2 253 944	7 298 188	25 874 757
发达国家	1 687 652	5 476 613	17 003 802	2 114 508	6 535 722	20 554 819
欧洲	932 579	2 263 007	10 049 259	1 053 382	3 215 429	11 787 347
欧盟	885 533	2 144 798	9 171 795	976 336	2 948 579	10 434 829
奥地利	11 606	31 165	180 824	5 021	24 821	223 246
比利时	—	—	525 612	—	—	450 178
比利时和卢森堡	58 388	195 219	—	40 636	179 773	—
保加利亚	112	2 704	46 539	124	67	2 195
克罗地亚	—	2 664[b]	29 761[b]	—	760[b]	5 444[b]
塞浦路斯	..[c,d]	2 846	58 145[b]	8[d]	557	41 913[b]
捷克	1 363[d]	21 644	121 530	—	738	19 041
丹麦	9 192	73 574	82 922[d]	7 342	73 100	183 025[d]
爱沙尼亚	—	2 645	19 298	—	259	6 319
芬兰	4 277	24 273	133 116[e]	9 355	52 109	164 554[e]
法国	104 268	184 215	729 147	119 860	365 871	1 279 089
德国	226 552	271 613	743 512[b]	308 736	541 866	1 583 279[b]
希腊	5 681	14 113	20 181	2 882	6 094	33 939
匈牙利	570	22 870	98 360	159[d]	1 280	39 641
爱尔兰	37 989[d]	127 089	369 168	14 942[d]	27 925	628 026
意大利	59 998	122 533	373 738[b]	60 184	169 957	548 416[b]
拉脱维亚	—	1 692	14 567	—	20	1 170
立陶宛	—	2 334	14 691	—	29	2 683
卢森堡	—	—	161 311[e]	—	—	149 892[e]
马耳他	465[d]	2 263	172 358	—	193	44 493
荷兰	71 828	243 733	664 442	109 870	305 461	985 256
波兰	109	33 477	245 161[e]	95[d]	268	65 217[e]
葡萄牙	9 604	32 043	108 515	818	19 794	58 355
罗马尼亚	0	6 953	74 732	66	136	696
斯洛伐克	282[d]	6 970	53 216	—	555	2 975
斯洛文尼亚	1 643[d]	2 894	12 743	560[d]	768	6 193

（续）

地区 / 经济体	FDI 流入存量（百万美元）			FDI 流出存量（百万美元）		
	1990	2000	2014	1990	2000	2014
西班牙	65 916	156 348	721 879[e]	15 652	129 194	673 989[e]
瑞典	12 636	93 791	321 103	50 720	123 618	379 528
英国	203 905	463 134	1 662 858	229 307	923 367	1 584 147
欧洲其他发达国家	47 045	118 209	877 464	77 047	266 850	1 352 518
直布罗陀	263[d]	642[d]	2 569[d]	—	—	—
冰岛	147	497	7 425	75	663	7 955
挪威	12 391	30 265	185 620[d]	10 884	34 026	213 948[d]
瑞士	34 245	86 804	681 849[d]	66 087	232 161	1 130 615[d]
北美	652 444	2 995 951	6 041 200	816 569	2 931 653	7 033 195
加拿大	112 843	212 716	631 316	84 807	237 639	714 555
美国	539 601	2 783 235	5 409 884	731 762	2 694 014	6 318 640
其他发达国家	102 629	217 655	913 343	244 556	388 640	1 734 278
澳大利亚	80 364	121 686	564 608	37 505	92 508	443 519
百慕大	—	265[d]	2 632[d]	—	108[d]	928[d]
以色列	4 476	20 426	98 697	1 188	9 091	78 016
日本	9 850	50 322	170 615	201 441	278 442	1 193 137
新西兰	7 938	24 957	76 791	4 422[d]	8 491	18 678
发展中经济体	510 107	1 669 812	8 310 055	139 436	741 924	4 833 046
非洲	60 678	153 745	709 174	20 252	38 888	213 486
北非	23 962	45 590	239 076	1 836	3 199	33 446
阿尔及利亚	1 561[d]	3 379[d]	26 786[d]	183[d]	205[d]	1 733[d]
埃及	11 043[d]	19 955	87 882	163[d]	655	6 839
利比亚	678[d]	471	18 511[d]	1 321[d]	1 903	20 375[d]
摩洛哥	3 011[d]	8 842[d]	51 664[e]	155[d]	402[d]	4 194[e]
苏丹	55[d]	1 398[d]	22 693	—	—	—
突尼斯	7 615	11 545	31 540	15	33	305
非洲其他国家	36 716	108 156	470 098	18 416	35 689	180 040
西非	14 013	33 010	151 897	2 202	6 381	17 821
贝宁	–173[d]	213	1 581	2[d]	11	172
布基纳法索	39[d]	28	1 679	4[d]	0	276
佛得角	4[d]	192[d]	1 474	—	—	..[c]
科特迪瓦	975[d]	2 483	7 711	6[d]	9	114
冈比亚	157[d]	216	340[d]	—	—	—
加纳	319[d]	1 554[d]	23 205[d]	—	—	130[d]
几内亚	69[d]	263[d]	2 584[d]	—	12[d]	68[d]
几内亚比绍	8[d]	38	123	—	—	5
利比里亚	2 732[d]	3 247[d]	6 569[d]	846[d]	2 188[d]	4 345[d]
马里	229[d]	132	3 109	22[d]	1	45
毛里塔尼亚	59[d]	146[d]	5 968[d]	3[d]	4[d]	48[d]

（续）

地区 / 经济体	FDI 流入存量（百万美元）			FDI 流出存量（百万美元）		
	1990	2000	2014	1990	2000	2014
尼日尔	286[d]	45	5 133	54[d]	1	130
尼日利亚	8 539[d]	23 786	86 671	1 219[d]	4 144	10 259
塞内加尔	258[d]	295	2 699	47[d]	22	397
塞拉利昂	243[d]	284[d]	1 365[d]	—	—	—
多哥	268[d]	87	1 685	—	..[c]	1 843
中非	3 808	5 736	67 425	390	721	2 776
布隆迪	30[d]	47[d]	48[d]	0[d]	2[d]	1[d]
喀麦隆	1 044[d]	1 600[d]	6 493[d]	150[d]	254[d]	43[d]
中非共和国	95[d]	104	623	18[d]	43	43
乍得	250[d]	576[d]	5 518[d]	37[d]	70[d]	70[d]
刚果（布）	575[d]	1 893[d]	22 010[d]	18[d]	40[d]	94[d]
刚果（金）	546[d]	617	7 694[d]	—	34	1 480[d]
赤道几内亚	25[d]	1 060[d]	17 250[d]	0[d]	..[c,d]	3[d]
加蓬	1 208[d]	..[c,d]	6 339[d]	167[d]	280[d]	1 006
卢旺达	33[d]	55	1 105[d]	—	—	13[d]
圣多美和普林西比	0[d]	11[d]	345[d]	—	—	22[d]
东非	1 701	7 202	55 447	165	387	2 139
科摩罗	17[d]	21[d]	121[d]	—	—	—
吉布提	13[d]	40	1 505[d]	—	—	—
厄立特里亚	0[d]	337[d]	837[d]	—	—	—
埃塞俄比亚	124[d]	941[d]	7 264[d]	—	—	—
肯尼亚	668[d]	932[d]	4 370[d]	99[d]	115[d]	321[d]
马达加斯加	107[d]	141	6 277	1[d]	10[d]	6[d]
毛里求斯	168[d]	683[d]	4 586[d]	1[d]	132[d]	1 482[d]
塞舌尔	213	515	2 567	64	130	280
索马里	..[c,d]	4[d]	988[d]	—	—	—
乌干达	6[d]	807	9 917	—	—	50
坦桑尼亚	388[d]	2 781	17 013[d]	—	—	—
南非	17 194	62 208	195 328	15 658	28 200	157 304
安哥拉	1 025[d]	7 977[d]	..[c,d]	1[d]	..[c,d]	19 218[d]
博茨瓦纳	1 309	1 827	4 367	447	517	795
莱索托	83[d]	330	586	0[d]	2	253
马拉维	228[d]	358	1 239[d]	—	..[c]	24
莫桑比克	25	1 249	25 577	2[d]	1	10
纳米比亚	2 047	1 276	3 722	80	45	60
南非	9 210	43 451[e]	145 384[e]	15 010	27 328[e]	133 936[e]
斯威士兰	336	536	759[d]	38	87	103[d]
赞比亚	2 655[d]	3 966[d]	15 009	—	—	2 417[d]
津巴布韦	277[d]	1 238	3 546	80[d]	234	487

（续）

地区 / 经济体	FDI 流入存量（百万美元）			FDI 流出存量（百万美元）		
	1990	2000	2014	1990	2000	2014
亚洲	340 242	1 052 754	5 679 670	67 066	597 220	3 948 830
东亚和东南亚	302 285	953 635	4 618 719	58 504	579 768	3 555 214
东亚	240 645	696 032	2 931 267	49 032	495 206	2 709 546
中国大陆	20 691[d]	193 348	1 085 293[d]	4 455[d]	27 768[d]	729 585[d]
中国香港	201 653[d]	435 417	1 549 849[b]	11 920[d]	379 285	1 459 947[b]
朝鲜	572[d]	1 044[d]	2 012[d]	—	—	—
韩国	5 186	43 738[e]	182 037[e]	2 301[d]	21 497[e]	258 553[e]
中国澳门	2 809[d]	2 801[d]	26 747[d]	—	—	2 277[d]
蒙古	0[d]	182	16 693	—	—	355
中国台湾	9 735[d]	19 502[e]	68 636[d]	30 356[d]	66 655[e]	258 829[d]
东南亚	61 640	257 603	1 687 452	9 471	84 563	845 669
文莱达鲁萨兰国	33[d]	3 868[d]	6 219	0[d]	512[d]	134[d]
柬埔寨	38[d]	1 580	13 035	0[d]	193	484
印度尼西亚	8 732[d]	25 060[d]	253 082	86[d]	6 940[d]	24 052
老挝	13[d]	588[d]	3 630[d]	1[d]	20[d]	..[c,d]
马来西亚	10 318	52 747[d]	133 767	753[d]	15 878[d]	135 685
缅甸	285[d]	3 752[d]	17 652[d]	—	—	—
菲律宾	3 268[d]	13 762[d]	57 093[e]	405[d]	1 032[d]	35 603[e]
新加坡	30 468	110 570	912 355[e]	7 808	56 755	576 396[e]
泰国	8 242	30 944	199 311	418	3 232	65 769
东帝汶	—	—	316	—	—	86
越南	243[d]	14 730[d]	90 991[d]	—	—	7 490[d]
南亚	6 795	29 834	350 971	478	2 791	136 106
阿富汗	12[d]	17[d]	1 692[d]	—	—	—
孟加拉	477[d]	2 162	9 355	45[d]	69	130
不丹	2[d]	4[d]	112[e]	—	—	—
印度	1 657[d]	16 339	252 331	124[d]	1 733	129 578
伊朗	2 039[d]	2 597[d]	43 047	56[d]	414[d]	4 096[d]
马尔代夫	25[d]	128[d]	2 490[d]	—	—	—
尼泊尔	12[d]	72[d]	541[d]	—	—	—
巴基斯坦	1 892[d]	6 919	30 892	245[d]	489	1 695
斯里兰卡	679[d]	1 596	10 511	8[d]	86	607
西亚	31 161	69 286	709 981	8 084	14 661	257 510
巴林	552	5 906	18 771	719	1 752	10 672
伊拉克	..[c,d]	..[c,d]	23 161[d]	—	—	1 956[d]
约旦	1 368[d]	3 135	28 734	158[d]	44	608
科威特	37[d]	608	15 362	3 662[d]	1 428	36 531
黎巴嫩	53[d]	14 233	56 834[d]	43[d]	352	12 629[d]
阿曼	1 723[d]	2 577[e]	19 707[d]	—	—	7 453[d]

（续）

地区 / 经济体	FDI 流入存量（百万美元）			FDI 流出存量（百万美元）		
	1990	2000	2014	1990	2000	2014
卡塔尔	63[d]	1 912	31 004[d]	—	74	35 182[d]
沙特阿拉伯	15 193[d]	17 577	215 909	2 328[d]	5 285[d]	44 699
巴基斯坦	—	1 418[d]	2 453	—	—	167
叙利亚	154[d]	1 244[d]	10 743[d]	4[d]	107[d]	421[d]
土耳其	11 150[d]	18 812	168 645	1 150[d]	3 668	40 088
阿拉伯联合酋长国	751[d]	1 069[d]	115 561[d]	14[d]	1 938[d]	66 298[d]
也门	180[d]	843[d]	3 097[d]	5[d]	12[d]	806[d]
拉丁美洲和加勒比地区	107 187	460 991	1 893 554	52 050	105 533	663 970
南美洲	74 815	308 952	1 384 301	49 201	95 861	518 205
阿根廷	9 085[d]	67 601	114 076	6 057[d]	21 141	35 938
玻利维亚	1 026	5 188	11 206	7[d]	29	52
巴西	37 143	122 250	754 769	41 044	51 946	316 339
智利	16 107[d]	45 753	207 678	154[d]	11 154	89 733
哥伦比亚	3 500	11 157	141 667	402	2 989	43 082
厄瓜多尔	1 626	6 337	14 591	18[d]	252[d]	697[d]
马尔维纳斯群岛	0[d]	58[d]	75[d]	—	—	—
圭亚那	45[d]	756	1 960	—	1	2
巴拉圭	418[d]	1 221	5 381	..[c,d]	29[d]	379[d]
秘鲁	1 330	11 062	79 429	122	505	4 205[d]
苏里南	—	—	1 012	—	—	—
乌拉圭	671[d]	2 088	22 318[d]	186[d]	138	428[d]
委内瑞拉	3 865	35 480	30 139	1 221	7 676	27 349
中美洲	28 496	139 675	439 838	2 793	8 600	138 868
伯利兹	89[d]	301[e]	1 765[e]	20[d]	43[e]	54[e]
哥斯达黎加	1 324[d]	2 709	24 309	44[d]	86	2 049
萨尔瓦多	212[d]	1 973	8 504	56[d]	104	3
危地马拉	1 734	3 420	12 102	0	93	503
洪都拉斯	293	1 392	11 228	—	—	393
墨西哥	22 424	121 691	337 974	2 672[d]	8 273	131 246
尼加拉瓜	145[d]	1 414	8 040	—	—	375
巴拿马	2 275[d]	6 775[d]	35 917	—	—	4 246
加勒比地区	3 876	12 365	69 415	56	1 072	6 897
安圭拉	11[d]	231[d]	1 131[d]	—	5[d]	31[d]
安提瓜和巴布达	290[d]	619[d]	2 845[d]	—	5[d]	112[d]
阿鲁巴	145[d]	1 161	3 941	—	675	698
巴哈马	586[d]	3 278[d]	18 751[d]	—	452[d]	3 868[d]
巴巴多斯	171	308	5 248	23	41	3 840
库拉索	—	—	890[d]	—	—	86[d]
多米尼克	66[d]	275[d]	846[d]	—	3[d]	38[d]

（续）

地区 / 经济体	FDI 流入存量（百万美元）			FDI 流出存量（百万美元）		
	1990	2000	2014	1990	2000	2014
多米尼加共和国	572	1 673	28 757[d]	—	68[d]	171[d]
格林纳多	70[d]	348[d]	1 506[d]	—	2[d]	51[d]
海地	149[d]	95	1 209[d]	—	2[d]	2[d]
牙买加	790[d]	3 317[d]	13 324	42[d]	709	314
蒙特塞拉特	40[d]	83[d]	140[d]	—	0[d]	1[d]
荷属安的列斯群岛	408[d]	277	—	21[d]	6	—[d]
圣基茨和尼维斯	160[d]	487[d]	2 078[d]	—	3[d]	59[d]
圣卢西亚	316[d]	807[d]	2 510[d]	—	4[d]	67[d]
圣文森特和格林纳丁斯	48[d]	499[d]	1 814[d]	—	0[d]	6[d]
圣马丁	—	—	321[d]	—	—	13[d]
特立尼达和多巴哥	2 365[d]	7 280[d]	26 125[d]	21[d]	293[d]	6 411[d]
大洋洲	2 001	2 321	27 657	68	283	6 759
库克群岛	1[d]	218[d]	836[d]	—	..[c,d]	5 037[d]
斐济	284	356	3 713[d]	25[d]	39	51[d]
法属波利尼西亚	69[d]	139[d]	908[d]	—	—	327[d]
基里巴斯	—	—	15[d]	—	—	1[d]
马绍尔群岛	1[d]	218[d]	1 057[d]	—	..[c,d]	205[d]
瑙鲁	..[c,d]	..[c,d]	..[c,d]	18[d]	22[d]	22[d]
新喀里多尼亚	70[d]	67[d]	15 051[d]	—	2[d]	582[d]
纽埃	—	6[d]	..[c,d]	—	10[d]	22[d]
帕劳	2[d]	126	177[d]	—	—	—
巴布亚新几内亚	1 582[d]	935	3 877[d]	26[d]	210[d]	315[d]
萨摩亚	9[d]	51[d]	235[d]	—	—	25[d]
所罗门群岛	—	106[d]	781	—	—	48
汤加	1[d]	19[d]	403[d]	0[d]	14[d]	100[d]
瓦努阿图	—	61[d]	503[e]	—	—	23[e]
桩型经济体	..	55 924	724 967	..	20 541	486 892
东南欧	..	787	55 114	..	16	3 995
阿尔巴尼亚	—	247	4 466[d]	—	—	239[d]
波斯尼亚和黑塞哥维那	—	—	7 383[d]	—	—	208[d]
蒙特内格罗	—	—	4 983[d]	—	—	422[d]
塞尔维亚	—	—	29 564	—	—	2 819
马其顿	—	540	5 140	—	16	112
独联体	..	54 375	657 612	..	20 408	481 382
亚美尼亚	9[d]	513	5 831[d]	—	0	206[d]
阿塞拜疆	—	3 735	18 180[d]	—	1	11 214[d]
白俄罗斯	—	1 306	17 730	—	24	588
哈萨克斯坦	—	10 078	129 244	—	16	27 200
吉尔吉斯斯坦	—	432	3 520	—	33	427

（续）

地区 / 经济体	FDI 流入存量（百万美元）			FDI 流出存量（百万美元）		
	1990	2000	2014	1990	2000	2014
摩尔多瓦	—	449	3 647	—	23	178
俄罗斯联邦	—	32 204	378 543[e]	—	20 141	431 865[e]
塔吉克斯坦	—	136	1 887[d]	—	—	—
土库曼斯坦	—	949[d]	26 203[d]	—	—	—
乌克兰	—	3 875	63 825	—	170	9 705
乌兹别克斯坦	—	698[d]	9 002[d]	—	—	—
格鲁吉亚	..	762	12 241	..	118	1 514
备忘录						
最不发达国家（LDCs）[g]	11 046	37 095	221 524	1 089	2 673	32 490
内陆发展中国家（LLDCs）[h]	7 471	35 793	301 812	699	1 120	44 799
小岛屿发展中国家（SIDS）[i]	7 136	20 611	97 692	220	2 048	17 416

注：

a 包括加勒比海地区的金融中心（安圭拉岛、安提瓜和巴布达、阿鲁巴岛、巴哈马、巴巴多斯、英属维尔京群岛，开曼群岛，库拉索岛，多米尼加、格林纳达、蒙特塞拉特岛、圣基茨和尼维斯、圣卢西亚、圣文森特和格林纳丁斯，圣马丁和特克斯和凯科斯群岛）。

b 直接投资的资金交易以资产 / 负债计算得出。

c 负存量值。然而，这个值是包含在地区和全球总和。

d 估计量。

e 资产负债的基础上计算。

f 该经济体于 2010 年 10 月 10 日解散。

g 最不发达国家包括：阿富汗、安哥拉、孟加拉国、贝宁、不丹、布基纳法索、布隆迪、柬埔寨、中非共和国、乍得、科摩罗、刚果（金）、吉布提、赤道几内亚、厄立特里亚、埃塞俄比亚、冈比亚、几内亚、几内亚比绍、海地、基里巴斯、老挝、莱索托、利比里亚、马达加斯加、马拉维、马里、毛里塔尼亚、莫桑比克、缅甸、尼泊尔、尼日尔、卢旺达、萨摩亚、圣多美和普林西比、塞内加尔、塞拉利昂、所罗门群岛、索马里、南苏丹、苏丹、东帝汶、多哥、图鲁瓦、乌干达、坦桑尼亚、瓦努图、也门和赞比亚。

h 内陆发展中国家包括：阿富汗、亚美尼亚、阿塞拜疆、不丹、玻利维亚、博茨瓦纳、布基纳法索、布隆迪、中非共和国、乍得、埃塞俄比亚、哈萨克斯坦、吉尔吉斯斯坦、老挝、莱索托、马其顿、马拉维、马里、摩尔多瓦、蒙古、尼泊尔、尼日尔、巴拉圭、卢旺达、南苏丹、斯威士兰、塔吉克斯坦、土库曼斯坦、乌干达、乌兹别克斯坦、赞比亚和津巴布韦。

i 小岛屿发展中国家包括安提瓜和巴布达、巴哈马、巴巴多斯、佛得角、科摩罗、多米尼加、斐济、格林纳达、牙买加、基里巴斯、马尔代夫、马绍尔群岛、毛里求斯、密克罗尼西亚联邦、瑙鲁、帕劳、巴布亚新几内亚、圣基茨和尼维斯、圣卢西亚、圣文森特和格林纳丁斯、萨摩亚、圣多美和普林西比、塞舌尔、所罗门群岛、东帝汶、汤加、特立尼达和多巴哥、图瓦卢和瓦努阿图。

资料来源：联合国贸易和发展会议《世界投资报告 2015》。

二、中国双向投资统计

（一）实际利用外资统计

1. 2014 年部分国家 / 地区对华直接投资统计

2014 年部分国家 / 地区对华直接投资统计如表 2-3 所示。

表 2-3　2014 年部分国家 / 地区对华直接投资统计

（金额单位：万美元）

国别 / 地区	企业数	比重（%）	实际使用外资金额	比重（%）
总计	23 794	100	12 850 156	100
部分亚洲国家 / 地区	18 115	76.13	9 834 761	76.53
中国香港	12 169	51.14	8 126 820	63.24
印度尼西亚	35	0.15	7 802	0.06
日本	653	2.74	432 530	3.37
中国澳门	380	1.60	55 057	0.43
马来西亚	166	0.70	15 749	0.12
菲律宾	30	0.13	9 707	0.08
新加坡	757	3.18	582 668	4.53
韩国	1 558	6.55	396 564	3.09
泰国	49	0.12	6 052	0.05
中国台湾	2 318	9.74	201 812	1.57
欧盟主要国家	1 442	6.06	617 746	4.81
比利时	18	0.08	10 823	0.08
丹麦	41	0.17	29 054	0.23
英国	287	1.12	79 534	0.57
德国	384	1.61	207 056	1.61
法国	159	0.67	71 207	0.55
爱尔兰	18	0.08	40 400	0.31
意大利	205	0.86	37 200	0.29
卢森堡	23	0.10	12 829	0.10
荷兰	122	0.51	63 873	0.50
希腊	8	0.03	147	0.00
葡萄牙	7	0.03	444	0.00
西班牙	62	0.26	17 638	0.14
奥地利	38	0.16	10 625	0.08
芬兰	18	0.16	6 722	0.08
瑞典	52	0.22	36 194	0.28

（续）

国别 / 地区	企业数	比重（%）	实际使用外资金额	比重（%）
北美	1 575	6.62	272 420	2.12
加拿大	399	1.68	35 346	0.28
美国	1 176	4.94	237 074	1.84
部分自由港	950	3.99	970 660	7.55
毛里求斯	30	0.13	59 128	0.46
巴巴多斯	1	0.00	7 074	0.06
开曼群岛	111	0.47	125 509	0.98
英属维尔京群岛	436	1.83	622 566	4.84
萨摩亚	372	1.56	156 383	1.22
其他	1 712	7.20	1 154 569	9.98

资料来源：商务部外资统计。

2. 截至 2014 年部分国家 / 地区对华直接投资统计

截至 2014 年部分国家 / 地区对华直接投资情况如表 2-4 所示。

表 2-4　截至 2014 年部分国家 / 地区对华直接投资

（金额单位：亿美元）

国别 / 地区	企业数	比重（%）	实际使用外资金额	比重（%）
总计	810 011	100	16 053.29	100
部分亚洲国家 / 地区	622 378	76.84	10 671.86	66.48
中国香港	373 067	46.06	7 469.38	46.53
印度尼西亚	1 803	0.22	23.71	0.15
日本	49 197	6.07	986.30	6.14
中国澳门	13 832	1.71	119.00	0.74
马来西亚	5 567	0.69	67.65	0.42
菲律宾	2 872	0.35	31.89	0.20
新加坡	21 719	2.68	723.17	4.50
韩国	57 782	7.13	599.12	3.73
泰国	4 203	0.52	40.13	0.25
中国台湾	92 336	11.40	611.52	3.81
欧盟主要国家	37 206	4.59	952.62	5.93
比利时	930	0.11	14.38	0.09
丹麦	856	0.11	29.52	0.18
英国	7 764	0.96	192.03	1.20
德国	8 577	1.06	239.10	1.49
法国	4 789	0.59	136.35	0.85
爱尔兰	302	0.04	12.00	0.07

（续）

国别 / 地区	企业数	比重（%）	实际使用外资金额	比重（%）
意大利	5 228	0.65	64.18	0.40
卢森堡	397	0.05	24.72	0.15
荷兰	2 957	0.37	147.35	0.92
希腊	130	0.02	0.96	0.01
葡萄牙	205	0.03	1.87	0.01
西班牙	2 123	0.26	31.22	0.19
奥地利	1 148	0.14	17.79	0.11
芬兰	495	0.06	10.44	0.07
瑞典	1 305	0.16	30.71	0.19
北美	77 766	9.60	850.41	5.30
加拿大	13 160	1.62	96.60	0.60
美国	61 606	7.98	753.81	4.70
部分自由港	36 753	4.54	2 111.51	13.15
毛里求斯	2 397	0.30	129.69	0.81
巴巴多斯	310	0.04	43.18	0.27
开曼群岛	3 056	0.38	287.28	1.79
英属维尔京群岛	23 210	2.87	1 417.86	8.83
萨摩亚	7 780	0.96	233.50	1.45
其他	35 908	4.43	1 466.88	9.14

资料来源：商务部外资统计。

3. 截至 2014 年外商直接投资统计

截至 2014 年外商直接投资情况如表 2-5 所示。

表 2-5 截至 2014 年外商直接投资

（金额单位：亿美元）

年度	企业数	实际使用外资金额
总计	810 011	16 053.29
1979 ~ 1982	920	17.69
1983	638	9.16
1984	2 166	14.19
1985	3 073	19.56
1986	1 498	22.44
1987	2 233	23.14
1988	5 945	31.94
1989	5 779	33.93
1990	7 273	34.87
1991	12 978	43.66

（续）

年度	企业数	实际使用外资金额
1992	48 764	110.08
1993	83 437	275.15
1994	47 549	337.67
1995	37 011	375.21
1996	24 556	417.26
1997	21 001	452.57
1998	19 799	454.63
1999	16 918	403.19
2000	22 347	407.15
2001	26 140	468.78
2002	34 171	527.43
2003	41 081	535.05
2004	43 664	606.30
2005	44 019	724.06
2006	41 496	727.15
2007	37 892	835.21
2008	27 537	1 083.12
2009	23 442	940.65
2010	27 420	1 147.34
2011	27 717	1 239.85
2012	24 934	1 210.73
2013	22 819	1 239.11
2014	23 794	1 285.02

资料来源：商务部外资统计。

（二）对外直接投资统计

1. 2006 ~ 2014 各年中国对外直接投资流量情况统计（分国家地区）

2006 ~ 2014 各年中国对外直接投资流量情况（分国家地区）如表 2-6 所示。

2. 2006 ~ 2014 各年中国对外直接投资存量情况统计（分国家地区）

2006 ~ 2014 各年中国对外直接投资存量情况（分国家地区）如表 2-7 所示。

表 2-6　2006 ~ 2014 各年中国对外直接投资流量情况（分国家地区）　　（单位：万美元）

国家（地区）	2006 年	2007 年	2008 年	2009 年	2010 年	2011 年	2012 年	2013 年	2014 年
合计	**1 763 397**	**2 650 609**	**5 590 717**	**5 652 899**	**6 881 131**	**7 465 404**	**8 780 353**	**10 784 371**	**12 311 986**
亚洲	**766 325**	**1 659 315**	**4 354 750**	**4 040 759**	**4 489 046**	**4 549 445**	**6 478 494**	**7 560 426**	**8 498 803**
阿富汗	25	10	11 391	1 639	191	29 554	1 761	-122	2 792
阿拉伯联合酋长国	2 812	4 915	12 739	8 890	34 883	31 458	10 511	29 458	70 534
阿曼	2 668	259	-2 295	-624	1 103	951	337	-74	1 516
巴基斯坦	-6 207	91 063	26 537	7 675	33 135	33 328	8 893	16 357	101 426
巴勒斯坦	—	—	—	—	—	—	2	2	—
巴林	-192	—	12	—	—	—	508	-534	—
朝鲜	1 106	1 840	4 123	586	1 214	5 595	10 946	8 620	5 194
东帝汶	—	—	—	—	—	—	—	160	973
菲律宾	930	450	3 369	4 024	24 409	26 719	7 490	5 440	22 495
哈萨克斯坦	4 600	27 992	49 643	6 681	3 606	58 160	299 599	81 149	-4 007
韩国	2 732	5 667	9 691	26 512	-72 168	34 172	94 240	26 875	54 887
吉尔吉斯斯坦	2 764	1 499	706	13 691	8 247	14 507	16 140	20 339	10 783
柬埔寨	981	6 445	20 464	21 583	46 651	56 602	55 966	49 933	43 827
卡塔尔	352	981	1 000	-374	1 114	3 859	8 446	8 747	3 579
科威特	406	-625	244	292	2 286	4 200	-1 188	-59	16 191
老挝	4 804	15 435	8 700	20 324	31 355	45 852	80 882	78 148	102 690
黎巴嫩	—	—	—	—	42	—	—	68	9
马尔代夫	—	—	—	—	—	—	—	155	72

（续）

国家（地区）	2006 年	2007 年	2008 年	2009 年	2010 年	2011 年	2012 年	2013 年	2014 年
马来西亚	751	-3 282	3 443	5 378	16 354	9 513	19 904	61 638	52 134
蒙古	8 239	19 627	23 861	27 654	19 386	45 104	90 403	38 879	50 261
孟加拉国	531	364	450	1 075	724	1 032	3 303	4 137	2 502
缅甸	1 264	9 231	23 253	37 670	87 561	21 782	74 896	47 533	34 313
尼泊尔	32	99	1	118	86	858	765	3 697	4 504
日本	3 949	3 903	5 862	8 410	33 799	14 942	21 065	43 405	39 445
塞浦路斯	—	30	—	—	—	8 954	348	7 634	—
沙特阿拉伯	11 720	11 796	8 839	9 023	3 648	12 256	15 367	47 882	18 430
斯里兰卡	25	-152	904	-140	2 821	8 123	1 675	7 177	8 511
塔吉克斯坦	698	6 793	2 658	1 667	1 542	2 210	23 411	7 233	10 720
中国台湾	-3	-5	-6	4	1 735	1 108	11 288	17 667	18 370
泰国	1 584	7 641	4 547	4 977	69 987	23 011	47 860	75 519	83 946
土耳其	115	161	910	29 326	782	1 350	10 895	17 855	10 497
土库曼斯坦	-4	126	8 671	11 968	45 051	-38 304	1 234	-3 243	19 515
文莱	—	118	182	581	1 653	2 011	99	852	-328
乌兹别克斯坦	107	1 315	3 937	493	-463	8 825	-2 679	4 417	18 059
新加坡	13 215	39 773	155 095	141 425	111 850	326 896	151 875	203 267	281 363
叙利亚	13	-1 126	-117	343	812	-208	-607	-805	955
也门共和国	761	4 347	1 881	164	3 149	-912	1 407	33 125	596
伊拉克	35	36	-166	179	4 814	12 244	14 840	2 002	8 286
伊朗	6 578	1 142	-3 453	12 483	51 100	61 556	70 214	74 527	59 286

以色列	100	222	−100	—	1 050	201	1 158	189	5 258
印度	561	2 202	10 188	−2 488	4 761	18 008	27 681	14 857	31 718
印度尼西亚	5 694	9 909	17 398	22 609	20 131	59 219	136 129	156 338	127 198
约旦	−618	60	−163	11	7	18	983	77	674
越南	4 352	11 088	11 984	11 239	30 513	18 919	34 943	48 050	33 289
中国澳门	−4 251	4 731	64 338	45 634	9 604	20 288	1 660	39 477	59 610
中国香港	693 096	1 373 235	3 864 030	3 560 057	3 850 521	3 565 484	5 123 844	6 282 378	7 086 730
非洲	**51 986**	**157 431**	**549 055**	**143 887**	**211 199**	**317 314**	**251 666**	**337 064**	**320 192**
阿尔及利亚	9 893	14 592	4 225	22 876	18 600	11 434	24 588	19 130	66 571
埃及	885	2 498	1 457	13 386	5 165	6 645	11 941	2 322	16 287
埃塞俄比亚	2 395	1 328	971	7 429	5 853	7 230	12 156	10 246	11 959
安哥拉	2 239	4 119	−957	831	10 111	7 272	39 208	22 405	−44 857
贝宁	—	632	1 456	9	176	75	506	844	744
博茨瓦纳	276	187	1 406	1 844	4 385	2 186	2 110	1 019	5 295
布基纳法索	—	—	—	—	—	—	—	434	445
布隆迪	—	—	—	69	—	—	150	109	345
赤道几内亚	1 019	1 282	−486	2 088	2 208	1 247	13 884	2 241	3 313
多哥	458	270	420	891	1 177	904	2 059	2 359	699
厄立特里亚	1	45	−49	23	294	330	196	90	129
佛得角	23	9	48	—	−46	—	—	13	10
冈比亚	—	—	—	—	—	—	—	—	5
刚果（布）	1 324	250	979	2 807	3 438	681	9 880	10 994	23 860
刚果（金）	3 673	5 727	2 399	22 716	23 619	7 518	34 417	12 127	15 756

（续）

国家（地区）	2006 年	2007 年	2008 年	2009 年	2010 年	2011 年	2012 年	2013 年	2014 年
吉布提	—	100	—	340	423	566	—	200	953
几内亚	75	1 320	832	2 698	974	2 455	6 444	10 013	6 770
加纳	50	185	1 099	4 935	5 598	4 007	20 849	12 251	7 290
加蓬	553	331	3 205	1 188	2 344	193	3 069	3 210	2 556
津巴布韦	342	1 257	-72	1 124	3 380	44 003	28 747	51 753	10 118
喀麦隆	73	205	169	82	1 488	187	1 765	5 720	2 974
科摩罗	—	—	—	—	-1	—	50	—	—
科特迪瓦	-291	174	-702	151	-502	87	361	-479	2 426
肯尼亚	18	890	2 323	2 812	10 122	6 817	7 873	23 054	27 839
莱索托	—	—	62	10	56	3	21	—	46
利比里亚	-703	—	256	112	2 989	2 109	1 200	3 034	4 011
利比亚	-851	4 226	1 054	-3 855	-1 050	4 788	-668	45	13
卢旺达	299	-41	1 288	862	1 272	969	502	-594	1 494
马达加斯加	117	1 324	6 116	4 256	3 358	2 310	843	1 551	3 676
马拉维	—	20	544	—	986	120	1 033	825	340
马里	260	672	-128	799	305	4 758	4 442	10 801	2 339
毛里求斯	1 659	1 558	3 444	1 412	2 201	41 946	5 783	6 107	4 943
毛里塔尼亚	478	-498	-65	653	577	1 969	3 087	1 527	-733
摩洛哥	178	264	688	1 642	175	911	105	774	1 144
莫桑比克	—	1 003	585	1 585	28	2 026	23 052	13 189	10 251
纳米比亚	85	91	759	1 162	551	504	2 512	705	802

南非	4 074	45 441	480 786	4 159	41 117	−1 417	−81 491	−8 919	4 209
南苏丹	—	—	—	—	—	5	780	1 149	−682
尼日尔	794	10 083	−1	3 987	19 625	5 163	−19 594	11 654	−4 461
尼日利亚	6 779	39 035	16 256	17 186	18 489	19 742	33 305	20 913	19 977
塞拉利昂	371	285	1 142	90	—	1 075	769	4 003	492
塞内加尔	—	24	360	1 104	1 896	19	447	1 044	706
塞舌尔	6	9	5	36	1 228	434	5 340	1 769	756
圣多美和普林西比	—	—	—	—	2	—	7	—	—
苏丹	5 079	6 540	−6 314	1 930	3 096	91 186	−169	14 091	17 407
坦桑尼亚	1 254	−382	1 822	2 158	2 572	5 312	11 970	15 064	16 661
突尼斯	173	−34	—	−130	−29	376	−65	706	71
乌干达	23	401	−670	129	2 650	991	979	6 060	6 050
赞比亚	8 744	11 934	21 397	11 180	7 505	29 178	29 155	29 286	42 485
乍得	161	75	947	5 121	213	−1 248	8 068	12 095	8 312
中非	—	—	—	—	2 581	248	—	130	18 224
欧洲	**59 771**	**154 043**	**87 579**	**335 272**	**676 019**	**825 108**	**703 509**	**594 853**	**1 083 791**
阿尔巴尼亚	1	—	—	—	8	—	—	56	—
阿塞拜疆	394	−115	−66	173	37	1 768	34	−443	1 683
爱尔兰	2 529	20	4 233	−95	3 288	1 693	4 888	11 702	3 711
奥地利	4	8	—	—	46	2 022	5 343	15	4 371
白俄罗斯	—	—	210	210	1 922	867	4 350	2 718	6 372
保加利亚	—	—	—	−243	1 629	5 390	5 417	2 069	2 042
比利时	13	491	—	2 362	4 533	3 590	9 840	2 578	15 328

（续）

国家（地区）	2006 年	2007 年	2008 年	2009 年	2010 年	2011 年	2012 年	2013 年	2014 年
冰岛	—	—	—	—	-5	—	—	—	—
波兰	—	1 175	1 070	1 037	1 674	4 866	750	1 834	4 417
波斯尼亚和黑塞哥维纳	—	—	—	151	6	4	6	—	—
丹麦	-5 891	27	133	264	161	589	514	2 739	5 723
德国	7 672	23 866	18 341	17 921	41 235	51 238	79 933	91 081	143 892
俄罗斯联邦	45 211	47 761	39 523	34 822	56 772	71 581	78 462	102 225	63 356
法国	560	962	3 105	4 519	2 641	348 232	15 393	26 044	40 554
芬兰	—	1	266	111	1 804	156	136	852	1 042
格鲁吉亚	994	821	1 000	778	4 057	80	6 874	10 962	22 435
荷兰	531	10 675	9 197	10 145	6 453	16 786	44 245	23 842	102 997
捷克	910	497	1 279	1 560	211	884	1 802	1 784	246
克罗地亚	—	120	—	26	3	5	5	—	355
拉脱维亚	—	-174	—	-3	—	—	—	—	—
立陶宛	—	—	—	—	—	—	100	551	—
列支敦士登	—	28	—	7	355	—	—	—	363
卢森堡		419	4 213	227 049	320 719	126 500	113 301	127 521	457 837
罗马尼亚	963	480	1 198	529	1 084	30	2 541	217	4 225
马耳他	10	-10	47	22	-237	27	—	12	193
马其顿共和国	—	—	—	—	—	—	6	—	—
挪威	14	360	9	360	13 473	1 857	849	19 629	5 860
葡萄牙	—	—	—	—	—	—	515	1 494	387

瑞典	530	6 806	1 066	810	136 723	4 901	28 522	17 082	13 001
瑞士	101	121	1	2 099	2 725	1 719	864	12 826	3 364
塞尔维亚	—	—	—	—	210	21	210	1 150	1 169
斯洛伐克	—	—	—	26	46	594	219	33	4 566
乌克兰	183	565	241	3	150	77	207	1 014	472
西班牙	730	609	116	5 986	2 926	13 974	4 624	−14 575	9 235
希腊	—	3	12	—	—	43	88	190	—
匈牙利	37	863	215	821	37 010	1 161	4 140	2 567	3 402
意大利	763	810	500	4 605	1 327	22 483	11 858	3 126	11 302
英国	3 512	56 654	1 671	19 217	33 033	141 970	277 473	141 958	149 890
拉丁美洲	**846 874**	**490 241**	**367 725**	**732 790**	**1 053 827**	**1 193 582**	**616 974**	**1 435 895**	**1 054 739**
阿根廷	622	13 669	1 082	−2 282	2 723	18 515	74 325	22 141	26 992
安提瓜和巴布达	—	—	—	—	—	101	—	—	—
巴巴多斯	185	41	82	87	−211	—	81	92	−167
巴哈马	272	3 899	−5 591	100	—	—	—	—	—
巴拉圭	—	—	300	647	2 783	557	142	18	—
巴拿马	—	833	652	1 369	2 606	116	72	18 768	481
巴西	1 009	5 113	2 238	11 627	48 746	12 640	19 410	31 093	73 000
玻利维亚	1 800	197	414	1 801	306	867	4 321	1 440	2 453
伯利兹	—	—	6	—	−8	—	—	35	35
多米尼加	—	—	6	6	—	—	—	—	—
多米尼克	—	—	—	—	—	50	—	30	—
厄瓜多尔	246	358	−942	1 790	2 206	−3 506	31 139	47 060	13 781

（续）

国家（地区）	2006 年	2007 年	2008 年	2009 年	2010 年	2011 年	2012 年	2013 年	2014 年
哥伦比亚	-336	22	676	574	694	3 325	8 351	1 793	18 310
哥斯达黎加	—	—	—	—	8	1	—	117	-19
格林纳达	—	—	12	—	—	—	—	—	—
古巴	3 037	658	556	1 293	-1 635	7 671	-557	-2 437	-2 222
圭亚那	—	6 000	—	—	2 837	20	9 884	3 500	408
洪都拉斯	—	-438	-90	—	—	—	—	—	—
开曼群岛	783 272	260 159	152 401	536 630	349 613	493 646	82 743	925 340	419 172
秘鲁	540	671	2 455	5 849	13 903	21 425	-4 937	11 460	4 507
墨西哥	-369	1 716	563	82	2 673	4 154	10 042	4 973	14 057
尼加拉瓜	—	—	—	—	—	—	—	217	101
圣文森特和格林纳丁斯	291	588	946	-946	905	—	—	—	332
苏里南	—	1 757	242	110	635	—	-3 323	2 900	-1 690
特立尼达和多巴哥	—	—	—	—	—	10	19	23	3 625
委内瑞拉	1 836	6 953	978	11 572	9 439	8 177	154 176	42 556	11 608
乌拉圭	—	48	—	498	36	36	950	967	108
牙买加	—	—	214	—	221	3 545	3 586	474	11 132
英属维尔京群岛	53 811	187 614	210 433	161 205	611 976	620 833	223 928	322 156	457 043
智利	658	383	93	778	3 371	1 399	2 622	1 179	1 629
北美洲	25 805	112 571	36 421	152 193	262 144	248 132	488 200	490 101	920 766
百慕大群岛	2 494	-10 259	-10 484	6	17 086	11 583	3 899	1 893	70 769
加拿大	3 477	103 257	703	61 313	114 229	55 407	79 516	100 865	90 384

美国	19 834	19 573	46 203	90 874	130 829	181 142	404 785	387 343	759 613
大洋洲	**12 636**	**77 008**	**195 187**	**247 998**	**188 896**	**331 823**	**241 510**	**366 032**	**433 695**
澳大利亚	8 760	53 159	189 215	243 643	170 170	316 529	217 298	345 798	404 911
巴布亚新几内亚	2 862	19 681	2 992	480	533	1 665	2 569	4 302	3 037
斐济	465	249	797	240	557	1 963	6 832	5 832	-3 716
库克群岛	—	—	—	—	—	—	12	17	-27
马绍尔群岛共和国	200	3 416	800	2 670	1 318	-2 743	—	-1 210	—
密克罗尼西亚联邦	—	625	-16	—	—	-289	341	46	339
帕劳共和国	—	50	752	—	50	57	—	—	51
萨摩亚	—	-12	—	63	9 893	11 773	4 759	-7 793	3 484
瓦努阿图	—	—	—	—	—	79	293	—	604
新西兰	349	-160	646	902	6 375	2 789	9 406	19 040	25 002

注：2006 年流量为非金融类直接投资流量。

表 2-7　2006 ~ 2014 各年中国对外直接投资存量情况（分国家地区）

（单位：万美元）

国家（地区）	2006 年	2007 年	2008 年	2009 年	2010 年	2011 年	2012 年	2013 年	2014 年
合计	**7 502 555**	**11 791 050**	**18 397 071**	**24 575 539**	**31 721 059**	**42 478 067**	**53 194 058**	**66 047 840**	**88 264 242**
亚洲	**4 797 804**	**7 921 793**	**13 131 699**	**18 554 720**	**22 814 597**	**30 343 470**	**36 440 706**	**44 740 828**	**60 096 561**
阿富汗	67	77	11 469	18 132	16 859	46 513	48 274	48 742	51 849
阿拉伯联合酋长国	14 463	23 431	37 599	44 029	76 429	117 450	133 678	151 457	233 345
阿曼 *	3 387	3 717	1 422	797	2 111	2 938	3 335	17 473	18 972
巴基斯坦	14 824	106 819	132 799	145 809	182 801	216 299	223 361	234 309	373 682

（续）

国家（地区）	2006 年	2007 年	2008 年	2009 年	2010 年	2011 年	2012 年	2013 年	2014 年
巴勒斯坦	—	—	—	—	—	—	2	4	4
巴林	27	75	87	87	87	102	680	146	376
朝鲜	4 555	6 713	11 863	26 152	24 010	31 261	42 236	58 551	61 157
东帝汶	45	45	45	745	745	745	745	905	1 578
菲律宾	2 185	4 304	8 673	14 259	38 734	49 427	59 314	69 238	75 994
哈萨克斯坦	27 624	60 993	140 230	151 621	159 054	285 845	625 139	695 669	754 107
韩国 *	94 924	121 414	85 034	121 780	63 725	158 268	308 190	196 308	277 157
吉尔吉斯斯坦 *	12 476	13 975	14 681	28 372	39 432	52 505	66 219	88 582	98 419
柬埔寨	10 366	16 811	39 066	63 326	112 977	175 744	231 768	284 857	322 228
卡塔尔	848	3 979	4 979	3 628	7 705	13 018	22 066	25 402	35 387
科威特	631	51	296	588	5 087	9 286	8 284	8 939	34 591
老挝	9 607	30 222	30 519	53 567	84 575	127 620	192 784	277 092	449 099
黎巴嫩	44	44	44	157	201	201	301	369	378
马尔代夫	—	—	—	—	—	—	—	165	237
马来西亚	19 696	27 463	36 120	47 989	70 880	79 762	102 613	166 818	178 563
蒙古	31 467	59 217	89 556	124 166	143 552	188 662	295 403	335 396	376 246
孟加拉国	3 966	4 330	4 814	6 030	6 758	7 668	11 725	15 868	16 024
缅甸	16 312	26 177	49 971	92 988	194 675	218 152	309 372	356 968	392 557
尼泊尔	359	866	867	1 413	1 594	2 480	3 358	7 531	13 834
日本 *	22 398	55 827	50 969	69 286	110 563	136 622	161 991	189 824	254 704
塞浦路斯	106	136	136	136	136	9 090	9 495	17 126	10 717

沙特阿拉伯	27 284	40 403	62 068	71 089	76 056	88 314	120 586	174 706	198 743
斯里兰卡	846	774	1 678	1 581	7 274	16 258	17 858	29 265	36 391
塔吉克斯坦	3 028	9 899	22 717	16 279	19 163	21 674	47 612	59 941	72 896
中国台湾	20	15	9	13	1 819	2 935	13 532	34 927	59 862
泰国 *	23 267	37 862	43 716	44 788	108 000	130 726	212 693	247 243	307 947
土耳其 *	1 038	1 199	2 236	38 617	40 363	40 648	50 251	64 231	88 181
土库曼斯坦	16	142	8 813	20 797	65 848	27 648	28 777	25 323	44 760
文莱	190	438	651	1 737	4 566	6 613	6 635	7 212	6 955
乌兹别克斯坦	1 497	3 082	7 764	8 522	8 300	15 647	14 618	19 782	39 209
新加坡	46 801	144 393	333 477	485 732	606 910	1 060 269	1 238 333	1 475 070	2 063 995
叙利亚	1 681	555	438	849	1 661	1 483	1 446	641	1 455
也门共和国	6 376	10 723	14 054	14 930	18 466	19 145	22 130	54 911	55 507
伊拉克 *	43 618	2 245	2 079	2 258	48 345	60 591	75 432	31 706	37 584
伊朗	11 059	12 235	9 427	21 780	71 516	135 156	207 046	285 120	348 415
以色列 *	865	1 087	987	1 137	2 187	2 388	3 846	3 405	8 665
印度 *	2 583	12 014	22 202	22 127	47 980	65 738	116 910	244 698	340 721
印度尼西亚	22 551	67 948	54 333	79 906	115 044	168 791	309 804	465 665	679 350
约旦	1 106	1 195	1 032	1 054	1 263	1 281	2 254	2 343	3 098
越南	25 363	39 699	52 173	72 850	98 660	129 066	160 438	216 672	286 565
中国澳门	61 247	91 067	156 078	183 723	222 929	267 589	292 927	240 914	393 074
中国香港	4 226 991	6 878 132	11 584 528	16 449 894	19 905 557	26 151 852	30 637 245	37 709 314	50 991 983
非洲	**255 682**	**446 183**	**780 383**	**933 227**	**1 304 212**	**1 624 432**	**2 172 971**	**2 618 577**	**3 235 007**
阿尔及利亚	24 737	39 389	50 882	75 126	93 726	105 945	130 533	149 721	245 157

（续）

国家（地区）	2006 年	2007 年	2008 年	2009 年	2010 年	2011 年	2012 年	2013 年	2014 年
埃及	10 043	13 160	13 135	28 507	33 672	40 317	45 919	51 113	65 711
埃塞俄比亚	9 560	10 888	12 645	28 344	36 806	42 679	60 655	77 184	91 462
安哥拉	3 723	7 846	6 889	19 554	35 177	40 059	124 510	163 474	121 404
贝宁	2 212	3 560	5 315	5 401	3 933	4 003	4 760	4 991	6 917
博茨瓦纳	2 552	4 339	6 526	11 925	17 852	20 038	22 015	23 090	26 213
布基纳法索	—	—	—	—	—	—	—	434	878
布隆迪	165	165	165	464	651	720	870	979	1 324
赤道几内亚 *	3 044	4 463	4 062	6 150	8 625	9 868	40 464	26 085	20 820
多哥	1 172	1 442	2 312	3 302	5 811	6 715	9 839	12 309	13 581
厄立特里亚	663	722	673	960	1 254	1 431	10 378	10 455	10 671
佛得角	165	465	513	504	458	458	1 160	1 523	1 518
冈比亚	119	119	119	119	119	119	119	119	124
刚果（布）	6 290	6 540	7 542	11 517	13 588	14 240	50 490	69 543	98 876
刚果（金）	3 761	10 440	13 414	39 743	63 092	70 926	97 049	109 176	216 867
吉布提	60	160	160	703	1 247	1 813	1 799	3 055	4 008
几内亚	5 463	6 997	9 637	12 932	13 641	16 843	23 467	33 858	41 907
几内亚（比绍）	—	—	—	2 700	2 700	2 700	2 700	2 700	6 682
加纳	809	4 187	5 802	18 504	20 200	27 015	50 527	83 484	105 669
加蓬	5 128	5 559	8 814	10 005	12 534	12 710	12 847	16 848	18 041
津巴布韦	4 615	5 915	6 001	9 975	13 454	57 644	87 467	152 083	169 558
喀麦隆	1 646	1 851	2 034	2 505	5 961	6 154	7 950	14 840	17 784

科摩罗	405	405	405	405	404	404	454	454	454
科特迪瓦	2 504	2 818	2 116	3 765	3 299	3 467	4 004	3 500	6 429
肯尼亚	4 623	5 513	78 636	12 036	22 158	30 883	40 273	63 590	85 371
莱索托	760	760	822	832	888	891	913	913	1 107
利比里亚	2 951	2 978	3 736	5 639	8 167	11 474	15 437	19 610	22 965
利比亚	2 857	7 083	8 158	4 269	3 219	6 778	6 519	10 882	10 984
卢旺达 *	771	730	2 018	2 880	4 163	5 852	6 354	7 333	11 072
马达加斯加	5 434	7 601	14 652	19 622	22 987	25 363	27 455	28 610	35 261
马拉维 *	96	116	659	1 454	3 240	3 007	4 930	25 382	25 762
马里 *	1 983	3 222	3 095	4 472	4 777	16 006	21 143	31 667	34 286
毛里求斯	5 116	11 590	23 007	24 284	28 329	60 594	70 080	84 959	57 971
毛里塔尼亚 *	2 012	1 514	2 476	3 129	4 588	7 471	10 615	10 828	10 095
摩洛哥	2 701	2 965	2 806	4 878	5 585	8 948	9 522	10 296	11 444
莫桑比克	1 468	3 424	4 300	7 496	7 524	9 807	33 691	50 809	65 386
纳米比亚 *	643	724	1 995	4 618	4 711	6 021	9 453	34 945	98 184
南非 *	16 762	70 237	304 862	230 686	415 298	405 973	477 507	440 040	595 402
南苏丹	—	—	—	—	—	5	1 090	2 647	1 926
尼日尔	3 299	13 453	13 650	18 420	37 936	42 957	12 533	24 187	19 808
尼日利亚 *	21 594	63 032	79 591	102 596	121 085	141 561	194 987	214 607	232 301
塞拉利昂	1 489	3 228	4 370	5 123	4 148	5 223	5 771	10 836	14 774
塞内加尔 *	415	439	1 061	2 607	4 503	4 520	10 222	8 325	13 001
塞舌尔	646	655	660	700	1 936	2 380	7 719	10 347	11 440
圣多美和普林西比	—	—	—	—	31	31	38	38	38

（续）

国家（地区）	2006年	2007年	2008年	2009年	2010年	2011年	2012年	2013年	2014年
苏丹	49 713	57 485	52 825	56 389	61 336	152 564	123 660	150 704	174 712
坦桑尼亚	11 193	11 092	19 022	28 179	60 751	40 707	54 080	71 646	88 518
突尼斯	391	357	357	227	253	629	569	1 386	1 456
乌干达	1 467	1 868	1 198	5 856	11 368	12 621	14 110	38 376	46 410
赞比亚 *	26 786	42 936	65 133	84 397	94 373	119 984	199 811	216 432	227 199
乍得	1 278	1 353	2 536	7 657	8 000	10 812	19 412	32 126	40 461
中非	398	398	398	1 671	4 654	5 102	5 102	6 038	5 708
欧洲	**226 982**	**445 854**	**513 396**	**867 678**	**1 571 031**	**2 445 003**	**3 697 512**	**5 316 156**	**6 939 987**
阿尔巴尼亚	51	51	51	435	443	443	443	703	703
阿塞拜疆	1 092	1 019	953	1 200	1 238	3 006	3 168	3 834	5 521
爱尔兰	2 530	2 923	10 777	10 682	13 991	15 683	19 377	32 325	24 972
爱沙尼亚	126	126	126	750	750	750	350	350	350
奥地利	32	40	404	155	201	2 454	7 946	7 666	20 170
白俄罗斯	29	29	239	449	2 371	2 907	7 747	11 590	25 752
保加利亚	474	474	474	234	1 860	7 256	12 674	14 985	17 027
比利时	267	3 398	3 330	5 691	10 101	14 050	23 069	31 501	49 347
冰岛	5	5	5	5	—	—	—	—	—
波兰	8 718	9 893	10 993	12 030	14 031	20 125	20 811	25 704	32 935
波黑	351	351	351	592	598	601	607	613	613
丹麦	3 648	3 675	3 808	4 079	4 247	4 913	5 324	8 437	20 815
德国	47 203	84 541	84 550	108 224	150 229	240 144	310 435	397 938	578 550

俄罗斯联邦 *	92 976	142 151	183 828	222 037	278 756	376 364	488 849	758 161	869 463
法国	4 488	12 681	16 713	22 103	24 362	372 389	395 077	444 794	844 488
芬兰	93	94	359	904	2 725	3 100	3 403	4 255	5 899
格鲁吉亚	3 209	4 293	6 586	7 533	13 017	10 935	17 808	33 075	54 564
荷兰	2 043	13 876	23 442	33 587	48 671	66 468	110 792	319 309	419 408
黑山	—	32	32	32	32	32	32	32	32
捷克 *	1 467	1 964	3 243	4 934	5 233	6 683	20 245	20 468	24 269
克罗地亚	75	784	784	810	813	818	863	831	1 187
拉脱维亚	231	57	57	54	54	54	54	54	54
立陶宛	393	393	393	393	393	393	697	1 248	1 248
列支敦士登	—	28	28	36	391	391	391	391	1 240
卢森堡	—	6 702	12 283	248 438	578 675	708 197	897 789	1 042 376	1 566 677
罗马尼亚	6 563	7 288	8 566	9 334	12 495	12 583	16 109	14 513	19 137
马耳他	197	187	481	503	266	337	337	349	542
马其顿共和国 *	20	20	20	20	20	20	26	209	211
摩尔多瓦 *	78	78	78	78	78	78	211	387	387
挪威 *	16	375	385	1 295	14 776	16 659	18 813	477 171	522 350
葡萄牙	20	171	171	502	2 137	3 313	4 039	5 532	6 069
瑞典	2 002	14 693	15 759	11 189	147 912	153 122	240 817	273 771	301 292
瑞士	758	888	891	3 030	5 854	9 194	10 132	29 654	38 766
塞尔维亚	—	200	200	268	484	505	647	1 854	2 971
塞尔维亚和黑山	200	—	—	—	—	—	—	—	—
斯洛伐克 *	10	510	510	936	982	2 578	8 601	8 277	12 779

（续）

国家（地区）	2006 年	2007 年	2008 年	2009 年	2010 年	2011 年	2012 年	2013 年	2014 年
斯洛文尼亚	140	140	140	500	500	500	500	500	500
乌克兰	654	1 351	1 592	2 079	2 229	2 929	3 314	5 198	6 341
西班牙	13 672	14 285	14 501	20 523	24 776	38 931	43 725	31 571	42 453
希腊	35	38	168	168	423	463	598	11 979	12 083
匈牙利	5 365	7 817	8 875	9 741	46 570	47 535	50 741	53 235	55 635
亚美尼亚 *	125	125	125	132	132	132	132	751	751
意大利	7 441	12 713	13 360	19 168	22 380	44 909	57 393	60 775	71 969
英国 *	20 187	95 031	83 766	102 828	135 835	253 058	893 427	1 179 790	1 280 465
拉丁美洲	**1 969 437**	**2 470 091**	**3 224 015**	**3 059 548**	**4 387 564**	**5 517 175**	**6 821 163**	**8 609 593**	**10 611 113**
阿根廷	1 134	15 719	17 336	168 905	21 899	40 525	89 719	165 820	179 152
安提瓜和巴布达	125	125	125	125	125	484	544	630	630
巴巴多斯	201	242	325	600	388	313	395	497	330
巴哈马	1 752	5 651	60	160	160	160	60	60	60
巴拉圭	—	—	478	1 125	3 907	4 465	4 606	4 624	4 791
巴拿马	3 692	5 531	6 738	8 109	23 658	33 078	19 662	47 864	20 493
巴西	13 041	18 955	21 705	36 089	92 365	107 179	144 951	173 358	283 289
玻利维亚 *	2 106	2 303	2 862	5 565	6 485	6 632	15 619	11 892	13 217
伯利兹	2	2	8	8	—	—	—	35	70
多米尼加	—	—	6	12	12	12	112	100	101
多米尼克	70	70	70	70	415	815	815	845	315
厄瓜多尔	3 904	4 918	8 860	10 660	12 958	9 524	40 763	100 879	91 460

哥伦比亚	570	677	1 371	2 050	2 297	5 980	34 615	36 869	54 730
哥斯达黎加	—	—	—	200	208	209	209	326	398
格林纳达	403	753	765	765	1 452	1 454	1 454	1 454	2 367
古巴	5 991	6 649	7 205	8 532	6 898	14 637	13 569	11 134	6 255
圭亚那 *	860	6 860	6 950	14 961	18 317	13 513	15 188	22 518	24 757
洪都拉斯	528	90	—	—	—	—	—	—	—
开曼群岛	1 420 919	1 681 068	2 032 745	1 357 707	1 725 627	2 169 232	3 007 200	4 232 406	4 423 672
秘鲁 *	13 040	13 711	19 434	28 454	65 449	80 224	75 287	86 778	90 798
墨西哥	12 861	15 144	17 308	17 390	15 287	26 388	36 848	40 987	54 121
尼加拉瓜	—	—	—	—	—	—	—	217	318
圣文森特和格林纳丁斯	1 492	2 080	3 249	2 303	3 619	3 620	3 620	3 620	3 900
苏里南	3 221	6 528	6 770	6 880	7 884	7 884	4 561	11 193	9 393
特立尼达和多巴哥	80	80	80	80	80	90	109	386	102 531
委内瑞拉	7 158	14 388	15 596	27 196	41 652	50 100	204 276	236 338	249 323
乌拉圭	163	211	211	715	751	815	1 765	2 593	21 081
牙买加	2	2	216	216	439	3 907	7 493	7 968	18 837
英属维尔京群岛	475 040	662 654	1 047 733	1 506 069	2 324 276	2 926 141	3 085 095	3 390 298	7 932 041
智利	1 084	5 680	5 809	6 602	10 958	9 794	12 628	17 904	19 583
北美洲	**158 702**	**324 089**	**365 978**	**518 470**	**782 926**	**1 347 243**	**2 550 299**	**2 860 974**	**4 795 149**
百慕大群岛 *	20 843	10 584	145	17 594	35 267	75 184	337 250	51 399	215 144
加拿大	14 072	125 452	126 843	167 034	260 260	372 756	505 072	619 619	778 908
美国	123 787	188 053	238 990	333 842	487 399	899 303	1 707 977	2 189 956	3 801 097
大洋洲	**93 948**	**183 040**	**381 600**	**641 895**	**860 729**	**1 200 744**	**1 511 407**	**1 901 712**	**2 586 425**

（续）

国家（地区）	2006 年	2007 年	2008 年	2009 年	2010 年	2011 年	2012 年	2013 年	2014 年
澳大利亚	79 435	144 401	335 529	586 310	786 775	1 104 125	1 387 305	1 744 968	2 388 226
巴布亚新几内亚	6 130	25 811	28 993	31 511	32 326	34 152	36 548	42 230	46 002
斐济 *	1 867	2 242	3 060	3 300	3 943	6 107	17 091	20 841	11 998
基里巴斯	—	—	—	—	—	—	—	82	82
库克群岛	—	—	—	—	—	—	12	29	7
马绍尔群岛共和国	200	3 616	4 416	8 086	7 352	10 737	11 687	11 687	11 687
密克罗尼西亚联邦	116	741	725	725	725	436	777	823	1 162
帕劳共和国	—	50	850	852	902	959	959	959	1 010
萨摩亚	90	78	78	240	10 133	22 979	26 601	18 808	22 308
所罗门群岛	—	—	—	—	—	—	—	—	—
汤加	711	711	711	711	711	711	711	711	721
瓦努阿图 *	273	273	273	775	1 284	1 992	2 331	6 401	6 981
新西兰	5 127	5 117	6 965	9 385	15 911	18 546	27 385	54 173	96 241
大洋洲其他国家地区	—	—	—	—	667	—	—	—	—

注：1.“*”表示该国家（地区）2013 年年末存量数据中包含对以往历史数据进行调整部分。

2. 2006 年末数据为中国非金融类对外直接投资存量数据。

三、中国分地区双向投资统计

（一）外商投资统计

1. 2014 年东部、中部、西部地区外商直接投资情况

2014 年东部、中部、西部地区外商直接投资情况如表 2-8 所示。

表 2-8　2014 年东部、中部、西部地区外商直接投资

（金额单位：亿美元）

地方名称	企业数	比重 %	实际使用外资金额	比重 %
总计	23 794	100	1 285.02	100
东部地区	20 466	86.01	979.22	76.20
中部地区	2 208	9.28	108.61	8.45
西部地区	1 104	4.64	107.79	8.39
有关部门	16	0.07	89.40	6.96

注：有关部门项下包含银行、证券、保险行业吸收外商直接投资数据。

东部地区：北京、天津、河北、辽宁、上海、江苏、浙江、福建、山东、广东、海南。

中部地区：山西、吉林、黑龙江、安徽、江西、河南、湖北、湖南。

西部地区：内蒙古、广西、四川、重庆、贵州、云南、陕西、甘肃、青海、宁夏、新疆、西藏。

数据来源：商务部外资统计。

2. 截至 2014 年东部、中部、西部地区外商直接投资情况

截至 2014 年东部、中部、西部地区外商直接投资情况如表 2-9 所示。

表 2-9　截至 2014 年东部、中部、西部地区外商直接投资

（金额单位：亿美元）

地区名称	企业数	比重	实际使用外资金额	比重
总计	810 011	100	16 053.29	100
东部地区	677 085	83.59	12 932.51	80.56
中部地区	85 571	10.56	1 234.42	7.69
西部地区	47 173	5.82	993.59	6.19
有关部门	182	0.02	892.77	5.56

注：有关部门：包括银行、证券、保险行业吸收外商直接投资数据。

资料来源：商务部外资统计。

（二）对外投资统计

1. 2014 年年末中国对外直接投资企业在全球的地区分布统计表

2014 年年末中国对外直接投资企业在全球的地区分布统计表如表 2-10 所示。

表 2-10　2014 年年末中国对外直接投资企业在全球的地区分布统计表

洲别	国家（地区）总数	中国境外企业覆盖的国家（地区）数量	投资覆盖率（%）	境外企业数量（家）	比重（%）
亚洲	48	46	97.9	14 131	55.6
欧洲	49	42	85.7	3 133	12.3
非洲	60	52	86.7	2 955	11.6
北美洲	4	3	75.0	3 073	12.1
拉丁美洲	48	29	60.4	1 331	5.3
大洋洲	24	12	50.0	790	3.1
合计	**233**	**184**	**79.0**	**25 413**	**100.0**

注：亚洲国家地区数量包括中国，比重计算基数未包括。

2. 2006 ~ 2014 年中国非金融类对外直接投资流量情况（分省市区）

2006 ~ 2014 年中国非金融类对外直接投资流量情况（分省市区）如表 2-11 所示。

3. 2006 ~ 2014 年中国非金融类对外直接投资存量情况（分省市区）

2006 ~ 2014 年中国非金融类对外直接投资存量情况（分省市区）如表 2-12 所示。

表 2-11　2006 ~ 2014 年中国非金融类对外直接投资流量情况　　（单位：万美元）

地区	2006 年	2007 年	2008 年	2009 年	2010 年	2011 年	2012 年	2013 年	2014 年
一、中央合计	**1 523 692**	**1 958 488**	**3 598 284**	**3 819 275**	**4 243 698**	**4 502 314**	**4 352 693**	**5 632 447**	**5 247 617**
二、地方合计	**239 705**	**525 341**	**587 633**	**960 250**	**1 774 542**	**2 356 036**	**3 420 576**	**3 641 489**	**5 472 587**
北京市	5 612	15 295	47 299	45 185	76 614	117 503	168 855	413 010	727 353
天津市	2 808	7 993	8 200	20 992	34 132	40 706	67 495	112 020	414 637
河北省	4 880	5 394	5 363	21 993	53 237	46 363	57 809	92 575	121 865
山西省	1 849	8 347	2 702	33 295	7 926	18 319	30 966	56 483	30 491
内蒙古自治区	2 522	4 235	6 190	15 547	8 042	12 825	51 845	40 880	110 969
辽宁省	9 701	12 833	10 600	75 786	193 566	114 384	276 260	129 499	147 902
其中：大连市	6 748	6 542	4 427	46 384	163 229	74 591	203 087	104 450	57 481
吉林省	2 948	8 322	10 673	29 814	21 340	20 493	29 641	75 240	33 310
黑龙江省	21 796	17 851	22 797	12 131	23 780	23 834	72 405	77 338	65 531
上海市	44 863	52 266	33 714	120 869	158 468	183 802	331 618	267 524	499 225
江苏省	12 403	51 899	49 384	85 061	137 119	225 383	313 050	302 001	406 983
浙江省	21 528	40 346	38 768	70 226	267 915	185 287	236 023	255 276	386 170
其中：宁波市	3 674	5 253	22 515	21 097	39 460	75 573	63 839	84 468	103 663
安徽省	3 412	5 079	6 051	5 782	81 365	53 089	71 043	91 055	38 029
福建省	9 584	36 847	16 169	36 582	53 495	53 028	85 705	95 249	105 064
其中：厦门市	90	19 099	4 159	12 389	22 881	15 276	23 400	26 463	26 523
江西省	48	1 536	2 587	2 265	9 470	18 833	37 316	38 091	73 853
山东省	12 666	18 928	47 478	70 441	189 001	247 339	345 621	426 472	391 590

（续）

地区	2006年	2007年	2008年	2009年	2010年	2011年	2012年	2013年	2014年
其中：青岛市	2 237	4 898	1 547	10 472	46 197	23 466	91 985	102 267	121 749
河南省	763	7 036	13 128	12 075	11 864	28 251	34 117	58 971	54 692
湖北省	286	903	350	4 116	8 061	70 903	49 687	52 011	67 161
湖南省	5 921	14 088	25 446	100 568	27 477	117 628	99 499	56 970	78 449
广东省	62 997	114 101	124 251	92 298	159 977	363 350	528 821	594 288	1 089 671
其中：深圳市	45 288	92 433	76 375	41 447	60 878	113 306	336 833	300 814	598 933
广西壮族自治区	390	2 620	3 844	8 169	18 682	16 714	27 240	8 134	22 864
海南省	343	122	82	6 072	22 179	121 999	32 012	81 731	88 708
重庆市	1 691	8 713	10 448	4 747	36 109	40 125	52 960	34 655	76 676
四川省	2 831	29 120	8 107	10 740	69 097	56 341	59 509	58 447	138 223
贵州省	—	51	25	522	289	2 033	2 025	20 815	8 764
云南省	2 907	13 641	28 467	27 008	51 339	24 845	104 046	83 036	126 195
西藏自治区	—	—	—	—	29	216	2	22	385
陕西省	115	2 058	14 063	22 462	26 055	44 816	60 784	30 789	41 411
甘肃省	2 087	15 364	35 808	1 852	10 179	64 917	138 209	43 182	27 321
青海省	80	110	202	209	138	173	1 280	3 596	1 601
宁夏回族自治区	1 818	569	502	1 509	711	1 295	6 421	8 626	33 883
新疆维吾尔自治区	172	8 535	6 934	18 057	4 776	31 474	43 123	31 579	54 832
新疆生产建设兵团	684	21 139	7 999	3 877	12 111	9 768	5 189	1 742	8 780
合计	**1 763 397**	**2 483 829**	**4 185 917**	**4 779 525**	**6 018 240**	**6 858 350**	**7 773 269**	**9 273 938**	**10 720 204**

表 2-12　2006 ~ 2014 年中国非金融类对外直接投资存量情况　　（单位：万美元）

地区	2006 年	2007 年	2008 年	2009 年	2010 年	2011 年	2012 年	2013 年	2014 年
一、中央合计	**6 162 823**	**7 944 376**	**11 974 085**	**16 014 326**	**20 178 790**	**27 246 046**	**31 142 414**	**37 850 016**	**50 958 051**
二、地方合计	**1 339 732**	**2 174 684**	**2 753 598**	**3 961 809**	**6 016 948**	**8 492 697**	**12 406 307**	**16 490 005**	**23 543 706**
北京市	91 873	159 195	251 019	375 865	480 882	603 380	757 792	1 276 456	2 848 870
天津市	15 900	25 200	32 161	58 116	96 729	138 678	211 513	359 331	923 379
河北省	32 770	38 248	52 415	88 692	137 724	195 470	238 710	349 045	453 094
山西省	18 702	27 200	18 159	53 339	63 654	93 021	106 047	153 865	170 579
内蒙古自治区	8 875	13 984	20 405	40 100	47 055	56 517	122 260	167 880	239 148
辽宁省	27 970	44 395	60 554	149 230	340 696	435 698	695 281	773 117	925 619
其中：大连市	16 344	25 539	34 888	83 094	247 520	296 903	480 316	529 818	589 730
吉林省	10 784	21 554	37 929	70 767	89 958	111 548	145 396	213 924	243 138
黑龙江省	60 171	71 144	99 353	106 235	128 044	172 792	252 993	335 010	402 167
上海市	261 273	302 538	218 611	358 937	609 433	637 473	1 395 106	1 784 361	2 548 479
江苏省	58 871	116 499	172 677	249 872	388 814	570 194	783 185	1 116 311	1 560 997
浙江省	70 268	116 259	154 716	295 923	584 528	718 913	854 864	1 098 848	1 537 359
其中：宁波市	14 934	23 510	46 039	65 048	106 430	187 524	212 067	323 064	451 785
安徽省	10 062	15 351	20 379	27 594	110 842	165 408	237 120	379 559	426 945
福建省	52 371	91 608	113 231	158 800	196 773	244 754	323 701	396 778	487 290
其中：厦门市	5 417	21 242	31 666	38 813	60 443	80 557	99 578	109 623	133 149
江西省	2 022	5 478	9 126	12 905	22 136	39 751	78 934	119 180	201 352
山东省	110 340	161 360	208 025	262 255	495 823	862 620	1 197 009	1 604 738	1 970 097

（续）

地区	2006 年	2007 年	2008 年	2009 年	2010 年	2011 年	2012 年	2013 年	2014 年
其中：青岛市	39 067	69 325	59 636	46 487	123 774	149 036	245 339	322 806	447 530
河南省	8 666	21 703	33 001	57 655	70 689	97 460	144 188	195 352	249 444
湖北省	4 031	4 972	5 600	9 992	17 794	88 351	137 579	173 318	228 305
湖南省	10 329	29 344	67 427	204 782	271 626	329 577	413 331	454 724	551 500
广东省	417 318	724 311	868 514	954 523	1 162 951	1 798 111	2 517 617	3 423 375	4 947 939
其中：深圳市	212 350	400 271	480 619	473 986	615 287	832 918	1 320 198	1 856 799	2 966 948
广西壮族自治区	4 434	9 629	13 780	30 111	52 505	68 701	86 688	106 168	147 792
海南省	1 383	4 342	4 423	11 260	33 566	165 262	332 820	343 423	375 642
重庆市	7 419	16 071	27 674	30 323	65 565	110 572	170 951	193 959	265 660
四川省	14 339	44 322	39 758	53 524	125 352	192 478	224 573	265 593	352 409
贵州省	194	445	1 866	2 229	2 035	4 952	8 746	32 708	34 178
云南省	10 329	26 113	56 996	94 784	155 504	182 914	295 805	386 567	514 204
西藏自治区	160	100	152	152	180	377	1 033	1 227	1 610
陕西省	2 864	5 667	19 299	41 518	69 786	113 806	179 387	200 287	246 511
甘肃省	8 175	24 550	59 291	61 085	71 158	133 950	268 562	315 985	320 403
青海省	283	340	492	751	890	1 304	3 149	9 062	10 132
宁夏回族自治区	2 934	2 645	3 729	3 979	4 672	5 956	11 934	19 624	49 733
新疆维吾尔自治区	8 994	14 212	38 419	51 601	68 983	103 390	145 444	174 951	234 030
新疆生产建设兵团	5 628	35 905	44 416	44 910	50 598	59 319	64 589	65 279	75 701
合计	**7 502 555**	**10 119 060**	**14 727 683**	**19 976 135**	**26 195 738**	**35 738 743**	**43 548 721**	**54 340 021**	**74 501 757**

四、中国分行业双向投资统计

（一）外商投资统计

1. 2014 年外商直接投资行业结构

2014 年外商直接投资行业结构如表 2-13 所示。

表 2-13　2014 年外商直接投资行业结构

（金额单位：万美元）

行业名称	企业数	比重（%）	实际使用外资金额	比重（%）
总计	23 794	100	1 285.02	100
农、林、牧、渔业	719	3.02	15.22	1.18
采矿业	35	0.15	5.62	0.44
制造业	5 178	21.76	399.39	31.08
电力、燃气及水的生产和供应业	208	0.87	22.03	1.71
建筑业	230	0.97	12.39	0.96
交通运输、仓储和邮政业	376	1.58	44.56	3.47
信息传输、计算机服务和软件业	981	4.12	27.55	2.14
批发和零售业	7 978	33.53	94.63	7.36
住宿和餐饮业	567	2.38	6.50	0.51
金融业	986	4.14	131.22	10.21
房地产业	446	1.87	346.26	26.95
租赁和商务服务业	3 963	16.66	124.86	9.72
科学研究、技术服务和地质勘查业	1 611	6.77	32.55	2.53
水利、环境和公共设施管理业	99	0.42	5.73	0.45
居民服务和其他服务业	181	0.76	7.18	0.56
教育	20	0.08	0.21	0.02
卫生、社会保障和社会福利业	22	0.09	0.78	0.06
文化、体育和娱乐业	194	0.82	8.23	0.64

资料来源：商务部外资统计。

2. 截至 2014 年外商直接投资行业结构

截至 2014 年外商直接投资行业结构如表 2-14 所示。

表 2-14　截至 2014 年外商直接投资行业结构

（金额单位：亿美元）

行业名称	企业数	比重（%）	合同外资金额	比重（%）
总计	810 011	100	33 369.51	100
农、林、牧、渔业	23 485	2.90	782.63	2.35
采矿业	2 059	0.25	168.50	0.50
制造业	506 397	62.52	18 092.35	54.22
电力、燃气及水的生产和供应业	3 803	0.47	472.78	1.42
建筑业	13 160	1.62	570.19	1.71
交通运输、仓储和邮政业	10 831	1.34	961.57	2.88
信息传输、计算机服务和软件业	12 994	1.60	600.47	1.80
批发和零售业	86 224	10.64	1 794.12	5.38
住宿和餐饮业	8 114	1.00	226.47	0.68
金融业	2 495	0.31	837.86	2.51
房地产业	52 294	6.46	5 181.38	15.53
租赁和商务服务业	50 993	6.30	2 071.80	6.21
科学研究、技术服务和地质勘查业	17 534	2.16	765.50	2.29
水利、环境和公共设施管理业	1 532	0.19	208.29	0.62
居民服务和其他服务业	12 799	1.58	381.48	1.14
教育	1 758	0.22	34.81	0.10
卫生、社会保障和社会福利业	1 395	0.17	76.88	0.23
文化、体育和娱乐业	2 130	0.26	141.93	0.43

资料来源：商务部外资统计。

（二）对外投资统计

1. 2006 ~ 2014 各年中国对外直接投资流量行业分布情况

2006 ~ 2014 各年中国对外直接投资流量行业分布情况如表 2-15 所示。

2. 2006 ~ 2014 各年年末中国对外直接投资存量行业分布情况

2006 ~ 2014 各年年末中国对外直接投资存量行业分布情况如表 2-16 所示。

表 2-15　2006 ~ 2014 各年中国对外直接投资流量行业分布

（单位：万美元）

	行业分类	2006 年	2007 年	2008 年	2009 年	2010 年	2011 年	2012 年	2013 年	2014 年
A	农、林、牧、渔业	18 504	27 171	17 183	34 279	53 398	79 775	146 138	181 313	203 543
B	采矿业	853 951	406 277	582 351	1 334 309	571 486	1 444 595	1 534 380	2 480 779	1 654 939
C	制造业	90 661	212 650	176 603	224 097	466 417	704 118	866 741	719 715	958 360
D	电力、热力、燃气及水的生产和供应业	11 874	15 138	131 349	46 807	100 643	187 543	193 534	68 043	176 463
E	建筑业	3 323	32 943	73 299	36 022	162 826	164 817	324 536	436 430	339 600
F	批发和零售业	111 391	660 418	651 413	613 575	672 878	1 032 412	1 304 854	1 464 682	1 829 071
G	交通运输、仓储和邮政业	137 639	406 548	265 574	206 752	565 545	256 392	298 814	330 723	417 472
H	住宿和餐饮业	251	955	2 950	7 487	21 820	11 693	13 663	8 216	24 472
I	信息运输、软件和信息技术服务业	4 802	30 384	29 875	27 813	50 612	77 646	124 014	140 088	316 965
J	金融业	352 999	166 780	1 404 800	873 374	862 739	607 050	1 007 084	1 510 532	1 591 782
K	房地产业	38 376	90 852	33 901	93 814	161 308	197 442	201 813	395 251	660 457
L	租赁和商务服务业	452 166	560 734	2 171 723	2 047 378	3 028 070	2 559 726	2 674 080	2 705 617	3 683 059
M	科学研究和技术服务业	28 161	30 390	16 681	77 573	101 886	70 658	147 850	179 221	166 879
N	水利、环境和公共设施管理业	825	271	14 145	434	7 198	25 529	3 357	14 489	55 139
O	居民服务、修理和其他服务业	11 151	7 621	16 536	26 773	32 105	32 863	89 040	112 918	165 175
P	教育	228	892	154	245	200	2 008	10 283	3 566	1 355
Q	卫生和社会工作	18	75	—	191	3 352	639	538	1 703	15 338
R	文化、体育和娱乐业	76	510	2 180	1 976	18 648	10 498	19 634	31 085	51 915
S	公共管理、社会保障和社会组织	—	—	—	—	—	—	—	—	—
	合计	**2 116 396**	**2 650 609**	**5 590 717**	**5 652 899**	**6 881 131**	**7 465 404**	**8 780 353**	**10 784 371**	**12 311 986**

表 2-16　2006 ~ 2014 各年年末中国对外直接投资存量行业分布　　（单位：万美元）

	行业分类	2006 年	2007 年	2008 年	2009 年	2010 年	2011 年	2012 年	2013 年	2014 年
A	农、林、牧、渔业	81 670	120 605	146 762	202 844	261 208	341 664	496 443	717 912	969 179
B	采矿业	1 790 162	1 501 381	2 286 840	4 057 969	4 466 064	6 699 537	7 478 420	10 617 092	12 372 524
C	制造业	752 962	954 425	966 188	1 359 155	1 780 166	2 696 443	3 414 007	4 197 684	5 235 194
D	电力、热力、燃气及水的生产和供应业	44 554	59 539	184 676	225 561	341 068	714 056	899 210	1 119 660	1 504 289
E	建筑业	157 032	163 434	268 070	341 322	617 328	805 110	1 285 604	1 944 574	2 258 325
F	批发和零售业	1 295 520	2 023 288	2 985 866	3 569 499	4 200 645	4 909 363	6 821 188	8 764 768	10 295 680
G	交通运输、仓储和邮政业 *	756 819	1 205 904	1 452 002	1 663 133	2 318 780	2 526 131	2 922 653	3 222 778	3 468 163
H	住宿和餐饮业	6 118	12 067	13 669	24 329	44 986	60 386	76 327	94 743	130 704
I	信息运输、软件和信息技术服务业	144 988	190 089	166 696	196 724	840 624	955 324	481 971	738 440	1 232 599
J	金融业	1 560 537	1 671 991	3 669 388	4 599 403	5 525 321	6 739 329	9 645 337	11 707 983	13 762 485
K	房地产业	201 858	451 386	409 814	534 343	726 642	898 616	958 141	1 542 126	2 464 903
L	租赁和商务服务业	1 946 360	3 051 503	5 458 303	7 294 900	9 724 605	14 229 002	17 569 795	19 573 354	32 244 391
M	科学研究和技术服务业	112 129	152 103	198 189	287 413	396 712	438 838	679 276	866 973	1 087 324
N	水利、环境和公共设施管理业	91 839	92 121	106 289	106 508	113 343	240 196	7 056	34 242	133 365
O	居民服务、修理和其他服务业 *	117 420	129 885	71 468	96 137	322 974	161 558	358 124	768 855	904 271
P	教育	228	1 740	1 749	2 123	2 394	6 657	16 479	20 105	18 464
Q	卫生和社会工作	281	369	369	610	3 616	1 715	4 676	6 484	23 060
R	文化、体育和娱乐业 *	2 614	9 220	10 733	13 565	34 583	54 142	79 351	110 067	159 522
S	公共管理、社会保障和社会组织	—	—	—	—	—	—	—	—	—
	合计	**9 063 091**	**11 791 050**	**18 397 071**	**24 575 538**	**31 721 059**	**42 478 067**	**53 194 058**	**66 047 840**	**88 264 242**

注：带 * 行数据表示 2014 年年末存量中包含对以往历史数据进行调整部分。

第三篇
大事记录篇

2014 年全年重大双向投资大事

2014-1-10　中韩自贸区第九轮谈判在西安举行

1 月 6 日至 10 日，中韩自贸区第九轮谈判在西安举行。本轮谈判中，双方继续进行货物贸易全面出要价谈判，并就服务贸易、投资、原产地规则、海关程序和贸易便利化、知识产权、竞争政策等十几个领域开展了协议文本的谈判。

2014-1-10　国家外汇管理局关于进一步改进和调整资本项目外汇管理政策的通知

为进一步深化资本项目外汇管理改革，推进简政放权，促进贸易投资便利化，国家外汇管理局发布《国家外汇管理局关于进一步改进和调整资本项目外汇管理政策的通知》(汇发 [2014]2 号)。

2014-1-14　第 11 轮中美投资协定谈判在上海举行

1 月 14 日，第 11 轮中美投资协定谈判在中国上海举行，中美双方正式开始文本谈判。本次谈判将为期 2 天。中美投资协定谈判于 2008 年第四次中美战略经济对话上正式启动，迄今已进行了 10 轮谈判。2013 年 7 月 11 日，在第五轮中美战略与经济对话过程中，中方宣布以“准入前国民待遇和负面清单”为基础与美方进行投资协定的实质性谈判，显示了中国进一步深化改革、扩大开放、营造法治化营商环境的决心。

2014-1-16　2014 中外投资促进机构工作会在京举行

1 月 15 日至 16 日，商务部投资促进事务局在北京举办了中外投资促进机构工作会。来自英国、美国、德国、南非、阿根廷等 24 国驻华使节和 26 家国外投资促进机构以及有关国内省市商务主管部门、投资促进机构、开发区和跨国公司的代表近 300 人出席会议。

2014-1-17　中国—东盟泛北部湾经济合作高官会在邕召开

1 月 17 日，中国—东盟泛北部湾经济合作高官会在南宁召开。会议讨论通过了《中国—东盟泛北部湾经济合作路线图（战略框架）》，标志着泛北部湾经济合作向务实开展迈出了关键性一步。来自中国商务部与东盟各国政府部门、亚洲开发银行、东盟秘书处、国内有关省区的官员以及路线图写作组专家、国内有关金融机构代表等约 60 余人出席了会议。

2014-1-23　首轮中欧投资协定谈判启动

中欧投资协定第一轮谈判 21 日在北京开始举行，本轮谈判为期 3 天，中欧将就双边投资协定谈判的安排、谈判可能涉及的议题等内容展开充分磋商。

2014-1-25　《区域全面经济伙伴关系协定》第三轮谈判在马来西亚举行

1 月 20 日至 25 日，《区域全面经济伙伴关系协定》（RCEP）第三轮谈判在马来西亚吉隆坡举行。为实现 2015 年底前完成谈判的目标，16 方在本轮谈判中继续围绕货物贸易、服务贸易和投资领域的技术性议题展开磋商，推动谈判取得积极进展。

2014-2-8　商务部关于印发《境外企业知识产权指南（试行）》的通知

为帮助企业更好地防范海外投资的知识产权风险，及时妥善地解决知识产权纠纷，印发《境外企业知识产权指南（试行）》(以下简称《指南》)。

2014-2-18　上海自贸区启动支付机构跨境人民币支付业务

中国人民银行上海总部 18 日宣布，在中国（上海）自由贸易试验区启动支付机构跨境人民币支付业务，这是金融支持上海自贸区实体经济发展、便利跨境贸易、扩大人民币跨境使用的又一项重要举措。遵循自贸区简政放权的改革思路，人民银行上海总部将对支付机构开展跨境人民币支付业务实行事后备案和负面清单管理。

2014-2-20　国家工商行政管理总局关于修改《中华人民共和国企业法人登记管理条例施行细则》《外商投资合伙企业登记管理规定》《个人独资企业登记管理办法》《个体工商户登记管理办法》等规章的决定

为贯彻实施国务院批准的《注册资本登记制度改革方案》，根据2013年12月28日第十二届全国人民代表大会常务委员会第六次会议通过的修改公司法的决定，国家工商行政管理总局决定对《中华人民共和国企业法人登记管理条例施行细则》、《外商投资合伙企业登记管理规定》、《个人独资企业登记管理办法》、《个体工商户登记管理办法》作出修改。

2014-2-25　中马“两国双园”联合合作理事会第一次会议在京召开

2014年2月25日，中国—马来西亚钦州产业园区和马来西亚－中国关丹产业园区联合合作理事会第一次会议在北京召开，这标志着中马“两国双园”联合协调机制正式建立，双方将高效推动“两国双园”开发建设。

2014-2-26　中国（上海）自由贸易试验区公布首张行政审批目录

近日，上海市行政审批制度改革工作领导小组办公室印发《关于取消和调整中国（上海）自由贸易试验区部分质量技术监督行政审批事项的决定》，决定自3月1日起，在自贸区内取消《中小企业计量检测保证能力评定》审批事项、对《企业标准备案》和《修理计量器具许可证签发》实施行政审批告知承诺，并公布在自贸区实施的11项质量技术监督行政审批事项目录。这成为上海自贸区成立后诞生的首张行政审批目录。

2014-2-27　2014年亚太经合组织第一次高官会在宁波开幕

2014年亚太经合组织（APEC）第一次高官会27日在浙江省宁波市开幕。来自亚太经合组织21个经济体、秘书处、工商咨询理事会，太平洋经济合作理事会，太平洋岛国论坛的300多名代表参加会议。

2014-2-28　中日韩拟召开新一轮自贸区谈判

中日韩自贸区中期会议2月18日在北京召开。日方会后称，中方强烈要求日本开放农产品市场，并对中方的强硬态度感到吃惊。此前，中日韩自贸区谈判已进行3轮会议，取得一定进展，例如三方同意将撤销关税的最长期限调整为20年等。

2014-3-4　第十二轮中美投资协定谈判在华盛顿举行

3月4日，第十二轮中美投资协定谈判在美国华盛顿举行，本轮谈判为期4天。2014年1月，双方在中国上海进行了第十一轮谈判，首次进入文本的实质性谈判。本轮谈判中，双方将继续围绕文本进行磋商和谈判。自2008年以来，中美双方已进行了11轮投资协定谈判。中美投资协定谈判对于加强投资者权益保障、促进双向投资、推动中美经贸关系健康发展具有重要意义。

2014-3-4　中日韩自贸区第四轮谈判在首尔举行

3月4日，中日韩自贸区第四轮谈判在韩国首尔举行。外交部、发展改革委、工业和信息化部、财政部、环保部、农业部、海关总署、质检总局、工商总局派员与会。日本、韩国也均派代表团参加谈判。

2014-3-13　中国—东盟自贸区联委会第五次会议在成都举行

3月11日至13日，中国—东盟自贸区联委会第五次会议在四川成都举行。中国和东盟10国派代表团与会。中方代表团由商务部、工业和信息化部、财政部、农业部、海关总署、质检总局和云南商务厅等部门的代表组成。此轮会议将重点落实中国—东盟领导人会议成果，讨论启动中国—东盟自贸区升级版谈判的各项准备工作，审议相关贸易协议的实施情况，并就原产地规则、经济合作、海关程序与贸易便利化、卫生与植物卫生以及标准、技术法规与合格评定程序等议题展开磋商。

2014-3-17　中韩自贸区第十轮谈判在韩国举行

3月17日，中韩自贸区第十轮谈判在韩国开幕。本轮谈判将持续一周，双方将就货物贸易、服务贸易、投资、原产地规则、贸易救济、技术性贸易壁垒、卫生和植物卫生措施、知识产权等广泛领域开展磋商。

2014-3-18　第三次中印战略经济对话在京举行

2014年3月18日，第三次中印战略经济对话在北京举行。国家发展和改革委员会主任徐绍史与印度计划委员会副主席阿鲁瓦利亚共同主持，并分别致辞，作主旨发言。双方就宏观经济形势、经济体制改革、财金协作、经贸合作等议题，以及加强基础设施、信息技术、节能环保、能源及金融等领域合作充分交换了意见。

2014-3-23　中荷两国元首共同出席中荷经贸合作论坛开幕式

国家主席习近平23日在荷兰同荷兰国王威廉—亚历山大共同出席中荷经贸合作论坛开幕式。

习近平在致辞中指出，中荷务实合作成果丰硕。荷兰已经连续 11 年保持中国在欧盟第二大贸易伙伴地位。目前在荷中资企业和项目近 400 个。深入广泛的经贸合作为推动两国经济社会发展起到了积极作用。

2014-3-23　张高丽出席中国发展高层论坛 2014 年年会开幕式并致辞

3 月 23 日上午，中国发展高层论坛 2014 年年会在北京开幕。中共中央政治局常委、国务院副总理张高丽出席开幕式并致辞。

2014-3-24　第 2 轮中欧投资协定谈判在布鲁塞尔举行

3 月 24 日，第 2 轮中欧投资协定谈判在比利时布鲁塞尔举行，中欧双方将就投资协定的概念性问题进一步交换意见。本轮谈判将为期 2 天。

2014-3-28　中德签署在法兰克福建立人民币清算机制谅解备忘录

3 月 28 日，中德两国中央银行在柏林签署双方关于在德国法兰克福建立人民币清算机制的谅解备忘录。正在德国进行国事访问的中国国家主席习近平和德国总理默克尔见证备忘录的签署。

2014-3-31　中英签署人民币清算安排备忘录

英国央行英格兰银行和中国人民银行 3 月 31 日在伦敦签署在伦敦建立人民币清算安排的合作备忘录。

2014-4-7　2014 中国—东盟文化交流年开幕

2014 中国—东盟文化交流年 4 月 7 日在北京开幕，国务院副总理刘延东与东盟轮值主席国缅甸副总统年吞共同出席。

2014-4-8 《区域全面经济伙伴关系协定》第四轮谈判圆满结束

4 月 8 日，为期 5 天的《区域全面经济伙伴关系协定》(RCEP）第四轮谈判在广西南宁圆满结束。在前三轮谈判基础上，东盟 10 国、中国、澳大利亚、印度、日本、韩国、新西兰等 16 方在本轮谈判中继续就 RCEP 涉及的一系列议题进行了密集磋商，在货物、服务、投资及协议框架等广泛的问题上取得了积极进展。在货物贸易方面，重点讨论了关税、非关税措施、标准技术法规合格评定程序、卫生与植物卫生措施、海关程序与贸易便利化、原产地规则等议题。在服务贸易方面，就谈判范围、市场准入领域等议题充分交换了意见。在投资方面，就投资模式文件和投资章节要素进行了深入探讨。新成立的知识产权、竞争政策和经济技术合作工作组也就相关议题进行了讨论。会议取得了积极进展。

2014-4-8 境外投资项目核准和备案管理办法

为促进和规范境外投资，推进境外投资管理职能转变，4 月 8 日国家发改委发布了《境外投资项目核准和备案管理办法》(国家发展改革委第 9 号)，以加强对企业境外投资的宏观指导和综合服务，便利企业境外投资，加快企业走出去步伐。

2014-4-8 中国首部自贸区仲裁规则在上海颁布

4 月 8 日,《中国（上海）自由贸易试验区仲裁规则》在上海颁布，并将于今年 5 月 1 日起施行。这是中国首部自贸区仲裁规则，标志着上海自贸区的制度创新又取得新突破。

2014-4-10 博鳌亚洲论坛 2014 年年会开幕式

国务院总理李克强 10 日在博鳌亚洲论坛 2014 年年会开幕式上发表主旨演讲。

2014-4-10　国家发展和改革委员会出台境外投资核准和备案便利化措施

据国家发展和改革委员会10日介绍，为便利我国企业境外投资，加快我国企业走出去步伐，发展改革委近日简政放权，明确规定，除涉及敏感国家或地区、敏感行业的项目外，将发展改革委核准境外投资权限统一提高到中方投资10亿美元及以上，中方投资10亿美元以下项目一律实行备案。发展改革委近日发布了《境外投资项目核准和备案管理办法》。

2014-4-15　中国（上海）自贸区外商投资经营增值电信业务试点管理办法出台

工业和信息化部15日发布《中国（上海）自由贸易试验区外商投资经营增值电信业务试点管理办法》，这个管理办法在审批主体上出现突破，将审批权限由工信部下放到上海市通信管理局，并大幅缩短了审批期限。

2014-4-16　商务部、财政部、税务总局、统计局、外汇局关于开展2014年外商投资企业年度经营情况联合申报工作的通知

为进一步转变政府职能，改善投资环境，加强对外商投资事中事后协同监管，做好2014年外商投资企业年度投资经营信息联合申报工作（商资函（2014）175号）。

2014-4-18　关于开展2014年外商投资企业年度经营情况联合申报工作的通知

为进一步转变政府职能、改善投资环境，推进外商投资企业及境外投资者诚信制度建设，在相关部门之间充分实现信息共享，自2014年起在全国开展外商投资企业年度经营状况联合申报工作（以下称联合年报）。

2014-4-18　国家外汇管理局关于印发《跨国公司外汇资金集中运营管理规定（试行）》的通知

为满足跨国公司统筹使用境内外外汇资金需要，服务实体经济，促进贸易投资便利化，支持产业结构转型升级，探索投融资汇兑便利，国家外汇管理局制定了《跨国公司外汇资金集中运营管理规定（试行）》(汇发 [2014]23 号）。

2014-4-23　上海自贸区公布文化市场开放细则

据上海市人民政府网站消息，上海市政府日前公布了《中国（上海）自由贸易试验区文化市场开放项目实施细则》。

2014-4-24　第十八届投洽会聚焦全球开发园区合作

4 月 24 日在北京举行了第十八届中国国际投资贸易投洽会推介活动，作为本次投洽会的重头戏，“2014 国际投资论坛”的主题将围绕世界经济开发区发展与合作展开。

2014-4-29　《中国—瑞士自由贸易协定》将于 7 月 1 日生效

商务部网站 29 日公布，中国和瑞士双方 29 日在京互换了《中国—瑞士自由贸易协定》的生效照会。按照协定生效条款有关规定，《中国—瑞士自由贸易协定》将于 2014 年 7 月 1 日正式生效。

2014-5-4　国务院办公厅关于支持外贸稳定增长的若干意见

2014 年 5 月 4 日，国务院办公厅发布关于支持外贸稳定增长的若干意见（国办发〔2014〕19 号）。《意见》强调，外贸发展不仅对稳增长、保就业至关重要，也有利于促进中国经济与世界经济深度融合。目前我国外贸形势复杂严峻，实现全年预期目标需要付出艰苦努力，必须兼顾当前和长远，采取果断有力措施，支持外贸稳定增长。

2014-5-12 国家外汇管理局发布《跨境担保外汇管理规定》的通知

国家外汇管理局12日宣布，为深化外汇管理体制改革，促进贸易投资便利化，有序推进资本项目可兑换，规范跨境担保项下收支行为，外汇局在广泛征求社会各方意见的基础上，出台了《国家外汇管理局关于发布〈跨境担保外汇管理规定〉的通知》。

2014-5-13 首届中国—俄罗斯博览会新闻发布会在商务部召开

5月13日，首届中国—俄罗斯博览会新闻发布会在商务部召开。黑龙江省副省长孙尧、中国商务部欧亚司司长凌激、俄罗斯驻华商务代表格鲁兹杰夫分别介绍了中国—俄罗斯博览会筹备情况以及中俄经贸关系。

2014-5-14 中日韩投资协定将于5月17日正式生效

5月14日从商务部获悉，中日韩三方日前已各自完成了国内法律程序，中日韩投资协定将于2014年5月17日生效。该协定共包括27条和1个附加议定书，囊括了国际投资协定通常包含的所有重要内容，包括投资定义、适用范围、最惠国待遇、国民待遇、征收、转移、代位、税收、一般例外、争议解决等条款。

2014-5-14 《政府核准投资项目管理办法》正式发布

5月14日，国家发展和改革委员会公布《政府核准投资项目管理办法》，要求对于可能会对公众利益构成重大影响的投资项目，项目核准机关应当采取适当方式征求公众意见；对于特别重大的项目，可以实行专家评议制度。

2014-5-16　商务部部长要求越方改善贸易投资环境

中国商务部部长高虎城16日在青岛亚太经合组织（APEC）贸易部长会议召开之前一天，约见了越南工贸部长武辉煌，就近期越南发生的针对中国投资者和企业的打砸抢烧严重暴力事件表示强烈谴责，并向越方提出了严正交涉，要求越方进一步改善贸易投资环境，管控好有关问题，为双边贸易投资合作创造良好氛围。

2014-5-17　国家发展和改革委员会发布了《外商投资项目核准和备案管理办法》

国家发展和改革委员会发布了《外商投资项目核准和备案管理办法》(以下简称《办法》)，自6月17日起施行。国家发展和改革委员会2004年10月9日发布的《外商投资项目核准暂行管理办法》同时废止。

2014-5-17　2014年亚太经合组织贸易部长会议召开

5月17日，2014年亚太经合组织（APEC）贸易部长会议在青岛召开，APEC 21个经济体贸易部长或代表率团与会。世贸组织（WTO）总干事阿泽维多等出席了会议。

2014-5-19　商务部召开全国商务系统落实国办《关于支持外贸稳定增长的若干意见》专题工作会议

5月19日，商务部在京召开全国商务系统落实国办发《关于支持外贸稳定增长的若干意见》(国办发〔2014〕19号）专题工作会议，国际贸易谈判代表兼副部长钟山对落实工作进行动员和部署。

2014-5-22　中国（上海）自由贸易试验区自由贸易账户制度启动

中国（上海）自由贸易试验区自由贸易账户制度启动。中国人民银行上海总部22日发布《中国（上海）自由贸易试验区分账核算业务实施细则》和《中国（上海）自由贸易试验区分账核算业务风险审慎管理细则》。两项细则的落地，标志着自贸区风险管理账户体系的政策框架已基本成型，为在试验区先行先试资本项目可兑换等金融领域改革提供了工具和载体。

2014-5-22《中国—冰岛自由贸易协定》关税减让将于7月实施

财政部22日发布消息，经国务院关税税则委员会审议，并报国务院批准，《中国—冰岛自由贸易协定》关税减让方案将于2014年7月1日起正式实施。根据该协定关税减让方案，中冰双方将共同对近96%的税目逐步实施零关税。按照2012年双边贸易额测算，中冰双方最终实施零关税产品的贸易额占比分别为96.23%和100%。中方对冰方实施关税减让的商品主要包括冻格陵兰鳙鲽鱼、冻海参、冻黑线鳕鱼等水产品及其他部分农产品和工业品；冰方对中方实施关税减让的产品包括全部工业品和大部分农产品。

2014-5-26　中韩自贸区第十一轮谈判在四川眉山举行

5月26日，中韩自贸区第十一轮谈判在四川省眉山市举行。本轮谈判将持续一周，双方将就货物贸易、服务贸易、投资、原产地规则、贸易救济、技术性贸易壁垒、卫生和植物卫生措施、知识产权等领域开展磋商。中韩自贸区谈判于2012年5月正式启动，现已完成模式阶段谈判。

2014-5-28　中英经贸联委会第11次会议在北京举行

5月28日，商务部部长高虎城与英国商业、创新和技能大臣文斯·坎布尔在北京共同主持召开了中英经贸联委会第 11 次会议。

2014-5-28　商务部开展规范优化外商投资审批试点工作

为深入贯彻党的十八届三中全会关于深化行政审批体制改革的精神，改进外商投资审批管理工作，2014 年 5 月 28 日，商务部发布公告（2014 年第 41 号），决定开展为期 3 个月的规范优化外商投资审批试点工作，试点时间自公告发布之日起至 2014 年 8 月 31 日，除直销以外依法由商务部审批的外商投资企业的设立和变更事项均纳入试点范围。

2014-6-2　中英企业家峰会 6 月 2 日在伦敦拉开帷幕

中英企业家峰会 6 月 2 日在伦敦拉开帷幕，此次峰会以“深化中英经济合作新机遇”为主题。当天来自民生银行、万科集团、总部基地等国内知名企业的企业家与英国政商界人士进行对话和交流，寻求投资机会和合作伙伴。

2014-6-3　国际能源署报告说未来 20 年全球能源投资须达 48 万亿美元

国际能源署 3 日在伦敦发布报告称，到 2035 年，全球能源领域投资要达到 48 万亿美元才能满足世界能源需求。

2014-6-4　我国首个国际贸易“单一窗口”试点项目上线运行

从海关总署了解到，中国出版对外贸易总公司进口的 12 箱上釉瓷砖在上海洋山保税港区国际贸易“单一窗口”单点录入后，同时完成海关和检验检疫申报，这是我国首个国际贸易“单一窗口”试点项目上线试运行后，完成的首票一般贸易进口货物申报。

2014-6-5　中阿合作论坛第六届部长级会议 6 月 5 日在北京召开

中阿合作论坛第六届部长级会议于 5 日在北京召开。来自阿拉伯国家以及阿拉伯国家联盟的代表们将与中方就深化战略合作、促进共同发展进行深入探讨，一同绘制未来十年中阿关系发展的宏伟蓝图。中方提出的“一带一路”新构想，将为双方合作注入新的动力。

2014-6-5　习近平出席中阿合作论坛第六届部长级会议开幕式

中阿合作论坛第六届部长级会议 5 日在人民大会堂开幕。中国国家主席习近平出席开幕式并发表题为《弘扬丝路精神，深化中阿合作》的重要讲话。

2014-6-5　中新召开两国投资促进委员会第四次联席会议

6 月 5 日，中国商务部部长高虎城与新加坡贸工部部长林勋强在新加坡共同主持召开中国—新加坡双方投资促进委员会第四次联席会议。

2014-6-7　中国—斯里兰卡经贸联委会第六次会议在昆明召开

6 月 7 日，商务部副部长高燕与来访的斯里兰卡财政计划部常秘贾亚桑德拉在云南省昆明市共同主持召开中国—斯里兰卡经贸联委会第六次会议。

2014-6-8　中国—中东欧国家经贸促进部长级会议召开

6 月 8 日，中国—中东欧国家经贸促进部长级会议在浙江宁波召开。中国商务部部长高虎城主持会议，中东欧 16 个国家经贸部长或代表率团与会，中国商务部国际贸易谈判代表兼副部长钟山代表中方发言。

2014-6-9　国办印发《关于进一步加强贸易政策合规工作的通知》

6月9日，国务院办公厅印发了《关于进一步加强贸易政策合规工作的通知》(以下简称《通知》)，部署进一步加强贸易政策合规工作，加快构建开放型经济新体制。

2014-6-9　第十三轮中美投资协定谈判在北京举行

6月9日，第13轮中美投资协定谈判在中国北京举行。中美双方将继续就文本进行谈判。本轮谈判为期5天。自2014年第11轮谈判以来，双方已进入文本的实质性谈判。本轮谈判中，双方将就文本的核心问题进行深入磋商。自2008年以来，双方已经进行了12轮谈判。

2014-6-17　商务部关于改进外资审核管理工作的通知

为贯彻落实《国务院关于印发注册资本登记制度改革方案的通知》(国发[2014]7号)和《国务院关于废止和修改部分行政法规的决定》(国务院令第648号)，商务部就部分外商投资管理工作提出改进措施。

2014-6-17　第三轮中欧投资协定谈判在北京举行

中欧双方商定，第三轮中欧投资协定谈判于2014年6月17日在北京举行，谈判为期三天。中欧投资协定谈判于2013年11月21日在第16次中国欧盟领导人会晤期间正式宣布启动。

2014-6-18　李克强出席中英金融论坛并致辞

国务院总理李克强当地时间18日上午在伦敦出席中英金融论坛并致辞。

2014-6-22　国家发展改革委办公厅关于启用全国境外投资项目备案管理网络系统的通知

为进一步提高境外投资项目备案的便利化，我委开发建设了“全国境外投资项目备案管理网络系统”自即日起启动运行。

2014-6-26　中英先进制造业投资促进项目宣布启动

国家发改委国际合作中心、英国驻华大使馆 26 日在北京共同宣布启动中英先进制造业投资促进项目。项目启动会上，来自中国和英国的 24 家企业代表，就中英先进制造业投资合作的前景与展望进行了交流探讨。

2014-6-29　首届中俄博览会在哈尔滨开幕

首届中国—俄罗斯博览会 29 日晚在哈尔滨开幕。中俄博览会的前身是已连续举办 24 届的中国哈尔滨国际经济贸易洽谈会，此次升级后由中国商务部、黑龙江省人民政府、俄罗斯经济发展部、俄罗斯工业和贸易部共同主办。

2014-6-29　中国央行与法卢央行建立人民币清算安排

中国人民银行 29 日宣布，已经与法兰西银行（法国中央银行）、卢森堡中央银行签署了建立人民币清算安排的合作备忘录。

2014-7-1　世贸组织对中国进行第五次贸易政策审议

总部位于日内瓦的世界贸易组织 1 日开始对中国进行第五次贸易政策审议，在 1 日和 3 日两天的审议中，中国代表团将介绍过去两年中方的贸易政策和贸易做法，回答世贸组织其他成员提出的问题。

2014-7-1　中瑞、中冰自贸协定 7 月 1 日正式生效实施

中国—瑞士自贸协定、中国—冰岛自贸协定 7 月 1 日正式生效实施，开启了中国与瑞士、冰岛的双边贸易零关税新纪元，也将助推双边经贸合作迈上新的台阶。

2014-7-3　世贸组织顺利结束对中国第五次贸易政策审议

7 月 3 日，世界贸易组织（以下简称世贸组织）对中国的第五次贸易政策审议在日内瓦顺利结束。此次对中国贸易政策审议各方高度关注，共收到世贸组织成员提出的 1700 多个问题。会上共有 47 个成员代表发言，对中国经贸发展现状及相关政策，中国对世界经济发展的贡献，以及中国对多边贸易体制的影响等进行广泛评论。

2014-7-4　习近平与朴槿惠共同出席中韩经贸合作论坛

国家主席习近平 4 日在首尔与韩国总统朴槿惠共同出席中韩经贸合作论坛。习近平发表题为《携手合作，共创未来》的重要讲话，指出两国经贸合作具有天时、地利、人和，中韩各自发展必将为两国企业家提供更广阔的合作空间，希望双方抓住机遇，不断提高中韩经贸合作水平。

2014-7-4　国家外汇管理局关于在部分地区开展外商投资企业外汇资本金结汇管理方式改革试点有关问题的通知

为进一步深化外汇管理体制改革，更好地满足和便利外商投资企业经营与资金运作需要，国家外汇管理局决定在总结前期部分地区试点经验的基础上，在全国范围内实施外商投资企业外汇资本金结汇管理方式改革。

2014-7-9　第六轮中美战略与经济对话在京开幕

第六轮中美战略与经济对话 9 日在钓鱼台国宾馆开幕。中国国家主席习近平特别代表、国务院副总理汪洋和国务委员杨洁篪同美国总统奥巴马特别代表、国务卿克里和财政部长雅各布·卢共同主持。

2014-7-14　中韩自贸区第十二轮谈判在韩国举行

7月14日，中韩自贸区第十二轮谈判在韩国举行。中国商务部部长助理王受文和韩国通商产业资源部部长助理禹泰熙分别率团谈判。

2014-7-15　习近平在金砖国家领导人第六次会晤上发表讲话

中国国家主席习近平15日在巴西福塔莱萨举行的金砖国家领导人第六次会晤上发表了题为《新起点　新愿景　新动力》的讲话。

2014-7-15　金砖国家开发银行成立总部设上海

中国、巴西、俄罗斯、印度和南非15日在巴西福塔莱萨签署协议，成立金砖国家开发银行，并建立金砖国家应急储备安排。中国国家主席习近平、巴西总统罗塞夫、俄罗斯总统普京、印度总理莫迪和南非总统祖马见证协议签署。根据协议，该银行总部将设在上海。

2014-7-17　中老经贸合作委员会第六次会议在北京召开

7月17日，商务部副部长高燕与来访的老挝副总理宋沙瓦在北京共同主持召开中国—老挝经贸合委会第六次会议。本次会议就双方关注的中老铁路、农产品贸易、跨境合作区建设、规划咨询合作、泛北部湾经济合作及其他重点领域合作坦诚深入地交换了意见，达成一系列共识。

2014-7-17　中国与巴西签署多项金融合作协议

中国和巴西的一些相关机构和企业17日在巴西利亚签署一系列金融和其他领域的合作协议及备忘录，中国国家主席习近平和巴西总统罗塞夫见证了当天的签字仪式。

2014-7-17　商务部召开 2014 年全国进出口工作会议

7 月 17 日，商务部在京召开 2014 年全国进出口工作会议。会议的任务是进一步贯彻落实《国务院办公厅关于支持外贸稳定增长的若干意见》（国办发 [2014]19 号，以下简称 19 号文），分析当前和今后一个时期的外贸形势，部署下半年进出口工作，努力实现全年外贸增长目标。

2014-7-18　商务部、财政部令 2014 年第 2 号《对外劳务合作风险处置备用金管理办法（试行）》

2014-7-18　韩中在 FTA 服务贸易和投资自由化方式等方面达成一致

韩国产业通商资源部 18 日表示，韩中 FTA 第 12 轮谈判 14 ~ 18 日在大邱市举行，在规则与合作领域，谈判取得不少进展，就有关竞争和电子商务领域的协定内容达成一致，还在环境领域、海关程序、经济合作以及政府采购等方面取得进展。在货物贸易领域，韩方提出早日取消制造业关税，并同中方讨论取消关税的时间问题。

2014-7-21　首次中阿经济合作与协调战略对话在阿根廷举行

首次中阿经济合作与协调战略对话会议 19 日在阿根廷首都布宜诺斯艾利斯举行。中阿双方政府高级官员和有关企业代表共 80 余人出席会议，就两国宏观经济形势及政策、双边贸易投资和务实合作等议题进行深入探讨和交流。

2014-7-23　第六轮中美工商领袖和前高官对话在北京落下帷幕

第六轮中美工商领袖和前高官对话 23 日在北京落下帷幕并发表联合

声明，呼吁两国政府和商业团体采取切实措施，尽快达成双边投资协定。

2014-7-25 公布《中国（上海）自由贸易试验区条例》全文

《中国（上海）自由贸易试验区条例》已由上海市第十四届人民代表大会常务委员会第十四次会议于2014年7月25日通过，现予公布，自2014年8月1日起施行。

2014-7-25 国家卫生和计划生育委员会、商务部关于开展设立外资独资医院试点工作的通知

为推进健康服务业发展，更好地满足人民群众医疗服务需求，根据《中共中央关于全面深化改革若干重大问题的决定》和《国务院关于促进健康服务业发展的若干意见》（国发〔2013〕40号）精神，决定在北京等7省（市）开展设立外资独资医院试点工作。

2014-7-27 “2014首届丝绸之路经济带国际论坛暨环球企业领袖西部（喀什）圆桌会”即将召开

2014年7月27日由环球时报社、商务部投资促进事务局、喀什经济开发区管委会主办的“首届丝绸之路经济带国际论坛暨环球企业领袖西部（喀什）圆桌会”在新疆喀什召开。

2014-7-28 人民币清算系统在澳大利亚推出

由中国银行与澳大利亚证券交易所共同开发的人民币清算系统28日在澳大利亚推出。

2014-7-29 第十四轮中美投资协定谈判在美国华盛顿举行

7月29日，第14轮中美投资协定谈判在美国华盛顿举行。本轮谈判为期5天，双方将继续就文本进行谈判。中美投资协定谈判对于加强投资者权益保护、促进双向投资、推动中美经贸关系健康发展具有重要意义。

2014-8-4　中国外汇局开展外企资本金结汇管理方式改革

国家外汇管理局4日发布通知称，外汇局决定在部分地区开展外商投资企业资本金结汇管理方式改革试点，以进一步深化外汇管理体制改革，更好地满足和便利外商投资企业经营与资金运作需要。

2014-8-8　我国将在上海自贸区开展通关无纸化应用试点

商务部网站8日发布消息称，为进一步深化通关作业无纸化改革，积极推进中国（上海）自由贸易试验区建设和发展，海关总署、商务部决定自2014年8月11日起，对在自贸试验区进口属于自动进口许可管理的有关货物开展通关无纸化应用试点。

2014-8-18　伊赛克湖经济论坛共商丝绸之路经济带建设

2014年伊赛克湖经济论坛18日在吉尔吉斯斯坦旅游胜地伊赛克湖举行，来自5个国家的200余名代表共商建设丝绸之路经济带。

2014-8-19　孟建柱出席中国—乌兹别克斯坦经贸合作论坛

中国—乌兹别克斯坦经贸合作论坛19日在京举行。中共中央政治局委员、中央政法委书记、中乌政府间合作委员会中方主席孟建柱与乌兹别克斯坦第一副总理、中乌政府间合作委员会乌方主席阿齐莫夫共同出席论坛开幕式并致辞。

2014-8-25　中国人民银行与斯里兰卡央行签署代理投资协议

8月25日，中国人民银行行长周小川与斯里兰卡央行（the Central

Bank of Sri Lanka）行长卡布拉尔（Ajith Nivard Cabraal）在北京签署了《中国人民银行代理斯里兰卡央行投资中国银行间债券市场的代理投资协议》。此协议的签署将有利于扩大两国金融合作。

2014-8-27 两岸自贸区合作论坛开幕

据台湾《联合报》报道，台湾海基会副董事长马绍章 26 日在第一届两岸自由经贸区合作论坛开幕致辞中表示，两岸自由经贸区合作，可为两岸经济发展合作带来新面貌。

2014-8-26 中国银行在法兰克福正式启动人民币清算行服务

中国银行 26 日在德国法兰克福举行法兰克福人民币清算行启动仪式，来自德国央行、中德两国监管机构、德国黑森州政府、德国金融机构和相关企业的逾 120 名代表出席启动仪式。

2014-9-1 中日韩自贸区第五轮谈判在北京举行

9 月 1 日，中日韩自贸区第五轮谈判在北京举行。中方由商务部部长助理王受文率团出席，日、韩两方则分别由日本外务省副部级审议官长岭安政和韩国通商产业资源部部长助理禹泰熙率团与会。

2014-9-2 第四届中国—亚欧博览会开幕，汪洋出席开幕式并致辞

国务院副总理汪洋 1 日在乌鲁木齐出席第四届中国—亚欧博览会开幕式暨中国—亚欧经济发展合作论坛并致辞。

2014-9-4 第四届两岸产业合作论坛举行

第四届两岸产业合作论坛 3 日起在台中举行两天。此次会议以“两岸产业合作之突破与创新—厚植共同利益，促进协调发展”为主题，吸

引了两岸经济合作委员会产业合作工作小组的双方大批专家参加。

2014-9-5　中日韩自贸区第五轮谈判在北京闭幕

中日韩自贸区第五轮谈判5日在北京闭幕。三方就货物贸易降税模式、服务贸易和投资开放方式及协定范围与领域等议题展开了富有成效的磋商。

2014-9-6　商务部出台新修订的《境外投资管理办法》

为贯彻落实党的十八届三中全会决定和国务院关于减少行政审批、加大简政放权力度精神，确立企业对外投资主体地位，提高境外投资便利化水平，在广泛征求各界意见的基础上，9月6日，商务部发布了新修订的《境外投资管理办法》(商务部令2014年第3号，以下简称《办法》)，进一步确立企业对外投资主体地位，提高境外投资便利化水平。

2014-9-8　2014国际投资论坛在厦门举行

2014年9月8日，由中华人民共和国商务部、中国中央电视台主办，福建省人民政府、厦门市人民政府协办、商务部投资促进事务局承办的“2014国际投资论坛”在厦门拉开帷幕。中央政治局委员、国务院副总理汪洋出席了今天上午的主旨论坛，并发表了主旨演讲。

2014-9-8　第18届投洽会在厦门开幕

国务院副总理汪洋8日在厦门出席第18届中国国际投资贸易洽谈会和2014国际投资论坛并发表主旨演讲。

2014-9-9　中澳自贸协定第21轮谈判在北京举行

9月1日至5日，中澳自贸协定第21轮谈判在北京举行。商务部部长助理王受文和澳大利亚外交贸易部副秘书长简•亚当斯分别率中澳双方代表团参加了谈判。

2014-9-9 “中国省与美国得州贸易投资合作联合工作组”正式成立

9月9日，由中国对外承包工程商会和美国得克萨斯州州政府共同举办的“投资得州论坛”在北京举行，中美双方政府、商协会和企业代表参加活动。商务部部长助理张向晨与得州州长佩里在论坛上分别致辞，并共同签署了《中国省与美国得克萨斯州合作备忘录》，宣布成立“中国省与美国得州贸易投资合作联合工作组”。

2014-9-9 联合国工发组织在厦发布最新《非洲投资报告》

9月9日，在厦门举办的第18届中国国际投资贸易洽谈会边会上，联合国工业发展组织发布了最新的2013年度的《非洲投资报告》。

2014-9-11 李克强出席第八届夏季达沃斯论坛开幕式并发表致辞

国务院总理李克强10日下午在天津梅江会展中心出席第八届夏季达沃斯论坛开幕式，并发表特别致辞。

2014-9-16 第11届中国—东盟博览会在广西南宁开幕

9月16日上午，第11届中国—盟博览会、中国—东盟商务与投资峰会在广西南宁国际会展中心开幕。中共中央政治局常委、国务院副总理张高丽出席开幕式并发表主旨演讲。

2014-9-16 中斯两国央行签署双边本币互换协议

中国人民银行16日宣布与斯里兰卡中央银行签署了规模为100亿

元人民币 / 2250 亿卢比的双边本币互换协议。半个多月前，中国人民银行与斯里兰卡央行还签署了《中国人民银行代理斯里兰卡央行投资中国银行间债券市场的代理投资协议》。

2014-9-17　上海自贸试验区两项新政将于 10 月 1 日起实施

上海市政府法制办 17 日表示，根据今年 8 月 1 日起实施的《中国（上海）自由贸易试验区条例》有关规定，《中国（上海）自由贸易试验区相对集中行政复议权实施办法》和《中国（上海）自由贸易试验区管理委员会行政规范性文件法律审查规则》将于今年 10 月 1 日起正式施行。

2014-9-17　中国与斯里兰卡正式启动自贸区谈判

中国与斯里兰卡正式启动双边自贸区谈判，双方同意加快谈判进程，争取尽快结束谈判，以使两国企业和民众早日受益。

2014-9-21　二十国集团财长和央行行长会在澳大利亚举行

9 月 20 日至 21 日，二十国集团（G20）财长和央行行长会议在澳大利亚凯恩斯举行。会议主要讨论了当前全球经济形势、G20 全面增长战略、长期投资、金融监管改革以及国际税收合作等议题，并发表了联合公报。中国人民银行行长周小川和财政部部长楼继伟率中国代表团参加了会议。

2014-9-22　第十五轮中美投资协定谈判在北京举行

2014 年 9 月 22 日，第 15 轮中美投资协定谈判在北京举行。中美双方将继续就文本进行谈判。本轮谈判为期 5 天，双方将继续就文本的核心问题进行深入磋商。

2014-9-22　中韩第十三轮自贸区谈判在京举行

中韩自贸区第十三轮谈判在北京举行，谈判主要涉及货物贸易、服务贸易、投资、原产地规则、知识产权、技术性贸易壁垒、卫生和植物卫生措施、经济合作、贸易救济等领域。

2014-9-24　中国—东盟自贸区首轮升级谈判在越南河内举行

中国—东盟自贸区联委会第六次会议暨中国—东盟自贸区首轮升级谈判在越南河内举行。

2014-9-24　第六届中国国际服务外包交易博览会新闻发布会在杭州召开

9 月 24 日下午，由商务部、教育部、科技部、工信部、浙江省人民政府共同主办，中国国际投资促进会、杭州市人民政府、浙江省商务厅联合承办的第六届中国国际服务外包交易博览会新闻发布会在杭州世贸君澜大饭店召开。

2014-9-26　商务部、国家统计局联合修订《国际服务贸易统计制度》

9 月 26 日，商务部、国家统计局发布了新修订的《国际服务贸易统计制度》。此次修订是结合近两年我国服务贸易发展的实际情况和特点，对 2012 年 8 月印发的《国际服务贸易统计制度》进行的修订，以建立符合国际规范的服务贸易统计体系，科学、有效地开展服务贸易统计工作，促进服务贸易的健康发展。

2014-9-30　海关总署令第 224 号《海关总署关于修改〈中华人民共和国海关《中华人民共和国与智利共和国政府自由贸易协定》项下进口货物原产地管理办法〉的决定》

2014-9-30　国家税务总局关于居民企业报告境外投资和所得信息有关问题的公告

为规范居民企业境外投资和所得信息报告的内容和方式，根据《中华人民共和国税收征收管理法》及其实施细则、《中华人民共和国企业所得税法》及其实施条例等有关规定，现就居民企业报告境外投资和所得信息有关问题公告。

2014-10-10　李克强出席第七届中德经济技术合作论坛并发表演讲

国务院总理李克强当地时间10日下午在柏林与德国总理默克尔共同出席第七届中德经济技术合作论坛并发表题为《在开放中再续合作黄金季》的演讲。

2014-10-10　中国国际投资促进中心（德国）揭牌仪式成功举办

10月10日上午，中国国际投资促进中心（德国）揭牌启动仪式在德国首都柏林举行。商务部高虎城部长和德国副总理兼经济技术部部长加布里尔共同为中德两国政府领导人关注的双向投资促进平台——中国国际投资促进中心（德国）揭牌，这标志着中国国家级投资促进平台在德国正式投入运营。

2014-10-11　第九届中俄经济工商界高峰论坛在索契举行

第九届中俄经济工商界高峰论坛11日在俄罗斯索契举行，国务院副总理汪洋与俄罗斯副总理罗戈津共同出席开幕式并发表演讲。

2014-10-11　李克强出席中欧论坛汉堡峰会第六届会议并发表主旨演讲

国务院总理李克强当地时间11日中午在汉堡出席中欧论坛汉堡峰

会第六届会议并发表题为《树立互利共赢的新标杆》的主旨演讲。

2014-10-16　李克强与意总理出席第五届中意创新合作周大会并致辞

国务院总理李克强当地时间16日上午在米兰与意大利总理伦齐共同出席第五届中意创新合作周大会并致辞。

2014-10-21　第28届中欧经贸混委会在布鲁塞尔举行

10月18日，第28届中国—欧盟经贸混委会在布鲁塞尔举行。中国商务部长高虎城与欧盟委员会贸易委员德古赫特共同主持会议。

2014-10-25　中国和新加坡第三个政府间合作项目部级联委会首次会议在京举行

10月25日，中新第三个政府间合作项目部级联合委员会第一次会议在京举行。中国商务部长高虎城与新加坡家庭和社会发展部长陈振声共同主持会议。会议就项目指导原则、主题、选址标准和下一步工作等议题达成了一致，合作取得了阶段性进展。

2014-10-30　第二届中荷企业商务峰会在京举行

以“促进中荷双边投资及经贸合作”为主题的第二届中荷企业商务峰会30日在北京举行。与会的80余家中国知名企业和50家荷兰龙头企业的300多名代表围绕环境保护、食品安全以及城市可持续发展等多个议题展开讨论，寻求合作。

2014-10-31　国务院关于发布政府核准的投资项目目录（2014年本）的通知

为进一步深化投资体制改革和行政审批制度改革，加大简政放权力度，切实转变政府投资管理职能，使市场在资源配置中起决定性作用，确立企业投资主体地位，更好发挥政府作用，加强和改进宏观调控，现发布《政府核准的投资项目目录（2014 年本）》。

2014-11-3　东盟加三区域 9 国银行签署金融合作协议

为迎接东盟经济共同体的建成、提高东盟加三区域金融服务水平，包括泰国开泰银行、中国民生银行和中国平安银行在内来自东盟加三区域 9 个国家共 36 家银行，3 日在泰国曼谷签署合作协议《曼谷宣言：东盟加三银行业倡议》，将共同开发培训课程、培养人才、交换信息与经验，进而达成金融业务合作，共同开发和提供金融产品和服务。

2014-11-8　第三届中国沿边开放高层论坛在河口成功举办

11 月 8 日，第三届中国沿边地区开放发展高层论坛暨哈尼梯田文化学术研讨会在云南省红河州河口县成功举办。

2014-11-8　2014 中越（河口）边境经济贸易交易会开幕

2014 年 11 月 8 日，第十四届中越（河口）边境经济贸易交易会在红河哈尼族彝族自治州河口瑶族自治县中国—东盟河口国际贸易中心开幕，240 余家国内外企业参展。

2014-11-9　习近平出席亚太经合组织工商领导人峰会开幕式并发表主旨演讲

2014 年亚太经合组织工商领导人峰会 9 日在北京国家会议中心举行，国家主席习近平出席开幕式并发表题为《谋求持久发展共筑亚太梦想》的主旨演讲。

2014-11-10　习近平：积极推进亚太贸易投资自由化便利化

国家主席习近平 10 日在北京出席亚太经合组织领导人同工商咨询理事会代表对话会。

2014-11-13　2014 中韩 CEO 论坛在青岛举办

11 月 12 ~ 13 日，由山东省商务厅、青岛市政府与韩国全国经济人联合会联合主办的“2014 中韩 CEO 论坛”在青岛西海岸新区隆重举行，来自中韩两国近 200 家大型企业和部分政策学术研究机构的专家学者出席了大会。此次论坛是在中韩两国元首 11 月 10 日共同宣布中韩自贸区结束实质性谈判后，第一时间举行的中韩企业合作专题论坛。

2014-11-14　国际开发机构支持二十国集团基建投资倡议

在二十国集团布里斯班领导人峰会前夕，多家开发机构共同表示支持二十国集团推动基础设施投资的努力。非洲开发银行、亚洲开发银行、欧洲复兴开发银行、欧洲投资银行、美洲开发银行、伊斯兰开发银行、世界银行和国际货币基金组织的机构负责人 12 日发表声明说，欢迎二十国集团提出的全球基础设施倡议，也准备好为二十国集团的基础设施投资提供经验和技术。

2014-11-14　李克强出席东亚合作领导人系列会议

国务院总理李克强于 11 月 12 日至 14 日赴缅甸内比都出席东亚合作领导人系列会议，并对缅甸进行正式访问。外交部 11 月 6 日表示，李克强此次访问将推进中国—东盟共建 21 世纪海上丝绸之路，进一步推进落实“2+7 合作框架”。

2014-11-15　中国确定 2015 年为“丝绸之路旅游年”

为落实共建“丝绸之路经济带”和“21 世纪海上丝绸之路”战略

构想，国家旅游局将 2015 年国家旅游年主题确定为“美丽中国—丝绸之路旅游年”。

2014-11-15　商务部令 2014 年第 5 号《对外援助管理办法（试行）》

《对外援助管理办法（试行）》已经 2014 年 10 月 21 日商务部第 30 次部务会议审议通过，现予发布，自 2014 年 12 月 15 日起施行。

2014-11-16　第十五届西博会促成逾 8000 亿元投资项目签约

由国家 16 部委和西部省区市共同主办的第十五届中国西部国际博览会，于 3 日落下帷幕，共促成签约投资项目 1067 个，投资签约额 8050.9 亿元，实现贸易成交 1210 亿元。这是记者从 3 日下午举行的西博会新闻发布会上了解到的。

2014-11-16　二十国集团（G20）领导人峰会在澳大利亚海港城市布里斯班举行

11 月 15 至 16 日，二十国集团（G20）领导人峰会在澳大利亚海港城市布里斯班举行，国家主席习近平出席峰会。本届 G20 峰会的 3 个主题为：促进私营企业成长，增加全球经济抗冲击性和巩固全球体系。

2014-11-16　二十国集团领导人发表布里斯班峰会公报

二十国集团（G20）16 日结束在此间举行的第九次领导人峰会并发表公报。公报指出，促进全球经济增长、改善民生和就业仍然是当前的首要任务。

2014-11-17　上海印发《中国（上海）自由贸易试验区大宗商品现货市场交易管理规定》的通知

为进一步加快推进中国（上海）自由贸易试验区面向国际的大宗

商品现货市场建设，健全联合管理制度，规范交易活动，加强事中事后监管，保护交易各方合法权益，促进大宗商品现货市场健康发展，根据《中国（上海）自由贸易试验区总体方案》(国发〔2013〕38号）以及《商品现货市场交易特别规定（试行)》(商务部、中国人民银行、证券监督管理委员会令2013第3号)，市商务委会同市金融办、自贸试验区管委会制定了《中国（上海）自由贸易试验区大宗商品现货市场交易管理规定》。

2014-11-17　中国海外投资的首个风电项目并网发电

中国国电集团公司下属龙源电力集团股份有限公司17日宣布，公司在加拿大安大略省投资的德芙琳风电项目并网发电。这是中国发电企业在海外投资的第一个风电项目，并首次实现了自主开发、自主建设、自主运营。

2014-11-17　中澳双方宣布实质性结束长达九年的自由贸易协定谈判

中国国家主席习近平与澳大利亚总理阿博特17日在堪培拉举行会谈，双方宣布实质性结束长达九年的自由贸易协定谈判。这是继中韩自贸协定后，中国与亚太地区重要经济体结束的另一个全面、高水平的自由贸易协定谈判。

2014-11-18　习近平和阿博特共同出席中澳工商界首席执行官圆桌会

国家主席习近平17日在堪培拉和澳大利亚总理阿博特共同出席第四届中澳工商界首席执行官圆桌会。

2014-11-18　国务院发布2014投资目录

国家发展和改革委员会秘书长李朴民18日在发改委例行发布会上

指出，发改委会同有关部门修订形成《政府核准的投资项目目录（2014年本）》。报经国务院批准后，国务院以国发 [2014]53 号文正式印发。

2014-11-20　第十六轮中美投资协定谈判在美国华盛顿举行

2014 年 11 月 17 日，第 16 轮中美投资协定谈判在美国华盛顿举行。本轮谈判为期 5 天，双方将继续就文本进行谈判。

2014-11-28　中国—斯里兰卡自贸区第二轮谈判在北京举行

2014 年 11 月 26 日至 28 日，中国—斯里兰卡自贸区第二轮谈判在北京举行。双方就货物贸易、服务贸易、投资、经济技术合作、原产地规则、海关程序和贸易便利化、技术性贸易壁垒和卫生与植物卫生措施、贸易救济、争端解决等议题充分交换了意见，谈判取得积极进展。

2014-11-28　丝绸之路经济带沿线区域将共建中欧物流枢纽

丝绸之路经济带中欧物流枢纽建设国际交流会 28 日在河南郑州举办。全体代表签署宣言，将共同致力于构建丝绸之路经济带陆上贸易走廊合作机制，推进沿线物流和贸易便利化，把郑州建设为中欧物流通道枢纽。

2014-11-28　海关总署公告 2014 年第 85 号关于调整进口环节消费税政策的公告

2014-12-2　商务部、民政部发布公告鼓励外国投资者在华设立营利性养老机构

为推动我国养老服务业健康发展，推进社会服务业对外开放，商务部、民政部日前发布公告，鼓励外国投资者在华设立营利性养老机构从事养老服务。

2014-12-3　中国银行在巴黎正式启动人民币清算行服务

中国银行3日在巴黎举行人民币清算行服务启动仪式。来自法国政府、法国央行、中国驻法国大使馆以及法国金融界的200多名人士出席启动仪式。

2014-12-4　中摩共建“丝绸之路经济带”

12月4日，中国—摩尔多瓦政府间经贸合作委员会第七次会议在北京举行。商务部国际贸易谈判代表兼副部长钟山与摩尔多瓦经济部副部长、委员会摩方主席卡尔梅克签署了《中华人民共和国政府和摩尔多瓦共和国政府经济技术合作协定》《关于在中摩政府间经贸合作委员会框架内加强共建“丝绸之路经济带”合作的备忘录》。摩尔多瓦成为欧亚地区首个与中国签署共建“丝绸之路经济带”合作文件的国家。

2014-12-4　马投资发展局与中国银行签署合作备忘录

据新华网12月4日报道，马来西亚投资发展局和马来西亚中国银行日前在北京签署合作备忘录，推动两国对等投资与双边贸易。

2014-12-10　第二十五届中美商贸联委会会议将举行

外交部发言人洪磊10日宣布，经中美双方商定，第二十五届中美商贸联委会会议将于16日至18日在美国芝加哥举行。国务院副总理汪洋将与美国商务部长普里茨克、贸易代表弗罗曼共同主持会议。

2014-12-11　第十七轮中美投资协定谈判在京举行

2014年12月11日，第17轮中美投资协定谈判在中国北京举行。

本轮谈判为期 5 天，双方将继续就文本的核心问题进行深入磋商。

2014-12-13　首届东盟发展论坛在港举行　探讨中国—东盟合作发展之路

由新华社亚太总分社主办的首届东盟发展论坛 13 日在香港举行。来自中国内地的有关专家学者、香港工商界代表，以及东盟十国的政府官员、专家学者和工商界人士等出席论坛。

2014-12-16　李克强出席中国—中东欧国家第四届经贸论坛并致辞

国务院总理李克强当地时间 12 月 16 日下午在贝尔格莱德与中东欧国家领导人共同出席中国—中东欧国家第四届经贸论坛开幕式并致辞。

2014-12-16　中马经贸联委会第一次会议在北京举行

2014 年 12 月 16 日，商务部高燕副部长与马尔代夫经济发展部长萨伊德在北京共同主持召开了中马（尔代夫）经贸联委会第一次会议。

2014-12-16　中马签署共建“21 世纪海上丝绸之路”谅解备忘录

商务部副部长高燕与马尔代夫经济发展部长萨伊德 16 日在京共同主持召开了中马（尔代夫）经贸联委会第一次会议。会后，双方签署了《中华人民共和国商务部和马尔代夫共和国经济发展部关于在中马经贸联委会框架下共同推进“21 世纪海上丝绸之路”建设的谅解备忘录》。

2014-12-17　中尼签署共建“丝绸之路经济带”谅解备忘录

商务部副部长高燕与尼泊尔财政部秘书沙尔马 17 日在京共同主持召开了中尼（泊尔）经贸联委会第 11 次会议。会后，高燕与沙尔马签署了《中华人民共和国商务部和尼泊尔政府财政部关于在中尼经贸联委会框架下共同推进“丝绸之路经济带”建设的谅解备忘录》。

2014-12-17　签署 30 多项合作协议　两岸企业家峰会在台北闭幕

为期两天的 2014 两岸企业家峰会达成多项重要共识、签署 30 多项合作协议，12 月 16 日下午在台北闭幕。

2014-12-17　汪洋在中美商业关系论坛发表主旨演讲

12 月 17 日，在美国芝加哥出席第二十五届中美商贸联委会的中国国务院副总理汪洋出席中美商业关系论坛，发表题为《中美经济伙伴之路越走越宽广》的主旨演讲。

2014-12-20　李克强出席大湄公河次区域经济合作第五次领导人会议

国务院总理李克强当地时间 20 日上午在曼谷出席大湄公河次区域经济合作第五次领导人会议开幕式。

2014-12-22　中国商务部与白俄罗斯经济部在京签署共建丝绸之路经济带合作文件

12 月 22 日，商务部国际贸易谈判代表兼副部长钟山与白俄罗斯经济部长斯诺普科夫在北京签署了《中国商务部和白俄罗斯经济部关于共建“丝绸之路经济带”合作议定书》。

2014-12-22　中国商务部与白俄罗斯经济部在京签署共建丝绸之路经济带合作文件

12 月 22 日，商务部国际贸易谈判代表兼副部长钟山与白俄罗斯经济部长斯诺普科夫在北京签署了《中国商务部和白俄罗斯经济部关于共建“丝绸之路经济带”合作议定书》。

2014-12-23　汪洋出席中美投资圆桌会

当地时间12月17日，正在美国芝加哥出席第二十五届中美商贸联委会的国务院副总理汪洋与美国商务部长普里茨克、贸易代表弗罗曼共同出席中美投资圆桌会，与中美企业家代表就推进两国投资合作进行深入交流。

2014-12-26　商务部公布第25届中美商贸联委会联合成果清单

商务部26日公布了第25届中美商贸联委会联合成果清单，内容涉及出口管制、医药准入、飞机适航拓展、农业创新对话、服务贸易等30多项。

2014-12-26　内地首笔境外投资基金业务在天津完成

国家外汇局塘沽中心支局近日为注册在天津滨海新区的一家企业成功办理了内地首笔境外投资基金试点企业对外投资登记业务。

2014-12-26　国家外汇管理局关于境外上市外汇管理有关问题的通知

为规范和完善境外上市外汇管理，根据《中华人民共和国外汇管理条例》等相关法规，发布国家外汇管理局关于境外上市外汇管理有关问题的通知。

2014-12-27　关于修改《境外投资项目核准和备案管理办法》和《外商投资项目核准和备案管理办法》有关条款的决定

根据国务院发布的《政府核准的投资项目目录》，特制定《国家发展改革委关于修改〈境外投资项目核准和备案管理办法〉和〈外商投资项目核准和备案管理办法〉有关条款的决定》（中华人民共和国国家发展和改革委员会令第20号），现予公布。

编后语

为了加强对“引进来”和“走出去”双向投资工作的宏观指导和服务，更好地为中国企业“走出去”、跨国公司“进入中国”提供政策和资讯等方面的信息，在国家发展和改革委员会领导的关怀和指导下，国际合作中心组织编辑了“一带一路双向投资丛书”（以下简称“丛书”）。

“丛书”以促进“双向投资”为宗旨，建立国际投资合作交流平台，由《2015中国双向投资发展报告》《中国双向投资政策指南》《一带一路国外投资指南》（上、下）《一带一路双向投资研究与案例分析》组成，以达到务实指导和服务社会各界开展交流合作的目的。

本书的编辑团队，经过走访、调研、征稿、网上搜集、分析等多种方式，历时10个月完成了“丛书”编辑工作。在“丛书”编辑过程中，编辑组得到了国家发展和改革委员会办公厅、利用外资和境外投资司、西部开发司、国际合作司等有关部门的支持，有关省区市发展改革委为“丛书”提供了大量丰富的发展信息资料，得到了商务部外国投资管理司、对外投资和经济合作司、投资促进事务局、国际贸易经济合作研究院的支持与帮助。同时，此书也得到了有关外国驻华大使馆的大力协助与支持。最后，机械工业出版社华章公司对本“丛书”的出版也给予了大力协助，在此一并致以最诚挚的谢意。

国家发展和改革委员会国际合作中心　曹文炼

2015年11月

“日本经营之圣”稻盛和夫经营哲学系列

季羡林、张瑞敏、马云、孙正义、俞敏洪、陈春花、杨国安　联袂推荐

干法

ISBN：978-7-111-49824-7　定价：39.00元

领导者的资质

ISBN：978-7-111-47025-0　定价：49.00元

调动员工积极性的七个关键

ISBN：978-7-111-48914-6　定价：45.00元

稻盛和夫语录100条

ISBN：978-7-111-49146-0　定价：39.00元

阿米巴经营（实战篇）

ISBN：978-7-111-50219-7　定价：39.00元

拯救人类的哲学

ISBN：978-7-111-51021-5　定价：39.00元

即将出版　《敬天爱人》

德鲁克管理经典

编号	书号	书名	定价
	德鲁克管理经典		
1	978-7-111-28077-4	工业人的未来(珍藏版)	¥36.00
2	978-7-111-28075-0	公司的概念(珍藏版)	¥39.00
3	978-7-111-28078-1	新社会(珍藏版)	¥49.00
4	978-7-111-28074-3	管理的实践(珍藏版)	¥49.00
5	978-7-111-28073-6	管理的实践(中英文双语典藏版、珍藏版)	¥86.00
6	978-7-111-28072-9	成果管理(珍藏版)	¥46.00
7	978-7-111-28071-2	卓有成效的管理者(珍藏版)	¥30.00
8	978-7-111-28070-5	卓有成效的管理者(中英文双语 珍藏版)	¥40.00
9	978-7-111-28069-9	管理:使命.责任.实务(使命篇)(珍藏版)	¥60.00
10	978-7-111-28067-5	管理:使命.责任.实务(实务篇)(珍藏版)	¥46.00
11	978-7-111-28068-2	管理:使命.责任.实务(责任篇)(珍藏版)	¥39.00
12	978-7-111-28079-8	旁观者:管理大师德鲁克回忆录(珍藏版)	¥39.00
13	978-7-111-28066-8	动荡时代的管理(珍藏版)	¥36.00
14	978-7-111-28065-1	创新与企业家精神(珍藏版)	¥49.00
15	978-7-111-28064-4	管理前沿(珍藏版)	¥42.00
16	978-7-111-28063-7	非营利组织的管理(珍藏版)	¥36.00
17	978-7-111-28062-0	管理未来(珍藏版)	¥42.00
18	978-7-111-28061-3	巨变时代的管理(珍藏版)	¥42.00
19	978-7-111-28060-6	21世纪的管理挑战(珍藏版)	¥30.00
20	978-7-111-28059-0	21世纪的管理挑战(中英文双语典藏版、珍藏版)	¥42.00
21	978-7-111-28058-3	德鲁克管理思想精要(珍藏版)	¥46.00
22	978-7-111-28057-6	下一个社会的管理(珍藏版)	¥36.00
23	978-7-111-28080-4	功能社会:德鲁克自选集(珍藏版)	¥40.00
24	978-7-111-28517-5	管理(下册)(原书修订版)	¥49.00
25	978-7-111-28515-1	管理(上册)(原书修订版)	¥39.00
26	978-7-111-28359-1	德鲁克经典管理案例解析(原书最新修订版)	¥36.00
27	978-7-111-37733-7	卓有成效管理者的实践	¥36.00
28	978-7-111-44339-1	行善的诱惑	¥29.00
29	978-7-111-45029-0	德鲁克看中国与日本	¥39.00
30	978-7-111-46700-7	最后的完美世界	¥39.00
31	978-7-111-47543-9	管理新现实	¥39.00
32	978-7-111-48566-7	人与绩效：德鲁克管理精华	¥59.00
33	978-7-111-52122-8	养老金革命	¥39.00
	解读德鲁克系列		
1	978-7-111-28076-7	大师的轨迹:探索德鲁克的世界	¥29.00
2	978-7-111-23177-6	德鲁克的最后忠告	¥36.00
3	978-7-111-27690-6	走近德鲁克	¥32.00
4	978-7-111-28468-0	德鲁克实践在中国	¥38.00
5	978-7-111-28462-8	德鲁克管理思想解读	¥49.00
6	978-7-111-28469-7	百年德鲁克	¥38.00
7	978-7-111-30025-0	德鲁克教你经营完美人生	¥26.00
8	978-7-111-35091-0	德鲁克论领导力：现代管理学之父的新教诲	¥39.00
9	978-7-111-45189-1	卓有成效的个人管理	¥29.00
10	978-7-111-45191-4	卓有成效的组织管理	¥29.00
11	978-7-111-45188-4	卓有成效的变革管理	¥29.00
12	978-7-111-45190-7	卓有成效的社会管理	¥29.00
13	978-7-111-44748-1	德鲁克的十七堂管理课	¥49.00
14	978-7-111-47266-7	德鲁克思想的管理实践	¥49.00
15	978-7-111-52138-9	英雄领导力：以正直和荣誉进行领导	¥45.00

陈春花管理系列

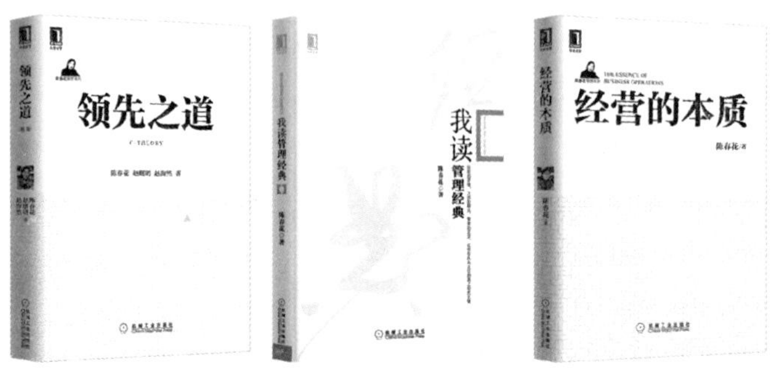

书名	ISBN	价格
领先之道	978-7-111-45006-1	49.00
我读管理经典	978-7-111-48695-4	39.00
经营的本质	978-7-111-40290-9	39.00
管理的常识：让管理发挥绩效的7个基本概念	978-7-111-28967-8	36.00
从理念到行为习惯：企业文化管理	978-7-111-35224-2	38.00
中国企业的下一个机会：成为价值型企业	978-7-111-24019-8	36.00
冬天的作为：经济危机下企业逆势增长	978-7-111-25913-8	36.00
回归基本层面	978-7-111-18845	28.00
超越竞争（第五届教育部高等学校科学研究优秀成果奖三等奖）	978-7-111-21913-2	36.00
从现在出发：大学生的七项修炼	978-7-111-32988-6	25.00
带妈妈去旅游	978-7-111-50088-9	49.00
让心安然	978-7-111-51075-8	69.00
让心安住	978-7-111-40438-5	35.00
让心淡然	978-7-111-44724-5	39.00
在苍茫中点灯	978-7-111-24994-8	25.00
手比头高	978-7-111-28966-1	26.00
激活个体：互联时代的组织管理新范式	978-7-111-51742-9	49.00
中国领先企业管理思想研究	978-7-111-46988-9	49.00